30°E
60°
90°
120°
150°
180°
RMEER
SCHWEDEN
FINNLAND
EST.
LETT.
LIT.
WEISS-RUSSLAND
POLEN
UKRAINE
EUROPA
MOLDAWIEN
RUM.
SERBIEN
BULGARIEN
ITALIEN
ALB.
MAZED.
GRIECHENLAND
TÜRKEI
GEORGIEN
ARM.
ASERB.
MALTA
TUNESIEN
ZYPERN
SYRIEN
LIB.
ISRAEL
JORDANIEN
IRAK
IRAN
KUWAIT
LIBYEN
ÄGYPTEN
BAHRAIN
KATAR
V.A.E.
SAUDI-ARABIEN
OMAN
JEMEN
ERITREA
SUDAN
TSCHAD
NIGER
AFRIKA
DSCHIBUTI
ÄTHIOPIEN
SOMALIA
ZENTR.-AFRIKAN. REPUBLIK
KAMERUN
UGANDA
KENIA
GABUN
KONGO
DEMOKRATISCHE REPUBLIK KONGO
RUANDA
BURUNDI
TANSANIA
ANGOLA
SAMBIA
SIMBABWE
MOSAMBIK
NAMIBIA
BOTSWANA
SWASILAND
SÜDAFRIKA
LESOTHO
KOMOREN
MADAGASKAR
MAURITIUS
SEYCHELLEN
MALEDIVEN
RUSSLAND
KASACHSTAN
ASIEN
MONGOLEI
USBEKISTAN
KIRGISTAN
TURKMENISTAN
TADSCHIKISTAN
AFGHANISTAN
PAKISTAN
CHINA
NEPAL
BHUTAN
INDIEN
BANGLADESCH
MYANMAR
LAOS
THAILAND
VIETNAM
KAMBODSCHA
SRI LANKA
DEM. VOLKSREP. KOREA
REP. KOREA
JAPAN
Taiwan
PAZIFISCHER OZEAN
Nördliche Marianen (USA)
PHILIPPINEN
PALAU
MIKRONESIEN
MARSHALL-INSELN
BRUNEI
MALAYSIA
SINGAPUR
INDONESIEN
NAURU
KIRIBATI
PAPUA-NEUGUINEA
SALOMONEN
TUVALU
TIMOR LESTE (OSTTIMOR)
INDISCHER OZEAN
VANUATU
FIDSCHI
Neukaledonien (Fr.)
AUSTRALIEN
NEUSEELAND
Kerguelen (Fr.)
0
2 000 Kilometer
MASSSTAB AM ÄQUATOR
Winkel III Projektion, Zentralmeridian 0°
ANTARKTIKA

400 REISEN

die Sie nie vergessen werden

VOM AMAZONAS BIS INS ZULULAND

400 REISEN

die Sie nie vergessen werden

VOM AMAZONAS BIS INS ZULULAND

MIT EINEM VORWORT VON KEITH BELLOWS

CHEFREDAKTEUR, NATIONAL GEOGRAPHIC TRAVELER-MAGAZIN

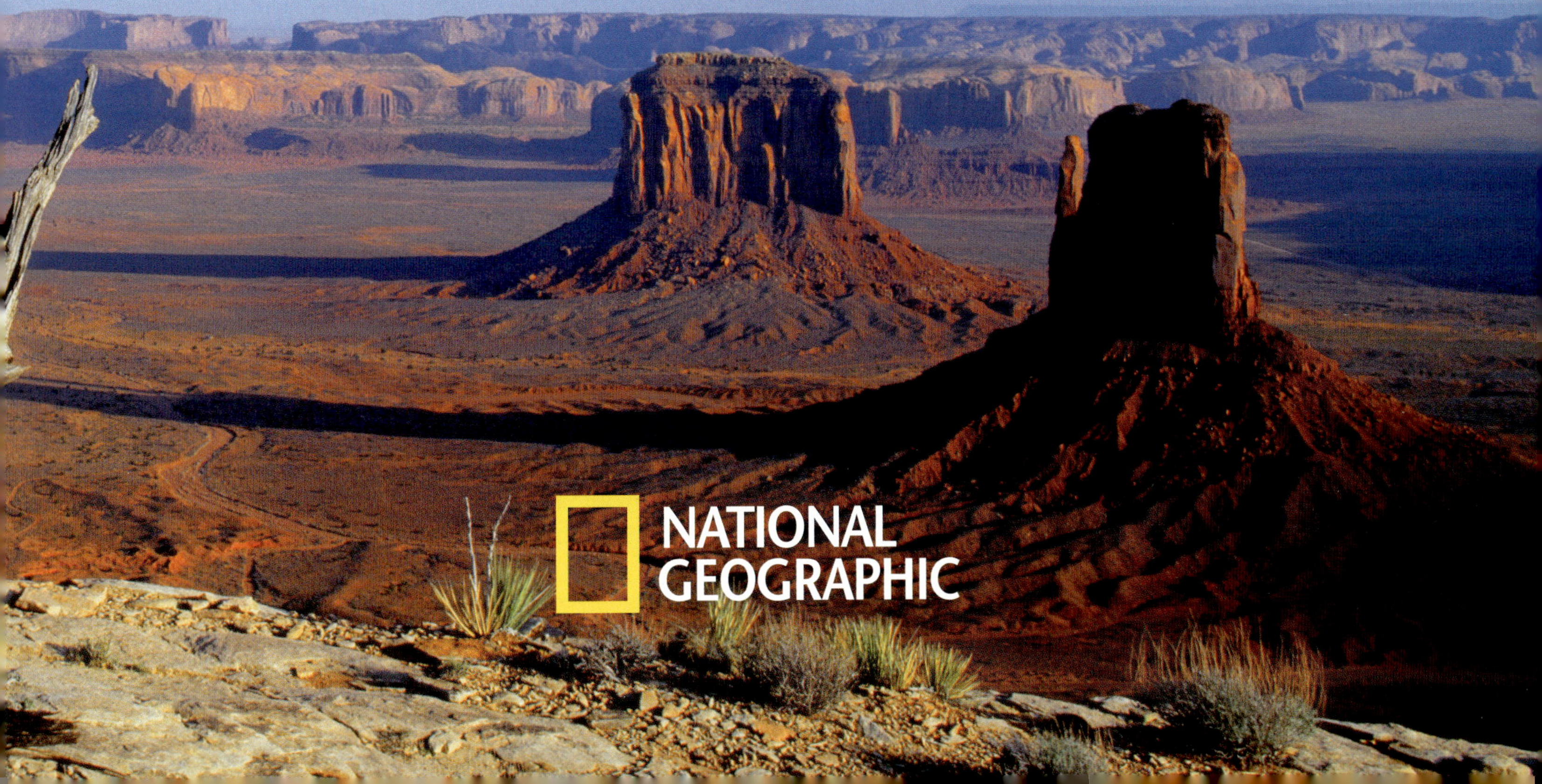

NATIONAL GEOGRAPHIC

MAPLETON 2
ASHBOURNE 4
LEEK 12
CHEADLE 11
ILAM (DOVEDALE) 1
WETTON 5
POST OFFICE
E R

Inhalt

Vorhergehende Seite: Die bizarre Felslandschaft des Monument Valley im Navajo Tribal Park, USA, diente als dramatische Kulisse für zahllose Westernfilme. Gegenüber: Neugierige Reisebekanntschaft an einer idyllischen Wegkreuzung in den englischen Derbyshire Dales.

DIE WELT ENTDECKEN

Auf meinem Weg durch bislang 65 Länder habe ich unzählige Reiseerlebnisse gesammelt, die mir unvergesslich bleiben werden. Die Dampferfahrt mit Delphineskorte über den Sankt-Lorenz-Seeweg, durch immergrüne Wälder hinein ins Herz des nordamerikanischen Kontinents. Die Dampfzugreise durch die schottischen Highlands, durch Moore und *glens* zwischen heidebewachsenen Berghängen. Der atemberaubende Blick von der Star Ferry auf das Lichtermeer Hongkongs. Die beschauliche Kahntour über die azurblauen Wasserstraßen des südindischen Kerala, wo Frauen in bunten Saris die Reisfelder am Ufer bestellen. Die Kreuzfahrt unter strahlender Sonne durch die geschichtsträchtige Inselwelt der Ägäis. Die rasante Fahrt im offenen Cabrio über den Highway 1 nach Big Sur, mit Blick auf Amerikas großartigstes Küstenpanorama. Dies sind einige meiner schönsten Reiseerinnerungen, deren Zauber auch nach Jahrzehnten noch nicht verflogen ist. Sie gehören zu den 400 unvergesslichen Reisen in diesem Buch, das nicht vom Ankommen, sondern vom Unterwegssein handelt. Es präsentiert Reiserouten und Ziele, die Ihr Leben bereichern werden, am Meer und im Gebirge, auf Gipfeln und in Tälern, in Dörfern und Großstädten; im Zug oder Auto, zu Fuß oder mit dem Schiff. Lassen Sie sich von diesem Feuerwerk an Ideen inspirieren und gehen Sie auf Entdeckungsreise. Suchen Sie das Echte, Authentische. Seien Sie bereit, vom Weg abzukommen. Seien Sie offen für Überraschungen und Zufälle. Lassen Sie das Besondere, die einzigartige Stimmung jeder dieser Routen auf sich wirken. Bei aller Entdeckerfreude darf aber nicht vergessen werden, dass manche Orte durch zu großen Besucherandrang Schaden nehmen können. Was man liebt, sollte man bewahren. Und es gibt viele potenzielle Lieblingsorte in diesem Buch – machen Sie sich auf den Weg, sie zu entdecken.

Keith Bellows
Chefredakteur, National Geographic Traveler-Magazin

Gegenüber: Zwei Novizen am Wasserreservoir des Khmer-Tempels von Angkor, Kambodscha, der im 12. Jahrhundert erbaut wurde.

1

Zu Wasser

Reisen zu Wasser eröffnen eine neue Dimension. Flüsse führen an versteckte Orte jenseits aller Straßen. Erst der Blick vom Meer enthüllt das wahre Gesicht spektakulärer Küsten. Die inspirierendsten Reisen dieser Welt beinhalten viel mehr als nur den Weg von einem Hafen zum anderen: Exotische Sehenswürdigkeiten und geschichtsträchtige Schauplätze sind erst der Anfang, denn die Schiffe und die Gewässer sind selbst Teil des Abenteuers. Eine Floßfahrt auf dem Mangoky in Madagaskar verheißt einen Blick auf tanzende Lemuren. Den Orinoko hinauf gleitende Kanus führen direkt ins Herz des südamerikanischen Dschungels. Fähren folgen den Spuren altgriechischer Götter und Ungeheuer in der Ägäis. Ein Eisbrecher wagt sich in das Packeis vor Lapplands Küste. Kein Kontinent bleibt unerforscht. Wer es komfortabel liebt, kann auf einem luxuriösen Segeltörn in den Tag träumen. Und wer das Abenteuer sucht, kann Schiffsmasten erklimmen oder im Kanu an Dörfern vorbeipaddeln, die aus der Zeit gefallen zu sein scheinen.

Traditionelle Langboote im türkisblauen Wasser der Andamanensee vor Thailands Westküste. Auf einer sechstägigen Dschunkenkreuzfahrt kann man einige der 3500 Inseln dieses Meers besuchen.

WASHINGTON/ALASKA, USA

VON SEATTLE NACH ALASKA

Amerikas wilde Nordwestküste, eine Welt der Fjorde, Buckelwale und Gletscher.

Das Schiff gleitet vorbei an bis zu 4575 Meter hohen Bergen; die schneebedeckten Gipfel spiegeln sich im stillen Wasser eines Fjords. Weißkopfseeadler segeln am Himmel, Wasserfälle stürzen die Bergflanken hinab. Die Kreuzfahrt führt von Seattle oder Vancouver nordwärts durch die 1600 Kilometer lange Inside Passage, ein Netz natürlicher Wasserwege durch die Inseln zwischen dem Festland von British Columbia und dem Südzipfel Alaskas. An Deck kann man sich kaum vom Anblick der atemberaubenden Küste losreißen. Bei Ketchikan, am südlichsten Zipfel Alaskas, hängen Wolkenfetzen an den Felsen, die hier 915 Meter aus der stahlgrauen See der Misty Fjords aufragen. Beiderseits der Passage erstreckt sich der Tongass National Forest, ein Regenwald der gemäßigten Breiten aus uralten Nadel- und Laubbäumen. Er gehört zu den außergewöhnlichsten Ökosystemen der Welt. Weiter nördlich, in der Glacier Bay, „kalben" 16 Gletscher mit ohrenbetäubendem Donnern tausendjährige, haushohe Eisblöcke ins Meer. Zwischendurch läuft das Schiff kleine Hafenstädtchen an, die sich dicht an den Fuß der Berge drängen. Sie offenbaren vielfältige Einflüsse: Totempfähle der Tsimshian-, Tlingit- und Haida-Indianer; die Rot-, Orange- und Grüntöne skandinavisch anmutender Gebäude; Überbleibsel des Klondike-Goldrauschs und die Kuppeln einer russisch-orthodoxen Kirche.

Beste Reisezeit Im Mai und September, zu Beginn und Ende der Kreuzfahrtsaison, herrscht weniger Andrang auf den Schiffen. Anfang September ist das Wetter oft noch angenehm mild.

Reisedauer Die Kreuzfahrten dauern sieben bis 14 Tage. Auf die Reiseroute achten: Längere Touren kreuzen meist auf Hin- oder Rückfahrt oder sogar in beiden Richtungen durch die Inside Passage. Kürzere umfahren oft einen Großteil der Passage, um mehr Zeit für Alaskas hohen Norden zu gewinnen.

Reiseplanung Wer ein Jahr im Voraus bucht, hat die beste Auswahl. Die kleineren Schiffe für 50 bis 100 Passagiere versprechen ein persönliches und naturnahes Reiseerlebnis.

Tipp Für sonnig-warmes bis nasskaltes Wetter packen. Warme Mütze und Jacke, Regenzeug, Sonnenbrille und ein gutes Fernglas nicht vergessen.

Websites www.Alaska.com, www.alaska-travel.de, www.dot.state.ak.us/amhs/index.shtml

HIGHLIGHTS

- Bei Regenwaldwanderungen auf den **Queen Charlotte Islands** kann man mit etwas Glück einen der seltenen weißen **Kermode- oder Geisterbären** sichten.
- **Ketchikan** (was in der Tlingit-Sprache „Donnernde Adlerschwingen" bedeutet) besitzt die weltweit größte Sammlung von **Totempfählen**.
- Zottige **Grizzlys** fischen im Frederick Sound, während **Seeadler**, **Fischadler** und **Bussarde** durch die Lüfte gleiten und **Orcas** und **Buckelwale** die nährstoffreichen Gewässer durchstreifen.
- **Helikopter** setzen Gletscherwanderer auf dem **Mendenhall Glacier** nahe Juneau, der Hauptstadt Alaskas, ab.
- Auf Schlauchboottour durch die **Glacier Bay** erlebt man Robben, Wale und kalbende Gletscher aus nächster Nähe.
- Unübersehbar russisch geprägt ist das Städtchen **Sitka** am Pazifik mit seiner orthodoxen Kirche **St. Michael the Archangel**, dem **Totempark**, dem **russischen Friedhof** und den **Isabel-Miller-** und **Sheldon-Jackson-Museen**.
- Das **Trail of '98 Museum** und der **Gold Rush Cemetery** in **Skagway** nimmt Besucher in die Zeit des Klondike-Goldrauschs mit.

Gegenüber: Eisblöcke kalbender Gletscher drängen sich in einer Bucht vor Alaska. Oben links: Ein alter Küstendampfer vor der dramatischen Bergkulisse von Britannia Beach, British Columbia. Oben rechts: Indianische Schnitzkunst im Gunakadet Park, Juneau.

Top 10 Stadtfähren

Mitten unter den Einheimischen die Postkartenpanoramen der berühmtesten Städte der Welt genießen.

❶ Vancouver Ferries, Kanada

Hochmoderne Fähren kreuzen zwischen Vancouver und den umliegenden Inseln, vorbei an dichten Laubwäldern und verschneiten Gipfeln am Horizont des glitzernden Wassers. Im Sommer fahren die Fähren häufiger.

Reiseplanung Wer die Küstenregion von British Columbia erkunden will, erwirbt am besten online einen SailPass mit vier oder sieben Tagen Gültigkeit. www.bcferries.com

❷ Staten Island Ferry, New York, USA

Aus dem Schatten der gewaltigen Bürotürme Manhattans geht es durch den New York Harbor an der Freiheitsstatue und Ellis Island vorbei zum acht Kilometer und 25 Minuten entfernten Staten Island, dem am wenigsten bekannten der fünf New Yorker Stadtbezirke. Und das Beste: Hin- und Rückfahrt kosten keinen Cent!

Reiseplanung Reservierung überflüssig: Die Fähren legen alle halbe Stunde vom Whitehall Terminal in Manhattan und vom St. George Terminal auf Staten Island ab. Die Fähre ist für Fußgänger kostenlos. www.nyc.gov/html/dot/html/ferrybus/statfery.shtml

❸ San Francisco – Sausalito Ferry, Kalifornien, USA

Der 30-minütige Fährtrip bietet einen traumhaften Blick auf die Golden Gate Bridge, die Gefängnisinsel Alcatraz, Angel Island und die Skyline von San Francisco. Allerdings nur an klaren Tagen: San Franciscos berüchtigter Nebel kann die Aussicht trüben.

Reiseplanung Die Fähren legen hinter dem San Francisco Ferry Building am Ende der Market Street ab und nehmen auch Fahrräder mit. www.goldengateferry.org

❹ New Orleans – Algiers Ferry, Louisiana, USA

Die ehrwürdige Fähre befördert ihre Fahrgäste (gratis!) von New Orleans über den Mississippi zum historischen Viertel Algiers Point und zurück.

Reiseplanung Die Fähre verkehrt täglich im Viertelstundentakt, eine Reservierung erübrigt sich also. www.neworleansonline.com/tools/transportation/gettingaround/ferry.html

❺ Star Ferry, Hongkong, China

Die berühmte Star Ferry braucht nur fünf Minuten von der Insel Hongkong bis nach Kowloon auf dem Festland und garantiert unterwegs einen sensationellen Blick auf die Cityskyline, vor allem bei Sonnenuntergang.

Reiseplanung Keine Reservierung erforderlich. Die Fähren verkehren je nach Tageszeit ungefähr im Zehn-Minuten-Takt. www.starferry.com.hk/new/en/index.asp

Die fünfminütige Nachtfahrt mit der Star Ferry ist jede Minute wert: Hier erlebt man Hongkongs glitzernde Skyline in ihrer ganzen Pracht.

❻ Brisbane CityCat, Australien

Brisbanes moderne, schnittige CityCats scheinen fast über die Wasseroberflache des Brisbane River hinwegzuschweben und passieren wie im Flug die Story Bridge und die South Bank Parklands. Will man die Stadt in etwas gemütlicherem Tempo bewundern, empfiehlt sich das offene Deck einer City Ferry.

Reiseplanung Die nach Zonen gestaffelten Tickets gelten für alle öffentlichen Transportmittel innerhalb einer Zone. www.ourbrisbane.com/transport; www.translink.com.au

❼ Bosporus-Fähre, Istanbul, Türkei

Vom Deck einer Bosporusfähre sieht man Istanbuls filigrane Minarette und prunkvolle Architektur vor sich ausgebreitet. Man kann die berühmtesten Sehenswürdigkeiten der Stadt zwischen zwei Kontinenten, von osmanischen Palästen bis zur Bosporusbrücke, in aller Ruhe bei einem Glas Tee genießen.

Reiseplanung Von Juni bis August ist es oft drückend schwül, von November bis Januar sehr kalt. Frauen sollten auf dezente Kleidung achten. http://english.istanbul.com

❽ Venedigs Vaporetti, Italien

Gondeln sind vielleicht romantischer, aber die Venezianer selbst brausen per Vaporetto oder „Wasserbus" durch ihre Stadt. Schon die Fahrt vom Flughafen stimmt auf die Stadt ein, denn das Vaporetto zum Markusplatz hält unterwegs in Murano und am Lido, Venedigs Stadtstrand. Weitere Routen führen in andere Teile der Stadt. Eine Fährtour zu den Stadtinseln oder zum Lido gewährt Einblicke in das weniger touristische Venedig.

Reiseplanung Schwarzfahren kommt teuer, also das Ticket im Voraus oder spätestens bei Besteigen des Vaporetto beim *marinaio* (Maat) kaufen. Es gibt auch spezielle Tourist Travelcards. www.actv.it/english/home.php

❾ Neapel-Capri, Italien

Die Ufer des Golfs von Neapel gehören zu den schönsten Küstenlandschaften der Welt. Hier lohnt sich insbesondere eine Überfahrt von Neapel nach Capri, um die berühmte Blaue Grotte mit ihrem unwirklichen Lichtspiel zu besichtigen. Den Ausflug sollte man am besten so planen, dass man zum Mittagessen in Capri ist: Viele Restaurants bieten nicht nur *spaghetti vongole* und Weißwein von den fruchtbaren Vulkanhängen des Ätna, sondern auch einen herrlichen Blick auf Neapel.

Reiseplanung Abfahrt vom Hafen Molo Beverello in Neapel. Die Überfahrt dauert etwa 80 Minuten. www.capri.net

❿ Mersey Ferry, Liverpool, England

Die berühmten rot-schwarzen Fähren von Liverpool brauchen eine Stunde, um die Flussmündung des Mersey zu queren. Diese älteste Fährverbindung Europas besteht seit dem 12. Jahrhundert. Außer dem normalen Fährservice gibt es auch Rundfahrten durch die Merseyside-Region und „Themen"-Kreuzfahrten wie die „Beatles Cruise" zu Ehren der berühmtesten Söhne der Stadt.

Reiseplanung Die regulären Rundfahrten starten alle 20 Minuten von Seacombe Ferry Terminal und Pier Head. www.merseyferries.co.uk

Très français: das Hotel Château Frontenac am Sankt-Lorenz-Ufer der Stadt Quebec.

KANADA

Der Sankt-Lorenz-Strom

Grandiose Flusslandschaft und geschichtsträchtige Städte im Südosten Kanadas.

Seit Ankunft der ersten Europäer in Nordamerika war der Sankt-Lorenz-Strom eine der Haupttrouten ins Herz des Kontinents. Von Quebec bis Montreal führt die historische Wasserstraße durch prachtvoll bewaldete Flusslandschaft. Kanadareiher flattern auf dem Weg zu ihren Nestern auf den Berthier-Sorel-Inseln vorbei, und der Saint-Pierre-See wimmelt von Enten und Gänsen auf der Durchreise. Einen faszinierenden Kontrapunkt setzt Montreal mit seinen eleganten Geschäften und Nachtclubs. Weiter westlich beginnen die Kanäle des 1959 eröffneten Sankt-Lorenz-Seewegs, über den Hochseeschiffe bis zu den Großen Seen fahren können. Es ist spektakulär anzusehen, wie das kleine Kreuzfahrtschiff durch die gewaltigen Schleusen manövriert. Kurz vor Kingston am Ontariosee erstreckt sich das Sommerparadies der Thousand Islands. Motorboote flitzen zwischen den Inseln umher, von denen manche ganze Dörfer beherbergen, andere kaum groß genug für ein einzelnes Haus sind.

Beste Reisezeit Mitte Mai bis Mitte Oktober. Die Herbstlaubpracht Anfang Oktober ist sagenhaft.

Reisedauer Siebentägige Kreuzfahrten von Kingston nach Quebec oder umgekehrt.

Reiseplanung Alle Landausflüge und Sehenswürdigkeiten sind im Preis inbegriffen. Die Passagiere dürfen sich auf ruhiges Wasser, Bordunterhaltung, gutes Essen und interessante Landgänge freuen.

Tipp Dies ist ein kleines Kreuzfahrtschiff ohne Dresscode. Auf jeden Fall mitbringen: Sonnenhut und -brille, leichte Jacke, bequeme Schuhe und Fernglas.

Website www.stlawrencecruiselines.com

HIGHLIGHTS

- **Vieux Québec**: Die als Unesco-Welterbe geschützte Altstadt von Quebec gehört zu den ältesten und schönsten Stadtkernen Nordamerikas. Für einen Gang durch ihre gepflasterten Gassen unbedingt einen Tag am Anfang oder Ende der Tour einplanen.

- **Montreal**, die wohl trendigste Stadt Kanadas, ist der Inbegriff französischer Kultiviertheit, im modernen Stadtzentrum wie im historischen Hafenviertel mit einigen Gebäuden aus dem 17. Jahrhundert.

- Bei Morrisburg lädt das **Upper Canada Village**, eins der größten Freilichtmuseen Kanadas, zur Reise in die 1860er Jahre ein. Es lässt die dörfliche Vergangenheit lebendig werden.

- Prunkvolle hundertjährige Villen säumen die bewaldeten Ufer der Gletscherlandschaft von **Thousand Islands** (eigentlich sind es sogar über 1800 Inseln). Besonders imposant ist das „mittelalterliche" **Boldt Castle** mit 120 Zimmern auf Heart Island.

PERU

Fähre über den Titicacasee

Eine dreitägige Rundfahrt zu den Inseln des höchsten schiffbaren Sees der Welt.

Jeden Morgen verlässt eine Flotte von Motorbarkassen den Hafen von Puno auf der peruanischen Seite des Titicacasees. Sie schlängelt sich durch die Schilfkanäle des Golfs von Puno und tuckert hinaus auf das klare Wasser des höchstgelegenen schiffbaren Sees der Welt, durch fast mediterran anmutende Landschaft, vorbei an kleinen Segelbooten, die zum Fischen ausfahren. Zu Beginn der Überfahrt passiert man die *islas flotantes* (schwimmenden Inseln), auf denen das Volk der Uros seit den Zeiten der Inkas wohnt. Das Material für die gewaltigen Flöße stammt aus dem Schilfgürtel rund um den seichten Golf von Puno. Da die „Inseln" von unten allmählich verrotten, wird oben laufend neues Schilf aufgehäuft. Der Titicacasee liegt auf 3810 Meter Höhe zwischen den trockenen Hochebenen und baumlosen Gipfeln der Anden. Gespeist wird er durch den Winterregen und die sommerliche Eisschmelze der Andengipfel. Auf den natürlichen Inseln im See drängen sich Terrassenfelder zwischen Trockenmauern, Kaktushecken und kleinen Dörfern aus soliden Steinhäusern. Ein paar haben sogar Sandstrände für Mutige, die sich in die kühlen Fluten stürzen wollen.

Beste Reisezeit Mai bis Oktober.

Reisedauer Verschiedene Tourangebote von ein bis vier Tagen Dauer.

Reiseplanung Für die extremen Temperaturschwankungen (tagsüber brennt die Sonne, nachts fallen die Temperaturen bis auf 0 Grad) mit Sunblocker und warmer Fleecejacke ausrüsten. Auch eine Taschenlampe ist sinnvoll: Manche Häuser haben keinen Strom, und Innentoiletten sind rar.

Tipp Taquile hat die meisten Unterkünfte und Lokale: Zimmer in rund 70 Privathäusern und zwei Gästehäusern und über 20 schlichte Restaurants. Auf Amantani gibt es einfache Kost und Wasser in Flaschen; am besten Lebensmittelkonserven als Verpflegung oder (wenn man als zahlender Gast kommt) Geschenk für die Inselfamilien mitbringen. Verschenken Sie keine Süßigkeiten an die Kinder.

Websites www.peru.info, www.erlebe-peru.de

HIGHLIGHTS

- **Puno**, der Haupthafen auf der peruanischen Seite des Sees, ist ein kosmopolitisches Städtchen mit bunten Märkten. Die Restaurants an der Hauptstraße servieren Spezialitäten wie Alpakasteak und gebratenes Meerschweinchen sowie frischen Fisch.
- Jede Insel hat ihre eigene Kultur und ihre typische **farbenfrohe Tracht**, mit wollenen Schärpen, Umschlagtüchern und Mützen in kunstvoll ausgearbeiteten Mustern.
- Die natürlichen Inseln **Taquile** und **Amantani** bieten Besuchern schlichte Unterkünfte in Privathäusern oder einfachen Gästehäusern.

Ein Fischer im traditionellen Totoroschilfboot vor dem wogenden Schilfgürtel des Titicacasees.

Ein Ruderboot liegt am Ufer der Insel Ometepe im Nicaraguasee vor der Kulisse des Vulkankegels Concepción.

NICARAGUA

Der Nicaraguasee

Eine Reise zu den tropischen Wundern eines der größten Süßwasserseen der Welt.

Dieser riesige tropische Süßwassersee, umgeben von Vulkanen und gespickt mit grünen Inseln, heißt bei den Einheimischen einfach nur „Süßer See". Er liegt rund 16 Kilometer von der Pazifikküste entfernt und ist durch den Río San Juan mit dem Karibischen Meer verbunden. Seine Wasserfläche ist mit 8262 Quadratkilometern so gewaltig, dass die spanischen Konquistadoren bei seinem Anblick glaubten, schon am nächsten Ozean angekommen zu sein. Sein schimmerndes Wasser umspült rund 350 tropisch bewachsene Inseln. Die größte davon ist Ometepe mit gleich zwei majestätischen Vulkankegeln und menschenleeren Sandstränden, die zum Schwimmen einladen. Der Solentiname-Archipel, eine Kette aus 36 kaum besiedelten Inseln voll stattlicher, schattenspendender Mangobäume beherbergt eine außergewöhnliche Tierwelt, darunter uralte Schildkröten und gestreifte Boas. Leguane sonnen sich auf überhängenden Ästen in paradiesischer Ruhe, die nur von gelegentlichen Vogelrufen durchbrochen wird. Sehenswert sind auch die Landschaftsgemälde der Volkskünstler von Solentiname, die in den tropischen Farben und Traditionen der Insel schwelgen. Sie öffnen Besuchern bereitwillig ihre Häuser, um ihre Werke zu zeigen.

Beste Reisezeit In der ersten Hälfte der Trockenzeit, von Dezember bis Februar, ist das Wetter meist sonnig und trocken, die Landschaft aber noch üppig grün von der Regenzeit.

Reisedauer Für die Hauptattraktionen des Sees müssen Sie zwei oder drei Übernachtungen einplanen. Die Überfahrten von Insel zu Insel dauern selten länger als zwei Stunden.

Reiseplanung Begeisterte Souvenirkäufer bringen am besten gleich eine leere Tasche mit: für die schön gearbeiteten Hängematten aus der Stadt Masaya und die traditionelle Keramik mit Ritzmustern, die in den kleineren Dörfern rund um den See sehr preiswert zu haben ist.

Tipp Unbedingt auf den Inseln übernachten, um ein Gefühl für die Region zu bekommen. Auf Ometepe gibt es gute, billige Hotels und Hostels; Mancarrón im Solentiname-Archipel bietet schlichte Unterkünfte.

Website www.nica-adventures.com

HIGHLIGHTS

- Eine Besteigung des **Maderas-Vulkans** (1394 Meter) auf Ometepe führt durch dichten Tropendschungel. Der Gipfel lockt mit einer mysteriösen kalten Lagune und grandioser Aussicht auf den Pazifik.

- *Pangas* (kleine Motorkanus) schippern Besucher durch die Dschungelkanäle des **Refugio Los Guatuzos** auf der Solentinamehalbinsel, wo sich 380 Vogelarten tummeln. Nachts zeigen sich im Kegel der Taschenlampe Hunderte von Kaiman-Augenpaaren knapp über dem Wasserspiegel.

- Der See wimmelt von Schwertfischen und riesigen Tarpunen und ist ein prima Revier für **Sportfischer**. Am aussichtsreichsten sind Angeltrips mit einheimischen Führern.

VENEZUELA

Flusstour auf dem Orinoko

Per Kanu in die weitläufigen Feuchtgebiete und dampfenden Dschungel des Orinokodeltas.

Die Fahrt auf einem der Nebenflüsse des Orinoko bis in sein Delta bietet die Chance, eines der größten und abgeschiedensten Feuchtgebiete der Erde gründlich zu erkunden. Die Region ist nur mit dem Motorboot oder Einbaum zu erreichen. Eine außerordentlich vielfältige Flora und Fauna bevölkert dieses Labyrinth von Wasserstraßen, die sich durch dichten Dschungel, Mangrovensümpfe und Lagunen bis in den Atlantik schlängeln. Unterwegs gibt es Blicke auf die farbenfrohe Vogelwelt zu erhaschen: Aras, Tukane, Papageien, Löffler und Jabirus. Ganze Sippen von Kapuziner- und Brüllaffen schwingen sich am Flussufer von Baum zu Baum, während Flussdelphine, Piranhas und Anakondas geschmeidig durchs Wasser gleiten. Die Fahrt führt auch zu den Warao („Kanuleuten"), den Einheimischen der Region. Die geschickten Fischer und Jäger wohnen in *palafitos* (Pfahlhäusern) am Fluss. Besucher bekommen Einblick in ihre Lebensweise, begegnen ihren Kunsthandwerkern und können eine besondere Warao-Delikatesse probieren: die gelbe Made des Marechebaums.

Beste Reisezeit In der Regenzeit (Mai bis Dezember) müssen Sie mit Schauern am Nachmittag und erhöhtem Wasserstand rechnen. Von Januar bis Ende März/April ist es trockener; dann sieht man mehr Landsäugetiere *(capybaras,* Ameisenfresser) und weniger Wasserfauna. Touren gibt es ganzjährig.

Reisedauer Flussfahrten mit ein bis drei Übernachtungen, je nachdem, wie weit man in den Dschungel vorstoßen will und je nach Jahreszeit. (In der Trockenzeit sind die Touren kürzer.)

Reiseplanung Der Standard der Unterkünfte variiert je nach Veranstalter: von Hängematten unter Schutzdächern in den Warao-Dörfern bis zu komfortablen Einzelhütten mit Bad, fließendem Wasser und Strom.

Tipp Nachts kann es vor allem in der Trockenzeit kühl werden; eine leichte Fleecejacke ist empfehlenswert. Gegen die Moskitoplage helfen in der Morgen- und Abenddämmerung eine leichte Hose und ein langärmeliges Hemd plus Mückenschutzmittel.

Websites www.viventura.de, www.esperanza-tours.de, www.ospreyvenezuela.com

HIGHLIGHTS

- Besuch eines **Warao-Dorfs** mit einer Kostprobe des typischen Klebbrots aus dem Mark des Mareche-Baums, den die Warao „Lebensbaum" nennen. Er liefert auch das Material für Hängematten und Häuser.
- Abstecher in eine **stille Lagune**, auf deren tanninschwarzem Wasser ein Teppich aus Wasserhyazinthen treibt.
- Im Morgengrauen **den Dschungel erwachen hören**: den Ruf der Brüllaffen, das Schnattern der Kapuzineraffen und die unzähligen Vögel, die sich auf ihr ohrenbetäubendes Morgenkonzert einstimmen.

Eine Schar Waldstörche lässt sich auf einem Baum im Feuchtgebiet des Orinoko nieder.

FILA

SÜDAMERIKA

AMAZONASKREUZFAHRT

Auf einer klassischen Flussdampferfahrt sind Regenwald, Tiere und Menschen am Amazonas zum Greifen nah.

Wenn man auf der weiten Wasserfläche des schlammigen Stroms dahingleitet, vergisst man leicht, dass dies der größte Fluss der Welt ist. Der Amazonas entspringt den peruanischen Anden und fließt über 6000 Kilometer weit bis in den Atlantik. Mit seinen Nebenflüssen aus Bolivien, Ecuador, Kolumbien und Venezuela bildet er ein Stromsystem, das sich über die ganze Nordhälfte Südamerikas erstreckt. Große Luxusschiffe befahren den Amazonas auf seiner ganzen Länge, doch auf einem traditionellen Doppeldeck-Flussdampfer ist das Reisen persönlicher, ungezwungener und dichter an der reichen Tier- und Pflanzenwelt des Regenwalds. Von Deck macht man freundliche Kinder im dichten Laubwerk aus, einheimische Fischer werfen ihre Netze vom Ufer aus oder paddeln in ihren Einbäumen kniend vorbei. Tief im Dschungel, wo das Blätterdach das Sonnenlicht dämpft, gibt es Indianerdörfer zu besuchen; den mal unheimlichen, mal unwirklich schönen Regenwald zu erkunden und stille Lagunen voll gigantischer Seerosen zu bestaunen. Auf abendlichen Kanutouren begegnet man Alligatoren, die träge durchs Wasser gleiten. Im Dunkel der Nacht treibt das Boot lautlos stromabwärts, hier und da blinken Laternen und Herdfeuer am Ufer, und nichts stört die exotische Geräuschkulisse des Dschungels.

Beste Reisezeit Die Hochwassersaison im April und Mai ist ideal, um Vögel und Primaten zu beobachten, die sich an den Früchten des Regenwalds laben. In der Niedrigwasserzeit (Juli bis Februar) sind manche Orte nicht erreichbar, dafür kommen viele Tiere zum Trinken ans Flussufer.

Reisedauer Die meisten Kreuzfahrten dauern acht Tage und befahren den unteren Abschnitt des Stroms.

Reiseplanung Unbedingt erforderlich sind Mückenschutzmittel sowie Langarmhemden und Hosen aus leichtem Baumwollstoff. Plastikbeutel schützen elektronische Geräte wie Kameras vor hoher Luftfeuchtigkeit. Nicht zu viel einpacken, viele Kreuzfahrtschiffe haben Gepäckbeschränkungen.

Tipp Filme mit hoher Lichtempfindlichkeit und Blitzlicht sind ein Muss für ambitionierte Fotografen, denn unter dem Blätterdach des Regenwalds kann es erstaunlich düster werden.

Websites www.amazonasreisen.de, www.suedamerika-naturreisen.de

HIGHLIGHTS

- Die **überwältigende Tierwelt** zeigt sich vor allem frühmorgens und abends: Amazonasdelphine, Kaimane, Alligatoren, Papageien und Sittiche kann man direkt von Bord beobachten. Affen, Leguane und Schmetterlinge bekommt man eher bei Landausflügen zu Gesicht.

- Abwechslung von der Gleichförmigkeit des breiten Flusses bieten gelegentliche Landgänge. Bei den meisten Kreuzfahrten stehen Besuche in **Indianerdörfern** und Dschungelwanderungen auf dem Programm.

- Eine **Kanutour** auf einem der Nebenflüsse ist ein Muss. Tief im Dschungel bieten sich beste Gelegenheiten zu angeln und die Tier- und Pflanzenwelt zu entdecken.

- Mit Angelruten aus Schilfrohr können **rotbäuchige Piranhas** gefangen und vor Ort frisch zubereitet werden, wie es die Amazonasbewohner seit Jahrhunderten machen.

Gegenüber: Die Indianer von Quebrada Pichana am peruanischen Oberlauf des Amazonas verkaufen Früchte aus ihren Kanus. Oben links: Ein Ara in Manaus im nordwestlichen Brasilien. Oben rechts: Riesige Seerosen auf dem Yanayacu, einem Nebenfluss des peruanischen Oberlaufs des Amazonas.

KARIBIK

Karibikkreuzfahrt

Eine Rundfahrt durch die Inselwelt der östlichen Karibik kombiniert Luxus, Shopping und atemberaubende Naturerlebnisse.

Kobalt, Azur, Türkis, Saphir: Die Farben der östlichen Karibik sind so betörend wie die smaragdgrünen Inseln in ihren Gewässern. St. Martin, Antigua, Puerto Rico, Anguilla und unzählige kleinere Inseln warten auf ihre Entdecker. Unberührte weiße Sandstrände, Palmen, die sich im Wind wiegen, Korallenriffe voller Fische in Regenbogenfarben und pulsierende Städte voller Calypsoklänge. Am schönsten lässt sich diese traumhafte Wasserwelt per Kreuzfahrt erkunden, und die Veranstalter halten für jeden Geschmack und Geldbeutel etwas parat. Die meisten sorgen für abwechslungsreiche Unterhaltung an Bord, von Golfstunden bis Karaoke, aber erst die Landausflüge machen die Region zum beliebtesten Kreuzfahrtrevier der Welt: St. Thomas lockt mit Duty-free-Shopping in renovierten Lagerhäusern aus dem 17. Jahrhundert, St. Martin mit unvergesslichen kulinarischen Erlebnissen in den erstklassigen französischen Restaurants auf seiner Nordseite. Die Inseln bieten für jeden etwas: Traumstrände, Wassersport und Rumcocktails genauso wie das Erbe ihrer langen Handels-, Freibeuter- und Kolonialgeschichte. Eine Kreuzfahrt auf einem Hightech-Segelschiff verbindet den Komfort großer Luxusliner mit der intimen Atmosphäre eines romantischen Segeltörns.

Beste Reisezeit Viele Kreuzfahrten werden ganzjährig angeboten. Die Hauptsaison (mit den höchsten Preisen) geht von Dezember bis April.

Reisedauer Die meisten Kreuzfahrten dauern um die sieben Tage. Wer mehr Inseln sehen will, kann aber auch längere Fahrten von zehn bis 14 Tagen buchen.

Reiseplanung Wer zeitlich flexibel ist, profitiert von den vielen Last-Minute-Angeboten. Besonders günstige Preise winken im November.

Tipp Generell ist legere Kleidung angebracht; auf einigen Schiffen gilt zum Abendessen eine etwas strengere Kleiderordnung. Die Tropensonne nicht unterschätzen, Sonnenhut und -brille sowie Sunblocker gehören auf jeden Fall ins Gepäck.

Websites www.windstarcruises.com, www.carnival.com

Gegenüber: Dichter Regenwald säumt die abgelegenen, weißen Sandstrände von St. John, vor denen herrliche Schnorchelreviere locken. Oben links: Rosa Dschungelglocken (Allamanda) auf Guadeloupe. Oben rechts: Kreuzfahrtschiff vor Virgin Gorda (Britische Jungferninseln).

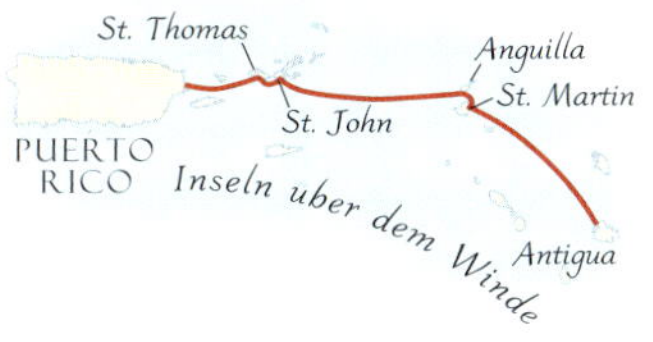

HIGHLIGHTS

- Schnorchelausflüge in die Wunderwelt der **lebenden Korallen** rund um St. Thomas und St. Martin. Die leicht zugänglichen Riffe verblüffen mit einem Farbenkaleidoskop von gelb-schwarzen Korallenbarschen über rosarote Seeanemonen und orangefarbene Clownfische bis zu den wehenden Fächern knallroter Korallen.

- **Schöner shoppen** heißt die Devise in Hafenstädtchen, die noch auf Kolumbus' Zeiten zurückgehen. Zu den beliebtesten Einkaufszielen gehören Charlotte Amalie auf St. Thomas, die winzige Cruz Bay von St. John und die Duty-free-Geschäfte von Philipsburg auf St. Martin.

- Als Erholung vom Touristentrubel bietet sich eine **Wanderung ins Inselinnere** an. Pfade durch die Hügel und Berge der ursprünglich vulkanischen Inseln gewähren Ausblick auf märchenhafte Meerespanoramen, kristallklare Buchten und üppige Tropenlandschaft.

- **Botanische Gärten** verzaubern mit duftender tropischer Blütenpracht, bunten Papageien, die von Baum zu Baum flattern, und Kolibris, die wie lebende Edelsteine zwischen den Blumen umherschwirren.

LAOS

Den Mekong hinab

Auf dem majestätischen Mekong vom Boot aus bedächtig die dunstigen Ufer von Laos bewundern.

Aus Tibets Höhen windet sich der mächtige Mekong über 4000 Kilometer weit durch sieben Länder. Am schönsten ist er da, wo er durch die dunstverhangenen Hügel von Laos fließt. Wer die Landschaft wirklich kennenlernen will, nimmt statt eines dröhnenden, PS-starken *speed boat* lieber ein buntes, hölzernes *slow boat*. Hat man sich erst an das Tuckern des Heckmotors gewöhnt, kann man stundenlang die vorbeiziehenden Hügel und Reisfelder betrachten und seine Gedanken schweifen lassen. Das ist allerdings nichts für Ungesellige: Die beengten Sitze fördern den Kontakt zu den Mitreisenden. Bei Tankstopps an Uferdörfern kann man sich die Beine vertreten und etwas essen. Unterwegs warten ein paar faszinierende Sehenswürdigkeiten. Einen Zwischenstopp lohnt vor allem das buddhistische Heiligtum in den Kalksteinhöhlen von Pak Ou, wo Hunderte von Buddhastatuen aller Formen und Größen stoisch aus dem Dunkel blicken. Ziel der Reise ist Luang Prabang, das dank seiner eleganten Kombination aus französischer Kolonialarchitektur und traditioneller laotischer Bausubstanz von der Unesco zum Weltkulturerbe erklärt wurde.

Beste Reisezeit In der kühlen Trockenzeit zwischen Dezember und Februar.

Reisedauer Die Angebote reichen von zweitägigen bis einwöchigen Touren. Eilige können sich auch mit Rettungsweste ausstaffieren und den Mekong binnen weniger Stunden per *speed boat* absolvieren.

Reiseplanung Das Ticket erst vor Ort kaufen. Die günstigsten Tickets gibt es direkt am Anleger.

Tipp Ein kleines Kissen mitnehmen, die Sitzplätze sind oft hart und unbequem. Die *slow boats* haben Toiletten an Bord, aber das Toilettenpapier bringt man besser selber mit. Ohrstöpsel können hilfreich sein, um das monotone Motorgeräusch auszublenden.

Websites www.mekong-reisen.de, www.visit-mekong.com/laos/index.htm

HIGHLIGHTS

- Ein bald vertrautes Bild sind die Horden fröhlich winkender Kinder, die nahe der kleinen **Fischerdörfer** am Fluss spielen.
- Einfach mit **Muße** die Aussicht und das **Nichtstun** genießen.
- Der **Königspalast** in Luang Prabang hütet heute als Museum die Geschichte der laotischen Monarchie. Das Gebäude ist ein typischer Mix aus französischer und laotischer Architektur.
- Von Luang Prabang lohnt ein Ausflug mit dem *tuk-tuk* (Motorrikscha) zum etwa 24 Kilometer entfernten **Kuang-Si-Wasserfall**.

Heimkehr der Fischer: Sonnenuntergang über dem Mekong bei Luang Prabang.

Oberhalb der Stadt Wushan gestattet ein Pavillon wunderbare Blicke auf den Jangtsekiang und die Mündung der Wu-Schlucht, die mittlere der drei großen Schluchten.

CHINA

Durch die drei Schluchten des Jangtsekiang

Chinas berühmte Flussreise durch die Drei Schluchten, vorbei an historischen Stätten und modernen Ingenieurleistungen.

Der Jangtsekiang fließt von seiner Quelle auf der tibetischen Qinghai-Hochebene 6380 Kilometer weit durch China, bis zu seiner Mündung ins Ostchinesische Meer nördlich von Shanghai. Auch wenn der Fluss nicht mehr die bedeutende Handelsroute von einst ist, befahren immer noch viele Passagierschiffe seinen berühmtesten Abschnitt, auf dem er durch die gewundenen Drei Schluchten rauscht. Hier werfen schroffe Steilwände ihren Schatten auf Kreuzfahrtschiffe, Kohlenkähne und Fischerboote, und die vergilbten Segel traditioneller Sampanboote flattern neben den schneeweißen Rümpfen der Touristenschiffe. Verlockende Ziele gibt es viele: Abstecher auf Nebenflüsse; Tempel, die versetzt wurden, um sie vor der Überflutung zu retten; und schließlich der Blick auf den kolossalsten Staudamm der Welt: eine neue „Chinesische Mauer" aus Stahl und Beton von 180 Meter Höhe und über 1,6 Kilometer Breite.

Beste Reisezeit Im Frühherbst, zum Beispiel zur Zeit des Erntemondfests. Dann versammeln sich die chinesischen Familien im Freien, um den hellsten Mond des Jahres zu bestaunen.

Reisedauer Am Anfang oder Ende steht eine einstündige Busfahrt nach oder von Yichang. Kreuzfahrten nach Chongqing beinhalten drei oder vier Übernachtungen. Die Tour mit dem Tragflügelboot von Sandouping nach Wanzhou dauert inklusive Busfahrt nach Yichang und Chongqing zwölf Stunden.

Reiseplanung Wer erst am Anleger in Yichang oder Chongqing bucht (statt über Agenturen oder Websites), spart bis zu 60 Prozent. Noch billiger wird es, wenn man mit den Chinesen auf einem russischen Tragflügelboot aus der Sputnik-Ära fährt.

Tipp Das Essen auf den Kreuzfahrtschiffen ist oft fad, das auf den billigen Fähren oder Tragflügelbooten ungenießbar. Am besten Proviant und auf die einfachen Boote auch Wasser mitnehmen.

Websites www.victoriacruises.de, www.china-reisen.de

HIGHLIGHTS

- Der imposante **Drei-Schluchten-Staudamm** bei Sandouping, gleich stromaufwärts von Yichang, soll einen etwa 650 Kilometer langen See aufstauen und so viel Strom erzeugen wie 15 Kernkraftwerke.

- Die Steilwände der Drei Schluchten **Qutang**, **Wu und Xiling** ziehen den Blick immer wieder nach oben. Der Flussverkehr kommt hier nur im Zickzackkurs hindurch.

- Spektakuläre Aussicht auf den Fluss bietet sich von der roten Holzpagode des **Shibaozhai-Tempels** (Edelsteinfestung), 280 Kilometer von Chongqing entfernt.

ADILAXMI INDUSTRIES

INDIEN

Die Backwaters von Kerala

Eine Reise zwischen Fischern und Perlentauchern in einem riesigen Labyrinth aus Kanälen, Inseln und Lagunen.

Endlos lange, schmale Kanäle schlängeln sich aus dem grünen Landesinneren der Provinz Kerala in die großen Lagunen an der Ozeanküste. Ein natürlicher Deich aus Sandbänken schirmt Kerala vom Meer ab. Seine Wasserwege oder *backwaters*, die über 900 Kilometer ins Hinterland reichen, öffneten die Tore nach Indien für Händler, Missionare und Eroberer aus Ost und West. Kleine Dörfer der Perlentaucher und Kokosplantagenarbeiter säumen die Ufer der Wasserstraßen. Ballen grober, brauner Kokosfasern liegen aufgestapelt neben den Bootsstegen oder drücken kleine Boote tief ins Wasser. Auf den ruhigen Gewässern verkehren schnelle „Schlangenboote“ (gondelähnliche Fahrzeuge mit kraftvollen Außenbordern); schwer beladene, rahgetakelte Reisboote und die kleinen Schilfflöße der Perlenfischer mit ihren zusammengestückelten Segeln. Viele Dorfbewohner sind Christen, ihre Vorfahren wurden angeblich vor fast 2000 Jahren vom Apostel Thomas bekehrt. Auf zahlreichen Inseln stehen kleine weiße Kirchen zwischen schattigen Kokospalmen. Besucher können die beschauliche Atmosphäre im klimatisierten Komfort eines umgebauten *kettuvallam* genießen: Die bis zu 25 Meter langen Holzkähne werden traditionell mit Kokosfasertau zusammengezurrt und sind mit eleganten Korbmöbeln ausgestattet.

Beste Reisezeit Touren starten täglich von November bis Februar. Die Monsunzeit (März bis Oktober) sollte vermieden werden.

Reisedauer Je nach Tourangebot: sechs bis acht Stunden für die Fahrt von Kollam (Quilon) nach Alleppey (Alappuzha), zwei bis drei Stunden von Alleppey nach Kottayam oder zwei bis drei Tage von Kochi (Cochin) nach Kollam auf einem umgebauten Reiskahn, mit Übernachtung an Bord.

Reiseplanung Der nächste internationale Flughafen ist in Kochi, wo auch einige von Indiens schicksten Hotels stehen. Da die Backwaters eine ideale Brutstätte für Moskitos darstellen, sind Malariatabletten ein Muss.

Tipp Besonderen Luxus bietet ein modernes *kettuvallam*. Die meisten dieser Boote haben komplett ausgestattete Bäder, Küchen, große Doppelbettkabinen und eine drei- bis vierköpfige Besatzung, einschließlich Koch.

Websites www.ktdc.com, www.india-tourism.com/DE, www.keralagreenery.com

HIGHLIGHTS

- Bei Sonnenuntergang zeichnen sich die hölzernen Gerüste der **Chinesischen Fischernetze** von Kochi (Cochin) wie gespenstische Riesenspinnen vor dem roten Himmel ab. Die ersten dieser archaisch anmutenden Konstruktionen kamen vor über 500 Jahren aus dem Osten.
- Mit der Machete werden **grüne Kokosnüsse** geköpft, bevor man ihr köstlich erfrischendes Wasser mit dem Strohhalm direkt aus der Frucht schlürfen kann.
- An Bord des *kettuvallam* bereitet der Schiffskoch schmackhafte **indische Spezialitäten** zu. Unbedingt probieren sollte man die *tiger prawns* (Riesengarnelen) der Region.
- Die sehenswerten **Schlangenboot-rennen**, die das ganze Jahr hindurch an verschiedenen Orten in Kerala stattfinden, präsentieren nicht nur meisterliche Ruderer in Aktion, sondern häufig auch ein festlich-buntes Rahmenprogramm.

Gegenüber: Ein Mann steuert sein Segelboot durch die Backwaters von Kerala in der Nähe von Ayiramthengu. Oben links: Beim Elefantenfest in Ernakulam tragen goldgeschmückte Dickhäuter Reiter mit Sonnenschirmen. Oben rechts: Die aufwendige Gesichtsbemalung eines Theyyam-Tänzers.

PAPUA-NEUGUINEA

Flussfahrt auf dem Sepik

Die gemächliche Flusskreuzfahrt führt ins Herz einer vergessenen Welt: zu den Urvölkern von Papua-Neuguinea.

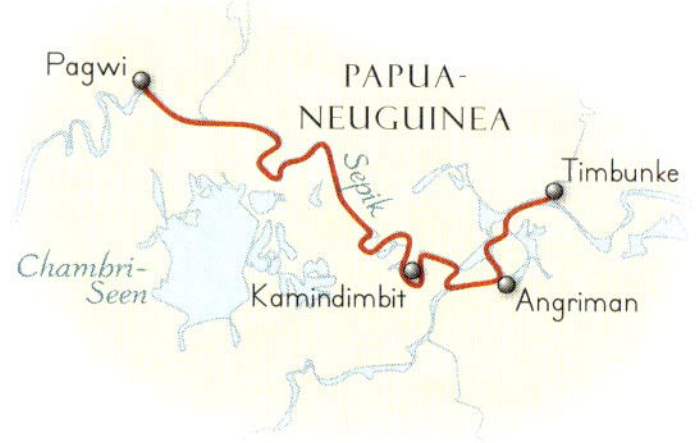

Morgendunst hängt über dem Fluss, der sich träge durch grüne Wälder und Grasland windet. Vor der aufgehenden Sonne zeichnet sich die Silhouette eines Fischers ab, der seinen Einbaum durch das schlammbraune Wasser paddelt. Krokodile sonnen sich am Ufer, während über ihnen ein Papuaadler im Aufwind gleitet. Der 1 127 Kilometer lange Sepik gehört zu den größten Flusssystemen der Welt. Er entspringt im Zentralgebirge des Landes und mäandert in riesigen Schleifen durch das nördliche Tiefland, bislang noch nicht verbaut durch Dämme oder verschmutzt durch Industrieabwässer. Besucher können mit kleinen Flussschiffen oder Motorkanus von einem Uferdorf zum anderen reisen, wo Stammesälteste mit ockerfarbener Gesichtsbemalung sie mit traditionellen Tänzen und Musik willkommen heißen. Die heimische Bevölkerung dieser Region, die kaum größer ist als Kalifornien, spricht über 300 verschiedene Sprachen. Das lässt ihre erstaunliche kulturelle Vielfalt erahnen. Beispiele ihrer künstlerischen Talente finden sich überall: von den „Geisterhäusern", die als Kultzentrum des Dorfes dienen, über die furchteinflößenden Jagdmasken bis zu den Schmucknarben auf den Rücken der Männer. Diese symbolisieren die Zahnabdrücke eines Krokodils und stammen von den Initiationsriten der jungen Männer.

Beste Reisezeit In Papua-Neuguinea ist es das ganze Jahr über heiß und schwül. Meiden Sie die Monsunzeit von Dezember bis März.

Reisedauer Die Standardvariante ist eine viertägige Schiffstour mit Übernachtung an Bord.

Reiseplanung Die Lokalwährung *kina* schon zu Hause besorgen, denn den Wechselschaltern am Flughafen geht sie manchmal aus. Wer Kunsthandwerk kaufen will, sollte kleine Geldscheine mitbringen.

Tipp Feilschen gilt als unhöflich, ebenso einzelnen Dorfbewohnern etwas zu schenken. Sie können dem Dorfoberhaupt ein Geschenk übergeben, das er dann gegebenenfalls verteilt.

Websites www.pngtours.com, www.pngtourism.de

HIGHLIGHTS

- Jedes Dorf hat seine eigene **Handwerkstradition**. Die schönsten Arbeiten (Holzmasken, Schemel, Säulen und dergleichen) werden im **„Geisterhaus"** *(tambaran)* aufbewahrt. In manchen Dörfern muss man dafür Eintritt bezahlen.

- Ein lohnender Abstecher führt zum **Chambrisee**. In der Regenzeit brechen Teile seines Ufers ab und werden zu **schwimmenden Inseln**. Die hiesigen **Kunsthandwerker** gelten als besonders begabt.

- In Papua-Neuguinea gibt es 38 Arten von **Paradiesvögeln**. Es lohnt sich auf die farbenprächtigen Kreaturen in den dichten Wäldern am Flussufer zu achten und zu horchen.

Holzschnitzer mit Dechsel am Wagusee, einem der zahlreichen schönen Seen der Sepik-Region.

Immer wieder säumen Eukalyptuswälder die Ufer des Murray River.

AUSTRALIEN

Dem Lauf des Murray River folgend

Durch eine Flusslandschaft von außerordentlicher natürlicher Schönheit.

Bei Sonnenuntergang werfen Rote Eukalyptusbäume ihre langen Schatten auf die goldschimmernde Oberfläche des Murray River, der sich durch das sonnenverwöhnte South Australia zum Lake Alexandrina am Indischen Ozean schlängelt. Tagsüber ziehen wechselnde Landschaften von steilen Kalksteinfelsen bis zu duftenden Zitrusfruchtplantagen vorbei. Abends gehen die Passagiere an Land, um in komfortablen Hotels zu nächtigen. Unterwegs zeigen sich prächtige Vertreter der australischen Tierwelt: Brillenpelikane treiben würdevoll mit dem Strom und Keilschwanzadler kreisen am blauen Himmel. Vielleicht sieht man auch einen aufgeregten Angler einen Murray-Dorsch aus dem Wasser ziehen, einen der größten Süßwasserfische der Welt, oft über einen Meter lang. Zwischenstationen sind Uferstädte wie Morgan: Restaurierte Hafengebäude erinnern daran, dass die Stadt zu viktorianischen Zeiten ein geschäftiger Flusshafen war. Fracht und Passagiere gelangten hier auf Raddampfern über den Murray River und seine Nebenflüsse. Ausflüge führen zu riesigen Schaf- und Rinderfarmen, zu Weingütern und zu alten Stätten der Aborigines.

Beste Reisezeit Ganzjährig.

Reisedauer Fünf Tage mit vier Übernachtungen von Renmark bis Wellington.

Reiseplanung Mahlzeiten und Unterkünfte sind im Preis der Kreuzfahrt enthalten.

Tipp Am Murray River herrscht Mittelmeerklima mit Durchschnittstemperaturen von 16 Grad im Juli bis 32 Grad im Januar. Selbst im Winter ist leichte Kleidung angebracht.

Websites www.coorongcruises.com.au, www.murrayriver.com.au

HIGHLIGHTS

- **Obstplantagen und Weinberge** umgeben den Ort Berri, südwestlich von Renmark. Auf den **Berri Estates**, dem größten Weingut des Landes, können die Merlot- und Shiraz-Tropfen des Hauses gekostet werden.

- **Waikerie** bedeutet in einer Aborigine-Sprache „alles, was fliegt" und ist der beste Platz, um Wasservögel wie Ibisse, Reiher und Brillenpelikane zu sichten.

- Die 30 Meter hohen **Yellow Cliffs** am **Big Bend** bei Swan Reach sind die höchsten Uferfelsen am Murray River und sollen rund 20 Millionen Jahre alt sein.

ANTARKTIS

Antarktik-Kreuzfahrt

Eine einmalige Schiffsreise ins letzte unberührte Paradies der Erde.

Eisberge treiben vorbei, manche so groß wie Schiffe. Sie zeichnen sich wie surreale Skulpturen vor dem blauen Himmel ab. Auf manchen fahren ein paar Pelzrobben huckepack. Jemand ruft: «Wale!», und schon stürmt alles an Deck, um einen Blick auf die Fontänen dieser riesigen Meeressäuger oder auf ihre zum Tauchen hoch gereckten Schwanzflossen zu erhaschen. Das Schiff gleitet an felsigen Küsten entlang, hinter denen sich schneebedeckte Berge erheben und hier und da eisblauer Gletscherglanz schimmert. An anderen Stellen ragen Eisschelfe senkrecht aus aquamarinblau leuchtendem Wasser. Robuste Schlauchboote befördern die Passagiere zu Landgängen inmitten von Pinguinkolonien, unwiderstehliche Vögel, die jedem ein Lächeln entlocken. Ziel der meisten Kreuzfahrten ist die Antarktische Halbinsel südlich Südamerikas. In diese Region führen nur hochpreisige Reisen: Die eismeertauglich verstärkten Schiffe bieten allen Komfort, wenn nicht gar Luxus, wie Aussichtssalons, Bibliotheken und Fitnessräume. Doch wer die Polargewässer und den gewaltigen, unberührten antarktischen Kontinent wirklich erleben will, sollte sich warm einpacken und an Deck gehen, um die eisige Luft im Gesicht zu spüren, das Eis krachen, die Vögel schreien und den Polarwind über das Schiff pfeifen zu hören.

Beste Reisezeit Hauptsaison ist von Dezember bis Februar bei milden Küstentemperaturen von durchschnittlich minus 5 bis plus 5 Grad.

Reisedauer Kreuzfahrten zwischen acht und 29 Tagen. Die längeren Touren schließen teils auch Südgeorgien und die Falklandinseln sowie Besuche bei den Kaiserpinguinen auf Snow Hill Island im Weddellmeer ein.

Reiseplanung Zur Wahl stehen kleine Eisbrecher für 50 bis 100 Passagiere, Expeditionsschiffe für 100 bis 200 Passagiere und Kreuzfahrtschiffe für bis zu 600 Passagiere. Kleinere Schiffe bieten am häufigsten Landgänge, größere liegen ruhiger in der oft rauen See.

Tipp Vorsorglich Medikamente gegen Seekrankheit mitbringen. Dicke Jacken sind in der Regel unnötig, da die meisten Schiffe Thermojacken für ihre Passagiere bereithalten.

Websites www.adventureassociates.com, www.peregrineadventures.com, www.pelagic.co.uk

HIGHLIGHTS

- Die Chancen stehen gut, **Buckel- und Zwergwale** sowie **Orcas** (Schwertwale, eigentlich eine Delphinart) zu sehen.

- Bei **Port Lockroy** auf der Antarktischen Halbinsel lebt eine große Kolonie von **Eselspinguinen**, ebenso bei **Paradise Harbor**, wo sie sich inmitten einer herrlichen eisbedeckten Bergkulisse tummeln. Auf **Half Moon Island**, einem felsigen Vulkankraterrest, haben sich **Zügelpinguine** niedergelassen.

- Mitte Januar sieht man die Pinguine ihre **pummeligen, flauschigen Küken** in Kieselnestern versorgen. Grundsätzlich sollte man von **nistenden Pinguinen** reichlich Abstand halten, aber viele der Vögel watscheln unbeeindruckt ganz nahe an Besucher heran, als wollten sie für die Kameras posieren.

- Auf jedem Schiff fahren **Fachleute** mit, die die Reise durch Vorträge über kühne Südpolforscher und die einzigartige Geologie und Tierwelt der Antarktis bereichern.

Gegenüber: Ein Schlauchboot bringt Passagiere zum Landgang auf die Antarktische Halbinsel. Oben links: Zügelpinguine in Reih und Glied auf einem Eisberg bei Elephant Island, einer der Südlichen Shetlandinseln vor der Antarktischen Halbinsel. Den Namen verdanken die Tiere ihrem schwarzen Kehlstreifen. Oben rechts: Ein neugieriger Orca lugt aus dem Packeis.

Top 10 Kanalfahrten

Zur Zeit der Industriellen Revolution zum Warentransport errichtet, sind die friedlichen Kanäle heute eher Freizeitskippern vorbehalten.

❶ Der Panamakanal, Panama

Pro Jahr befahren Tausende kleiner und großer Schiffe das 80 Kilometer lange Wunderwerk der Technik zwischen Atlantik und Pazifik. Die Durchfahrt dauert einen Tag. Man kann aber auch Teilabschnitte befahren, Seite an Seite mit Riesenfrachtern und den kleinen Schleppern, die sie durch drei Schleusenanlagen von einem Meer zum anderen geleiten.

Reiseplanung Die Trockenzeit geht von November bis Ende April. www.canalandbaytours.com

❷ New York State Canals, New York

Das Kanalsystem aus der Mitte des 19. Jahrhunderts umfasst 843 Kilometer Wasserstraßen und Treidelpfade im Staat New York, zwischen Albany und Buffalo. Der Eriekanal führt durch Rochester, wo das Haus der Bürgerrechtlerin Susan B. Anthony zu besichtigen ist. Für die Tour kann man ein Boot mit oder ohne Crew mieten.

Reiseplanung Die Kanäle sind von Mai bis Anfang November geöffnet. www.nyscanals.gov

❸ Der Weißmeer-Ostsee-Kanal, Russland

Vom Weißen Meer, einem Ausläufer des Nordpolarmeers an Russlands Nordwestküste, führt ein rund 225 Kilometer langes Kanalsystem nach Sankt Petersburg an der Ostsee. Der in den 1930er Jahren von Sträflingen gebaute Kanal fließt an urigen Dörfern und alten Holzkapellen vorbei.

Reiseplanung Die Fahrt muss über einen Reiseveranstalter gebucht werden. www.nordictravel.ru

❹ Kopenhagen, Dänemark

Zur Rundfahrt durch Dänemarks Hauptstadt laden die „Wasserbusse" ein: Sie befahren die vielen Kanäle und gewähren teils wunderbare Blicke auf die „Kleine Meerjungfrau". Die Boote fahren im Sommer offen, im Winter mit Glasdach

Reiseplanung Kaufen Sie ein Zweitage-„Freedom Ticket" zur unbegrenzten Fahrt auf den Kanälen der Stadt. www.canaltours.com/dct/en

❺ Amsterdam, Niederlande

Niedrige Brücken, stattliche Bäume und schmale Altbauten säumen Amsterdams zahlreiche Grachten. Besucher, denen eine Grachtentour mit oder ohne Abendessen nicht ausreicht, können auch gleich auf einem Hotelboot nächtigen oder ein Tretboot von Canal Bike an einer Anlegestelle mieten und an einer anderen wieder abgeben.

Reiseplanung www.blueboat.nl, www.canal.nl

Zur Zeit der Industriellen Revolution transportierten bunte Boote Waren über Englands ausgedehntes Kanalnetz. Heute sind sie ideal für eine entspannte Fahrt durch schöne Landschaft.

❻ Der Donau-Schwarzmeer-Kanal, Rumänien

Der 64 Kilometer lange Kanal führt von Cernavodă nach Constanţa (Konstanza), einem beliebten rumänischen Kurort am Schwarzen Meer. Er verläuft auch durch das Donaudelta, zu dessen Artenreichtum außer Pelikanen und Reihern rund 300 weitere Vogelarten gehören.

Reiseplanung Die Tour können Sie in eine längere Donaukreuzfahrt integrieren. www.romaniatourism.com

❼ Der Götakanal, Schweden

Der Kanal verbindet mehrere Seen und macht es möglich, per Schiff vom Vänersee, in der Nähe von Göteborg, bis in die Ostsee zu fahren. Unterwegs sind 58 Schleusen zu passieren, und es ist immer wieder spannend, die Schleusenmanöver von Deck aus zu beobachten. Das Angebot reicht von mehrstündigen Schiffsausflügen bis zu einwöchigen Kanalfahrten. Besonders Aktive können den Kanal auch mit einem Mietkanu oder -kajak erkunden.

Reiseplanung Um die Mittsommerzeit winken fast 24 Stunden Tageslicht und nahezu südeuropäische Temperaturen. www.vastsverige.com

❽ Brandenburg und Mecklenburgische Seenplatte, Deutschland

Zwischen Berlin und der Ostsee erstreckt sich ein ganzes Netz von Seen und Kanälen, das an Schlössern und historischen Städtchen vorbeiführt. Reiher fischen in seichten Uferzonen, und türkisfarbene Eisvögel flitzen übers Wasser. An schönen Sommernachmittagen sind die Ufer voller Angler, deren Fang (Karpfen und andere Süßwasserfische) man abends in den Restaurants der Region probieren kann.

Reiseplanung www.reiseland-brandenburg.de, www.mecklenburgische-seenplatte.de

❾ Ärmelkanal – Mittelmeer, Frankreich

Auf Frankreichs über 8000 Kilometer langem Kanalnetz kann man Landschaften, Städte und Dörfer vom Norden bis in den Süden erkunden. Im Süden führt der Canal du Midi durch eine Region von Weinbergen und mauerbewehrten Städten, viele davon nur einen Katzensprung vom Wasser entfernt. Man kann bei kleineren Orten an Land gehen, um Spezialitäten und Weine zu probieren und sich auf den Wochenmärkten mit Proviant einzudecken.

Reiseplanung Die Bootsvermieter geben eine Einweisung, bevor sie Sie mit Ihrem schwimmenden Heim auf die Kanäle loslassen. www.wasserwege.com

❿ Shropshire Union Canal, England

Der nördliche Teil des Kanals schlängelt sich durch die sanfte Hügellandschaft der West Midlands. Südlich von Nantwich verläuft er dann vorwiegend gerade durch tiefe Einschnitte und über eindrucksvolle Aquädukte. Der Kanal ist ein Vermächtnis der Industriellen Revolution, und auch die farbenfrohen Kanalboote scheinen einer anderen Ära anzugehören. Sie fahren nur im Schritttempo, um die Böschung nicht durch Wellenschlag zu beschädigen.

Reiseplanung Von Mai bis Oktober ist das Wetter am besten. www.waterscape.com

NORWEGEN

Norwegens Fjorde

Per Schiene und Schiff einen Tag lang durch Norwegens spektakulärste Fjordlandschaft.

Gletscher formten vor rund drei Millionen Jahren die steilwandigen Trogtäler der norwegischen Fjorde. Hunderte dieser schmalen, gewundenen Buchten erstrecken sich an Norwegens Westküste vom Europäischen Nordmeer bis tief ins Binnenland hinein. Die aufregendste Reise führt durch den Sognefjord: „Der König der Fjorde" ist mit 204 Kilometern der längste und mit 1308 Metern der tiefste Fjord des Landes. Das kleine Schiff tuckert durch stilles Wasser im Schatten hoch aufragender Steilhänge und dichter Nadelwälder. Wasserfälle stürzen senkrechte Felswände hinab, und Bilderbuchdörfer mit roten Holzhäusern und weißen Kirchtürmen kleben am Ufer. Ob bei Sommersonne oder Winterregen, die urtümliche Schönheit (und schiere Größe) der Fjorde ist eine überwältigende Erfahrung. Zur Küste gelangt man mit einem Zug nach Myrdal an der Strecke Oslo–Bergen und weiter mit der Flåmsbahn, einer Glanzleistung des Eisenbahnbaus mit zahlreichen Wendetunneln durch ansonsten unüberwindliche Felswände. Die phantastische Aussicht auf Wasserfälle und gähnende Abgründe neben der an den Berg geschmiegten Gleisstrecke machen die einstündige Fahrt zu einer der faszinierendsten Zugreisen der Welt.

Beste Reisezeit Die oft sonnigen Monate Mai bis September sind die touristische Hauptsaison. Die langen, dunklen Winter versprechen dagegen wildromantische Sturmatmosphäre.

Reisedauer Touren verschiedener Länge je nach Veranstalter. Planen Sie ein bis drei Tage ein, falls Sie Bergen besuchen und mit der Flåmsbahn fahren wollen.

Reiseplanung Auf dem Schiff und im Zug gibt es nur eine Standardsitzklasse. In Flåm kann eine Essenspause eingelegt werden; auf dem Schiff werden Snacks angeboten.

Tipp Norwegen ist selbst im Sommer kühl. Bringen Sie eine warme Jacke mit, damit Sie vom offenen Deck die schöne Aussicht genießen können. Ein Fernglas ist sinnvoll, um einen Blick auf Seehunde erhaschen zu können.

Websites www.sognefjord.no, www.norwaynutshell.com, www.visitnorway.com/de

HIGHLIGHTS

- **Bergen**, Norwegens zweitgrößte Stadt beherbergt wunderschöne rekonstruierte mittelalterliche Holzhäuser, vor allem im Hafenviertel Bryggen, das zum Weltkulturerbe zählt.
- Der besonders schmale **Nærøyfjord** lockt mit einer der schönsten Naturlandschaften Nordeuropas: blaues Wasser vor grünem Nadelwald, überragt von schneegekrönten Bergen.
- Mit etwas Glück entdecken Sie **Seehunde** am Ufer des Fjords.
- Das Dorf Flåm (der Name bedeutet „kleiner Platz zwischen steilen Bergen") ist der ideale Ausgangspunkt für **Kajaktouren** durch die Fjorde.

Der Aurlandsfjord bei Flåm im sanften Morgenlicht eines norwegischen Sommertags.

FINNLAND

Arktischer Eisbrecher

Eine unvergessliche Reise durch das winterliche Wunderland der eisigen Gewässer vor Lappland.

Die Reise in das eisige Herz des Winters startet vom finnischen Hafen Kemi am nördlichen Ende des Bottnischen Meerbusens, der sich als 725 Kilometer langer Seitenarm der Ostsee zwischen Schweden und Finnland erstreckt. Jeweils fünf Wintermonate lang schippert der außer Dienst gestellte Eisbrecher „Sampo" hier Besucher durch tintenschwarze Gewässer und dickes Packeis aus dicht zusammengedrängten Eisschollen. Das kraftvolle, 75 Meter lange Schiff fräst sich mit acht Knoten Geschwindigkeit unermüdlich durch bis zu 50 Zentimeter dicke Eisschichten. Allerdings sollte man auf heftige Stöße gefasst sein, wenn die „Sampo" stellenweise dickeres Eis durchbrechen muss. Die meisten Ausfahrten dauern nur einen Nachmittag, garantieren aber ein besonderes Erlebnis in einer blendend schönen, meist menschenleeren Welt aus Meer, Eis und Schnee. Wer will, kann sogar aufs Packeis hinaus und im wasserdichten Thermoanzug ein Bad im Meer nehmen. Angeboten werden außerdem Schneemobilfahrten übers Eis oder Ausflüge mit dem Hundeschlitten zu einem traditionellen Dorf der Samen, der angestammten Bewohner der Region.

Beste Reisezeit Dezember bis April.

Reisedauer Normalerweise vier Stunden; es gibt auch Nachtfahrten.

Reiseplanung Da das Schiff nur 150 Passagiere mitnehmen kann, sollte man diese beliebte Tour frühzeitig buchen.

Tipp Sampo Tours stellt alle benötigte Ausrüstung für Aktivitäten wie das „Eisschwimmen" bereit. Selbst mitbringen sollte man genügend warme Kleidung, wasserdichte Jacken, Mützen und Handschuhe für Spaziergänge an Deck. Außerdem benötigt man eine Sonnenbrille, denn das von Eis und Schnee reflektierte Sonnenlicht blendet stark.

Website www.sampotours.com

HIGHLIGHTS

- Bei **Führungen durchs Schiff** besucht man unter anderem den **Maschinenraum** mit den 8800 PS starken Schiffsmotoren und die **Brücke**, auf der die Offiziere ihren Dienst tun.

- Zuflucht vor der Kälte bieten Arctic Restaurant, Icebreaker Bar und Captain's Saloon mit gemütlicher Ausstattung in Holz und Messing und leckeren **samischen Spezialitäten** wie **Rentierfleisch**.

- Mit etwas Glück sieht man am Ende des kurzen Wintertags das spektakuläre Farbenspiel des **Nordlichts** am dunklen Nachthimmel flackern.

Passagiere sehen vom Vorderdeck zu, wie sich der Bug der „Sampo" den Weg durch die strahlend weiße Eisdecke bahnt.

Top 10 Segeltörns

Aufregende Segelerlebnisse auf hoher See, ein paar Stunden oder mehrere Wochen lang.

❶ Großseglertörns, Nova Scotia/Labrador, Kanada

Im Wind, der auf diesen einwöchigen Fahrten durch die Takelage fährt, liegt der Hauch der ostkanadischen Seefahrervergangenheit. Einige Schiffe nehmen Gäste auch als „Trainees" mit. Unterwegs laufen die Segler abgeschiedene Häfen an, wo man Kajak fahren, Blaubeeren pflücken oder wandern kann.

Reiseplanung Vier- und siebentägige Törns von Juni bis September. www.canadiansailingexpeditions.com, www.kanadisch.com

❷ Windjammerkreuzfahrt, Karibik

Mit Wind im Haar, Sonne im Gesicht und Teak unter den Füßen durch die Karibik: Diese Segelschiffe sind groß genug für ein komfortables Reiseerlebnis und klein genug, um in einsamen Buchten zu ankern. An Bord locken Entspannung und Wassersport; dazu bieten die meisten Veranstalter Dschungeltouren im Geländewagen und andere Landabenteuer.

Reiseplanung Die Kreuzfahrten werden von November bis Juni angeboten. www.windjammer.com

❸ Piratenfahrt, Grand Cayman Island

Karibiktörn für große und kleine Kinder auf dem Nachbau einer spanischen Galeone des 17. Jahrhunderts, mit feuerbereiten Kanonen, «über die Planke laufen» und Schwertkämpfen.

Reiseplanung Kreuzfahrten von November bis Juni. www.jollyrogercayman.com

❹ Mit dem Star Clipper nach Französisch-Polynesien

Ein Traum wird wahr: Ganz entspannt von einer Paradiesinsel zur nächsten segeln. Per Sieben-Tage-Törn von Tahiti nach Huahine, Bora-Bora, Moorea und weiteren polynesischen Inseln mit allen Annehmlichkeiten eines modernen Luxusliners und der nostalgischen Aura eines Segelschiffs.

Reiseplanung Mit dem Flieger von Australien nach Tahiti. www.cruisematch.com.au

❺ Dschunkenkreuzfahrt, Andamanensee, Thailand

Seltene Meeresvögel, romantische Strände und berühmte Kalkstalaktiten sind nur einige Attraktionen des Marineparks Andamanensee mit 3500 Inseln. Der sechstägige Törn zwischen Krabi und Phuket ist keine Luxuskreuzfahrt; Duschen und Toiletten werden gemeinschaftlich genutzt.

Reiseplanung Törns in beide Richtungen von Oktober bis April. www.discoverythailand.net

Mit dem Segelschiff kann man ganz gemütlich zwischen den karibischen Inseln kreuzen und ihre Geschichte, versteckte Buchten und Strände erkunden.

❻ Halongbucht, Vietnam

In der Halongbucht („Bucht des herabgestiegenen Drachens“) an Vietnams Nordostküste liegen rund 3000 bizarr geformte Kalksteininseln und -felsen verstreut, gesäumt von schwimmenden Dörfern und einsamen Sandstränden. Im Frühjahr und Frühsommer ist das Wasser besonders ruhig und klar. Dieses Unesco-Welterbe lässt sich am besten auf einer Dschunkenkreuzfahrt erkunden.

Reiseplanung Kreuzfahrten von November bis April. www.footprintsvietnam.com

❼ Seychellen

Eine Charterjacht ist das ideale Fortbewegungsmittel durch das Naturparadies der Seychellen mit seinem klaren Wasser und den intakten Korallenriffen. Wer will, kann ein Boot samt Skipper und Crew anheuern; erfahrene, unerschrockene Segler können aber auch auf eigene Faust losschippern. Die üblichen Törns dauern je nach Wind sieben bis acht Tage.

Reiseplanung Boote werden in Victoria auf Mahé oder Baie Sainte Anne auf Praslin vermietet. www.indianocean-adventure.com

❽ Daukreuzfahrt, Straße von Hormus, Oman

In die Straße von Hormus, die Einfahrt zum Persischen Golf, ragt Kap Musandam, der Nordzipfel von Oman. Seine Buchten zwischen steil ins Meer abfallenden Bergen erinnern an norwegische Fjorde; die verstreuten Dörfer an Land sind nur vom Wasser aus zu erreichen. Von Bord einer Dau, einem traditionellen Holzsegler, kann man die spektakuläre Küste bewundern, schwimmen und in den artenreichen Gewässern tauchen.

Reiseplanung Kreuzfahrten von Oktober bis April. www.msaoman.com

❾ Lamu, Kenia

Die Tropeninsel Lamu vor Kenias Küste, knapp südlich des Äquators, war ein bedeutender Hafen für afrikanische, arabische und europäische Händler und Entdecker. Das spiegelt sich auch in ihrer historischen Bausubstanz. Von hier schippern Dau-Touren zu den umliegenden Inseln. Zum Angebot gehören ein dreistündiger Ausflug zur Insel Manda, eine Vollmondkreuzfahrt und Angeltouren, auf denen der Fang gleich zubereitet wird.

Reiseplanung Kreuzfahrten von Dezember bis April. www.peponi-lamu.com

❿ Evia-Inselkreuzfahrt, Griechenland

Evia (Euböa), die zweitgrößte griechische Insel, liegt stellenweise nur 40 Meter vom Festland entfernt. Hinter der zerklüfteten Küste mit breiten Stränden und steilen Felsen erheben sich Berge mit verstreuten Dörfern und Klöstern. Auf einer Küstenfahrt mit einem *kaik* (hölzernen Fischerboot) kann man einsame Buchten und Strände, die Privatinsel Petali und die Hauptinsel selbst erkunden. Am besten kommt man mit einer Gruppe von sechs bis acht Personen; die Boote werden mit Bootsführer und Mannschaft vermietet.

Reiseplanung Fahren Sie in der Zeit von Mai bis Oktober; im Spätsommer kann es windig werden. www.bluesails.de

GRIECHENLAND

Die Kykladen

Terrassierte Hänge, Olivenhaine, strahlend weiße Dörfer unter Windmühlenflügeln und Kirchtürme mit blauen Kuppeln prägen die unwiderstehliche Inselgruppe.

Die eleganten Säulen einer Tempelruine vor wolkenlosem Himmel, schneeweiße Häuser an felsigen Hängen, Sandstrände entlang der azurblauen Ägäis: Das ist die Inselwelt der Kykladen in der südlichen Ägäis, von Andros im Norden bis zur Vulkaninsel Santorin (Thira) im Süden. Ihr Zauber liegt nicht zuletzt in ihrer Vielfalt und den fast unbegrenzten Möglichkeiten zum Inselhüpfen: Täglich pendeln Dutzende von Fähren zwischen den Inseln und dem Festland, sodass man ganz nach Lust und Laune die Inseln entweder von einem festen Standort aus erkunden oder immer weiter von Insel zu Insel reisen kann. Jede der 220 Inseln, darunter auch unbewohnte Felsen im Meer, hat ihren ganz eigenen Charakter. In Sichtweite des Nachtschwärmermekkas Mykonos liegt Delos als Oase für alle, die genug von Stränden, Bars und Clubs haben. Nach der griechischen Mythologie wurden auf diesem Eiland Apollon und seine Zwillingsschwester Artemis, die Göttin der Jagd, geboren. Hier gibt es viele schöne Zeugnisse der Antike wie die vor 600 v. Chr. angelegte Löwenterrasse oder die Mosaiken im Haus der Delphine. Auf Folegandros, weiter südlich, thront ein verwinkeltes weißes Dorf über einer Steilküste. Der riesige, vom Meer geflutete Krater von Santorin zeugt von einem Vulkanausbruch vor über 6000 Jahren und bietet Landschaftseindrücke und Sonnenuntergänge, wie sie in Griechenland kaum schöner zu finden sind.

Beste Reisezeit Anfang Juni bis Mitte Oktober, aber meiden Sie die Woche um Mariä Himmelfahrt (15. August).

Reisedauer Zwei bis vier Stunden pro Fahrt von einer Insel zur nächsten, je nachdem, ob Sie normale Fähren, schnellere Katamarane oder noch schnellere Tragflächenboote wählen.

Reiseplanung Ticketbuden säumen jeden Inselhafen. Last-Minute-Tickets gibt es etwa eine Stunde vor Abfahrt am Anleger, aber besser kaufen Sie die Fahrkarten einen Tag im Voraus. Schlepper werben an jeder ankommenden Fähre lautstark für Unterkünfte. Gehobenere Quartiere sollten Sie reservieren.

Tipp Die Übernachtungsangebote auf den Fähren reichen von Liegesitzen bis zu Erste-Klasse-Kabinen mit Kojenbetten. Für längere Überfahrten Wasserflaschen und Reiseproviant mitnehmen.

Websites www.gtp.gr, ferries-greece.com/de

HIGHLIGHTS

- Die **Fährfahrten** machen einen Teil des Reisevergnügens aus. Die beste Aussicht bieten **herkömmliche Fähren**. Tragflächenboote sind schneller, haben aber nur Innensitze im Flugzeugstil.

- Auf den Eselspfaden, die kreuz und quer über die Hügel von **Tinos** führen, leisten den Wanderern nur Ziegen, Schmetterlinge und Eidechsen Gesellschaft. Die **Wallfahrtsbasilika der Panagia Evangelistria** beherbergt ein wundertätiges Bildnis der Muttergottes.

- Zum **Schwimmen, Schnorcheln und Sonnenbaden** laden die (allerdings oft überfüllten) Strände von **Mykonos** oder die winzigen Buchten von **Tinos** und **Folegandros** ein.

- Hotels, Bars und Touristenläden drängen sich an den Ufern von **Naxos**, der größten Kykladeninsel. Landeinwärts finden Sie **traditionelle Dörfer** zwischen **Obstplantagen und Olivenhainen**. Über all dem erhebt sich der **Zas**, der höchste Berg der Kykladen.

- Lassen Sie sich auf **Santorin** von einem **Esel** zum 275 Meter hohen Kraterrand hinauftragen. Eine schnellere und komfortablere Alternative ist die **Seilbahn**.

Gegenüber: Der Glockenturm von Oia an der Steilküste von Santorin im sanften Morgenlicht; tief unter ihm gleitet ein Schoner durch das ruhige Wasser der Ägäis. Oben links: Auf steilen Berghängen werden immer noch Esel als Lasttiere eingesetzt. Oben rechts: Das Tor des unvollendeten Apollontempels auf Naxos.

ÖSTERREICH/UNGARN/DEUTSCHLAND

DONAUKREUZFAHRT

Auf dem sagenumwobenen Fluss durch herrliche Landschaften zu zwei der schönsten Städte Europas: Wien und Budapest.

Vom Schwarzwald bis zum Schwarzen Meer strömt die blaue Donau durchs Herz Europas, durch menschenleere Landschaften, vorbei an winzigen Dörfern und rührigen Städten, sonnenverwöhnten Weinbergen, bewaldeten Hügeln, eckigen Kirchtürmen und einsam aufragenden Burgen. Hauptattraktion der Reise sind aber die majestätischen alten Städte am Ufer. Hier kann man vom Schiffsdeck geradewegs in historische Gassen mit prachtvoller Architektur und exklusiven Geschäften laufen. Selbst die kürzesten Kreuzfahrten steuern zwei Metropolen an: Wien, eine wahre Schatzkammer der Kultur, und Budapest, die Königin der Donau. Hier verkörpert die Fußgängerzone Váci utca wunderschön den Geist der Stadt: Ihre perfekt sanierten Gebäude aus dem 18. Jahrhundert beherbergen topmoderne, schicke Läden. Manche Kreuzfahrten führen auch nach Bratislava, der altehrwürdigen Hauptstadt der Slowakei, und zu den österreichischen Orten Dürnstein (mit einer Burgruine aus dem 12. Jahrhundert, in der Richard Löwenherz im Kerker schmachtete) und Melk mit seiner glanzvollen barocken Benediktinerabtei. Beim Landgang in Esztergom kann man Ungarns größte Basilika und ihre Schätze besuchen.

Beste Reisezeit Die meisten Fahrten finden von April bis Ende Oktober statt, ein paar auch in der Weihnachtszeit.

Reisedauer Fahrten von sieben bis 14 Tagen führen von Passau nach Budapest und zurück. Viele haben auch längere Stadtaufenthalte und Abstecher zu nahen Städten wie Prag und München im Programm.

Reiseplanung Stellen Sie sich auf wechselhaftes Wetter ein. Bequeme Laufschuhe sind wichtig für Stadtbesichtigungen.

Tipp Bei der Budgetplanung die Trinkgelder nicht vergessen, die mit rund acht bis zehn Euro pro Tag zu Buche schlagen können.

Websites www.deilmann-kreuzfahrten.de, www.vikingrivercruises.de

■ Von den Anlegestellen sind es nur fünf Gehminuten zu **Budapests** berühmter **Großer Markthalle von 1896** mit ihrem überwältigenden Angebot an Frischwaren, Wurst und den schönsten handgearbeiteten Souvenirs der Stadt.

■ Abendliche Besuche der führenden europäischen **Opern- und Konzertsäle** in Wien sind unvergessliche Erlebnisse für alle Freunde klassischer Musik.

■ **Wiener Backwaren** sind einfach köstlich, vor allem die Sachertorte mit Aprikosenkonfitüre und Schokoguss. Eine gute Adresse zum Probieren ist die Demel-Konditorei am Kohlmarkt 14 mit nostalgischem Interieur und kunstvollen Marzipankreationen im Fenster.

Das Budapester Parlamentsgebäude in der Abenddämmerung. Dahinter sieht man Margitsziget, eine kleine Donauinsel zwischen Buda und Pest.

Riesige Affenbrotbäume zieren die Landschaft beiderseits des Mangoky.

MADAGASKAR

DER MANGOKY

Beschauliche Schlauchboottour durch eine abgeschiedene, unvergleichliche Landschaft im westlichen Madagaskar.

Madagaskar ist das Land des *mora-mora* („langsam, langsam"), und das gemütlich stromabwärts treibende Schlauchboot ist die perfekte Verkörperung dieser madagassischen Gelassenheit. Über 80 Prozent der Inselflora und -fauna kommen nur auf Madagaskar vor, und der stille, grüne Mangoky im Südwesten trägt die Besucher durch eine Landschaft, wie man sie nur selten zu sehen bekommt. Immer wieder säumen gedrungene Affenbrotbäume das Flussufer und recken ihre Äste wie Finger in den klaren Himmel. Zusammen bilden sie den größten Baobab-Wald der Welt. Andernorts paddelt man lautlos an dichtem Wald oder stacheliger Strauchwüste vorbei. Wachsamkeit ist gefragt, um die Lemuren nicht zu verpassen, diese seltsamen Halbaffen, die durch das Unterholz huschen oder sich im hohen Bogen von Ast zu Ast schwingen: Kattas mit geringeltem Schwanz, Rotstirnmakis und die seltenen Larvensifakas, deren schwarze Gesichter flauschiger, weißer Pelz umrahmt. Bussarde, Wanderfalken und Reiher nisten am Flussufer. Nachts kampiert man auf einem der vielen herrlichen Sandstrände entlang des Stroms und lässt sich am Morgen von den Trillerrufen der Lemuren wecken.

Beste Reisezeit Im madagassischen Winter (Mai bis Oktober); dann ist das Wetter warm und trocken. Das übrige Jahr kann es drückend heiß sein.

Reisedauer Die meisten Touren dauern ungefähr eine Woche.

Reiseplanung Bei Touren in den Südwesten gehört oft eine Schlauchbootetappe auf dem Mangoky zum Programm. Oder Sie heuern einen einheimischen Bootsführer an und campen nachts am Flussufer.

Tipp Vorsicht vor Schistosomiasis (Bilharziose), die über Wasserorganismen verbreitet wird. Deshalb keinesfalls im Fluss baden und auch kein Flusswasser zum Waschen verwenden.

Websites www.dilag-tours.ch, www.remoterivers.com

HIGHLIGHTS

- Dieses Paradies für Naturfreunde verzaubert mit einzigartigen **Wasservögeln** und **seltenen Orchideen** am Flussufer und natürlich mit seinen **Lemuren**.
- **Kampieren** Sie an menschenleeren Stränden, bereiten Sie Ihr Abendessen auf dem Lagerfeuer zu und bestaunen Sie den sternenübersäten Nachthimmel.
- Vielleicht erspähen Sie ein **Krokodil**; allerdings wurden die Bestände in letzter Zeit durch Wilderei stark dezimiert.
- Schließen Sie Bekanntschaft mit **madagassischen Dorfbewohnern**, die Besucher stets mit aller Höflichkeit und Freundlichkeit begrüßen.

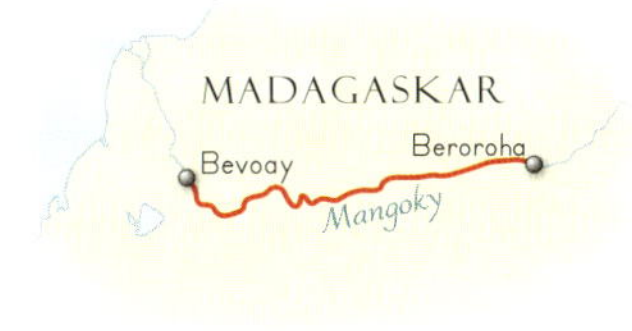

Anmutige Feluken segeln wie Vögel über den Nil bei Assuan und befördern Besucher und Einheimische.

ÄGYPTEN

Felukenfahrt auf dem Nil

Die Nilfahrt mit einer traditionellen Feluke bietet faszinierende Einblicke in dieses geschichtsträchtige Land.

Den 200 Kilometer langen Nilabschnitt zwischen Assuan und Luxor säumen zahlreiche Bauwerke und Monumente aus Ägyptens ferner Vergangenheit, und die zweimastige Feluke ist ein altbewährtes Transportmittel zu ihrer Erkundung. Die Felukenfahrt führt idealerweise von Assuan, der südlichsten Stadt des alten Ägypten, stromabwärts zum Touristenmekka Luxor. Ein grüner Korridor aus Mais-, Zuckerrohr-, Bohnen- und Luzernefeldern säumt beide Flussufer, hier und da unterbrochen vom monumentalen Mauerwerk uralter Tempel. In Kom Ombo gibt es Krokodilmumien zu besichtigen, in Idfu einen perfekt erhaltenen Horustempel aus Sandstein. Zwischen diesen Landgängen entspannt man sich an Bord, plaudert mit Mitreisenden, hilft dem Koch bei der Zubereitung der Mahlzeiten oder stimmt in die traditionellen Lieder der Besatzung ein. Wenn abends die Gebetsrufe übers Wasser hallen, lassen sich die Passagiere unterm Zeltdach nieder, um sich an schlichten, aber köstlichen Spezialitäten des Landes zu laben. Geschlafen wird an Deck oder auf Sandinseln im Fluss unter ägyptischem Sternenhimmel. Wer es komfortabler wünscht, entscheidet sich für eins der Hotelschiffe, die auf dem Fluss unterwegs sind.

Beste Reisezeit Von November bis März.

Reisedauer Die 200 Kilometer lange Flussfahrt dauert je nach Anzahl der Übernachtungsstopps fünf bis sechs Tage.

Reiseplanung Sie können Ihre Felukentour mit den Bootsführern in Assuan aushandeln; einfacher und sicherer ist die Buchung bei einem zuverlässigen Veranstalter. Genügsame Reisende können mit Schlafsack an Bord der Feluke nächtigen; eine Alternative sind kleine Gästehäuser oder Hotels.

Tipp Bringen Sie Snacks und Getränke mit, außerdem Toilettenpapier, eine Taschenlampe und Batterien. Es gibt keine Toiletten an Bord, nur bei den Sehenswürdigkeiten oder in den Städten und Dörfern.

Websites www.egypt.travel/index.php, www.nilefelucca.com

HIGHLIGHTS

- Auf der **Nilinsel Elephantine**, gegenüber von Assuan, stehen Tempelruinen und der Nilometer, mit dem im Altertum das jährliche Nilhochwasser gemessen wurde.
- **Kom Ombo** ist ein ungewöhnlicher Doppeltempel für den krokodilköpfigen Gott Sobek und den falkenköpfigen Horus.
- Der **Horustempel** von Idfu wurde im 1. Jahrhundert v. Chr. von Pharao Ptolemaios XII. fertiggestellt, dem Vater der Kleopatra.
- In Isna ist der **Chnumtempel** des widderköpfigen Nilgotts als herausragendes Beispiel der Tempelarchitektur des 2. Jahrhunderts v. Chr. zu bewundern.

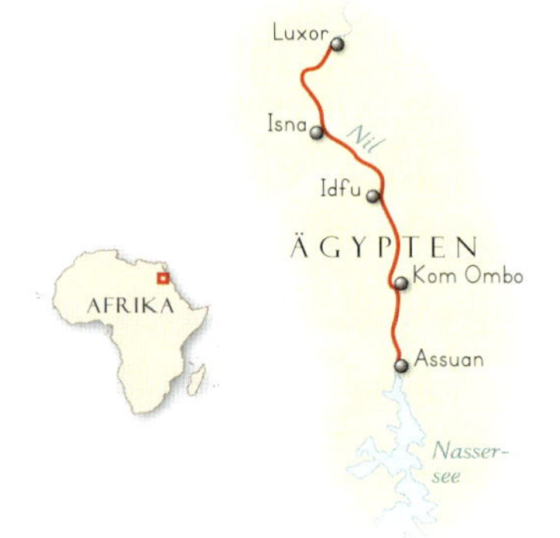

MALI

Pirogen und Pinassen auf dem Niger

Auf einem der größten Ströme Afrikas geruhsam durch die Vergangenheit treiben.

Fischer werfen ihre Netze aus und holen ohne Hast ihren Fang aus Nilbarschen *(capitaines)* ein. Graufischer flattern über dem Wasser und tauchen blitzschnell in die Tiefe, wenn sie eine Beute erspähen. Ein Dorf aus Lehmhäusern gleitet vorbei, an dessen Ufer Frauen Wäsche waschen und Horden lachender Kinder herüberrufen: «*Ça va, toubab?*» («Alles klar, Weißer?»). Der Lebensrhythmus am Niger und seinem Nebenfluss Bani ist so gemächlich wie der Strom selbst. Für die Flussfahrt stehen zwei Typen langer, schmaler Boote zur Wahl: die größeren, motorisierten Pinassen oder die kleineren Pirogen, die von unermüdlichen Bootsführern gestakt werden. So oder so passiert man Szenen biblischer Zeitlosigkeit – einen einsamen Fulani-Hirten auf der hohen Uferböschung, eine Viehherde, die zum Tränken und Waschen in den Fluss getrieben wird, eine reliefverzierte Moschee aus Lehmziegeln. Auf dem Fluss selbst herrscht reges Treiben: Schiffe mit zusammengestückelten Segeln aus altem Sackleinen transportieren Waren zum nächsten Markt, kleinere Boote setzen Passagiere, Vieh und sogar Motorräder ans andere Ufer über. Selbst Kinder staken ohne erwachsene Begleiter fröhlich in ihren Bötchen über den Fluss.

Beste Reisezeit November bis März, also nach der Regenzeit und vor der brütenden Sommerhitze.

Reisedauer Drei Tage für eine Pirogenfahrt von Djenné nach Mopti, zwei Tage in einer Pinasse. Es werden auch Tagesausflüge von größeren Städten wie Ségou oder Mopti aus angeboten.

Reiseplanung Sie können die Flussfahrt bei einem Tourveranstalter buchen oder versuchen, mit den Bootsführern am Ufer einen guten Preis auszuhandeln.

Tipp Nehmen Sie Zelte und Campingausrüstung mit. Die Bootsführer wählen abends einen Lagerplatz und bereiten fangfrischen Nilbarsch und andere Spezialitäten am offenen Feuer zu.

Websites www.africontours.de, www.geo-tours.de, www.hoteldjennedjenno.com

HIGHLIGHTS

- **Die Große Moschee von Djenné** ist der größte Lehmziegelbau der Welt. In der historischen Stadt, die auf der Welterbeliste der Unesco steht, findet montags ein farbenfroher Markt statt.

- In diesem **Paradies für Vogelfreunde** gibt es Wasserläufer, Regenpfeifer, Reiher, Hammerköpfe, Bienenfresser und viele andere Arten zu beobachten. An den Ufern des Débosees bekommen Sie vielleicht sogar **Nilpferde** zu Gesicht.

- Vom betriebsamen **Flusshafen Mopti** fahren Schiffe Hunderte von Kilometern stromauf und -ab. Bewundern Sie den Sonnenuntergang von der Terrasse der Bar Bozo, die nach einem heimischen Fischerstamm benannt ist.

Eine traditionelle Piroge befördert Passagiere samt ihrem Vieh über den Niger in Mali.

ROUT
66

2 Auf der Strasse

Die berühmten Landrouten dieser Welt erzählen alle ihre eigene Geschichte. Auf manchen ist die Natur der Hauptdarsteller: Gebirge, die von Feuer und Eis geformt wurden, Wüsten in allen Farben oder eine Wildnis mit einzigartiger Tierwelt. Andere Routen erzählen vom Glück und Leid der Menschen – auf den Spuren lang entschwundener Völker, historischer Schlachtfelder, uralter Handelswege, prachtvoller Paläste und mächtiger Kathedralen. Die Reisewege in diesem Kapitel führen in alle Erdteile und umfassen Touren jeder Art und Länge. Einige eignen sich für einen Wochenendtrip, wie die Route durch das schottische Hochland. Andere versprechen Herausforderung und Abenteuer, wie die Grand Trunk Road, eine 2575 Kilometer Reise durch Pakistan und Indien. Zwischen diesen Extremen liegen Strecken unterschiedlicher Schwierigkeitsgrade. Manche haben längst Kultstatus erlangt. Bestes Beispiel ist die legendäre Route 66, die in Literatur und Musik das amerikanische Lebensgefühl schlechthin verkörpert.

„Get your kicks on Route 66", empfahl ein Song aus den 1940er Jahren. John Steinbeck verewigte die Straße von Chicago nach Los Angeles in seinem Roman „Die Früchte des Zorns" über Farmer aus dem staubigen Oklahoma, die auf ein neues Leben im Westen hoffen.

ARIZONA, USA

Auf der Route 66

Zum persönlichen Roadmovie auf die legendäre Straße.

Die Route 66 von Chicago nach Los Angeles war im 20. Jahrhundert lange Amerikas wichtigste Straße in Ost-West-Richtung und wurde durch einen von Bob Dylan gecoverten Song zur Legende. Während der Weltwirtschaftskrise zogen verarmte Farmer über die „Mother Road" nach Kalifornien. In den 1950er und 1960er Jahren suchte die erste Generation moderner Touristen ihr Glück auf der „Hauptstraße Amerikas". Heute ist das längste Reststück der ursprünglichen Route 66 in Arizona ein Nostalgieziel für Reisende, die sich in eine unschuldigere Zeit zurückwünschen. Noch immer säumen Motels und Imbisslokale im klassischen Route-66-Stil die Hauptstraßen von Holbrook, Flagstaff und Williams. Hinter Williams zweigt der zweispurige Asphaltstreifen vom modernen I-40 ab und führt durch Orte wie Peach Springs und Hackberry, von denen viele an alten Planwagenpisten und Eisenbahntrassen liegen. Das Goldgräberstädtchen Oatman in den Black Mountains, einst Schauplatz wüster Schießereien, war für Siedler auf dem Weg nach Westen die letzte Station vor der kalifornischen Wüste.

Beste Reisezeit Die Route 66 ist ganzjährig befahrbar. Im späten Frühjahr und im Frühherbst sind die Temperaturen angenehm und die meisten Sehenswürdigkeiten schon oder noch geöffnet.

Reisedauer Der Arizona-Abschnitt der Route 66, von Holbrook bis Oatman, ist 590 Kilometer lang. Um ihn in Ruhe zu erkunden, sollten Sie drei bis fünf Tage veranschlagen.

Reiseplanung Teile der Route 66 führen durch einsame Wüstengebiete, also exakte Karten, ausreichende Wasservorräte, Sunblocker, Sonnenbrille und -hut mitnehmen. Auf manchen Abschnitten, wie zwischen Williams und Kingman, sind Tankmöglichkeiten rar.

Tipp Die alte Route 66 ist auf modernen Straßenkarten nicht verzeichnet; ihr Verlauf ist den Karten unter www.historic66.com/arizona zu entnehmen. Im östlichen Arizona dem I-40 folgen, mit Abstechern zu Resten der Route 66 in Holbrook, Flagstaff und Williams. Die „Old Route 66" führt von Seligman bis Oatman.

Websites www.historic66.com/arizona, www.route66university.com, www.arizonaguide.com

HIGHLIGHTS

- Ein **unterirdischer Spaziergang** durch die Grand Canyon Caverns in der Nähe von Peach Springs gehört zu den ältesten und beliebtesten Attraktionen der Route 66.
- Die Route 66 ist ein Stück Populärkultur, also keine falsche Scheu vor den etwas kitschigen **Old-West-Schießereien** in Oatman. Außerdem locken hier die Galerien und Geschäfte ortsansässiger Kunsthandwerker.
- Millionen von Reisenden haben die Route 66 als Ausgangsbasis für einen Abstecher zum Südrand des **Grand Canyon**, nördlich von Williams, oder zum wunderschönen **Havasu Canyon**, nördlich von Peach Springs, genutzt.

Stilechtes Nachtlager: Die Beton-Tipis des Wigwam Motels in Holbrook gehören zu den schönsten Beispielen der typischen Route-66-Architektur.

Die Straße schmiegt sich hoch über dem tiefblauen Pazifik eng an die steilen Felshänge der Santa Lucia Range.

KALIFORNIEN, USA

Auf dem Highway 1 durch Big Sur

Überwältigendes Pazifikpanorama und halsbrecherische Haarnadelkurven an Kaliforniens wilder Küste.

Wenn eine Straße das berauschende Lebensgefühl Kaliforniens verkörpert, dann der Highway 1 durch Big Sur – jene Region, die schon die Spanier *país grande del sur* („großes Land des Südens") tauften. Die Route beginnt am Hearst Castle, direkt nördlich von San Simeon, und folgt der gebirgigen Küstenlinie nordwärts über die Künstlerkolonie Carmel bis zum historischen Monterey. Von John Steinbecks „Straße der Ölsardinen" in den 1930ern über die „California Dreamin'"-Ära der 1960er bis in unsere Zeit hat der Ruf der gewundenen Straße hoch über der Küste von Big Sur abenteuerlustige Naturen angelockt. Wer ihren Spuren folgt, stößt auf Naturparks mit ruhigen Redwood-Wäldchen und auf unzählige Rastplätze mit herrlichem Küstenpanorama. Braune Pelikane kreisen über der Küste, und manchmal sieht man Grauwale vorbeiziehen. See-Elefanten tummeln sich am Point Piedras Blancas nördlich von San Simeon, und Schwärme kanadischer Monarchfalter überwintern in Pacific Grove bei Monterey.

Beste Reisezeit Frühjahr, Sommer und Herbst. Am meisten Betrieb herrscht im Juni, Juli und August. Im Sommer ist mit Morgennebel zu rechnen.

Reisedauer Die 153 Kilometer lange Route (eine Richtung) kann mit vielen entspannten Zwischenstopps leicht einen ganzen Tag in Anspruch nehmen.

Reiseplanung Campingplätze und andere Unterkünfte gibt es reichlich, teils im Wald und teils mit prachtvollem Meerblick. Tankstellen sind dünn gesät, also schon in Morro Bay, südlich von San Simeon, volltanken.

Tipp Am besten ist die Aussicht auf dem Weg nach Norden, auf der Landseite der schmalen, kurvigen Straße - in sicherem Abstand vom steilen Abhang der Ozeanseite. Vorsicht bei Regenfällen: Sie können Erdrutsche auslösen. Starke Strömungen machen Schwimmen zu einem gefährlichen Vergnügen.

Websites www.bigsurcalifornia.org, www.carmelcalifornia.org, www.monterey.org

HIGHLIGHTS

- Ideal für ein Picknick ist der Ragged Point, 24 Kilometer nördlich von San Simeon. Der Blick von diesem **Aussichtspunkt** wurde als das «atemberaubendste Küstenpanorama Amerikas» bezeichnet.

- Im **Julia Pfeiffer Burns State Park**, 60 Kilometer südlich von Carmel, führt ein Weg zu einer Bucht, in der ein Wasserfall 24 Meter tief ins Meer stürzt. Außerdem gibt es längere Wanderwege in die umgebenden Berge.

- In Carmel beim **Strandspaziergang**, beim Bummel durch die Kunstgalerien oder beim Gläschen Wein in Clint Eastwoods Hog's Breath Inn unauffällig Ausschau nach Filmstars halten.

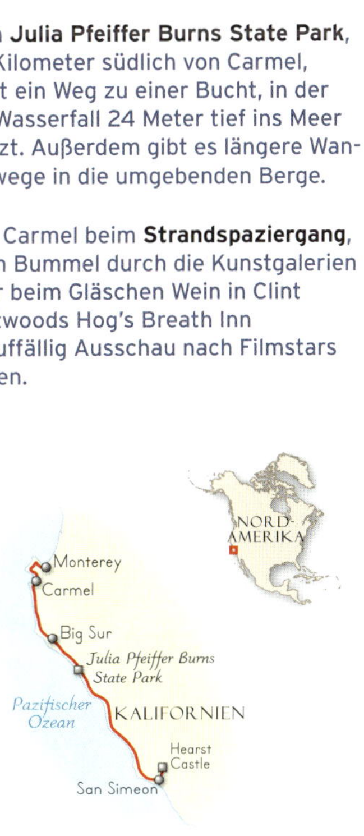

KANADA

Der Icefields Parkway

Eine Reise zurück in die Eiszeit, durch kanadische Tundra, vorbei an eisgekrönten Gipfeln, Gletscherseen und den gewaltigen Columbia Icefields.

Der Icefields Parkway zwischen dem Jasper und dem Banff National Park in den kanadischen Rocky Mountains schlängelt sich durch eine der aufregendsten Landschaften Nordamerikas um Berge und über hohe Pässe. Er folgt der Kontinentalen Wasserscheide entlang der Grenze zwischen Alberta und British Columbia und bietet hautnah Landschaftserlebnisse, die sonst nur fernab jeder Straße zu haben sind. Zerklüftete, eisbedeckte Gipfel, viele über 3350 Meter hoch, überragen kristallklare Seen, blühende Bergwiesen und eine baumlose, selbst im Hochsommer schneegesprenkelte Tundra. Die Straße passiert die Columbia Icefields, mit 78 Quadratkilometern das größte subpolare Eisfeld Nordamerikas. Dieses Überbleibsel der letzten Eiszeit speist acht große Gletscher, darunter den Athabasca, den Dome und den Stutfield Glacier, und ist Quellgebiet der drei großen Stromsysteme des Athabasca, des North Saskatchewan und des Columbia River. Viele Sehenswürdigkeiten tragen sprechende Namen wie Vermilion Lake (Zinnobersee), Crowfoot Glacier (Krähenfußgletscher) oder Weeping Wall (Tränenwand).

Beste Reisezeit Der Icefields Parkway ist ganzjährig befahrbar. Im Winter kann es jedoch nach heftigen Schneefällen zu zeitweiligen Sperrungen (von bis zu drei Tagen) kommen. Das Columbia Icefield Centre, 105 Kilometer von Jasper, ist von Mitte April bis Mitte Oktober geöffnet.

Reisedauer Für die 230 Kilometer lange Fahrt müssen Sie mindestens fünf Stunden einplanen. Gründlicher lässt sich die Region in drei Tagen mit Übernachtungen in Lodges oder auf Campingplätzen erkunden.

Reiseplanung Unterkunft oder Campingplatz sollten Sie mehrere Monate im Voraus reservieren, vor allem für Juli und August. Im Winter auf jeden Fall Decken, Taschenlampen und Schaufel ins Auto packen. Es gibt auch Bustouren auf der Route.

Tipp Wer den Parkway an einem Tag absolvieren will, sollte möglichst früh aufbrechen, da sich viele Tiere vor allem in der Morgen- und Abenddämmerung zeigen. Ohne Begleitung nicht zu weit von der Straße entfernen; hier lauern gefährlich tiefe Gletscherspalten. Es werden regelmäßig Touren mit Geländefahrzeugen zu den Columbia Icefields angeboten; sie setzen die Passagiere bei einem Kurzausflug (drei Kilometer) mitten auf einem Gletscher ab.

Websites www.icefieldsparkway.ca, www.travelalberta.com, www.columbiaicefield.com

HIGHLIGHTS

- Die Route bietet die einmalige Chance, **Bergfauna** wie Dickhornschafe, Schneeziegen, Wapitis, Elche, Karibus und Bären in ihrer natürlichen Umgebung zu sehen.
- Eine 90-minütige Tour mit einem wuchtigen sechsrädrigen **Ice Explorer** (von Mitte April bis Mitte Oktober) befördert Besucher mitten ins Herz der Columbia Icefields.
- Der **Stutfield Glacier Viewpoint** bietet atemberaubende Ausblicke auf einen spektakulären Eisfall.
- Die wilde Gebirgslandschaft bildet eine märchenhafte Kulisse für **Wildwasserfahrten** im Sommer und **Skilanglauf** im Winter.
- Der **Peyto Lake** in einem tiefen Gletschertal weit unterhalb des Parkway leuchtet in verblüffend sattem Kobaltblau.

Gegenüber: Bunt bemalte indianische Totempfähle von der kanadischen Pazifikküste vor den imposanten Bergen des Jasper National Park. Oben links: Schroffe Felskämme spiegeln sich im stillen Bow Lake des Banff National Park. Oben rechts: Außer Wapitis zeigen sich hier noch viele andere Tiere.

Top 10 Stadtbustouren

Mit dem Linienbus durch die großen Weltstädte touren und nach Lust und Laune zum Sightseeing aus- und einsteigen.

❶ New York

Von Harlem, dem berühmten Epizentrum der afroamerikanischen Kultur, geht es zum Central Park und zur Fifth Avenue. Dann rollt der Bus auf dem Broadway durch den Theater District und weiter über Greenwich Village und Little Italy zur Endstation Whitehall Terminal. Hier legt die Staten Island Ferry ab und beschert spektakuläre Blicke auf die Freiheitsstatue, die Brooklyn Bridge und Manhattan.

Reiseplanung Bus M1 von Harlem (West 146th St/Malcolm X Boulevard) zur South Ferry in Lower Manhattan. mta.info/nyct/bus/schedule/manh/m001cur.pdf

❷ Beijing (Peking), China

Man besteigt den klimatisierten Bus in der Nähe des Xi-Hai-Sees – seine Gänsepagodeninsel und traditionellen Fischer sind, wie die nahe „Verbotene Stadt", Relikte des alten Peking. Dann geht es aus der modernen Hochhauslandschaft ins gebirgige Badaling und zur Chinesischen Mauer hinaus. Auf ihr konnten fünf Pferde oder zehn Soldaten nebeneinander marschieren, um die Horden der Barbaren abzuwehren.

Reiseplanung Bus 919 von Deshengmen (Jishuitan Metro) nach Badaling. Hier spricht kaum jemand Englisch. www.kinabaloo.com/badaling_great_wall.html

❸ Moskau, Russland

Vom Siegespark, der an den Zweiten Weltkrieg erinnert, führt die Fahrt am großen Triumphbogen zum Gedenken an den Sieg über Napoleon vorbei. Dann passiert der Bus die Zuckerbäckertürme des Hotels Ukraina und der Universität – zwei von Stalins „Sieben Schwestern" – und die grünen „Sperlingshügel". An der Endstation bietet die Kamenny-Brücke hinter den bunten Zwiebeltürmen der Basilius-Kathedrale am Roten Platz einen schönen Panoramablick.

Reiseplanung Oberleitungsbus 7 von der Metrostation Park Pobedy nach Kamenny Most. www.waytorussia.net/Moscow/GettingAround.html

❹ Tallinn, Estland

Einstieg ist am Einkaufszentrum neben dem mittelalterlichen Tor. Am Ostseeufer erinnert ein Bronzeengel an ertrunkene Seeleute. Auf dem Sängerfestplatz stimmten Ende der 1980er Jahre Tausende von Esten ihre von den Sowjets verbotenen patriotischen Lieder an. Ausstieg hinter dem Park des im 16. Jahrhundert zerstörten Birgittenklosters.

Reiseplanung Bus 34A von Viru keskus nach Muuga aedlinn. www.bussireisid.ee/index.html?MENU=&KEEL=en

Christopher Wrens Meisterwerk, die St. Paul's Cathedral, thront auf dem Ludgate Hill über dem hektischen Londoner Verkehr. Hier einer der klassischen Routemaster-Doppeldecker, die durch die Stadt touren.

5 Stockholm, Schweden

Die Stadt auf 14 Inseln lässt sich mit einem umweltfreundlichen Bus erkunden, der an den Gassen der Altstadt, dem Dom und dem Königsschloss vorbeifährt. Am anderen Ufer entlang geht es dann nach Norden. Blickfang ist das Stadshus, wo die Nobelpreise verliehen werden. Von der Endstation an der Uniklinik lohnt ein Bummel über den Campus.

Reiseplanung Bus 3 von Slussen bis Karolinska sjushuset. www.sl.se/ficktid/karta%2Fvinter/vCity%5Fkarta.pdf

6 Budapest, Ungarn

Es ist gar nicht weit von der Sankt-Stephans-Basilika zum Burgberg, und doch fährt der Bus durch zwei Städte: über die Kettenbrücke von Pest nach Buda. Die Reise endet am Burgpalast, der heute mehrere Museen beherbergt. Nach Besuch der Matthiaskirche lockt die Aussicht von der Fischerbastei.

Reiseplanung Bus 16 von Deák Ferenc tér nach Dísz tér in Várhegy. www.bkv.hu

7 Paris, Frankreich

Von der Porte d'Orléans, wo 1944 die ersten Panzer einrollten, um die Stadt zu befreien, fährt man vorbei am Jardin du Luxembourg, durchs Quartier Latin und über die Seine zu Notre Dame. Auf den gotischen Turm von Saint-Jacques neben der Bushaltestelle Hôtel de Ville achten. Die Route passiert das Centre Pompidou und endet an der Gare du Nord.

Reiseplanung Bus 38 von der Porte d'Orléans zur Gare du Nord. bus38.online.fr/indexeng.html

8 Rom, Italien

Die Erkundung des rechten Tiberufers beginnt mit den Kolonnaden, die die Bogenform der antiken Thermen nachzeichnen. Nach dem Trevi-Brunnen vermitteln Kapitol, Forum, Kolosseum und Circus Maximus etwas von Glanz und Gräuel des alten Rom. In Ostiense winkt eine Rast mit *gelato*.

Reiseplanung Bus 175 von Termini nach Piazzale dei Partigiani. Für eine Tour am linken Tiberufer und zum Vatikan Bus 40 von Termini nach Battistini nehmen.
www.alfanet.it/welcomeitaly/roma/bus_metro/info.html

9 Madrid, Spanien

Von den Türmen der Puerta de Europa geht es über die Plaza de Colón (Kolumbusplatz) weiter zum Kybelebrunnen mit der Fruchtbarkeitsgöttin und an Kunstgalerien und Parks vorbei, bevor man im Geschäftsviertel auf den Boden der Tatsachen zurückkehrt.

Reiseplanung Bus 27 von der Plaza de Castillo nach Glorieta de Embajadores. www.ctm-madrid.es

10 London, England

Der rote Bus fährt vom Trafalgar Square The Strand hinunter vorbei an der St. Paul's Cathedral. Dann zur höchsten Steinsäule der Welt: The Monument erinnert an den großen Brand von 1666. Endstation ist der Tower of London – hier nicht den Kopf verlieren.

Reiseplanung Bus 15 (Heritage Route) vom Trafalgar Square zum Tower Hill. www.tfl.gov.uk

Imposante Felsrücken überragen eine kleine Farm bei Puerto Harberton in Tierra del Fuego.

CHILE/ARGENTINIEN

DIE PANAMERICANA

Die Panamericana durchquert den gesamten amerikanischen Kontinent von Alaska bis Tierra del Fuego.

Das (fast) durchgängige Straßensystem führt durch 15 Länder über die ganze Länge Nord- und Südamerikas. Die meisten Reisenden picken sich Teilstücke heraus – etwa den südlichsten Abschnitt auf Tierra del Fuego (Feuerland). Die Insel, die halb zu Chile, halb zu Argentinien gehört, ist Südamerikas wildes Grenzland. Die Fahrt vom chilenischen Punta Espora am Nordende zum argentinischen Ushuaia im Süden offenbart die ganze Dramatik dieser einsamen Landschaft. Schafe weiden auf dem weiten, hügeligen Grasland des windgepeitschten Nordens. Den feuchten Süden prägen schneegekrönte Berge, Gletscher, Tundra, Seen und Buchenwälder. Ushuaia, am Ende der Panamericana, ist das Sprungbrett zur Antarktis, 1207 Kilometer südlich.

Beste Reisezeit Im Sommer (von Dezember bis Ende Februar) ist das Wetter am besten. Die Winter auf Tierra del Fuego sind rau, mit entsprechend schwierigen Straßenverhältnissen.

Reisedauer Die Auto- oder Busfahrt von Punta Espora nach Ushuaia dauert einen ganzen Tag.

Reiseplanung Bei Mietwagen darauf achten, dass der Vermieter die Dokumente zur Überquerung der chilenisch-argentinischen Grenze aushändigt. Wichtig: Sonnencreme mit hohem Lichtschutzfaktor.

Tipp Wer den Morgendunst wie Rauchfahnen über die Küstengewässer treiben sieht, versteht, warum die europäischen Entdecker die Insel „Feuerland" tauften.

Websites www.enjoy-patagonia.org, www.chileinfo.de

HIGHLIGHTS

- Auf Angler warten **riesige Forellen** in den Gewässern rund um Río Grande an der Ostküste der Insel.
- **Ushuaia** bezeichnet sich als die südlichste Stadt der Welt. Viele Häuser der ehemaligen Strafkolonie sind aus buntem Zinkblech gebaut. Besucher können im grün lackierten Londoner Doppeldeckerbus durch die Stadt touren.
- Der Zug mit dem schönen Namen **Tren del Fin del Mundo** (Zug vom Ende der Welt) fährt von Ushuaia westwärts zum **Parque Nacional de Tierra del Fuego**, wo sich Seelöwen, -bären und -elefanten in der Brandung tummeln.
- Zum Essen oder Übernachten lädt die Estancia Harberton ein, eine **historische Schaffarm** von 1886 am Puerto Harberton.
- Im Sommer lohnt eine Schiffstour von der Estancia Harberton zur **Isla Martillo** im Beagle-Kanal, auf der Magellan-Pinguine leben. Rings um das Boot segeln Sturmvögel, Schwarzbrauenalbatrosse, Kormorane und Dampfschiffenten übers Wasser.

BOLIVIEN/CHILE

Über die Anden von Bolivien nach Chile

Der Lohn für unerschrockene Fahrer sind heiße Vulkanquellen, gleißende Salzebenen und Flamingos an einem rosaroten See.

Eisig, holprig und ungemütlich – doch trotzdem oder gerade deshalb hat diese organisierte Tour über die Anden als höchster Roadtrip der Welt ihren besonderen Reiz. Nach Verlassen der tristen, windgebeutelten Stadt Uyuni in Bolivien blinzelt man schon bald über die höchsten und größten Salzebenen (*salares*) der Welt, die mit dem tiefblauen Himmel des Andenhochlands (*altiplano*) kontrastieren. Aus dem salzverkrusteten Boden der ausgetrockneten Seen ragen kakteenbewachsene Inseln und kegelige Salzhügel auf. Vor der Kulisse schneegekrönter Gipfel führt die Reise weiter durch kupferfarbenen Sand, vorbei an Hochgebirgswüstenpanorama und surrealen Felsformationen. Perfekte Vulkankegel säumen purpur- und smaragdfarbene Seen, die im Tagesverlauf die Farbe wechseln. Dampfende Geysire schießen aus dem eisigen Erdboden. Rosa Flamingos verschmelzen farblich mit dem Wasser der Laguna Colorada. Jenseits des Andenkamms wartet auf der chilenischen Seite die Lehmbauten-Oase San Pedro de Atacama inmitten einer Wüstenlandschaft voller Vulkane und Thermalbecken.

Beste Reisezeit Zu jeder Jahreszeit starten täglich Allradfahrzeuge von Uyuni. Von Juni bis September ist es am kältesten, dafür lacht der Himmel besonders klar und blau.

Reisedauer Die Straßen, soweit vorhanden, sind sehr schlecht. Daher dauert die 274 Kilometer lange Tour in der Regel vier Tage mit Übernachtungen an Salar de Uyuni, Laguna Colorada und Laguna Verde.

Reiseplanung Der Platz im Allradfahrzeug von Tonito Tours muss rechtzeitig reserviert werden. Die Temperaturen können nachts bis auf -25 Grad fallen, deshalb warme Kleidung und Schlafsack mitbringen.

Tipp Sie dürfen keine organischen Produkte (auch keine Holz- oder Lederwaren) mit über die chilenische Grenze bringen. Die Vorschriften werden sehr strikt gehandhabt!

Websites www.bolivianexpeditions.com, www.bolivialine.de, www.chileinfo.de

HIGHLIGHTS

- In der Regenzeit **spiegelt** sich der Andenhimmel im Wasserfilm der Salzebenen.
- Wenn bei Sonnenuntergang eisiger Wind aufkommt, verfärbt sich die **Laguna Colorada** zu einem tiefen Dunkelrot, das prachtvoll mit den weißen Salzablagerungen kontrastiert.
- In der **Salvador-Dalí-Wüste**, zwischen Laguna Colorada und Laguna Verde, verwandeln Sandfalten, bizarre Felsen und Schatten die Landschaft in ein surrealistisches 3D-Meisterwerk.
- Nach einer Nacht bei Minusgraden wärmen die **Thermalquellen von Challviri**. Man kann darin sogar die Frühstückseier kochen.

Kakteen säumen Boliviens größte Salzebene, den Salar de Uyuni, über dessen schneeweiße Salzkruste ein einsamer Geländewagen holpert.

गौतम सिल्क फैक्टरी
GAUTAM SILK FACTORY

PAKISTAN/INDIEN

Die Grand Trunk Road

Höhepunkte islamischer Kunst und heilige Stätten des Hinduismus auf einer erhebenden Reise von Pakistans Nordwestgrenze zur indischen Metropole Kolkata.

Die im 15. Jahrhundert auf Geheiß des Sultans gebaute Fernstraße führt von Pakistans Nordwestgrenze nach Indien und folgt dann dem Ganges bis nach Kolkata (Kalkutta) am Golf von Bengalen. Rudyard Kipling nannte die Straße den „großen Strom des Lebens“, was heute noch zutrifft. Mit ihr verknüpfen sich einige der geschichtsträchtigsten Namen des Subkontinents: Peshawar in Pakistan, das Tor zum Khaiberpass, Lahore, ebenfalls in Pakistan, einst ein großes Zentrum islamischer Kunst und Kultur, Amritsar in Indien, wo die Briten 1919 ein unvergessenes Massaker an indischen Nationalisten verübten, und Delhi, Hauptstadt zweier großer indischer Reiche – unter den Moguln und den Briten. Weiter geht es über das mystische Varanasi, einen der heiligsten Orte des Hinduismus, bis ins überwältigende Kolkata. Unterwegs begegnet man Ochsenkarren, barfüßigen Pilgern, vereinzelten Elefanten, grellbunt bemalten Bussen, Lastern mit pandschabischen Turbanträgern am Lenkrad, klapprigen Ambassador-Taxis und klimatisierten Toyotas der Politiker und Funktionäre. Heilige Kühe, Ziegen, Geflügel und Fußgänger schaffen es irgendwie, den drängelnden und um Schlaglöcher herumkurvenden Fahrzeugen auszuweichen. Zum permanenten Staubschleier gesellt sich eine gute Dosis Dieselabgase. Zu verkehrsreichen Zeiten wirkt die Grand Trunk Road wie ein Kontinent auf Wanderschaft.

Beste Reisezeit November bis Januar; dann sind die Tagestemperaturen erträglich und die Nächte mitunter sogar frisch und kühl.

Reisedauer Die Straße ist insgesamt 2575 Kilometer lang. Von Peshawar nach Lahore müssen Sie vier Tage rechnen, von Lahore nach Delhi zwei Wochen und von Delhi nach Kolkata mindestens zwei Wochen.

Reiseplanung Am besten lässt sich die Grand Trunk Road per Mietwagen (vorzugsweise allradgetrieben und klimatisiert) mit Fahrer erkunden. Abenteuertour-Veranstalter bieten begleitete Touren auf dem beliebtesten Abschnitt zwischen Delhi und Varanasi an.

Tipp Gegen das permanente Staubproblem hilft ein dünnes Tuch, durch das man atmen kann. Informieren Sie sich über die aktuelle Sicherheitslage in Pakistan unter www.auswaertiges-amt.de.

Websites www.tourism.gov.pk, www.india-tourism.de

Gegenüber: Farbenfrohes Treiben am Flussufer in Varanasi. Pilger aus ganz Indien baden hier in den Fluten des Ganges. Oben links: Kanariengelbe Taxis und Motorrikschas tragen zum bunten Straßenbild bei. Oben rechts: Reich verzierte Textilien auf einem Markt des nordwestpakistanischen Grenzlands.

HIGHLIGHTS

- In **Peshawars** bunten Basaren gibt es praktisch alles – Gold, Silber, Schmuck, Keramik, Textilien ... und natürlich Gewehre, hier im Grenzland. Am besten erprobt man sein Talent zum Feilschen im historischen Qissa-Khawani-Basar.

- Großmogul Aurangzeb ließ **Lahores** große **Badshahi-Moschee** 1673 erbauen. Sie bietet Platz für über 55000 Gläubige und ist ein herausragendes Beispiel der Mogularchitektur.

- Der Harmandir Sahib (**Goldener Tempel**) von **Amritsar** prangt inmitten seines Sees. An dieser heiligsten Stätte der Sikhs herrscht dichtes Pilgergedränge, vor allem zum großen Vaisakhi-Fest am 13. oder 14. April.

- **Varanasi** gilt als die zweitälteste durchgehend bewohnte Stadt der Welt (nach Jerusalem) und strotzt auch heute noch vor Leben. Millionen besuchen die Stadt jedes Jahr, um ein läuterndes Bad im Ganges zu nehmen.

Dieses grimmige Holzgesicht befindet sich im Kofukuji National Treasure House von Nara.

JAPAN

Die Takenouchi-Strasse

Japans älteste Fernstraße führt aus dem modernen Osaka zur alten Hauptstadt Nara, vorbei an Gärten und blumenübersäten Berghängen.

Entlang der Takenouchi-Straße zeigt sich das ganze Kaleidoskop der japanischen Geschichte. Moderne Gebäude drängen sich neben traditionellen Häusern und uralten Gärten. Gestylte Schulmädchen mit Handy am Ohr hasten an gebeugten Mütterchen vorbei, die von einem Leben auf den Reisfeldern gezeichnet sind. Die Straße schlängelt sich durch die Außenbezirke von Osaka, Japans zweitgrößtem Ballungsgebiet, zur einstigen Hauptstadt des ersten Gottkaisers Jimmu. Prinz Taishi ließ die älteste Fernstraße Japans in der Asuka-Zeit (um 600 n. Chr.) erbauen. Über sie gelangten koreanische und chinesische Einflüsse, wie Buddhismus, *ramen*-Nudeln und Essstäbchen, von Osakas Hafen in die kaiserliche Hauptstadt und prägten so das alte Japan mit. Unterwegs gibt es Holzhäuser und Tempel zu besuchen und den Berg Nijo zu erklimmen. Dort liegt das Grab des tragischen Dichterprinzen Otsu-no-Miko, der nach einer Hofintrige 686 n. Chr. Selbstmord begehen musste.

Beste Reisezeit Frühling und Herbst. Die Reise ist zu jeder Jahreszeit möglich, aber im Winter wird es frostig kalt und im Sommer sehr schwül. Die meisten Sehenswürdigkeiten sind nur an den Wochenenden geöffnet; am besten informiert man sich vorher über die Öffnungszeiten.

Reisedauer Die Hauptattraktionen an der 57 Kilometer langen Strecke lassen sich an einemTag besichtigen.

Reiseplanung Erkundigen Sie sich nach Sightseeing-Touren und englischsprachigen Führern.

Tipp Wer zum Dakenobori-Fest (Bergfest) am 23. April kommt, kann sich den japanischen Bergwanderern anschließen, die den Nijosan besteigen.

Websites www.tourism.city.osaka.jp, www.pref.nara.jp

HIGHLIGHTS

- Einblick in die **Sumo-Tradition** vermittelt das Kehayaza-Sumo-Museum am Stadtrand von Nara mit einem *dohyo* (Sumoring) in Originalgröße und allerlei Sumo-Exponaten. Im März findet in Osaka ein Sumo-Turnier statt.
- Auf die **Frühlingsblumen** achten, die die Berghänge entlang der Straße überziehen.
- Der Berg **Nijosan** wird von den Einheimischen als Tor zum Himmel verehrt. Schöner als zwischen seinen beiden Gipfeln geht die japanische Sonne nirgendwo unter.
- **Nara** besitzt sieben buddhistische Tempel. Der **Todai-ji** – angeblich der größte Holzbau der Welt – beherbergt eine gewaltige Buddhastatue von 15 Metern Höhe. Die Stadt gehört zum Unesco-Welterbe.

Am Straßenrand sonnen sich mitunter bis zu 55 Zentimeter lange Bartagamen.

AUSTRALIEN

Der Tanami Track

Seltene Tiere, umwerfende Landschaft und die faszinierende Kunst der Warlpiri-Aborigines in menschenleerer Weite.

Der Tanami Track, ursprünglich eine Viehtreiber-Route zwischen Alice Springs im Northern Territory und Halls Creek in Western Australia, führt als gepflegte Schotterpiste mit Highway-Status durch eine der einsamsten und trockensten Regionen der Erde, die Tanamiwüste. Nördlich von Alice Springs passiert die Straße die MacDonnell Ranges mit ihren auffälligen Felsformationen und ausgetrockneten Flussbetten. Dahinter dehnt sich unter Australiens tiefblauem Himmel die rote Sandebene, in der nur vereinzelte Kräuter und Stachelkopfgräser gedeihen, hier und da unterbrochen von Hügeln, Höhenrücken, ockergelben Felsen und kleinen Wäldchen. In Yuendumu und Balgo (Wirrimanu), Zentren der Kunst und Kultur der Warlpiri-Aborigines, arbeiten Künstler mit traditionellen und innovativen Materialien. Rinderfarmen und Goldminen sind die einzigen anderen Zeichen menschlicher Aktivität.

Beste Reisezeit April bis Oktober. In der Regensaison kann der Sturt Creek am Ende der Route über die Ufer treten.

Reisedauer Die über 1000 Kilometer lange Fahrt dauert zwei Tage – mit Campingübernachtung. Die Schotterstraße bremst das Reisetempo.

Reiseplanung Reisende können sich einer Tour im Geländefahrzeug anschließen oder in Alice Springs einen Geländewagen mieten. Vor Reiseantritt sollten Sie sich vom Central Land Council eine Genehmigung zum Besuch des Tanami Desert Wildlife Sanctuary besorgen. Auch für Yuendumu und die Aborigine-Gebiete ist eine Genehmigung erforderlich. Wer nach Balgo will, ruft einfach vorher an – die Künstler kümmern sich um das Organisatorische.

Tipp Außer Campingausrüstung genug Trinkwasser für zwei Touren mitnehmen. Das Wasser der Stauseen und Bohrlöcher am Weg ist ungenießbar. Reichlich Kraftstoff mitführen, Tankmöglichkeiten sind dünn gesät. Das Aborigine-Gebiet um Yuendumu ist alkoholfrei.

Websites www.australia.com, www.exploroz.com, www.warlu.com, www.balgoart.org.au

HIGHLIGHTS

- Historische Atmosphäre verbreitet die **Granites Gold Mine** nordwestlich von Alice Springs mit Stollen und Originalgebäuden aus den 1930er Jahren.
- Das Newhaven Reserve 364 Kilometer nordwestlich von Alice Springs – 263 045 Hektar **Dünen, Salzseen** und **Tonpfannen** – beherbergt viele Vogelarten, darunter die seltenen Nachtsittiche.
- Das Kunstzentrum der **Warlukurlangu Artists' Aboriginal Association** in Yuendumu und die **Warlayirti Art and Cultural Centres** in Balgo sind einen Abstecher wert.

NEUSEELAND

DIE WEST COAST ROAD

Die abgelegene, aber gut erschlossene Westküste der neuseeländischen Südinsel lockt mit ursprünglicher Landschaft und aufregenden Outdoor-Aktivitäten.

Immer begleitet von den majestätischen Gipfeln der Südlichen Alpen, läuft die Straße vom geschützten Hafen Karamea die Westküste hinunter bis nach Jackson Bay. Auf dem schmalen Landstreifen zwischen Bergen und Meer leben nur 31 000 Menschen. Weite Teile sind noch immer von Urwald bedeckt, gemäßigtem Regenwald mit riesigen Nadelbäumen, Palmen und Farnen. Die Strecke bietet überwältigenden Ozeanblick auf der einen und Hochgebirgspanorama mit reißenden Flüssen und Wasserfällen auf der anderen Seite. Bei Zwischenstopps kann man durch Buchenwälder wandern, in natürlichen Thermalbecken planschen, mit dem Boot über einen waldgesäumten See schippern und sich als Edelsteinsucher oder Goldwäscher versuchen. Das letzte Drittel der Route führt durchs Glacier Country, wo zwei Gebirgsgletscher (Fox und Franz Josef Glacier) durch den Regenwald bis knapp über den Meeresspiegel vorgestoßen sind. Ein Stück weiter liefert der Haast Pass ein Kontrastprogramm: ein Flusstal inmitten von Tieflandwald, bevölkert von heimischen Vogelarten wie Sittichen, Glockenhonigfressern und Kiwis. Dann geht es zurück zur Küste ins friedliche, abgelegene Jackson Bay. Die Westküste ist ein Paradies für Abenteuer- und Aktivurlauber, doch wer dafür nicht zu haben ist, kann auch einfach zuschauen, wie die Brandung an die zerklüftete Felsküste donnert.

Beste Reisezeit Die Hauptsaison geht von Ende Oktober bis Ende April (Frühling bis Herbst), was gleichzeitig die regenreichste Zeit hier ist. Das Winterwetter der Westküste ist generell sehr beständig – mit frostiger Morgenfrische, blauem Himmel und schneebedeckten Bergkuppen.

Reisedauer Auf der kurvenreichen, 604 Kilometer langen Straße geht es nur langsam voran. Als Selbstfahrer gut drei, per Linienbus zwischen den Küstenorten mindestens vier Tage einplanen.

Reiseplanung Die Region ist auch bei Urlaubern aus anderen Teilen Neuseelands beliebt. Ohne frühzeitige Reservierung wird es oft schwierig, eine Unterkunft zu finden.

Tipp In den letzten Jahren sind viele Künstler und Kunsthandwerker an die Westküste gezogen, deren Werke in Galerien an der Straße zu bewundern sind. Oder Sie folgen den Wegweisern zu ihren Ateliers, oft durch einsame Täler oder an versteckten Buchten entlang.

Websites www.west-coast.co.nz, www.nzsouth.co.nz, www.newzealand.com

HIGHLIGHTS

- Am Cape Foulwind, in der Nähe von Westport, ist eine Kolonie von **Neuseeländischen Seebären** zu beobachten.
- Abenteuerlustige können nach einem Helikopterflug in die Berge per **Wildwasserfahrt** auf einem der reißenden Flüsse zur Küste zurückkehren.
- Alternativ lockt die Stille von Fischerdörfern wie **Jackson Bay** und die wilde Ozeanbrandung, die faszinierende Felsformationen entlang der Küste geschaffen hat.
- Das vielfältige Angebot an **Abenteuersport** reicht von Kajakfahren und Wellenreiten bis zu Mountainbiking, Höhlenerkundungen und Klettertouren.
- Anlässlich einer Gletschertour durch die **Eistunnel und -bögen** des Franz Josef Glacier kann man auch die Spiegelbilder des Aoraki (Mount Cook) und Mount Tasman im nahen Lake Matheson bewundern.

Gegenüber: Von Jackson Bay bietet sich ein überwältigender Blick über die Bucht auf den Mount Aspiring und die schneebedeckten Gipfel der Southern Alps. Oben links: Straßenschild mit Kiwi, Neuseelands flugunfähigem Nationalvogel. Oben rechts: Gletscherwanderer in einer Eishöhle des Fox Glacier.

Im holzarmen Island wurden Dächer oft mit Grassoden gedeckt, wie bei diesen alten Bauernhäusern des Glaumbær-Freilichtmuseums in Nordisland.

ISLAND

Islands Ringstrasse

Eine Reise rund um das verwunschene Land des Nordlichts und Vulkanfeuers, der sprudelnden Geysire und rauschenden Wasserfälle.

Ruhelose Vulkane, Gletscher, Geysire und Wasserfälle arbeiten unaufhörlich am Gesicht dieser Landschaft, die Sagen aus Islands ferner Wikingervergangenheit heraufbeschwört. Die Fernstraße 1, die als Ringstraße die ganze Insel umrundet, schlängelt sich von Reykjavik zuerst nordwärts an der Steilküste des Atlantiks entlang. Dann geht es in Haarnadelkurven um Fjorde, in deren eisigem Wasser Delphine springen, an versteinerten Lavafeldern und Vulkankratern entlang. Bei Abstechern von der Straße entdeckt man dampfende Wasserbecken, rotgelb schimmernde Schwefelkessel, Täler voller Wildblumen, Küstenfelsen mit Papageientauchern und Europas größten Wasserfall, den Gullfoss (Goldfall) – da, wo der von Regen und Gletscherschmelzwasser gespeiste Hvítá (Weiße Fluss) 32 Meter tief in eine Schlucht stürzt. Andernorts weiden Schafe auf sattgrünen Grasteppichen rund um Bauernhäuser mit roten Dächern vor schneebedeckten Bergen. Museumsdörfer erwecken die isländische Wikingerzeit und andere Perioden der Inselgeschichte zum Leben. In Eiríksstadir im Osten ist das Haus von Erich dem Roten, dem sagenhaften Entdecker, zu besichtigen.

Beste Reisezeit Mai bis September. Im Winter sind die Tage extrem kurz; dafür winkt die Chance, das Polarlicht am Nachthimmel flimmern zu sehen.

Reisedauer Für alle Sehenswürdigkeiten an der 1448 Kilometer langen Route braucht man mindestens eine Woche.

Reiseplanung Islands Wetter ist unberechenbar; auch im Sommer Regenschutz mitbringen.

Tipp Die Ringstraße 1 ist Islands einzige Fernstraße, die fast auf ganzer Länge geteert ist. Generell ist die Straße gut in Schuss, aber im Osten gibt es ein paar ungeteerte Strecken und manche Abschnitte sind bei Nässe gefährlich. Aktuelle Straßeninformationen unter www.vegagerdin.is/english.

Websites www.visiticeland.com, www.visitreykjavik.is

HIGHLIGHTS

- Mit **Reykjaviks** spannendem Nachtleben können nur wenige europäische Städte mithalten.
- Äußerst sehenswert ist die spektakuläre **Gletscherlandschaft** um Jökulsárlón im Süden, wo einer der größten Gletscher Europas, der Vatnajökull, türkisblaue Eisblöcke in die Lagune speit.
- Am See **Mývatn** im Norden versammelt sich Europas größte Brutpopulation von Enten.
- **Walbeobachtungstouren** legen von Fischerdörfern wie Húsavík ab.

SCHOTTLAND

Durch das schottische Hochland

Auf den Spuren von Bonnie Prince Charlie durch die romantische Landschaft der schottischen Berge, *lochs* und *glens*.

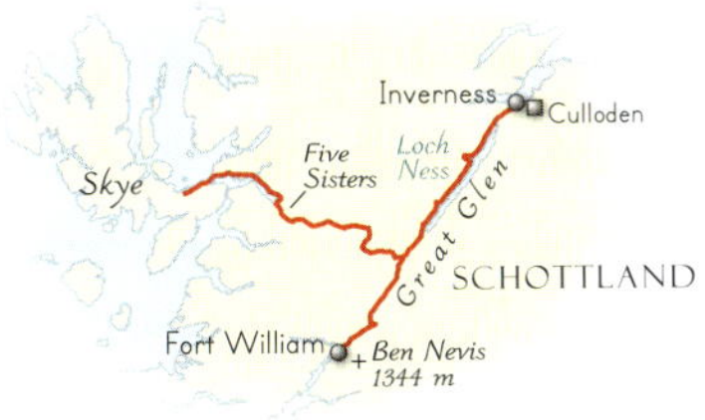

Schroffe Berge bis zum Horizont, grasende Highland-Rinder in verträumten Tälern, Burgruinen an den Ufern romantischer Lochs: Auf der Fahrt durch Großbritanniens wildeste und stimmungsvollste Landschaft ist die bewegte Vergangenheit der Region allgegenwärtig. Bei Inverness liegen Cawdor Castle aus dem 14. Jahrhundert (wo Shakespeare fälschlicherweise Macbeths Mord an König Duncan ansiedelte) und das Schlachtfeld von Culloden, wo die Jakobitenarmee von Bonnie Prince Charlie ihre vernichtende Niederlage erlitt. Von dort führt die Straße südwärts durch das Great Glen (Glen Mor), ein 100 Kilometer langes Gletschertal aus der letzten Eiszeit, und passiert die Ufer von Loch Ness (wo man die kitschigen „Ungeheuer"-Souvenirs nach Belieben goutieren oder ignorieren kann) und Loch Lochy. Bei Fort William steht ein Abstecher zum Ben Nevis an, dem mit 1344 Metern höchsten britischen Gipfel. Dann geht die Reise wieder nach Norden und Westen durch eine der grandiosesten Regionen Schottlands mit den markanten Gipfeln der „Five Sisters of Kintail". Zu guter Letzt überqueren Sie die Brücke nach Skye, der größten Insel der Inneren Hebriden, und lassen sich von der rauen Schönheit ihrer Landschaft bezaubern.

Beste Reisezeit April bis September.

Reisedauer Für die 280 Kilometer sollten Sie mindestens einen Tag ansetzen.

Reiseplanung Schottlands Westen ist sehr regenträchtig; Regenkleidung gehört immer ins Gepäck. Gegen die extrem lästigen *midges* (eine Art Mücken) hilft nur Insektenschutzmittel.

Tipp Im Sommer gibt es überall Highland Gatherings. Am letzten Samstag im August locken an den Ufern von Loch Ness die Glenurquhart Highland Gathering and Games mit Dudelsackmusik.

Websites www.international.visitscotland.com, www.schottland.de, www.scotland.org.uk

HIGHLIGHTS

- **Culloden** war 1746 Schauplatz der letzten großen Schlacht auf dem britischen Festland. Ergreifende Denkmäler, Clan-Grabstätten und eine Jakobitenausstellung erinnern an das Geschehen.

- Vom **Ben Nevis** hat man einen guten Blick auf die ausgefranste Westküste. Auf der Touristenroute vom Glen Nevis braucht man für Auf- und Abstieg sechs Stunden.

- **Skye** lohnt mit seinen malerischen Bergen, Fischerdörfern und seiner Otterpopulation auch einen längeren Aufenthalt.

Wolken ziehen in ein mit Heidekraut bewachsenes Tal vor den blauen Gipfeln des Ben Nevis und der Mamore Mountains.

Top 10 Historische Strassen

Auf den Spuren von Handelskarawanen, Reichsgründern und Nomadenvölkern durch die ganze Welt.

❶ Der Old North Trail, Nordamerika

Der rund 3220 Kilometer lange Old North Trail führte am „Rückgrat der Welt", den Rockies, entlang von Kanada bis nach Mexiko. Die Schwarzfußindianer nutzten ihn zum Handel, zu heiligen Wanderungen und zur Brautsuche. Sie brauchten vier Jahre von einem Ende zum anderen. Noch erkennbare Abschnitte des Wegs sind im Glacier National Park in Montana zu besichtigen.

Reiseplanung Blackfeet Historic Tours hat den Old North Trail im Programm, und in Choteau, Montana, gibt es ein Old Trail Museum. Zum Glacier National Park verkehren Flüge. www.nps.gov/glac

❷ Die Nakasendo-Straße, Japan

Die schmale Straße zwischen Kyoto und Edo (dem heutigen Tokio) wurde im 17. Jahrhundert auf der Route eines älteren Wegs gebaut. Sie verlief 500 Kilometer weit am Biwasee entlang, über Gebirgsketten und dann hinunter in die Kantō-Ebene um Edo. Sie war für Pferde und Fußgänger gedacht – die Japaner benutzten keine Wagen. Die restaurierten Teilstücke der Straße kann man nur zu Fuß begehen.

Reiseplanung Am beliebtesten ist der acht Kilometer lange Abschnitt zwischen den historischen Städten Tsumago und Magome – vor allem zur Kirschblütenzeit im März/April. www.jnto.de/

❸ Der Yuen Tsuen Ancient Trail, Hongkong, China

Jahrhundertelang verkehrten Fußgänger auf diesem holprigen Pfad zwischen Yuen Long und Tsuen Wan in Hongkongs New Territories. Die beiden Enden des Wegs führen heute durch Stadtgebiete voller Einkaufszentren und Verkehrsstaus, aber das mittlere Stück verspricht paradiesische Ruhe.

Reiseplanung Das acht Kilometer lange Mittelstück ist als Wanderweg erhalten. www.discoverhongkong.com

❹ Die Khmer-Straße, Kambodscha/Thailand

Auf dieser uralten, 225 Kilometer langen Straße zwischen Angkor in Kambodscha und Phimai in Thailand reisten Kambodschas „Gottkönige" und zelebrierten Zeremonien mit Feuer, Wasser und *linga* (phallischen Steinskulpturen). Der Dschungel hat den größten Teil der Straße verschluckt, aber heutige Reisende können noch viele der Tempel besuchen.

Reiseplanung Eine gute Reisezeit ist der trockene, kühle Januar, aber Angkor ist auch in der üppig grünen Regenzeit von Juni bis Oktober überwältigend. www.mot.gov.kh

Die Straße der Könige windet sich durch das ausgedörrte Bergland des heutigen Jordanien. Über diese große Verkehrsader des alten Orients wurden unter anderem Weihrauch und Gewürze gehandelt.

❺ Die Old Great North Road, Australien

Dieses Meisterwerk der Straßenbaukunst ist berüchtigt dafür, dass für den Bau Sträflinge eingesetzt wurden. Die Straße führte von Sydney nach Newcastle im Hunter Valley. Teilstücke folgten alten Aborigine-Pfaden.

Reiseplanung Ein 43 Kilometer langer Wander- und Radweg ab Wisemans Ferry ist zu Fuß in zwei oder drei Tagen, mit dem Rad an einem Tag zu absolvieren. Es gibt aber auch kürzere Routen. www.australia.com

❻ Die persische Königsstraße, Türkei - Iran

Dareios der Große von Persien ließ die Straße zwischen Mittelmeer und Persischem Golf anlegen, die von Sardis im Nordwesten der Türkei bis nach Susa im Iran verlief. König Midas, Königin Esther, der Geschichtsschreiber Herodot und Alexander der Große sollen sie bereist haben.

Reiseplanung Von Reisen durch den Irak ist abzuraten, aber andere Abschnitte kann man besuchen. Der warme, regnerische Winter ist angenehmer als der sengend heiße Sommer. www.reiseland-tuerkei-info.de

❼ Die Straße der Könige, Ägypten - Syrien

Zu biblischen Zeiten eine der großen Handelsstraßen des Nahen Osten, die von Ägypten über den Sinai zum Golf von Aqaba und dann nordwärts nach Syrien führte. Sie passiert viele Pilgerstätten, wie den Berg Nebo in Jordanien, von dem Moses das Gelobte Land erblickt haben soll.

Reiseplanung Die Straße begann in Heliopolis (heute Ain Shams). Angesichts der politischen Instabilität anderer Regionen ist die Gegend um die Stadt zurzeit auch der sicherste Abschnitt. www.aegypten-online.de

❽ Die Via Egnatia, Albanien - Türkei

Römer, Griechen, Byzantiner, Kreuzritter, Venezianer, Osmanen und Österreicher, sie alle nutzten diese erstaunliche Straße über den Balkan. Der römische Prokonsul Gaius Ignatius ließ sie im 1. Jahrhundert v. Chr. anlegen, um die Adria mit der Ägäis und dem Bosporus zu verbinden.

Reiseplanung Die Route beginnt in Durrës, Albanien (von den Römern Dyrrhacium genannt) und endet in Istanbul, Türkei (dem einstigen Byzanz). www.viaegnatia.net, www.viaeegnatiafoundation.eu

❾ Die Bernsteinstraße, Russland - Italien

Seit dem Altertum wurde Bernstein, „das Gold des Nordens", auf dieser Straße zwischen Ostmeer und Adria gehandelt. Heute ist sie eine faszinierende Route von St. Petersburg durch Ost- und Mitteleuropa nach Venedig.

Reiseplanung Die Route führt von St. Petersburg über Riga in Lettland, Vilnius in Litauen, Gdansk und Wroclaw in Polen, Szombathely in Ungarn und Ptuj in Slowenien nach Venedig. www.bernsteinstrasse.net

❿ Die Via Augusta, Spanien

Auf der nach Kaiser Augustus benannten Straße geht es vom nordandalusischen Cádiz bis zum katalonischen Pyrenäenpass Coll de Panissars. Dort mündete sie in die Via Domitia, die – wie alle Straßen – nach Rom führte.

Reiseplanung Die moderne N340-A7 folgt einem Großteil der Strecke. www.spain.info/de/tourspain

ITALIEN

Die Dolomiten

Majestätische Bergwelt und bizarre Felsformationen zum Sattsehen auf dieser spektakulären italienischen Route.

Schwindelerregende Felstürme spiegeln ihre Zacken und Zinnen in grünen Seen. Kühe grasen auf saftigen Alpenwiesen, auf denen im Frühjahr und Frühsommer Alpenmohn, Edelweiß und Rhododendron blühen, gesäumt von dichten, dunklen Wäldern. Mitten durch diesen phantastischen Südzipfel der Alpen in Nordostitalien führt die Große Dolomitenstraße von Bozen bis zum beliebten Skiort Cortina d'Ampezzo. Ihre magische Wirkung verdankt die Landschaft dem Dolomitgestein, aus dem die jahrtausendelange Erosion gezackte Grate, Spitztürme und abgründige Schluchten modelliert hat. Die Farbe der Felsen wechselt je nach Lichteinfall von düsterem Grau bis zu schimmerndem Rosa bei Sonnenuntergang. Der Bau der heutigen Strecke (SS241 und SS48) begann 1891, nach 14 Jahren erreichte sie Cortina – ein Wunder der Straßenbautechnik, das Täler, Dörfer, Seen und Berge verband. Von Bozen führt die Straße zunächst durch eine tiefe Schlucht, dann durch das bezaubernde Fassatal empor zu ihrem höchsten Punkt, dem Pordoijoch (2239 Meter), und schlängelt sich schließlich in scharfen Kurven und Serpentinen nordostwärts nach Cortina hinunter. Der Ort in einem weiten Tal, 1956 Austragungsort der Olympischen Winterspiele, ist bis heute ein mondäner Tummelplatz des Jetsets. Die Rückfahrt lässt sich beliebig variieren. Abstecher von Canazei nach Ortisei oder zum Sellajoch sind nur zwei der reizvollen Umwege, die man hier wählen kann.

Beste Reisezeit Ende Mai bis Mitte Oktober. Den Rest des Jahres sind viele Pässe geschlossen. Im Juli und August herrscht reger Verkehr, dafür ist das Wetter am schönsten. Im Frühsommer locken die Wildblumen, im Herbst die bunte Laubpracht.

Reisedauer Ein Tag für die 109 Kilometer in eine Richtung, zwei bis drei Tage für eine Rundfahrt.

Reiseplanung Von Verona fährt man in zwei Stunden gemütlich bis nach Bozen hinauf. Günstige Ausgangspunkte sind auch der Flughafen Venedig-Treviso sowie Mailand oder München. Gute Nachtquartiere gibt es in Canazei, Arabba und Cortina.

Tipp Wie alle Bergstraßen verlangen die Dolomitenstraßen mit ihren Haarnadelkurven volle Konzentration. Außerhalb geschlossener Ortschaften gilt ein Tempolimit von 90 Kilometern pro Stunde.

Websites www.dolomiti.org, www.enit.it

HIGHLIGHTS

- Herrliche Ausblicke bietet die **Seilbahnfahrt** von Bozen zum Ritten (Renon) hinauf, einem bewaldeten Hochplateau mit zahlreichen hübschen Dörfern.
- Eine Panoramapause empfiehlt sich am **Sellajoch** mit Aussicht auf die Marmolada, den mit 3344 Metern höchsten Gipfel der Dolomiten.
- Nicht unbedingt etwas für Leute mit Höhenangst ist die Fahrt mit der Gondelbahn von **Malga Ciapela** bis auf 3246 Meter Höhe, knapp unter dem Gipfel der Marmolada.
- Ideale Gelegenheit, die **Schönen und Reichen** in Aktion zu erleben, bietet Cortina d'Ampezzo, einer der mondänsten Skiorte der Alpen.
- Der Mumienpromi **Ötzi** ist im Bozener Museo Archeologico dell'Alto Adige zu besichtigen. Seine vor 5000 Jahren eingefrorene Leiche wurde 1991 in einem Gletscher nahe der Grenze zu Österreich entdeckt.

Gegenüber: Typische Alpenszenerie im italienischen Castelrotto (Kastelruth). Hinter dem Kirchturm verhängen Wolkenfetzen den Blick auf die Felszinnen der Dolomiten. Oben links: Die herrliche Landschaft ist zugleich ein Feinschmeckerparadies, wie diese Ladenauslage in Cortina beweist. Oben rechts: Gezackte Bergkämme hinter einer Ruine in Cortina.

Historienreise durch Spanien

In Spaniens Kernland locken zeitlose Städte und eine köstliche Regionalküche unter blauem Himmel, der schon El Greco inspirierte.

Segovia im Schatten der himmelstürmenden Bögen seines römischen Aquädukts, Ávila, die mauernbewehrte Stadt der Heiligen, Salamanca, Sitz einer der ältesten Universitäten Europas, Cáceres und Trujillo, die durch Amerikas Goldschätze reich wurden, Toledo, Wirkungsort des Malers El Greco – die Reise bietet einen Querschnitt durch alles, was Spanien zu einem der faszinierendsten Länder Europas macht. Von Madrid führt die Reise nordwestwärts über die sanften Berge der Sierra de Guadarrama und dann nach Segovia hinunter. Auf dem Weg nach Westen passiert man Ávila und Salamanca, bevor es südwärts durch eine wilde und einsame Region geht, deren Städtchen und Dörfer wie Kulissen für einen Kostümfilm wirken. Schließlich öffnen sich die Ebenen der Extremadura. Von hier aus brachen viele Konquistadoren in die Neue Welt auf, um nach ihrer Rückkehr prächtige Paläste zu erbauen und reich geschmückte Kirchen und Klöster in Cáceres, Trujillo und anderen Städten zu stiften. Die letzte Etappe zurück nach Madrid führt über den bedeutenden Wallfahrtsort Guadalupe mit seinem seit dem Mittelalter berühmten Madonnenbild und die geschichtsträchtige Stadt Toledo mit ihrer markanten Kathedrale und der Alcázar-Festung hoch über dem Fluss Tajo.

Beste Reisezeit Ganzjährig, im Frühjahr und Frühsommer gibt es weniger Touristenandrang, herrliche Wildblumen und Schneereste auf den Berggipfeln.

Reisedauer Für die 861 Kilometer lange Rundreise sollten Sie rund eine Woche einplanen.

Reiseplanung Die Route ist gut versorgt mit *paradores*, staatlichen Hotels, die oft in historischen Gebäuden wie Burgen, Palästen und ehemaligen Klöstern untergebracht sind. Mindestens einmal sollten Sie sich dieses nicht ganz billige Vergnügen gönnen, aber frühzeitig reservieren.

Tipp Praktisch jede Stadt und Region in Spanien hat ihre kulinarische Spezialität - in Segovia ist es zum Beispiel Spanferkel.

Websites www.spain.info/de/tourspain, www.red2000.com/spain, www.parador.es

HIGHLIGHTS

- Das **Valle de los Caídos** (Tal der Gefallenen) auf dem Weg nach Segovia ist ein umstrittenes Monument für die Toten des Bürgerkriegs und Grabmal des Diktators Francisco Franco.
- **Salamanca** ist ein architektonisches Kleinod mit zwei benachbarten Kathedralen und einer wunderschönen Plaza Mayor, in deren Cafés man bestens sitzt, um Passanten zu beobachten.
- Francisco Pizarro, der Eroberer Perus, kam aus **Trujillo**. Ein prächtiges Reiterdenkmal auf der Plaza Mayor zeigt ihn in voller Rüstung.
- Muslime, Juden und Christen haben **Toledo** geprägt. Besonders sehenswert ist das El-Greco-Haus und -Museum.

Die mittelalterliche Stadtmauer von Ávila, Geburtsort der heiligen Teresa von Ávila, ist mit ihren 88 Türmen und neun Stadttoren komplett erhalten.

Die Festung Nakhl inmitten ihrer Oase vor den Felshängen des Djebel-al-Achdar.

OMAN

Die Festungen von Oman

Eine Geländetour durch die Wüste zu spektakulären Festungen, zeitlosen Lehmziegeldörfern und wilden Bergpässen.

Rund 1000 Burgen, Wachtürme und Forts aus Lehm und Stein gibt es in Oman, Zeugen der strategischen Bedeutung des Landes an der Mündung des Persischen Golfs. Von Beginn der Rundreise an, die zunächst von der Hauptstadt Maskat über die Straße nach Südwesten führt, sieht man sie auf Höhenrücken und Hügeln aufragen und zwischen Lehmdörfern, Dattelplantagen und schroffen Bergen mit der Landschaft verschmelzen. Die meisten wurden von der Yaruba-Dynastie, die 1650 die Portugiesen vertrieb, und der nachfolgenden Said-Dynastie errichtet. Erstes Ziel ist die alte Hauptstadt Nizwá, deren Festung aus dem 17. Jahrhundert ein gewaltiger Rundturm flankiert. Nicht weit davon liegen Bahla und Jabrīn mit ihren Festungspalästen. Nach Bestaunen der unheimlichen Mondlandschaft ringsum folgt die nervenaufreibende Offroadfahrt übers Gebirge bis in die Batina-Ebene. Hier gibt es die Festungen Ar Rustāq und Ḩazm zu besuchen, dann geht es zurück auf die Straße und zu einer Kette von Küstenforts. Der letzte Stopp auf dem Rückweg gilt der Festung Nakhl am Rand des Gebirges Djebel-al-Achdar.

Beste Reisezeit November bis März, auch wenn es im Gebirge kalt wird. Die Sommerhitze besser meiden.

Reisedauer Mindestens vier Tage für die 756 Kilometer lange Reise, mit zwei Nächten in Nizwá für den Besuch von Bahla and Jabrīn und einer Nacht an der Küste in As Suwayq vor dem Besuch von Nakhl.

Reiseplanung Die Fernstraße ist in gutem Zustand; abseits der Straße braucht man Allradantrieb.

Tipp Beschilderung auf Englisch. Die Fahrer sind vorsichtig, und Verkehrsvorschriften werden strikt durchgesetzt: Sogar für schmutzige Autos drohen Geldbußen. An der verkehrsarmen Straße gibt es nur wenige Tankstellen, deshalb sollten Sie jede Chance zum Auftanken nutzen, reichlich Wasser mitführen und für Pannen gerüstet sein.

Websites www.omantourism.de, www.omantourism.gov.om

HIGHLIGHTS

- Auf dem Weg nach Nizwá lädt **Sayq** zur Mittagspause mit traumhaftem Gebirgspanorama.
- In **Nizwá** kann man im Suk (Basar) um Keramik und Silber feilschen und den Rundblick von der Festung der Stadt genießen.
- Ein lohnender Abstecher führt von Nizwá zum **Wadi Ghul:** Omans „Grand Canyon" liegt im Schatten des Djebel Shams, des mit 3000 Metern höchsten Gipfel des Landes.
- In **Bahla** kann man die elf Kilometer langen Mauern dieses kürzlich restaurierten Unesco-Welterbes abschreiten.
- Ein Picknick unter Dattelpalmen an den **heißen Quellen** der Oase **Nakhl**, in deren warmem Wasser Kinder planschen und Frauen ihre Wäsche waschen.
- **Wadi-Ausflug**: Mit dem Allradfahrzeug durch ein ausgetrocknetes Flussbett brausen.
- Nach dem Abendessen entspannt man sich bei **Weihrauchduft** und blubbernden Wasserpfeifen.

Von Kairo nach Kapstadt

Auf der Traumreise über die ganze Länge des afrikanischen Kontinents erlebt man wilde Tiere, Wasserfälle, Wüsten und kulturelle Vielfalt.

Taxis durchpflügen das hupendröhnende Verkehrsgewühl von Kairo, während Männer in *gelabeyas* (langen Gewändern) ihren Kaffee trinken und die *shisha* (Wasserpfeife) teilen. Der Flieger nach Nairobi erspart die gefährliche Fahrt durch die Konfliktregionen Sudan und Äthiopien. In Tansania passiert die Straße Wildreservate, wo die warme Nachmittagsbrise das Brüllen der Zebras herüberträgt, die am Fluss im Tal unterhalb des Safari-Camps trinken. Nachts trampeln Elefanten vorbei, die im Morgengrauen das nahe Wasserloch aufsuchen. Fischadler greifen ihre Beute aus dem kristallklaren Malawisee im Great Rift Valley, dem Großen Afrikanischen Grabenbruch. Abends spiegelt der See den Sonnenuntergang und der Vogelchor weicht dem nächtlichen Insektenkonzert. Aus der Sambesischlucht steigt der Sprühnebel der Viktoriafälle, die Einheimischen nennen sie *Mosi-a-tunya* („Donnernder Rauch"). Das mit Bäumen durchsetzte Buschland wird zu Schotter mit Gestrüpp und dann zum Dünenmeer der Namib, wo Spießböcke oder Oryxantilopen die spärlichen Wasserstellen aufsuchen. Auf der letzten Etappe sieht man vielleicht Wale und Delphine vor der südafrikanischen Küste, bevor der Tafelberg über Kapstadt auftaucht.

Beste Reisezeit Oktober bis April.

Reisedauer Die Gesamtstrecke beträgt 8850 Kilometer. Für die 5649 Straßenkilometer von Nairobi bis Kapstadt müssen Sie mit Zwischenaufenthalten mindestens sechs Wochen kalkulieren.

Reiseplanung Für die meisten Hotels und Ausflüge ist eine rechtzeitige Reservierung ratsam. Erkundigen Sie sich nach den Visabestimmungen der verschiedenen Länder entlang der Route; viele verlangen auch den Nachweis einer Gelbfieberimpfung.

Tipp Zwischen Kairo und Nairobi gibt es täglich Flugverbindungen. Von Nairobi geht die Reise über Land weiter. Der April ist der beste Monat für Ultraleicht-Flüge über die Viktoriafälle.

Websites www.touring-afrika.de, www.africa.com, www.transafrika.org, www.tourism-africa.co.za, www.africatravelresource.com

HIGHLIGHTS

- Tierbeobachtungen aus dem komfortablen Zelt einer Safari-Lodge in **Tarangire National Park**, Tansania. Der Park ist berühmt für seine Elefanten, die hier in Herden von über 200 Tieren unterwegs sind.
- Kajaktouren im **Lake Malawi National Park**, einer Unesco-Welterbestätte, mit Übernachtung auf **Mumbo Island**.
- Flug über die **Viktoriafälle** im **Ultraleichtflugzeug**.
- Besucher können sich im *mokoro* (Einbaum) durch die tierreichen Lagunen und Kanäle des **Okavango-Delta** in Botswana staken lassen.
- Tierbeobachtungen am **Namutoni-Wasserloch** in der **Etoschapfanne, Namibia** – nachts mit Flutlicht.

Der Anblick des majestätischen Tafelbergs, zu dessen Füßen sich Kapstadt erstreckt, ist ein passender Abschluss für diese Abenteuerreise über einen ganzen Kontinent.

MAROKKO/WESTSAHARA/MAURETANIEN

Durch die Sahara

Auf uralten Handelswegen durch Wüsten und Berge zu Zeugnissen versunkener Kulturen und exotischen Märkten.

Das rege Treiben der Städte kontrastiert mit der Stille der Wüste. In den Orten entlang der Straße hallt der Gebetsruf des Muezzins durchs Gassengewirr und übertönt die Stimmen der feilschenden Händler im Suk (Basar). In der Mittagshitze lichtet sich das Menschengewusel, die Straßencafés füllen sich, Gewürzduft liegt in der Luft. Die Reise beginnt in Ceuta, das offiziell zum 19 Kilometer entfernten Spanien gehört. Sie endet im mauretanischen Nouakchott. Mitten in Marokko kommt Marrakesch in den Ausläufern des Atlas in Sicht, dessen ockerfarbene Lehmbauten afrikanischer wirken als der mediterrane Norden. Kasbas, die Wohnfestungen der Berber, verschmelzen mit der Landschaft. Über Pässe geht es ins Wüstenterrain der Westsahara. Hier bestimmen Straßenverhältnisse, politische Spannungen und Sandstürme die Route. Der weite Himmel dominiert die Landschaft. Entlang der Küste scheint die Wüste nahtlos in den Atlantik überzugehen. Mauretanien rückt näher, die Lautenmelodien der *tidinit* verdrängen die marokkanische *Chaabi*-Volksmusik aus den Radios der Cafés am Straßenrand, und die traditionelle Tracht wird bunter.

Beste Reisezeit September bis März. In Marokko sind dies die kühleren Monate; in Mauretanien bleibt es aber ziemlich heiß.

Reisedauer Um die 2969 Kilometer ohne Hast zu absolvieren, brauchen Sie mindestens vier Wochen.

Reiseplanung Alle benötigten Visa sollten Sie vorab besorgen. Ebenfalls im Voraus müssen Sie sich über die aktuellen Reisebedingungen informieren, einschließlich politischer Unruhen (vor allem in der Westsahara). Selbstfahrer brauchen Beratung und sorgfältige Vorbereitung, aber auch Gruppenreisen können riskant sein.

Tipp Schutzmittel gegen Tsetsefliegen mitnehmen. Für die örtlichen Busse gibt es meist keine Fahrpläne im westlichen Sinne. Sie fahren oft erst ab, wenn sie voll sind.

Websites www.transafrika.org, www.africa.com, www.visitmorocco.org, www.morocco.com

HIGHLIGHTS

- In der mittelalterlichen Altstadt des marokkanischen Fès – **Fes el-Bali** –, einem Labyrinth aus Gassen und überdachten Märkten, nach dem Henna-Suk Ausschau halten.
- Gewundene Straßen führen durch den Hohen Atlas in Südmarokko zur **Todra-Schlucht**, der höchsten des Landes, und zum **Dadès-Tal**, dem „Tal der 1000 Kasbas".
- Die Kasbas des befestigten Dorfs **Aït Benhaddou** ragen jäh aus der Wüstenlandschaft des südlichen Marokkos auf. Besuchenswert ist die Hassan-II.-Moschee.
- In Mauretanien lohnt ein Abstecher zum alten **Chinguetti**, siebtheiligste Stadt des Islam und Schnittpunkt mehrerer Handelsrouten durch die Sahara.

Ein schneebedeckter Gipfel zeigt sich in der Ferne jenseits der kahlen Felshänge des Hohen Atlas in der Nähe des südmarokkanischen Aït Benhaddou.

3

Auf der Schiene

Ganz gleich, ob luxuriös oder spartanisch, entspannt oder abenteuerlich – die großen Zugreisen der Welt umweht immer ein Hauch von Glamour. Wer einen dieser Züge besteigt, taucht in eine Traumwelt ein, spielt in einer nostalgischen Hollywood-Romanze mit, lässt sich von phantastischen Landschaften berauschen und erlebt das Schauspiel des Alltagslebens, das sich entlang der Gleise abspielt. Zugstrecken wie die Transsibirische Eisenbahn zwischen Moskau und Beijing sind weltberühmt. Andere sind wohlgehütete Geheimnisse. Außer der Antarktis kann jeder Kontinent mit Eisenbahnabenteuern aufwarten, von Südafrikas Safarizügen über Australiens Indian Pacific quer durch das Outback bis zur Harzer Brockenbahn. Manche sind wahre Zeitreisen in die Vergangenheit, mit wunderbar erhaltenen Dampflokomotiven, die durch die Goldgräberregion der südlichen Rockies oder die Teeplantagen des Himalaja rattern. Andere sind Superlative der Moderne wie die Qingzang-Hochgebirgsbahn von China nach Tibet.

Der Jacobite dampft durch die wildromantische Landschaft der schottischen West Highlands – von Hochmooren über *lochs* und *glens* bis zur malerischen Westküste.

Die Schneeziege ist auf den steilen Hängen der Rockies oberhalb der Waldgrenze heimisch.

KANADA

Der Rocky Mountaineer

Auf historischer Trasse durch die dramatische Landschaft der kanadischen Rockies von Vancouver bis Banff.

Plötzlich taucht der Zug in den gewundenen Tunnel durch den Cathedral Mountain ein und Finsternis verschluckt die majestätischen Kiefern und Felshänge vor den Fenstern. Minuten später fährt er hinaus in eine von uralten Gletschern geformte Landschaft. Dies ist nur ein Abschnitt der eindrucksvollen Route des Rocky Mountaineer. Der Zug fährt nur bei Tageslicht, durch Tunnel, an Berghängen entlang und über Viadukte. Von Vancouver kämpft er sich durch den Fraser Canyon in die kanadischen Rockies hinauf, hoch über den Stromschnellen von Hell's Gate – ein Anblick nur für Schwindelfreie. Nach einer Übernachtung in Kamloops beginnt der Anstieg durch den Connaught Tunnel und über den Kicking Horse Pass in 1524 Meter Höhe. Am Himmel begleiten Steinadler die Reise, während schroffe Felswände, verschneite Gipfel und immergrüne Wälder die Herzen der Reisenden höherschlagen lassen.

Beste Reisezeit Die Strecke über den Kicking Horse Pass ist von Anfang April bis Mitte Oktober in Betrieb. Wenn Sie verschneite Bergwelt reizt, sollten Sie im April oder Oktober fahren.

Reisedauer Zwei Tage von Vancouver nach Banff oder Calgary, mit einer Hotelübernachtung in Kamloops. Die Reise wird auch in Gegenrichtung, nach Westen, angeboten.

Reiseplanung Zur Wahl steht die luxuriöse GoldLeaf-Klasse mit Panoramafenstern (für Fotografen empfehlenswert) oder die klassische RedLeaf-Wagenklasse.

Tipp Die RedLeaf-Klasse bietet nur kalte Speisen. Wer Wert auf ein warmes Mittagessen legt, muss GoldLeaf buchen.

Websites www.rockymountaineer.com. www.canadiantrainvacations.com

HIGHLIGHTS

- Überwältigende Eindrücke bieten der steilwandige, 604 Meter tiefe **Fraser Canyon** und **Hell's Gate**, wo der Fraser River tief unterhalb der Trasse durch die Schlucht tost.
- In Kamloops wird der Rocky Mountaineer von Blauhemd-Cowboys hoch zu Ross begrüßt, den freundlichen Freiwilligen der **Kamloops Mounted Patrol**.
- Am zweiten Morgen, hinter Kamloops, haben Sie gute Chancen, Vertreter der vielfältigen **Tierwelt** wie Wapitis, Bären, Fischadler oder Timberwölfe zu erspähen. Wird ein Tier von drei Passagieren gesehen, zählt es als offizielle Sichtung.
- Der hervorragende **Bordservice** umsorgt die Fahrgäste mit erstklassiger Verpflegung und Leckereien von Schokoladenkeksen bis zu regional hergestellten Likören.

El Chepe kurvt in der Nähe von Divisadero durch die Kupferschlucht.

MEXIKO

El Chepe

Eine Zugreise durch die Kupferschlucht tief im Herzen der mexikanischen Sierra Madre.

Von der Cortes-See bis in die luftigen Höhen der Sierra Madre passiert der Ferrocarril Chihuahua al Pacífico (oder kurz „El Chepe") 39 schwindelerregende Brücken und 88 Tunnel zwischen senkrecht abfallenden Felsen und kupferfarbenen Hängen. Der Bau der Zugstrecke, die Goldgräber in die Sierra Madre befördern sollte, dauerte fast ein Jahrhundert. Heute ist ihre Hauptattraktion die Fahrt durch die wilde und weitgehend unerforschte Barranca del Cobre (Kupferschlucht). Das monumentale Schluchtensystem (viermal so groß wie der Grand Canyon) aus üppig grünen Rinnen, Wasserfällen und ausgetrockneten Canyons lässt sich durch die großen Panoramafenster von El Chepe bestens bewundern. In den kleinen Dörfern der Schlucht pflegen die Tarahumara-Indianer, die zweitgrößte indigene Volksgruppe Mexikos, ihre traditionelle Lebensweise. Bei verschiedenen Halts sieht man Kinder neben den Gleisen spielen, während die Frauen weben oder Holzschnitzereien, Puppen und Strohkörbe zum Verkauf anbieten. In Chihuahua ist die Franz von Assisi geweihte barocke Kathedrale an der Plaza de la Constitución einen Besuch wert.

Beste Reisezeit El Chepe fährt ganzjährig. Das Landschaftsbild wechselt je nach Jahreszeit von üppig grün zu ausgedörrt und kupferfarben (in der Trockenzeit von März bis Juli).

Reisedauer Die 921 Kilometer lange Fahrt dauert 16 Stunden.

Reiseplanung Der Touristenzug *(Primera Express)* fährt um 6 Uhr morgens in Los Mochis ab und ist um 22 Uhr in Chihuahua. Sparsame Reisende können auch den Zug der *Clase Económica* zum halben Preis nehmen, der von 7 Uhr morgens bis 23 Uhr unterwegs ist. In Gegenrichtung gelten die gleichen Abfahrt- und Ankunftszeiten.

Tipp Wenn Sie in El Fuerte statt in Los Mochis zusteigen, können Sie die Stadt in Ruhe erkunden, ohne deshalb den spektakulärsten Abschnitt der Fahrt zwischen Temoris und Bahuichivo zu verpassen. Ein Sitzplatz auf der Südseite des Zugs verspricht den besten Blick.

Website www.chepe.com.mx

HIGHLIGHTS

- Hübsche Hotels im Kolonialstil säumen die gepflasterten Straßen der Altstadt von **El Fuerte**, einst ein Handelszentrum der Silber- und Goldgräber aus den nahen Bergen.
- Ein besonders weiter Panoramablick über die Schlucht bietet sich auf der **Steigung zwischen El Fuerte und Creel**, wo es in Serpentinen 2000 Meter bergauf geht.
- Besuchen Sie in **Chihuahua** das Revolutionsmuseum im ehemaligen Haus des Revolutionsführers **Pancho Villa**. Hier ist auch der kugeldurchsiebte Dodge ausgestellt, in dem Villa 1923 ermordet wurde.

Rio Grande
497
497

NEW MEXICO/COLORADO, USA

Die Cumbres & Toltec Scenic Railroad

Authentische Wildwestatmosphäre bietet diese Dampfrossreise durch aufregende Berglandschaft.

Ein einsamer Pfiff hallt durch die 183 Meter tiefe Toltec-Schlucht. Dicht am Berghang schlängelt sich die Schmalspurbahn der Cumbres & Toltec Scenic Railroad entlang – eine Sinfonie aus zischendem Dampf, ratternden Rädern und dem Schnaufen und Puffen der Dampflok, die schwarze Qualmwolken speit. Der Zug zuckelt auf staksigen Gerüstbrücken über tiefe Felsrinnen, quert gelbgrünes Grasland und passiert weite Täler mit glitzernden Wasserläufen. Im offenen Aussichtswagen fühlt man sich in die Ära der berühmten Wildwesthelden und -schurken zurückversetzt. Die Denver & Rio Grande Western Railroad baute die Strecke (Amerikas höchste und längste Schmalspurtrasse) in den 1880er Jahren, um Gold von den Bergbaustädten der San Juan Mountains über die südlichen Rocky Mountains nach Alamosa, Colorado, zu transportieren. Heute befahren die Züge einen 103 Kilometer langen Abschnitt der Originalroute von Chama, New Mexico, über die Conejos Mountains nach Antonito, Colorado. Der 3050 Meter hohe Cumbres Summit, die steilen Felswände von Windy Point und der Toltec-Schlucht sowie die schwindelerregenden Brücken von Lobato und Cascade lassen einem den Atem stocken, während das sanfte Schaukeln der altertümlichen Salonwagen jene Zeiten heraufbeschwört, in der Sheriffs und Banditen diese Route bereisten.

Beste Reisezeit Die Züge fahren von Ende Mai bis Mitte Oktober täglich.

Reisedauer Dies ist kein Schnellzug. Die komplette Strecke zwischen Chama und Antonito einschließlich Busrückfahrt zum Ausgangspunkt dauert fast einen ganzen Tag.

Reiseplanung In Chama und Antonito ist das Angebot an Unterkünften begrenzt. Alamosa, in der Nähe von Antonito, bietet mehr Unterkünfte und Campingmöglichkeiten. Die Züge sind auch für Rollstuhlfahrer zugänglich. In Osier, Colorado, hält der Zug zum Mittagessen, das im Fahrpreis inbegriffen ist.

Tipp Die Züge haben ein oder zwei offene Aussichtswagen, in denen an steilen Steigungen mit ohrenbetäubenden Demonstrationen ihrer Dampfkraft und gelegentlichem Ascheregen zu rechnen ist. Hier sind Sonnenhut und -brille – als Schutz gegen die heiße Asche – unentbehrlich, aber die besonders hervorragende Aussicht macht das mehr als wett.

Website www.cumbrestoltec.com

HIGHLIGHTS

- Gebäude und Gerät der C&TSRR stammen größtenteils vom Beginn des 20. Jahrhunderts oder aus noch früherer Zeit. Ein Muss für Eisenbahnfans ist der **Chama Yard** mit seiner umfangreichen Sammlung von antikem Schmalspurinventar.

- Die Strecke von Chama ostwärts zum Cumbres Summit, eine der steilsten Trassen der Vereinigten Staaten, bietet einen großartigen **Blick** auf das 610 Meter tiefer gelegene **Chama**. Es folgen die hufeisenförmige Tanglefoot Curve, das Ödland des Los Pinos Valley und der Abgrund der **Toltec Gorge**.

- Auf der **Cascade Trestle**, mit 30 Metern die höchste Brücke der Strecke, scheint der Zug ohne Boden unter den Rädern durch die Luft zu rattern.

- Östlich von Osier erinnert das **Garfield Monument** an die Ermordung von Präsident Garfield.

- Auf dem Anstieg nach Antonito schraubt sich die 900-Millimeter-Bahn bei Big Horn, Whiplash und Lava Tank durch **staunenswerte Kurven**.

Gegenüber: Ein Zug der Cumbres and Toltec Scenic Railroad schnauft im Spätherbst über den Cumbres Pass. Am Westhang ist eine äußerst steile Steigung von vier Prozent zu bewältigen. Oben links: Wassernachschub für die Dampflokomotive. Oben rechts: Viehtrieb quer über die Gleise.

ECUADOR

Der Chiva Express

Die historische Route verspricht einen phantastischen Blick auf die Anden und das Küstentiefland von Ecuador.

Nach den El-Niño-Überschwemmungen der 1980er Jahre wurde die unzuverlässige, klapperige Eisenbahn zwischen Quito und Guayaquil durch den Chiva Express ersetzt. Dieses knallbunte Gefährt ist eigentlich ein zum Schienenfahrzeug umgebauter Bus. Am schönsten sitzt man in der dünnen, frostigen Luft auf seinem Dach, angegurtet und an die Stahlreling geklammert, um die Achterbahnfahrt von den Anden ins tropische Tiefland zu genießen. Ausgangspunkt ist Riobamba am Fuß des Chimborazo-Vulkans, ein lebendiges Städtchen mit gepflasterten Straßen, Plazas aus der Kolonialära und einem geschäftigen Samstagsmarkt. Von hier fährt der Chiva Express über die hundertjährige Gleisstrecke durch verschiedene Klimazonen zu Tal, aus der kalten Andenluft durch die geheimnisvolle, dunstverschleierte Stille des Nebelwalds in die tropische Schwüle des Küstendschungels, während sich die Passagiere einer Kleidungsschicht nach der anderen entledigen. Ebenso abwechslungsreich ist die Landschaft: Schneebedeckte Vulkane am Horizont, sanfte Hügel und purpurne Lupinenfelder und schließlich tropische Bananenplantagen und Palmen kurz vor der Ankunft im küstennahen Guayaquil.

Beste Reisezeit Jederzeit: Ecuadors Klima ist das ganze Jahr über weitgehend konstant.

Reisedauer Die rund 257 Kilometer lange Fahrt von Riobamba nach Guayaquil dauert etwa acht Stunden.

Reiseplanung Erkundigen Sie sich nach dem aktuellen Fahrplan; die Abfahrtzeiten ändern sich häufig. Da die Sitzplätze nicht nummeriert sind, sollten Sie frühzeitig da sein, um sich Ihren Platz zu sichern.

Tipp Mehrschichtige Kleidung ist sinnvoll, da die Fahrt durch verschiedene Klimazonen führt. Außerdem Regenkleidung und eine weiche Sitzunterlage mitnehmen.

Websites www.chivaexpress.com, www.metropolitantouring.com

HIGHLIGHTS

- An der **Teufelsnase** (Nariz del Diablo), einem imposanten Granitberg, bezwingt der Schienenbus eine fast lotrechte Felswand in einer haarsträubenden Abfolge von Zickzackkurven.
- Lassen Sie sich die regionale Spezialität **Canelazo** schmecken, eine Art Grog aus Feuerwasser, Naranjilla-Früchten, Zimt und Zucker.
- Eine Hauptattraktion der Tour ist der Chiva Express selbst mit seinem farbenprächtigen Anstrich und den luftigen **Sitzplätzen auf dem Dach**.

Der kunterbunte Schienenbus des Chiva Express rattert durch die grandiose Andenlandschaft.

Eine Hirtin treibt ihre Lamaherde über den *altiplano* in der Nähe des Titicacasees.

PERU

Der Anden-Explorer

Durch die Anden zum Titicacasee, dem höchsten schiffbaren See der Welt.

Von Cusco, der alten Hauptstadt des Inkareichs, macht sich der Anden-Explorer auf den sanften Anstieg durch saftig grüne Felder, an den gewundenen Ufern des Río Huatanay entlang. Er passiert Eukalyptushaine, Schluchten und Siedlungen mit Lehmziegel-Dächern und kolonialzeitlichen Kirchen vor der düsteren Kulisse der Anden, während vor seinen Fenstern das Alltagsleben vorbeizieht: Ein kleiner Junge treibt Ochsen mit einer dünnen Gerte voran, eine Frau führt ein mit bunten Kränzen geschmücktes Alpaka, Bauern ackern auf den Maisfeldern. Nach 257 Kilometern dann der Übergang vom sanften Grasland auf den *altiplano*: Bis in weite Ferne dehnt sich die karge Hochebene, auf der Vikunjas und Alpakas grasen, eingerahmt von verschneiten Andengipfeln. Die Route gewährt einzigartige Einblicke in das ländliche Leben der peruanischen Anden. Im betriebsamen Städtchen Juliaca schieben die Markthändler hastig ihre Stände von der Strecke, um den Zug vorbeizulassen. Winkende Kinder laufen mit den Wagen um die Wette. In Puno leuchtet als Willkommensgruß das himmelblaue Wasser des Titicacasees, des höchsten schiffbaren Sees der Welt.

Beste Reisezeit Die Verbindung ist ganzjährig in Betrieb. In der Trockenzeit von Ende Mai bis September ist der Himmel klarer und der Zugbetrieb zuverlässiger.

Reisedauer Der Zug braucht ungefähr zehn Stunden für die 282 Kilometer.

Reiseplanung Es gibt zwei Klassen: Backpacker und Andean Explorer (Erste Klasse). In der Backpacker-Klasse kann man nicht reservieren; also sollten Sie dafür besser rechtzeitig da sein. Im Preis der Andean-Explorer-Klasse sind ein Drei-Gänge-Menü und der Zugang zum offenen „Barwagen" enthalten.

Tipp Bringen Sie Medikamente gegen Höhenkrankheit mit; der Zug hält am sehr hoch gelegenen La-Raya-Pass, wo auch das Atmen schwerfallen kann. Wer aufs Dessert verzichten kann, sichert sich am besten gleich nach dem Essen einen Platz im Salonwagen, bevor er zu voll wird.

Website www.perurail.com

HIGHLIGHTS

- Der Zug legt einen 20-minütigen Zwischenstopp am **La-Raya-Pass** ein, mit 4321 Metern der höchste Punkt der Reise. Genießen Sie die flimmernde Stille und bewundern Sie die von Einheimischen zum Kauf angebotenen Pullover und Tücher aus weicher Alpakawolle.
- Bei Raqchi stehen links der Strecke die Ruinen des **Tempels von Viracocha**, dem Schöpfergott – eines der größten Bauwerke der Inkas.
- Um 11 Uhr wird der peruanische Lieblingscocktail **Pisco Sour** gereicht.

Top 10 Dampf-zugrouten

Mit nostalgischen Dampfloks durch urtümliche Landschaften in aller Welt.

❶ Austin & Texas Central Railroad, Texas

In komfortabel renovierten Passagierwagen aus den 1920er Jahren die texanische Landschaft an sich vorbeiziehen lassen: Der River City Flyer fährt von Austin am Colorado River entlang, durch die Baumwollfelder der Blackland Prairies bis Littig und dann zurück nach Austin. Alternativ führt die Strecke des Hill Country Flyer zwischen Ranches und wogenden Hügeln von Cedar Park nach Bertram und Burnet und wieder zurück.

Reiseplanung Die Züge fahren das ganze Jahr über. Reservierung ist ratsam. www.austinsteamtrain.org

❷ Mount Rainier Scenic Railroad, Washington

Am Südhang des 4392 Meter hohen Mount Rainier schnauft der Zug durch Farmland und Wälder, über Gerüstbrücken und Bäche bis hinauf zum Mineral Lake, wo er vor der Rückfahrt 15 Minuten Station macht. Unterwegs schreckt er oft Roosevelt-Wapitis, Bären, Adler und anderes Getier auf.

Reiseplanung Zwei oder drei Abfahrten täglich ab Elbe, südöstlich von Tacoma. Plätze gibt es meist auch ohne Reservierung. www.mrsr.com

❸ Ferrocarril Central Andino, Peru

Auf der Etappe zwischen Lima und der Andenstadt La Oroya bewältigt der Zug die steilste Bahnstreckensteigung der Welt. Nach 145 Kilometern erreicht er auf 4783 Metern den höchsten Punkt der Route. Die Gleise verlaufen an tiefen Schluchten entlang, über schwindelerregende Brücken, durch Felstunnel und über teils vierfach übereinander gelegte Serpentinen. Für saisonale Touristenfahrten setzt der Ferrocarril Central Andino (FCCA) sogar noch eine seiner alten Dampfloks der „Anden"-Klasse ein.

Reiseplanung FCCA bietet in der Saison Wochenend- und Dampflokfahrten für Touristen an. Am besten buchen Sie bei einem erfahrenen Veranstalter. www.ferrocarrilcentral.com.pe

❹ Puffing Billy Railway, Australien

Die 48 Kilometer lange Rundfahrt führt auf einer Schmalspurstrecke von Belgrave, nördlich von Melbourne, durch die südlichen Ausläufer der Dandenong Ranges. Begleitet von Vogelgezwitscher und umgeben von Eukalyptusduft geht es über Menzies Creek, Emerald, Lakeside und Cockatoo zum hübschen Städtchen Gembrook hinauf, wo man sich vor der Rückfahrt die Beine vertreten kann.

Reiseplanung Die Züge verkehren täglich außer am 25. Dezember. www.puffingbilly.com.au

Der Jacobite schlängelt sich qualmend durchs schottische Hochland. Dabei überquert er auch das Glenfinnan-Viadukt, das viele aus den Harry-Potter-Filmen kennen.

❺ Nilgiri Mountain Railway, Indien

Die äußerst eindrucksvolle Zugstrecke durch die südindischen Nilgiriberge ist als Unesco-Welterbe gelistet. Die 45 Kilometer lange Verbindung zwischen Mettuppalaiyam und Ootacamund (Udhagamandalam) in 2268 Meter Höhe ist auf einem Stück so steil, dass die Züge hier von Dampfloks per Zahnradantrieb bergauf geschoben werden.

Reiseplanung Auf der fünfstündigen Fahrt kann es sehr heiß werden. Pro Tag nur eine Abfahrt in jede Richtung. www.railtourismindia.com

❻ Die Kinderbahn, Budapest, Ungarn

Die Bahnstrecke wurde in der Sowjetära gebaut, um Kinder zwischen zehn und 14 Jahren für die Ungarische Staatsbahn auszubilden. Alle Betriebstätigkeiten erledigen Kinder nach dem Regelwerk der Staatsbahn; die Lokführer sind allerdings Erwachsene. Die Strecke passiert viele Budapester Sehenswürdigkeiten und Waldgebiete, in denen es Hirsche, Waldohreulen und Wildschweine zu sehen gibt.

Reiseplanung Die Züge verkehren ganzjährig, im Winter von 9–17 Uhr, im Sommer von 9–19 Uhr. www.gyermekvasut.com

❼ Die Harzer Schmalspurbahnen, Deutschland

Eine Nebenstrecke der Meterspurbahn von Wernigerode nach Nordhausen ist die Brockenbahn von Drei Annen Hohne zum 1142 Meter hohen Gipfel des Brocken, auf der Dampfloks die bewaldeten Steilhänge des Nationalparks Harz emporkeuchen. Auch im Winter in Betrieb.

Reiseplanung Von Wernigerode besteht Anschluss an das Netz der Deutschen Bahn. Im Sommer unbedingt reservieren. www.harzbahn.de

❽ Der Jacobite, Schottland

Der nach dem Jakobitenaufstand von 1745 unter Bonnie Prince Charlie benannte Zug quert von Fort William kommend das Great Glen, passiert Loch Eil und schlängelt sich über das imposante Glenfinnan-Viadukt. Die abschließende Talfahrt nach Mallaig an der Westküste eröffnet einen sagenhaften Panoramablick auf die Inneren Hebriden.

Reiseplanung Im Hochsommer sollten Sie unbedingt reservieren. www.westcoastrailway.co.uk

❾ Ffestiniog Railway, Wales

Die Strecke wurde einst für den Schiefertransport aus den Moelwyn Mountains zum Hafen von Porthmadog gebaut. Einige ihrer frühesten Loks sind immer noch in Betrieb. Von Porthmadog geht es nach Blaenau Ffestiniog auf 213 Meter Höhe, im Herzen der Moelwyn Mountains. Hier werden Touren in die Tiefen der alten Schieferbergwerke angeboten.

Reiseplanung www.ffestiniograilway.co.uk

❿ Isle of Man Victorian Steam Railway, England

Die 900-Millimeter-Bahn überwindet zwischen Douglas, der Hauptstadt der Isle of Man, und Port Erin steile Steigungen mit herrlichem Meerblick. Die Loks wurden bis auf eine Ausnahme 1874 konstruiert; die Passagierwagen stammen aus den 1880er Jahren.

Reiseplanung Die Bahn ist von Ostern bis Ende Oktober in Betrieb. www.iomguide.com/steamrailway.php

CHINA/TIBET

DIE QINGZANG-BAHN

Auf der brandneuen höchsten Eisenbahnstrecke aller Zeiten auf das Dach der Welt.

Die 1143 Kilometer lange Strecke der Qinghai-Tibet- oder Qingzang-Bahn verbindet seit ihrer Eröffnung im Juli 2006 Chinas westliche Provinz Qinghai mit Tibet. Die bemerkenswerte Strecke, die drei Jahre früher als geplant fertig wurde, überquert das nahezu unpassierbare Kunlun-Gebirge, tiefe Schluchten und viele Kilometer wüstes, eisiges Terrain. Auf ihr verkehren speziell konstruierte Hochgebirgszüge mit Sauerstoffversorgung und getönten Scheiben zum Schutz vor der UV-Strahlung. Vom Startbahnhof, dem chinesischen Außenposten Golmud, geht es steil bergauf durch Gebirgsausläufer und an schimmernden Gletschern vorbei auf eine kahle, menschenleere Hochebene mit Dauerfrostboden bis auf 4572 Meter Höhe. Im Zuginneren verbreitet der klinisch weiße Speisewagen mit Bar seinen Spaceshuttle-Charme. In den Passagierwagen informiert eine LCD-Anzeige über die aktuelle Höhe und Außentemperatur. Viele Fahrgäste brauchen den bereitgestellten Sauerstoff zur Vorbeugung gegen Höhenkrankheit. Auf dem letzten Anstieg bis zum 5072 Meter hohen Tanggula-Pass unter unglaublich blauem Gebirgshimmel passiert der Zug vereinzelte Antilopen oder Yaks. Dann fährt er wieder bergab und über eine elegante Bogenbrücke in Lhasas neuen Bahnhof ein. Ein Anschlussbus befördert die Passagiere ins 32 Kilometer entfernte Zentrum der tibetischen Hauptstadt.

Beste Reisezeit Der Zug verkehrt ganzjährig. Im Winter ist es bitterkalt; im Sommer kann man die ganze Strecke bei Tageslicht zurücklegen. Informieren Sie sich über die Abfahrtzeiten ab Golmud.

Reisedauer Die Reise von Beijing nach Lhasa dauert zwei Tage und beginnt mit der Zugfahrt von Beijing bis Golmud. Die Qingzang-Bahn braucht von Golmud bis Lhasa elf Stunden.

Reiseplanung Mit dem Zug T27 ab Beijing Westbahnhof. Wegen der extremen Höhe dürfen Herzkranke und Bluthochdruckpatienten nicht mit der Qingzang-Bahn reisen. Alle Passagiere müssen eine „Health Registration Card" ausfüllen, um ihre Reisetauglichkeit zu bestätigen. Es gibt zwei Klassen: „hard sleepers" und die komfortablere „soft sleepers". Für Sitzplätze in Fahrtrichtung ist ein Aufschlag zu zahlen.

Tipp Sichern Sie sich einen Fensterplatz; die Sitze am Gang haben einen sehr bescheidenen Ausblick. Wie im Flugzeug ist bei Alkoholkonsum Vorsicht geboten; die Höhe verstärkt die Wirkung des Alkohols.

Website www.chinatibettrain.com

Gegenüber: Ein Mönch am Fenster des buddhistischen Drepung-Klosters in der Nähe von Lhasa. Tibets einst größtes und einflussreichstes Kloster zieht immer noch Besucher und Pilger aus aller Welt an. Oben: Ein Qingzang-Zug rast über das einsame tibetische Hochland.

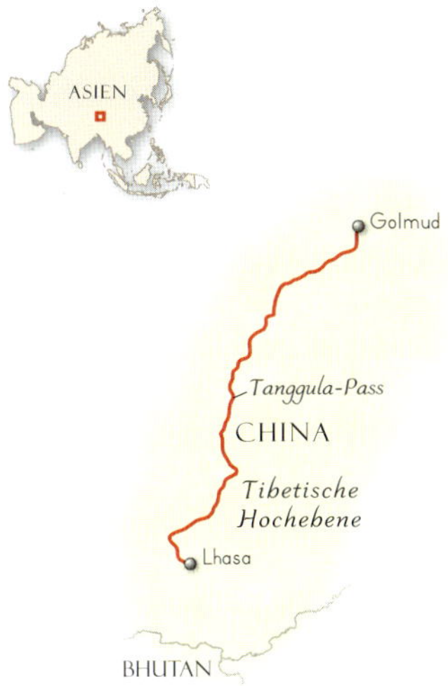

HIGHLIGHTS

- Auf der anfänglichen Steigung hinter Golmud bilden die **gleißenden Gletscher** einen malerischen Kontrast zum braunen Gletschergeröll.

- Auf der Hochebene sieht man **Kühlröhren** neben den Gleisen und **Sonnenblenden**, die das Gleisbett im Permafrostboden vor wärmenden Sonnenstrahlen schützen, damit es nicht instabil wird.

- Die **hochgebirgstauglichen Diesellokomotiven** wurden in den Vereinigten Staaten gebaut. Die in Kanada konstruierten Passagierwagen sind druckdicht abgeschlossen und haben Sauerstoffzufuhr für jeden Sitz.

- Staunen Sie beim Ausblick auf die raue, unwirtliche Landschaft über die **Ingenieurskunst**, die den Bau dieser Gleisstrecke möglich machte. Das längste ihrer 283 Viadukte ist über elf Kilometer lang.

- In Lhasa sind besonders der **Potala-Palast** des Dalai Lama hoch über der Stadt und der **Johkang-Tempel** aus dem 7. Jahrhundert sehenswert: rare Zeugen der Tradition Tibets, das einer rasanten Modernisierung unterliegt.

Landarbeiterin auf einem Reisfeld. Auf etwa drei Vierteln der landwirtschaftlichen Fläche wird intensiver Reisanbau betrieben.

VIETNAM

Von Hanoi bis Saigon

Der Wiedervereinigungsexpress fährt von einem Ende des Lands zum anderen – vorbei an alter Kultur und modernem Leben.

Das lange, schmale Vietnam wird oft mit zwei Reiskörben an einer langen Tragestange verglichen. Die Städte Hanoi und Ho-Chi-Minh-Stadt (Saigon) sind die ganz gegensätzlichen „Reiskörbe" an den beiden Enden: Erstere von antiquiertem, grün belaubtem Charme, letztere aufdringlich, laut und energiegeladen. Der Wiedervereinigungsexpress nimmt Reisende mit auf eine rund 1600 Kilometer lange Eisenbahnodyssee von einem Ende des Lands zum anderen, durch Tropenlandschaft mit Reisfeldern und Büffeln, zu verfallenen Kaiserstädten und goldsandigen Badestränden am Südchinesischen Meer. Und falls der Blick aus dem Fenster mal ermüdend wird: Das Leben im Zug ist eine Welt für sich und die Vietnamesen sind aufgeschlossene Mitreisende. Das rhythmische Schienenrattern unterbrechen gelegentliche Halts an geschäftigen Bahnhöfen, wo Händler durch das Zugfenster saftige Tropenfrüchte, Getränke und Snacks feilbieten. Bei einem Zwischenstopp in der alten Kaiserstadt Hue auf halber Strecke kann man sich erholen, das Museum mit Cham-Skulpturen besuchen und die köstliche Regionalküche probieren.

Beste Reisezeit Oktober bis Dezember sind die trockensten Monate. Die Züge fahren mehrmals täglich.

Reisedauer Nonstop rund 30 Stunden, empfehlenswert sind aber Zwischenstopps in Hue und Da Nang. Von Da Nang können Sie Ausflüge nach My Son und Hoi An unternehmen. In diesem Fall sollten Sie von Hanoi bis Ho-Chi-Minh-Stadt eine Woche rechnen. Die Gesamtstrecke ist 1722 Kilometer lang.

Reiseplanung Wer Zwischenstopps plant, muss Einzeltickets für die verschiedenen Etappen erwerben. Das geht am schnellsten und einfachsten online über die unten genannte Website. Mit viel Zeit und Geduld zum Schlangestehen können Sie die Tickets auch ungefähr zum halben Preis am Abfahrtsbahnhof kaufen.

Tipp Die luxuriösere „soft-sleeper class" bietet mehr Platz zum Schlafen und ist den geringen Aufpreis wert. Alle Schlafwagen, ob „soft" oder „hard", sind klimatisiert. Nehmen Sie Zug SE1 oder SE3; SE5 passiert einen Großteil der schönsten Landschaft nachts und ist um 3 Uhr morgens in Hue.

Website www.vietnamtourism.com

HIGHLIGHTS

- Die **Purpurne Verbotene Stadt** von Hue am Parfüm-Fluss ist geschütztes Unesco-Welterbe. In der Nähe gibt es einige **Kaisergräber**.
- Von Da Nang führt ein Abstecher nach **My Son**, wo märchenhafte Ruinen der Cham-Kultur aus dem 14. Jahrhundert im tiefen Dschungel liegen.
- Besuchen Sie die von Höhlen durchzogenen **Marmorberge** bei Da Nang. Die schöne Küstenlandschaft rund um die Stadt lässt sich bequem aus dem Zug bewundern.
- Jahrhundertealte Geschichte atmet die bestens erhaltene Stadt **Hoi An** in der Nähe von Da Nang, im 15. Jahrhundert ein bedeutender Hafen.

SINGAPUR/MALAYSIA/THAILAND

Eastern & Oriental Express

Die einzige Direktzugverbindung zwischen Singapur und Bangkok bietet fernöstliches Luxusambiente in Reinkultur.

Der Eastern & Oriental Express ist ein moderner Luxusreisezug par excellence. Er wurde 1993 in Betrieb genommen und ist bis heute die einzige Direktverbindung zwischen Singapur und Bangkok. Das Reiseerlebnis beschwört eine Ära des Müßiggangs herauf: Der Zug hat mehrere Restaurants, eine Pianobar und eine Bibliothek. Der Nachmittagstee wird auf Wunsch im luxuriösen Privatabteil serviert. Die Passagierwagen haben Panoramafenster und sind mit fernöstlichen Motiven und Materialien ausgestattet: Die Wände sind mit intarsienverziertem Holz verkleidet, Bar und Restaurants glänzen mit chinesischer und thailändischer Lackkunst, Schnitzereien und gravierten Spiegeln. Vom wohlgeordneten Singapur rattert der Zug über einen Damm aufs malaysische Festland. Mancherorts erstrecken sich Palmenreihen in die Ferne, dann wieder säumt Dschungel die Gleisstrecke. Ein Abstecher zu Pinangs historischer George Town, mit Mittagessen im E&O Hotel, und eine Schiffstour auf dem Kwai sind im Fahrpreis inbegriffen. Die letzte Etappe bis Bangkok führt gemütlich durch die thailändische Landschaft, mit Blick auf Flüsse, Reisfelder und Wasserbüffel.

Beste Reisezeit Der Zug fährt etwa 20-mal im Jahr, am häufigsten im Februar, März, September und Dezember.

Reisedauer Drei Tage und zwei Nächte. Abfahrt von Singapur immer mittwochs, von Bangkok sonntags; Zustieg an Zwischenstationen ist möglich. Es werden auch längere Reisen angeboten.

Reiseplanung Unbedingt frühzeitig reservieren. Unterwegs werden die Passagiere mit allem Notwendigen versorgt. Von Oktober bis Dezember gibt es manchmal Tickets mit 25 Prozent Rabatt, im Sommer mitunter Hotelübernachtungen in Singapur und Bangkok als kostenloses Extra.

Tipp Tagsüber ist gepflegte Freizeitkleidung angemessen, zum Abendessen darf es ruhig schicker sein.

Website www.orient-express.com

HIGHLIGHTS

- Postieren Sie sich mit einem Cocktail auf der offenen Plattform des **teakverkleideten Aussichtswagens** am Zugende, um die einspurige Strecke in den Dschungel eintauchen zu sehen.

- **Dinieren** Sie stilvoll vor der Sonnenuntergangskulisse jenseits der Panoramafenster des Speisewagens.

- George Town, die Hauptstadt von Pinang, wartet mit kunstvoll geschmückten **buddhistischen Tempeln** und markanter **Kolonialarchitektur** auf.

Blick auf die vorbeiziehende Welt aus dem feudalen Speisewagen des Eastern & Oriental Express.

INDIEN

Palast auf Rädern

Eine Zugreise in die Märchenwelt der indischen Maharadschas – drinnen wie draußen.

Im nordindischen Rajasthan bauten einst die reichsten und extravagantesten Maharadschas (Großfürsten) ihre prunkvollen *havelis* (Paläste). Ihr verschwenderisches Architekturerbe – Pavillons, Tempel und *mahals* (Festungen) – lockt heute Besucher aus aller Welt. Nachdem Indien 1947 unabhängig wurde, büßten die Maharadschas ihre Macht ein, doch ihre kunstvoll ausgeschmückten Paläste und Salonwagen blieben dank liebevoller Pflege erhalten. An Bord des restaurierten Zugs erlebt man den ganzen Luxus dieser glorreichen Zeit: Kellner in Turban und Seidenjacke kredenzen Earl-Grey-Tee in feudalen Salons zwischen poliertem Holz und edlen Wandbehängen. Erste Station nach der Abfahrt in Neu-Delhi ist das von Hügelfestungen umgebene Jaipur, nach seinen rosa Altbauten auch die „rosarote Stadt" genannt. Dann kommt Jaisalmer mit seiner imposanten gelben Sandsteinfestung. Es folgen ein Tag in Jodhpur und einer zum Besuch des Tigerreservats von Ranthambhor sowie der altehrwürdigen Festung von Chittaurgarh. Bei der Einfahrt nach Udaipur begrüßen Tänzer, Musiker und geschmückte Elefanten den Zug, bevor es auf Besichtigungstour und zum Mittagessen in einem prachtvollen früheren Maharadschapalast geht. Vor der Rückfahrt macht der Zug noch Halt in Agra. Bei allem Luxus bleiben die eindringlichsten Erlebnisse jeder Indienreise der Tumult auf den Straßen voller Rikschas, heiliger Kühe und Kamele und der allgegenwärtige Duft der Gewürze.

Beste Reisezeit September bis April.

Reisedauer Hin und zurück sieben Tage (Mittwoch bis Dienstag).

Reiseplanung Es gibt drei Abteilklassen: Einzelbetten, Doppelbetten oder Liegewagenbetten, alle mit Klimaanlage und eigenem Bad. Sie sollten mindestens acht bis zehn Monate im Voraus reservieren.

Tipp Leichte Kleidung, Insektenschutzmittel und Wasser in Flaschen mitnehmen. Zurückhaltende Kleidung ist ein Muss, vor allem für Frauen – keine Shorts, kurzen Röcke oder ärmellosen Oberteile. Dieselbe Route lässt sich problemlos mit der billigeren staatlichen Eisenbahn bereisen; allerdings sind die meisten indischen Züge sehr spartanisch ausgestattet.

Website www.palaceonwheels.com

Gegenüber: Jaipurs „Palast der Winde" (Hawa Mahal) wurde 1799 aus dem örtlichen Sandstein gebaut. Die Hofdamen saßen hinter den Gitterwerkfenstern, um die kühle Brise zu genießen und Prozessionen anzusehen. Oben: Der Inselpalast Jag Mandir im Picholas-See (Udaipur) war ein fürstliches Lustschloss.

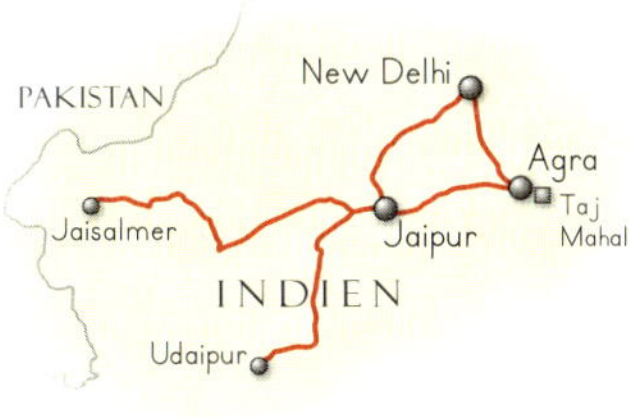

HIGHLIGHTS

- Das hektische Treiben im **Hauptbahnhof von Delhi** bildet den passenden Auftakt für diese märchenhafte Reise.
- Lassen Sie sich in einem der vornehmen Restaurants des Zugs mit **köstlichen Currygerichten** verwöhnen, bevor Sie sich in Ihren Schlafwagen zurückziehen, wo sich Ihr eigener *khidmatgar* (Butler) um all Ihre Bedürfnisse kümmert.
- **Elefanten** tragen Besucher den steilen Pfad zur Festung von Amber bei Jaipur hinauf.
- Beim **traditionellen britischen Tee** mit Gurkensandwiches im Lake Palace Hotel von Udaipur fühlt man sich wie zu Gast beim Maharadscha.
- Bharatpur, zwischen Udaipur und Agra, bietet gute Aussichten für **Vogelbeobachter**.
- Einen unvergesslichen Nachmittag garantiert die friedvolle Atmosphäre des **Taj Mahal**, den Großmogul Shah Jahan in Agra als großartige Liebeserklärung an seine verstorbene Frau errichten ließ.

INDIEN

Der Darjeeling Toy Train

Stilgerecht von den nordbengalischen Reisfeldern zu den dunstverschleierten Teeplantagen der Himalajahänge reisen.

Auf Indiens Hauptzugstrecken verkehren vor allem Frachtzüge und moderne, schnelle Passagierzüge zwischen den städtischen Ballungsgebieten. Einen krassen Kontrast hierzu stellt die Darjeeling-Bahn von 1881 dar, die von der „Reisschüssel" Bihar auf einer 610-Millimeter-Zickzacktrasse zu den Teeplantagen des nebligen Hochlands zuckelt. Die museumswürdige kleine Lokomotive des so genannten Toy Train (Spielzeugzugs) schnauft von Shiliguri im Joggingtempo (82 Kilometer in acht Stunden) bergauf und erreicht den höchsten Punkt am Bahnhof von Ghum, von dem es die letzten sechs Kilometer wieder bergab nach Darjeeling auf 2076 Meter Höhe geht. Man kann nur staunen über die Hartnäckigkeit der Ingenieure und Arbeiter, die diese Strecke aus dem Gestein der dschungelüberwucherten Berge sprengten. Nach und nach wandelt sich das Landschaftsbild von grüngoldenen Reisfeldern zu dunstigen Berghängen. Die Fahrt führt vorbei an Teeplantagen und Dörfern, in denen Frauen und Kinder, angetan mit der bunten Tracht und dem Silberschmuck der Bhutia- und Lepcha-Bergvölker, dem Zug zuwinken. Bei der Ankunft in Darjeeling reißen die Wolken auf und geben den Blick auf den fernen Himalaja frei.

Beste Reisezeit November bis Februar.

Reisedauer Mindestens zwei Tage mit Übernachtung in Darjeeling; Fahrtdauer etwa acht Stunden pro Strecke.

Reiseplanung Der Toy Train fährt jeden zweiten Tag. Die Fahrpläne variieren; rechtzeitige Reservierung ist ein Muss. Von New Jalpaiguri, dem Anschlussbahnhof des Toy Train, fahren Züge nach Kolkata (Kalkutta) und Delhi.

Tipp Unbedingt mitnehmen: Getränke, Picknick-Lunch vom Hotel (es gibt keinen Speisewagen), Pulli oder Fleecejacke und eine Regenjacke; mit kühl-feuchtem Wetter ist in Darjeeling immer zu rechnen.

Website www.dhr.in

HIGHLIGHTS

- Lassen Sie sich vom Hotel ein leckeres vegetarisches **Lunchpaket** zubereiten (meist eine Kombination aus würzigen *dal*-Linsen, Kartoffeln und anderem Curry-Gemüse mit einer großzügigen Portion Klebreis).
- In Darjeeling leben viele **Tibeter**, die ihre Heimat nach der chinesischen Besetzung verlassen haben; man sieht hier Gruppen von Mönchen in gelben oder dunkelroten Gewändern ebenso wie Dörfler in tibetischer Tracht.
- Darjeelings **eindrucksvollstes Panorama** ist der Blick nach Norden auf den Kangchendzönga, der unwirklich nah scheint, obwohl er in Wirklichkeit fast 160 Kilometer entfernt ist.

Die winzige Lok zieht den Zug in weiten Kurven das Bergland von Darjeeling hinauf.

Der Indian Pacific im Outback bei Broken Hill.

AUSTRALIEN

Der Indian Pacific

Auf schnurgeradem Weg zu Goldgruben und Hundeelend.

Einmal quer durch Australien, durch die Einsamkeit des Outback unter wolkenlosem Himmel. Die 4352 Kilometer lange Strecke ist erst seit 1970 durchgehend befahrbar. Sie durchquert drei Zeitzonen und eine der unwirtlichsten Landschaften der Erde. Von Perth fährt der Zug durch die nostalgischen Goldrauschregionen von Coolgardie und Kalgoorlie. Dann rast er hinaus in die rote Wüste, die Nullarbor Plain, wo die Gleise schnurgerade bis zum Horizont reichen. Die baumlose Ebene, der man den Spitznamen „dog's despair" (Hundeelend) verpasste, ist so flach und leer, dass die Strecke auf fast 478 Kilometern völlig kurvenfrei verläuft: Das ist Weltrekord. Ein Halt im winzigen Cook (Einwohner: 2) gibt Gelegenheit, die ausgedörrte Landschaft aus nächster Nähe zu erleben. Irgendwann meldet sich dann die Zivilisation zurück. Der Zug fährt am Spencer-Golf entlang nach Port Pirie und Adelaide, bevor er sich durch gebirgigeres Gelände nach Broken Hill windet und dann über den Fluss Darling hinein in eine viel grünere Welt. Auf steiler, kurviger Trasse durchquert er den Eukalyptuswald der Blue Mountains und endet in Sydney.

Beste Reisezeit Der Indian Pacific verkehrt ganzjährig zwischen Perth und Sydney zweimal pro Woche in beide Richtungen.

Reisedauer Die 4352 Kilometer lange Fahrt dauert 69 Stunden (drei Nächte).

Reiseplanung Rechtzeitige Reservierung ist unerlässlich. Die Gold-Kangaroo-Klasse bietet Ein- oder Zweibett-Schlafwagenabteile mit Toilette und Dusche; Mahlzeiten inklusive. Die billigere Red-Kangaroo-Klasse bietet Zweibett-Schlafwagenabteil oder Liegesitze mit Gemeinschaftsdusche und -toilette. Mahlzeiten kosten extra. Sechs- bis zehnköpfige Gruppen können einen Luxuswagen buchen.

Tipp Gegen Aufpreis kann man sogar ein Auto mitnehmen. Es wird auf einen Flachwagen verladen und hinten angekoppelt.

Website www.railaustralia.com.au

HIGHLIGHTS

- Ideal zum Relaxen ist **Perth**, eine kultivierte Stadt mit Mittelmeerklima und herrlichen Parks und Stränden.
- **Kängurus** hoppeln in Gleisnähe durchs Outback. Mit Glück bekommen Sie auch einen der prachtvollen Keilschwanzadler zu Gesicht.
- Touren Sie durch die alten **Bergwerke** und **Geisterstädte** rund um Kalgoorlie und Coolgardie.
- Vertreten Sie sich die Beine im urigen **Cook**, einem nahezu ausgestorbenen Ort im staubigen Herzen der Nullarbor-Ebene.

Markantes Wahrzeichen von Konya ist der türkisfarben gekachelte Turm des Mevlana-Rumi-Mausoleums.

TÜRKEI

Der Taurus-Express

Von Istanbul auf historischer Route durch den wilden Taurus und an der östlichen Mittelmeerküste entlang.

Einst verband der Toros Ekspresi oder Taurus-Express Istanbul mit Damaskus und Bagdad. Heute verkehrt er nur noch bis zum türkischen Gaziantep, teils mit Anschluss nach Aleppo in Syrien. Von Istanbul fährt der Zug am Marmarameer entlang zur Hafenstadt Izmit. Dann biegt er nach Süden ab und erklimmt die anatolische Hochebene. Kurz vor Afyon erhebt sich eine imposante Festungsruine. In Konya springt zwischen den Minaretten die türkisfarbene Turmspitze des Mevlana-Rumi-Mausoleums ins Auge. Danach windet sich die Strecke durch den Taurus. Ein einspuriger Abschnitt passiert Schluchten und Viadukte mit überwältigendem Blick auf Täler und Gebirgsbäche. Vom höchsten Punkt auf 1467 Metern geht es wieder hinunter nach Adana und durch die Orangenplantagen der Küstenebene. Auf dem Weg nach Gaziantep sind weitere Berge und eine kahle Hochebene zu bewältigen.

Beste Reisezeit Der Taurus-Express verkehrt ganzjährig dreimal pro Woche in beide Richtungen. Im Winter winken Kälte und Schnee, im Sommer extreme Hitze und Schwüle.

Reisedauer Etwa 27 Stunden für die 1139 Kilometer von Istanbul nach Gaziantep.

Reiseplanung Außer in der einfachsten Klasse ist Reservierung ein Muss. Reiseunterbrechungen sind mit Kurswagen-Tickets nicht möglich. Einmal pro Woche fährt ein zusätzlicher Schlafwagen bis nach Aleppo in Syrien, mit Anschluss nach Damaskus. Plätze in diesem Wagen müssen Sie rechtzeitig reservieren.

Tipp Bringen Sie Verpflegung und Wasser mit; es gibt keinen Speisewagen. Während des Ramadan schließen viele Restaurants in Zentren wie Konya tagsüber. Alkohol ist kaum zu bekommen.

Websites www.bahnurlaub.de, www.tcdd.gov.tr

HIGHLIGHTS

- Der im Stil der deutschen Neorenaissance errichtete **Bahnhof Haydarpaşa** in Istanbul wurde 1908 von Kaiser Wilhelm II. gestiftet.

- Die Reise verspricht grandiose, ständig wechselnde Landschaftspanoramen – vom weiten Horizont der **anatolischen Hochebene** über das wilde **Taurus-Gebirge** bis zur fruchtbaren, mediterranen **Adana-Ebene.**

- Über Afyon ragt die **Opium-Schwarzburg** auf – nach dem althergebrachten Mohnanbau der Region benannt. Außerdem ist die Stadt berühmt für ihr **Lokum**, eine Süßigkeit aus eingekochtem Zuckersirup.

- In Konya können Sie das Mausoleum des Sufi-Dichters **Mevlana Rumi** besuchen, der den Orden der **„Tanzenden Derwische"** gründete. Dessen Mitglieder wohnten hier in einem Kloster, das heute als Museum dient.

- Im Zentrum von Gaziantep steht eine rund 9000 Jahre alte **Festung**.

RUSSLAND

Der Bolschoi-Express

Im Grand Express fürstlich feudal von Sankt Petersburg nach Moskau.

Eine Kostprobe des russischen Luxuslebens verspricht der Bolschoi-Express (oder Grand Express) – dafür stehen schon die beiden Städte, die er verbindet, und auch die Zugstrecke selbst. Als sie 1851 in Betrieb ging, durften nur Begüterte an Bord: Man fürchtete gesellschaftliche Umbrüche, wenn man dem gemeinen Volk das Reisen per Eisenbahn erlaubte. Nach der Revolution pflegten die kommunistischen Funktionäre im Bolschoi-Express einen ähnlichen Reisestil wie die von ihnen entthronten Zaren. Russlands erster postsowjetischer Luxuszug ist jetzt ein äußerst feudales Hotel auf Rädern, dessen Angebot mit der Ersten Klasse beginnt und sich dann über Premium und Grand bis zu Grand de Luxe steigert. Alle Klassen bieten geräumige, in Rot, Weiß und Gold gehaltene Abteile mit Klimaanlage, Fernseher, DVD-Player und Internetzugang. Der Bolschoi fährt nur nachts, aber schon der Zug selbst ist die Reise wert. Wer etwas von der Landschaft sehen möchte, sollte in der Zeit von Mai bis Juli reisen, wenn die endlosen Wälder, Flüsse, Seen und Sümpfe des russischen Hinterlands im sanften Zwielicht der „Weißen Nächte" vorüberziehen. Mitunter gibt es sogar Bären zu erspähen. Im Sommer hält einen der Bolschoi leicht die ganze Nacht wach.

Beste Reisezeit Zur Zeit der „Weißen Nächte" von Mai bis Juli.

Reisedauer Die Fahrt dauert eine Nacht (neun Stunden), aber für die Besichtigung von Moskau und Sankt Petersburg sollten Sie mindestens eine Woche einkalkulieren.

Reiseplanung Der Bolschoi verkehrt in beide Richtungen. Alle Abteile sind Zweibettabteile; wer eines für sich allein reservieren will, muss den vollen Preis zahlen. Die Züge fahren in Moskau vom Leningrader Bahnhof und in Sankt Petersburg vom Moskauer Bahnhof ab.

Tipp Toilettenartikel, Bademantel und Pantoffeln sind im Fahrpreis enthalten. Wer unterwegs schlafen möchte, sollte sich den Wecker stellen, um den prachtvollen Sonnenaufgang nicht zu verpassen.

Website www.grandexpress.ru/en

HIGHLIGHTS

- Die monumentalen **italienisch inspirierten Endbahnhöfe** in Moskau und Sankt Petersburg wurden Mitte des 19. Jahrhunderts vom selben Architekten gebaut – nach dem Geschmack von Zar Nikolaus I., dem diese Eisenbahn besonders am Herzen lag.
- Besuchen Sie den Moskauer **Kreml** und vor allem die Rüstkammer mit ihrer sagenhaften Sammlung von Gold, Silber, Schmuck, Fabergé-Eiern, Kutschen und Thronen.
- Die **Sankt Petersburger Eremitage** zeigt weitere Fabergé-Kostbarkeiten, die russischen Kronjuwelen und eine herausragende Gemäldesammlung von Michelangelo bis Matisse.

Reiterstatue von Marschall Schukow vor dem Staatlichen Historischen Museum am Roten Platz in Moskau.

RUSSLAND/MONGOLEI/CHINA

Transsibirische Eisenbahn

Die legendäre Eisenbahnstrecke führt durch Sibirien und die nördliche Mongolei bis zur chinesischen Hauptstadt.

Die Sonne brennt über der mongolischen Steppe. Ein paar runde, hellbraune Jurten kommen in Sicht – die Filzzelte der Nomaden. Ganz in der Nähe steht die dazugehörige Kamelherde. Am Vortag fuhr der Zug noch durch Sibiriens Hügel und Dörfer, morgen wird er bewaldetes Bergland durchqueren und die Chinesische Mauer passieren. Dies ist die Transsibirische Eisenbahn von Moskau quer durch die Mongolei nach Beijing (Peking), die berühmte einwöchige Zugfahrt von Russlands historischer Kapitale zu Chinas nicht minder geschichtsträchtiger Hauptstadt. Sie führt durch Russlands sibirisches Hinterland, die Wildnis der Mongolei und die Wüste Gobi – auf den Spuren von Dschingis Khans Horden. Die 1956 fertiggestellte Strecke ist die neueste und spannendste Linie der Transsibirischen Eisenbahn, die durch acht Zeitzonen verläuft. Die ersten vier Tage geht es durch die Weite Sibiriens, aufgelockert durch Birkenwälder, vereinzelte Zwiebeltürme russischer Kirchen und den Baikalsee. Am fünften Tag erwacht man in einer ganz anderen Umgebung, auf den trockenen, staubigen Steppen der Mongolei, wo sich gelegentlich Kamele, Ponys und Adler blicken lassen. Nachts hält der Zug mehrere Stunden an der Grenze nach China, wo er auf die schmalere chinesische Spurweite umgerüstet wird. Am nächsten Tag fährt er an der Chinesischen Mauer entlang, bevor er schließlich Beijing erreicht.

Beste Reisezeit Ende September locken prächtige Herbstfarben, warme Tage und kühle Nächte. Wer Schnee sehen will, sollte im Dezember oder Januar reisen.

Reisedauer Von Moskau bis Beijing fährt man ohne Zwischenstopps sechs Tage. Sie können die Fahrt auch in mehrere Etappen unterteilen, um Sehenswürdigkeiten entlang der Strecke zu besuchen.

Reiseplanung Am besten reist man mit Freunden oder Familie, da die Abteile für zwei bis vier Personen gedacht sind. Wichtig ist eine bestätigte Bettreservierung mit dem richtigen Datum für jede Etappe.

Tipp Im Zug gilt Moskauer Zeit. Da acht Zeitzonen durchfahren werden, wird die Differenz zwischen dieser offiziellen Zeit, die auch für alle Halts gilt, und der Ortszeit immer größer. Im Winter wird es draußen so kalt, dass einem die Hände an den Geländern zwischen den Wagen festfrieren können.

Website www.transsib.de

HIGHLIGHTS

- Verbinden Sie die Reise mit Aufenthalten in **Moskau und Beijing**, die beide geschichtlich und kulturell ungeheuer viel zu bieten haben. Statten Sie vor allem den zentralen Plätzen einen Besuch ab: dem Roten Platz in Moskau und dem Tian'anmen-Platz (Platz des himmlischen Friedens) in Beijing.

- Sichern Sie sich für die Fahrt um den **Baikalsee**, den tiefsten und ältesten See der Welt, einen Fensterplatz, um den großartigen Blick übers Wasser zu genießen.

- **Kulinarische Genüsse** aus drei Ländern: In der Mongolei wird der russische Speisewagen gegen einen mit mongolischer Küche ausgetauscht; in China werden die Passagiere nach einem weiteren Wechsel mit kantonesischen Speisen bekocht.

Gegenüber: Rentiernomaden ziehen seit Jahrtausenden durch die Steppen der nördlichen Mongolei, doch ihre Lebensweise ist heute bedroht. Oben: Pferde der Burjaten vom Ostufer des Baikalsees galoppieren über den gefrorenen Boden.

Top 10 Strassenbahnen

Ob Straßenbahn, Elektrische, Trolley oder Tram – es ist das ideale Vehikel, um eine Stadt ganz authentisch zu erleben.

❶ Torontos 501 Queen Streetcar, Kanada
Die Route 501 ist eine der längsten Straßenbahnlinien Nordamerikas. Vom Lakeshore Boulevard schnurren ihre markanten rot-weißen Gelenkwagen durch Torontos betriebsame Downtown und dann weiter zum Beach District.

Reiseplanung Torontos Straßenbahn ist langsamer als die U-Bahn und verkehrt am Wochenende seltener. Nachts heißt die Bahn 301, befährt aber dieselbe Strecke. www.ttc.ca, www.toronto.ca

❷ Seattles George Benson Waterfront Streetcar, USA
Die Waterfront-Straßenbahn fährt von der Broad Street die Elliott Bay Waterfront entlang zum International District. Die altmodischen Straßenbahnwagen stammen aus dem australischen Melbourne und sind mit tasmanischem Mahagoni und Weißeschenholz ausgestattet.

Reiseplanung Fahrkarten können Sie in der Bahn erwerben. transit.metrokc.gov, www.seattle.gov

❸ New Orleans' St. Charles Streetcar, USA
Die St.-Charles-Straßenbahn ist nach den Zerstörungen durch Hurrikan Katrina inzwischen wieder in Betrieb und wie eh und je ein Muss für jeden New-Orleans-Besucher. Die Fahrt führt durch Central Business District, Garden District, Uptown und das berühmte French Quarter.

Reiseplanung Die Bahn braucht für eine Strecke ungefähr 45 Minuten. Besorgen Sie sich eine Tages- oder Drei-Tage-Karte, um nicht bei jedem Zusteigen ein neues Ticket kaufen zu müssen. www.norta.com, www.neworleansonline.com

❹ San Franciscos Streetcar F, USA
San Franciscos historische Linie F führt vom Castro-Viertel durchs Stadtzentrum bis Fisherman's Wharf. Sie wird von Oldtimer-Bahnen aus aller Welt befahren, unter anderem von „Streamlinern" und alten Straßenbahnwagen aus Mailand.

Reiseplanung Fahrkarten können Sie über San Franciscos Besucherwebsite kaufen. Es gibt auch „Limited-Edition"-Tickets als Souvenirs. www.sfmta.com, www.streetcar.org, www.onlyinsanfrancisco.com

❺ Hongkongs Straßenbahnen, China
Hongkongs Straßenbahnflotte ist aus dem Stadtbild nicht wegzudenken: Sie besteht als einzige der Welt nur aus „Doppeldeckern". Die längste Fahrt dauert 80 Minuten und führt von Shau Kei Wan nach Kennedy Town, mit Umsteigen am Western Market.

Reiseplanung Es gibt zahlreiche Haltestellen entlang der Strecke. Die Bahnen 28 und 128 haben offene Decks, die optimalen Blick auf die Stadt bieten. www.td.gov.hk, www.hktramways.com

Eine von Lissabons Straßenbahnen mit Altertumswert auf ihrem beschwerlichen Weg durch die steilen, gepflasterten Sträßchen der Altstadt.

6 Melbournes Tram 96, Australien

In Melbourne sind moderne und antike Straßenbahnen auf den meisten Straßen unterwegs, die das Stadtzentrum mit den Vororten verbinden. Die Tram 96 verkehrt zwischen den drei lebendigsten Stadtteilen: dem Bohèmeviertel Fitzroy, dem Central Business District und St. Kilda Beach, wo Restaurants, Shopping und Nachtleben locken.

Reiseplanung Metcards sollten Sie vorab kaufen, da die Automaten in den Bahnen nur Münzen annehmen. Die Fahrt von Fitzroy nach St. Kilda dauert eine halbe Stunde. www.metlinkmelbourne.com.au, german.visitmelbourne.com

7 Budapests Straßenbahnlinie 2, Ungarn

In Budapest gehören Straßenbahnen zum normalen Alltag; das Straßenbahnnetz ist 155 Kilometer lang. Im Stadtteil Pest folgt die Straßenbahn 2 der Biegung der Donau und bietet Gelegenheit, das nahe Parlamentsgebäude und das Burgpanorama am anderen Ufer zu bewundern. Den besten Blick hat man an der Fensterseite zum Fluss.

Reiseplanung Nicht versehentlich in die Straßenbahn 2A einsteigen; diese kürzere Linie fährt nur bis zur Petofi-Brücke. Tickets müssen Sie im Voraus kaufen und beim Einsteigen entwerten. www.bkv.hu, www.budapestinfo.hu

8 Berlins Straßenbahn 68, Deutschland

Das Westberliner Straßenbahnnetz wurde schon in den 1960er Jahren stillgelegt. Heute verkehren die Straßenbahnlinien bis auf zwei Ausnahmen nur im Ostteil. Trotzdem besitzt Berlin eins der ältesten und größten Straßenbahnnetze der Welt: 30 Linien stehen zur Wahl. Die Linie 68 vom S-Bahnhof Köpenick zum pittoresken Dorf Alt-Schmöckwitz am Stadtrand bietet reichlich Lokalkolorit.

Reiseplanung Die Berlin WelcomeCard verbilligt die Fahrt mit öffentlichen Verkehrsmitteln und den Besuch von Museen. www.bvg.de, www.berlin-tourist-information.de

9 Amsterdams Straßenbahnlinie 2, Niederlande

16 Straßenbahnlinien fahren durch Amsterdam, die meisten auf ihrer eigenen Vorrangspur. Sie sind das Hauptverkehrsmittel im Stadtzentrum. Die Straßenbahn 2 passiert viele Hauptsehenswürdigkeiten, wie den Königlichen Palast, Nieuwe Kerk (neue Kirche), Begijnhof, Bloemenmarkt, Rijksmuseum, Van-Gogh-Museum und Vondelpark.

Reiseplanung Die Centraal Station bietet Anschluss an fünf Straßenbahnlinien; im Zweifelsfall einen freundlichen Einheimischen fragen. www.gvb.nl, www.amsterdam.info/de

10 Lissabons Straßenbahnlinie 28, Portugal

Die Straßenbahn 28 quert Lissabon in Ost-West-Richtung. Vom Zentrum kämpft sie sich durch die steilen, gepflasterten Sträßchen von Bairro Alto, Baixa und Alfama. Die altertümlichen Tramwagen rattern in engen Kurven an Märkten, Restaurants und Kirchen vorbei und bleiben mitunter im Verkehrsgewühl stecken. In Graça kann man in einen Bus Nr. 37 zum Castelo de São Jorge umsteigen, das Blick über die ganze Stadt bietet.

Reiseplanung Die gesamte Fahrt dauert ungefähr 40 Minuten. www.carris.pt, www.atl-turismolisboa.pt

SCHWEIZ

Der Glacier Express

Komfortable Zugreise durch eine der schönsten Gebirgsregionen der Welt mit Blick auf Alpenpässe, Gletscher und malerische Dörfer.

Der „langsamste Schnellzug der Welt" bewegt sich im Durchschnitt mit nur 35 Stundenkilometern voran, sodass seine Passagiere das faszinierende und laufend wechselnde Panorama aus schneebedeckten Gipfeln, dichten Wäldern, rauschenden Flüssen, Alpenwiesen und Bergdörfern nahe der Grenzen zu Frankreich und Italien gebührend auskosten können. Vom schicken Skiort Sankt Moritz geht es hinauf in die Berge, mit Blick auf Gletscher, Täler voller Lärchen und winzige Dörfer, die sich an die Bergflanken schmiegen, unterbrochen von jäher Finsternis, wenn der Zug in einen Tunnel einfährt. Bei Filisur erlebt man das unvergessliche Gefühl, plötzlich in der Luft zu fahren, wenn der Zug aus einem Tunnel auf das schwindelerregende Landwasserviadukt hinausrollt. Nach dem Halt in der mittelalterlichen Stadt Chur geht es noch steiler hinauf bis auf den 2033 Meter hohen Oberalppass, höchster Punkt der Reise und höchster Gebirgspass der Schweizer Alpen. Dann führt die Strecke in Serpentinen nach Andermatt hinunter und durchs Rhonetal mit schönem Blick auf den Aletschgletscher weiter nach Brig. Von hier arbeitet sich der Zug wieder bergauf nach Visp, an Weinbergen vorbei, die zu den höchstgelegenen Europas gehören. Gegen Abend sieht man schließlich die berühmte gezackte Silhouette des 4478 Meter hohen Matterhorns über Zermatt aufragen.

Beste Reisezeit Skiläufer bevorzugen den Winter, Wanderer den Sommer, aber ob weiß verschneit oder üppig grün, die Landschaft ist zu jeder Jahreszeit spektakulär.

Reisedauer Die Fahrt dauert 7 1/2 Stunden. Zermatt und St. Moritz sind je mindestens einen Tag wert.

Reiseplanung Reservierung ist unerlässlich. Fahrkarten und Reservierungen gibt es an jedem Schweizer Bahnhof oder direkt bei Glacier Express. Für die Hauptsaison müssen Sie frühzeitig buchen. Auch Plätze im Speisewagen müssen Sie reservieren.

Tipp Zwischen den normalen Sitzplätzen erster und zweiter Klasse ist kein großer Unterschied. Der eigentliche Luxus in beiden Klassen sind die Panoramawagen mit Dachfenstern für den Blick nach oben auf die majestätischen Gipfel.

Websites www.glacierexpress.ch

HIGHLIGHTS

- Der Glacier Express bietet herrliche Landschaft am laufenden Band. Besondere Highlights sind die Fahrt über den **Oberalppass**, die **Vorderrhein-Schlucht** und der Blick auf den Aletschgletscher auf der Abfahrt ins Rhonetal.
- **Chur** ist voller alter Häuser, idyllischer Höfe und gepflasterter Gässchen. Über allem thront die Kathedrale aus dem 12. Jahrhundert.
- Das Dorf Disentis (zwischen Andermatt und Chur) wartet mit einer reizvollen **Abtei aus dem 8. Jahrhundert** auf.
- Genießen Sie ein Mahl in den **nostalgischen Speisewagen** mit Holztäfelung, Messingdetails und Weingläsern mit schrägem Fuß, damit bei steiler Berg- und Talfahrt nichts überschwappt.
- Das italienisch anmutende **Stockalperschloss**, dessen Zwiebeltürme die Ortschaft Brig dominieren, wurde im 17. Jahrhundert von einem reichen Kaufmann erbaut.
- Bei der Anfahrt auf Zermatt dürfen Sie auf den atemberaubenden Anblick des **Matterhorns** gespannt sein.

Gegenüber: Im Sommer wie im Winter dominiert die markante Silhouette des Matterhorns das Panorama rund um Zermatt. Oben links: Im Frühjahr sind die Wiesen mit Alpenblumen übersät. Oben rechts: Selbst im tiefsten Winter tuckern die Züge die Schmalspurstrecke nach Zermatt hinauf.

SÜDAFRIKA

Wildlife Safari

Die luxuriöse Zugsafari bietet dramatische Landschaftsbilder und gute Chancen, die „Big Five" zu sichten.

Wer Luxuszüge im alten Stil, wilde Landschaften und wilde Tiere liebt, sollte sich diese südafrikanische Zugsafari von Durban nach Pretoria nicht entgehen lassen. Schon die restaurierten Oldtimerwagen sind eine Augenweide, und auf der letzten Etappe wird eine Dampflok vor den Zug gespannt. Dies ist die einmalige Chance, eine Safari wie in alten Zeiten zu erleben und alle Arten der „Big Five" zu Gesicht zu bekommen: Löwen, Leoparden, Elefanten, Spitzmaulnashörner und Büffel. Nach der morgendlichen Abfahrt aus Durban sieht man zuerst die wilden, grünen Hügel von KwaZulu-Natal mit ihren Dörfern aus traditionellen Rundhütten und dann das flachere Swasiland vorüberziehen. Der offene Aussichtswagen garantiert einen traumhaften Ausblick. Am zweiten Tag steht die erste Tierbeobachtungstour ins privat betriebene Mkhaya Game Reserve an. Im Morgengrauen geht es in offenen Landrovern los, um die Wildtiere zu entdecken, bevor *sie* die Besucher entdecken. Einige Stunden weiter nördlich winkt am Nachmittag eine Tour in den weltberühmten Krüger-Nationalpark mit anschließendem Boma-Abendessen. Die Boma, ein Hof, in dem das Mahl auf einem einfachen Grill zubereitet wird, ist von lodernden Feuerstellen umgeben, um wilde Tiere abzuschrecken. Am nächsten Morgen genießt man die Fahrt durch die atemberaubenden Drakensberge, bevor der Zug am Nachmittag Pretoria erreicht.

Beste Reisezeit Der Zug verkehrt von Januar bis April und Oktober bis November etwa einmal wöchentlich. Zur Tierbeobachtung ist die trockene Wintersaison ideal, wenn die Tiere bei niedrigem Gras und laublosen Bäumen regelmäßig an die Wasserstellen kommen.

Reisedauer Drei Tage und zwei Nächte.

Reiseplanung In umgekehrter Reiserichtung, von Pretoria nach Durban, finden die Tierbeobachtungstouren in den Mkhaya- und Hluhluwe-Reservaten statt. Für alle Touren Kleidung in Beige, Braun oder Grün einpacken, die man bei morgendlicher Kälte schichtweise übereinander tragen kann.

Tipp Im Fahrpreis der Rovos-Rail-Züge sind alle Mahlzeiten und Getränke inbegriffen.

Website www.rovos.com

HIGHLIGHTS

- Das privat betriebene **Mkhaya Game Reserve** ist ein Schutzgebiet für bedrohte Arten. Es besitzt ein gutes Routennetz für Tierbeobachtungstouren und gehört zu den besten Orten in Südafrika, um Spitzmaulnashörner und viele andere Wildtiere zu sehen.

- Die **Eisenbahnsuiten** mit edler Holztäfelung und Ausstattung aus der edwardianischen Ära gehören zu den luxuriösesten Zugabteilen der Welt.

- Der **Krüger-Nationalpark**, ein Naturschutzgebiet von der Größe Israels, ist Heimat einer vielfältigen Tier- und Vogelwelt, darunter auch die „Big Five" des Großwilds.

- Die Fahrt in die **Drakensberge**, von Waterland Onder nach Belfast (1961 Meter) hinauf, verspricht sensationelle Aussichten.

Gegenüber: Elefant im südafrikanischen Krüger-Nationalpark, dessen Elefantenpopulation sich in den letzten Jahren stark vermehrt hat. Oben links: Die imposante Silhouette der Drakensberge. Oben rechts: Die Wildreservate von Swasiland bieten beste Chancen, eines der gefährdeten Spitzmaulnashörner zu sichten.

4 Zu Fuss

Gehen ist die unmittelbarste und einfachste Art des Reisens. Und wer zu Fuß geht, ist völlig frei: keine Tickets, keine Fahrpläne, Grenzen setzen nur die Landschaft und die eigenen Launen. Ein Bummel durch Greenwich Village wird zur Expedition durch das Leben berühmter Künstler und Schriftsteller. Ein Streifzug über Istanbuls Großen Basar gerät zur Schatzsuche quer durch alle Epochen und lehrt ganz nebenbei die Kunst des Feilschens. Am anderen Ende des Spektrums stehen tage- oder wochenlange Wanderungen durch die Wildnis, wie etwa auf Perus Inkapfad zur Ruinenstadt Machu Picchu hoch über den Wolken. Dazwischen locken Trekkingtouren jeder Länge, von einer nächtlichen Besteigung des Fuji in Japan bis zum John Muir Trail durch die kalifornische Sierra Nevada. Selbst in Großstädten sind manche Attraktionen nur zu Fuß erreichbar, wie die kilometerlangen Katakomben unter Rom. Keine andere Art des Reisens ist so nah an der Natur und am Menschen und gleichzeitig so wohltuend für Körper, Seele und Umwelt.

Auf dem neuseeländischen Milford Track: Ein Wanderer blickt vom Mackinnon-Pass ins wolkenverhangene Clinton Valley. Die 53 Kilometer lange Wanderroute führt vom Lake Te Anau zum Milford Sound im Fjordland der Südinsel.

Vom Fahrrad direkt hinein ins Vergnügen der urigen Trödel- und Buchläden des Village.

NEW YORK, USA

Greenwich Village

Die verwinkelten Straßen des einstigen Dorfs sind seit Langem ein Mekka für Künstler, Schriftsteller und die Schickeria.

Greenwich Village (oder kurz: „the Village") bietet eine erholsame Abwechslung zu Manhattans Wolkenkratzerschluchten. Einst Oase für die Bohème ist das Viertel heute ziemlich arriviert, doch an seinen baumbestandenen Straßen sind immer noch viele schöne Altbauten, versteckte Gässchen und Höfe zu entdecken. Die Nordseite des Washington Square säumen neoklassizistische Stadthäuser, in denen Henry James, Edith Wharton, John Dos Passos und Edward Hopper wohnten. Vom Washington Memorial Arch gegenüber rief eine Künstlergruppe unter Marcel Duchamp 1916 den „State of New Bohemia" aus. Ein paar Blocks nordwestlich liegt der Patchin Place, einst Heimat des Bühnenautors Eugene O'Neill. Am Sheridan Square laufen sieben Straßen zusammen: Hier locken Antik- und Buchläden, Off-Broadway-Theater und das leckere Essen bei Chumley's, einer ehemaligen „Flüsterkneipe" der Prohibitionszeit.

Beste Reisezeit Ganzjährig; im Sommer kann es aber sehr heiß werden. Ideal ist der Herbst.

Reisedauer Der Rundgang kann eine Stunde oder den ganzen Nachmittag dauern, je nachdem, wie viel Zeit Sie sich für Sehenswürdigkeiten und Cafébesuche nehmen.

Reiseplanung Nach Greenwich Village kommen Sie mit den Buslinien 1, 2 oder 3 über die Fifth Avenue oder mit den U-Bahn-Linien A, B, C, D, E oder F bis zur Haltestelle West 4th Street/Washington Square.

Tipp Genießen Sie das bunte Treiben am Washington Square Park mit seinen schattigen Bänken und Straßenkünstlern. Das Village ist berühmt für Jazzlokale wie Blue Note, 55 Bar, Smalls und Garage.

Websites www.nycvisit.com, www.nyc-architecture.com

HIGHLIGHTS

- Viele Schriftsteller und Künstler wohnten und arbeiteten in den umgebauten Stallungen und Remisen der **MacDougal Alley**, eines stillen, gepflasterten Sträßchens in der Nähe des Washington Square. Die Bildhauerin Gertrude Vanderbilt Whitney eröffnete hier hinter ihrem Atelier das erste Whitney Museum.

- Das **Jefferson Market Courthouse**, ein majestätischer Bau im Stil der viktorianischen Neugotik, gehört heute zur New York Public Library. Seine liebevoll gepflegte Gartenanlage lädt zu einer Ruhepause ein.

- Jack Kerouac, Allen Ginsberg und andere Vertreter der Beatgeneration trafen sich im **Figaro Café**, 184 Bleecker Street.

- Die Hausnummer $75^{1}/_{2}$ Bedford Street, Baujahr 1873, ist **New Yorks schmalstes Haus** (knapp 2,9 Meter). Hier wohnten zeitweise die Schauspieler John Barrymore und Cary Grant.

- Von der 7th Avenue geht es ab zur **Christopher Street**, in der Ende der 1960er Jahre Proteste gegen die Diskriminierung von Homosexuellen stattfanden. Der jährliche Christopher Street Day ist nach dieser Straße benannt.

Herbstlaub und Himmelsblau spiegeln sich als herrliches Farbenkaleidoskop in einem stillen See in Vermont.

VERMONT, USA

Auf dem Appalachian Trail durch Vermont

Die Wochenendwanderung auf dem wunderbaren Teilstück des Appalachian Trail macht Appetit auf mehr.

Die Wanderung über den Glastenbury Mountain in Vermont ist nur ein kurzer Abschnitt des 3 500 Kilometer langen Appalachian Trail von Georgia bis Maine. Aber dieses Teilstück stellt mit seiner urtümlichen Wildnis gleich hinter Dörfern mit weißen Holzhäusern so etwas wie eine Miniaturausgabe der Gesamtstrecke dar. Vom Startpunkt an der William D. MacArthur Memorial Bridge östlich von Bennington geht es an einem Felsbach entlang und dann in tiefen Buchenwald hinab, wo man mitunter einem Schwarzbären auf Beerensuche begegnet. Nach Überquerung des Hell Hollow Brook auf einem Holzsteg klettert der Weg hinauf in feuchten Fichtenwald. Berge und Wälder, in denen Grasmücken und Drosseln singen, umrahmen den weiteren Anstieg zum Gipfel des Glastenbury (1 142 Meter). Eine Übernachtung in der Goddard-Berghütte wird mit frühmorgendlicher Aussicht vom nahen Feuerwachturm belohnt. Von hier erkennt man Vermonts wahres Gesicht: grüne Berge in allen Richtungen, wie Haystack, Taconic, Berkshire, Equinox. Mit dem gemächlichen Abstieg zur nächsten Straße endet die Wanderung, nicht aber die unterwegs gewonnene innere Ruhe.

Beste Reisezeit Juni bis Ende September. Im Frühsommer bezaubert die üppige Wildblumenblüte, im Herbst die bunte Laubpracht der Wälder.

Reisedauer Zwei Tage für die 35 Kilometer der Glastenbury-Mountain-Etappe. Viele Wanderer absolvieren den gesamten Appalachian Trail vom Springer Mountain, Georgia, bis zum Mount Katahdin, Maine, in etwa einwöchigen Etappen über einen Zeitraum von insgesamt sechs Monaten.

Reiseplanung Unentbehrlich sind Rucksack, Schlafsack, Zelt, Wanderschuhe und Regenbekleidung. Im Sommer empfiehlt sich Insektenschutzmittel gegen die Fliegen.

Tipp Übernachten können Sie in einfachen Schutzhütten am Weg; Platz darin findet, wer zuerst da ist. Die Feuerwachtürme bieten Aussichten oberhalb der Baumkronen; von ihnen sieht man die Vögel im Aufwind segeln.

Websites www.appalachiantrail.org, www.vermontvacation.com

HIGHLIGHTS

- Zur **faszinierenden Tierwelt** gehören Schwarzbären, Luchse, Fichtenmarder, Hirsche, Biber, Kragenhühner und Hochgebirgsvögel.
- In der Umgebung von Manchester, Vermont, können Sie Kanu fahren oder im **Battenkill River** Forellen angeln.
- Im **American Museum of Fly Fishing** in Manchester ist das Angelgerät berühmter Petrijünger von Andrew Carnegie bis Ernest Hemingway zu bewundern. Außerdem hat hier die **Orvis Company**, Amerikas ältestes Versandhaus, ihren Sitz.
- **Brattleboro** im südlichen Vermont lockt mit Bauernmärkten. Im September können Sie in den Obstgärten von **Putney** Ihre Äpfel persönlich pflücken.

Top 10 Fernwanderwege

Schnüren Sie die Wanderstiefel, um phantastische Naturlandschaften in aller Welt zu entdecken.

❶ Die Wind River Mountains, Wyoming, USA

Die Berge, die südwestlich von Dubois über 4000 Meter in den Himmel ragen, waren einst Jagdrevier von Indianern, deren Felsbilder noch heute zu sehen sind. Gegen Ende September streifen Elche durch die Zwergweidensträucher, und an den Hängen entfalten die Pappeln ihre gelbrote Laubpracht. Das Wegnetz ist über 250 Kilometer lang.

Reiseplanung Der Shoshone und der Bridger-Teton National Forest bedecken einen großen Teil der Berge. Wanderer brauchen keine Genehmigung, müssen sich aber vor Aufbruch anmelden. Juni bis September sind die besten Monate. www.wind-river.org

❷ Der Milford Track, Neuseeland

Viele Wanderbegeisterte rühmen diese viertägige Wanderung als die schönste der Welt. Sie verläuft von Glade Wharf am Nordufer des Lake Te Anau zum Sandfly Point in der Nähe des Milford Sound an der Westküste der Südinsel. Der Weg windet sich durch die Buchenwälder des Clinton Valley, steigt dann, von subalpinen Gräsern und Hochgebirgskräutern gesäumt, zum Mackinnon-Pass an und führt schließlich hinab in den Wald des Arthur Valley voller Farne und Moose.

Reiseplanung Reservierung ist für diese Wanderung unerlässlich, denn es dürfen nur 40 Einzelwanderer pro Tag auf den Track. Übernachtet wird in Hütten, die das Department of Conservation betreibt. www.milfordtrack.net, www.doc.govt.nz

❸ Concordia-Trekkingtour, Pakistan

Am abgelegenen „Concordiaplatz" an der Grenze zwischen Pakistan und China fließen riesige Gletscher vom K2, Broad Peak und Gasherbrum zusammen und speisen Nebenflüsse des Indus. Die 14-tägige Wanderung führt von Askole zum K2-Basislager. Am Ende der Strapazen winkt Entspannung in den Thermalquellen der Braldu-Schlucht bei Askole.

Reiseplanung Am besten schließen Sie sich einer organisierten Trekkingtour an. www.auf-und-davon-reisen.de

❹ Die Pindos-Überquerung, Griechenland

Das Pindos-Gebirge erstreckt sich vom Golf von Korinth 290 Kilometer weit bis zur albanischen Grenze. Sein höchster Gipfel ragt über 2000 Meter auf, und die Luft bleibt auch an sonnigen Tagen kühl. Die Wildblumen, die hier im Frühling blühen, zählen zu den schönsten und seltensten Europas.

Reiseplanung Mai bis Oktober sind die besten Wandermonate. www.medina-reisen.de

Das mächtige Karakorum-Gebirge im nördlichen Pakistan bildet die spektakuläre Kulisse der Concordia-Trekkingtour. Dies ist das größte Gletschergebiet der Erde außerhalb der Polarregionen.

❺ Der GR-20-Höhenweg, Korsika, Frankreich

Der rund 200 Kilometer lange Weg führt am Kamm des korsischen Hochgebirges entlang von Conca im Südosten nach Calenza im Nordwesten. Er passiert hohe Berge und Nadelwälder mit klaren Bächen und kleinen Seen. Im Frühsommer sind noch vereinzelte Schneefelder zu überqueren.

Reiseplanung Juni bis September sind die besten Wandermonate. www.abenteuer-corsica.de

❻ Die Haute Route, Frankreich/Schweiz

Die anspruchsvolle, zweiwöchige Wanderung von Chamonix, Frankreich, nach Zermatt, Schweiz, führt durch das höchste Gebirge Europas, vom Montblanc bis zum Matterhorn. An den wenig begangenen Wegen sieht man außer einer überwältigenden Vielfalt von Alpenblumen auch Steinböcke, Gämsen und Murmeltiere.

Reiseplanung Die beste Wanderzeit ist von Ende Juni bis Anfang September. An der Route liegen zahlreiche Berghütten. www.wp-reisen.de

❼ Die Haute Route des Pyrénées, Frankreich/Andorra/Spanien

Für Puristen beginnt die Haute Route des Pyrénées am Mittelmeer und endet 44 Tage später am Atlantik. Die meisten Wanderer begehen nur den mittleren Abschnitt, der in etwa 24 Tagen von Lescun, Frankreich, nach El Serrat, Andorra, führt. In den Pyrenäen gibt es viele über 3 000 Meter hohe Gipfel, von denen die Route mehrere überquert.

Reiseplanung Die bevorzugte Wandersaison geht von Ende Juni bis September. www.pyreneesguide.com

❽ Der Southern Upland Way, Schottland

Schottlands längste Wanderroute erstreckt sich 340 Kilometer weit in West-Ost-Richtung vom alten Fischerdorf Portpatrick bis zur dramatischen Steilküste bei Cockburnspath an der Nordsee und führt durch abwechslungsreiche Landschaft von dichten Tannenwäldern bis zu Hochmoor.

Reiseplanung Die bevorzugte Wandersaison geht von Ende Mai bis September. www.southernuplandway.com

❾ Der Pennine Way, England/Schottland

Die Pennines, eine Hochmoorlandschaft von bis zu knapp 900 Meter Höhe, bilden das „Rückgrat Englands". Der rund 400 Kilometer lange Fernwanderweg führt über die gesamte Länge des Gebirges, von Edale in Derbyshire bis Kirk Yetholm in Schottland.

Reiseplanung Dies ist die anspruchsvollste Wanderroute in England. Sie wird oft in Teiletappen absolviert. www.thepennineway.co.uk

❿ Der South West Coast Path, England

Der längste britische National Trail führt über 1 000 Kilometer weit von Minehead in Somerset westwärts am Bristolkanal entlang, durch das nördliche Devon, rund um Cornwall und bis nach Poole Harbour in Dorset. Er passiert viele archäologische Attraktionen, von den Dinosauriern der Jurassic Coast (Dorset) bis zu Cornwalls Zinnbergwerken.

Reiseplanung Die Gesamtroute von etwa acht Wochen lässt sich gut in mehrtägige Abschnitte unterteilen. www.swcp.org.uk

KALIFORNIEN, USA

DER JOHN MUIR TRAIL

Der klassische Fernwanderweg zum Mount Whitney erschließt die wilde, erhabene Schönheit der kalifornischen Sierra Nevada.

Der Weg, der nach einem Pionier der Naturschutzbewegung aus dem 19. Jahrhundert benannt ist, gehört zum 4265 Kilometer langen Pacific Crest Trail von Kanada bis Mexiko. Die Strecke verläuft quer durch die kalifornische Sierra Nevada, vorbei an kristallklaren Bergseen, über Blumenwiesen, durch Canyons und über schwindelnde Pässe. Von seinem Startpunkt bei den Happy Isles im Yosemite Valley durchquert der 340 Kilometer lange Weg drei Nationalparks: Yosemite, Kings Canyon und Sequoia. Am Anfang geht es 14,5 Kilometer stetig bergauf; dann wandert man fast konstant oberhalb von 2400 Metern und fühlt sich wie auf dem Dach der Welt. Die Pässe Donohue, Muir, Mather, Pinchot, Glen und Forester führen sogar auf über 3350 Meter und eröffnen eine überwältigende Aussicht auf die Gipfel der Sierra. Ein Steinadler kreist am Himmel, während Murmeltiere zwischen den Felsen umherhuschen. Zwischendurch taucht der Weg in bewaldete Senken hinab, wo Felsengebirgshühner im Unterholz flattern. Ihren krönenden Höhepunkt erreicht die Route am Gipfel des Mount Whitney, mit 4418 Metern der höchste Berg der Vereinigten Staaten außerhalb Alaskas. Hier steht eine Übernachtungshütte für Wanderer. Für die extreme Kälte und den tosenden Wind entschädigt ein funkelnder Sternenhimmel, wie man ihn anderswo kaum zu sehen bekommt.

Beste Reisezeit Juli bis September. Während des restlichen Jahres ist der Weg vielerorts zugeschneit.

Reisedauer Bis zu drei Wochen für die gesamte Route. Es gibt verschiedene Ein- und Ausstiegspunkte für Wanderer, die nur eine Teilstrecke begehen möchten.

Reiseplanung Sie brauchen „Wilderness Permits“, um entlang der Route zu zelten und die Mount-Whitney-Zone zu betreten. Sorgfältige Proviantplanung ist wichtig, da das Terrain weitgehend unbewohnt ist. Für die südliche Hälfte des Trails müssen Sie die gesamte Verpflegung mitnehmen.

Tipp Gehen Sie es langsam an, um sich an die Höhe zu gewöhnen. Am Weg liegen in regelmäßigen Abständen Lagerplätze. Schützen Sie Ihre Lebensmittel vor Schwarzbären, die unbewachte Vorräte gern plündern. Auf manchen Zeltplätzen gibt es bärensichere Boxen.

Websites www.pcta.org, yosemite.org, www.fs.fed.us

Gegenüber: Hoch oben in der Sierra Nevada passieren Wanderer kurz vor Ende des Trails die spiegelnden Rae-Seen im Kings Canyon National Park. Oben links: Im Frühsommer bezaubert die Blütenpracht der Wildblumen. Oben rechts: Die bewaldeten Hänge und stillen Wasser des Lyell Canyon bieten sich als friedlicher Rastplatz an.

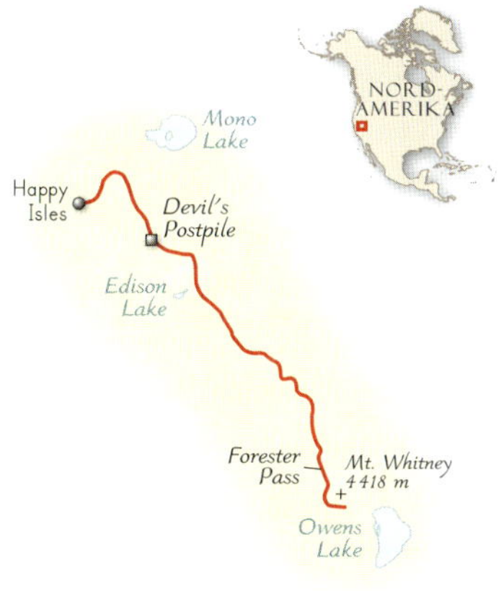

HIGHLIGHTS

- Das glasklare Wasser des Lyell River im **Lyell Canyon** ist ein ideales Revier zum Forellenangeln.

- Auch wenn der **Thousand Island Lake** nicht mit den versprochenen 1000 Inseln aufwartet, ist das Kampieren an seinem Ufer unter dem Banner Peak und den Gipfeln der Ritter Range ein unvergessliches Erlebnis.

- Die symmetrischen „Pfosten“ von **Devil's Postpile** sind gewaltige Basaltpfeiler, die vor Tausenden von Jahren von abkühlender Lava gebildet wurden und heute als riesige Kliffs auf dem 324 Hektar großen Areal zu bestaunen sind.

- Kurz vor Ende der ersten Weghälfte verkehrt eine Fähre über den Edisonsee zum **Vermilion Valley Resort**. Hier können Sie eine Erholungspause einlegen, bevor Sie den schwierigeren südlichen Abschnitt angehen.

- Eine mondähnliche Geröllllandschaft dehnt sich bis hinauf zum **Forester-Pass**. Der mit 4023 Metern höchste Pass der Route bietet berauschende Ausblicke auf die umliegenden Gipfel.

- Der **Half Dome**, ein Granitmonolith im **Yosemite-Nationalpark**, liegt nicht direkt am Weg, aber nur einen kurzen Abstecher vom Startpunkt des Trails entfernt. Der anstrengende Aufstieg zum Gipfel, der sich 1444 Meter über den Talboden erhebt, wird durch den schönen Blick über den Yosemite gekrönt.

Der McKinley River strömt durch weite Tundra, hinter der Nordamerikas höchster Berg, der schneebedeckte Mount McKinley, in den Himmel ragt.

ALASKA, USA

Auf dem McKinley Bar Trail zum McGonagall-Pass

Durch einen Fluss von einer Meile Breite in die grandiose Landschaft des Denali National Park in Alaska.

Nach Durchwanderung eines feuchten Taiga-Walds aus Fichten und Weiden steht man vor der Herausforderung, den 1,6 Kilometer breiten McKinley River ohne Brücke zu queren. Zwei Dinge sind wichtig: Zuerst muss man sich hier und bei anderen Flussquerungen der Route durch laute Geräusche ankündigen, damit Grizzlybären, die vielleicht auf der Kiesbank fischen, den Weg räumen. Dann sucht man sich ein langes Stück Treibholz als Wanderstock, um sich von Stein zu Stein über den Fluss zu tasten und ein eisiges Bad im milchig-blauen Gletscherwasser zu vermeiden. Der Denali National Park erstreckt sich rund um Nordamerikas höchsten Berg, den Mount McKinley oder Denali, was in der Athabascasprache „der Hohe" bedeutet. Sein 6 194 Meter hoher Gipfel ist nur etwas für Bergsteiger, doch der McKinley Bar Trail führt auch Wanderer vom Wonder Lake in der Parkmitte zum McGonagall-Pass am Fuß des Bergs. Übernachtet wird im Zelt. Am Pass sollte man einen ganzen Tag zubringen, um den Sonnenauf- und -untergang in grellen Rosarot- und Orangetönen zu erleben.

Beste Reisezeit Juni bis Anfang September.

Reisedauer Fünf bis sechs Tage für den 61 Kilometer langen Trail und noch ein paar Tage, um den übrigen Park vom Campingplatz am Wonder Lake aus zu erkunden.

Reiseplanung Flussüberquerungen mit vollem Rucksack vorher üben. „Backcountry Permits" und bärensichere Behälter sind beim Denali National Park Visitor Center zu bekommen.

Tipp Bringen Sie Moskitonetze mit und tragen Sie Glöckchen an Rucksack oder Wanderstiefeln, um unliebsame Begegnungen mit Grizzlybären zu vermeiden.

Websites www.nps.gov/dena, www.reservedenali.com, www.themilepost.com

HIGHLIGHTS

- Auf einer **Bustour** durch den Park können Sie sein abwechslungsreiches Landschaftsbild von moosgrüner **Taiga** bis zu felsiger **Tundra** richtig würdigen.

- **Tierwelt** zum Sattsehen: Grizzlybären, Dallschafe, Timberwölfe, Elche, Polarfüchse, Karibus, Schneehühner und Unmengen von Wasservögeln am Wonder Lake und McKinley River, darunter Schellenten und Seetaucher.

- Beobachten Sie das Sommertraining der **Schlittenhunde** des Parks: Sie müssen Quad-Fahrzeuge ziehen, um Kondition für den Winterdienst aufzubauen.

HAWAII, USA

Der Kalalau Trail

Eine abenteuerliche Wanderung über die drittgrößte Hawaii-Insel: Abgründe, Serpentinen und eine Nacht unterm Sternenzelt.

Der 18 Kilometer lange Trail an der Steilküste und durch den Regenwald der Garteninsel Kauai führt im Zickzack in fünf steilwandige Täler hinab und wieder heraus, mit entsprechendem Auf und Ab zwischen Erschöpfung und Hochgefühl. Das Durchhalten lohnt sich schon für den atemberaubenden Blick auf den Pazifik, der tief unten an die Felsküste donnert und riesige Gischtsäulen in die Luft schleudert. Landeinwärts poltern Wasserfälle (und wilde Ziegen) die Talwände hinab, alles vor der Kulisse bewaldeter Berge. Der einzige Landweg in den Na Pali Coast State Park lässt sich in drei Abschnitte aufteilen. Der erste und einfachste, vom Ke'e Beach zum Hanakapiai Beach, garantiert phantastische Küstenpanoramen. Der nächste, bis zum Hanakoa-Tal, beginnt mit einer 244 Meter langen Serpentine aus dem Hanakapiai-Tal. Schwindelgefühle begleiten die letzte Etappe, auf der sich der Trampelpfad stellenweise zu einem schmalen Felssims in der steil abfallenden Wand verengt. Am Ende wartet der Kalalau Beach; dort rauscht ein Wasserfall die Felsen hinab, während dahinter die 914 Meter hohen Steilwände des Kalalau-Tals aufragen. Hier kann man sein Zelt aufschlagen und sich vom Plätschern der Wellen in den Schlaf lullen lassen.

Beste Reisezeit Ganzjährig. Im Winter (Oktober bis Mai) ist das Wetter weniger berechenbar; oft werden auch Teile der Strände weggeschwemmt.

Reisedauer Mindestens zwei Tage, einen für den Hinweg zum Kalalau Beach, einen für den Rückweg.

Reiseplanung Jenseits des Hanakapiai Beach brauchen Sie eine Genehmigung, selbst wenn Sie nicht bis nach Kalalau wollen. Campen ist nur mit „Camping Permit" erlaubt. Die Besucherzahl wird strikt begrenzt, also frühzeitig bei der Hawai'ian State Parks Authority anmelden (www.hawaii.gov/dlnr/dsp).

Tipp Die Strände sind traumhaft und das Meer wirkt verlockend. Ortsunkundige sollten aber keinesfalls schwimmen gehen, denn die tückischen Strömungen haben schon so manchen das Leben gekostet.

Website www.kalalautrail.com

HIGHLIGHTS

- Kurze Abstecher führen durchs **Hanakapiai-** und durchs **Hanakoa-Tal** zu **Wasserfällen** hinauf. Besucher nutzen sie gern als erfrischende Dusche, sollten sich aber vor Steinschlag in Acht nehmen.

- **Kaffeepflanzen** wachsen wild auf ehemaligen Terrassenfeldern im **Hanakoa-Tal**. Hawaiianische Ureinwohner, die die Region vor Langem verließen, gruben die Terrassen einst in die Talwände.

- **Guaven**, **Balsampflaumen** und **Mangos** gedeihen auf Terrassen im **Kalalau-Tal**. In der Saison können Sie sie pflücken und genießen, während Sie durchs Tal 3,2 Kilometer hinauf zu **zwei wunderschönen Badetümpeln** wandern.

Üppige Vegetation umrahmt den Traumstrand Hanakapiai Beach, auf dessen weißen Sand sanfte Pazifikwellen plätschern.

COLORADO, USA

Der Colorado Trail

Der Fernwanderweg durch die Colorado Rockies führt über blühende Bergwiesen zwischen schneeweißen Gipfeln.

Ein Dickhornschaf schaut von seinem Felsvorsprung auf die Wanderer herab, dann plötzlich prescht eine ganze Herde die steile Talwand hinab, quer über den Weg und trittsicher den anderen Hang wieder hinauf. Der Weg führt an Schluchten entlang, schlängelt sich durch Kiefern- und Espenwälder und über Gebirgsbäche bis über die Baumgrenze hinauf, durch Hochgebirgstundra, die im Frühjahr von einem Wildblumenteppich aus blauer Himmelsleiter, lila Lichtnelken, gelbem Fingerkraut und rosa Castilleja bedeckt ist. Dies ist eine echte Hochgebirgswanderung: Der größte Teil des Trail verläuft oberhalb von 3000 Metern, viele Abschnitte liegen sogar über 3600 Meter hoch. Und er hält noch mehr Superlative bereit: Der rund 770 Kilometer lange Weg quert acht größere Gebirge, sieben Nationalforst- und sechs Wildnisgebiete. Die nordöstliche Hälfte, vom Startpunkt am Waterton Canyon südwestlich von Denver bis zum Monarch-Pass, ist einfacher, die südwestliche Hälfte durch die San Juan Mountains spektakulärer. Hier erklimmt man den höchsten Punkt der Route, den 4064 Meter hohen Coney Summit, und passiert die Weminuche Wilderness, bevor man zum südlichen Wegende am Junction Creek, Durango, absteigt.

Beste Reisezeit Unbedingt im Sommer. Hier kann bis Ende Mai oder sogar in den Juni hinein Schnee liegen. Juli und August sind die Monate ohne Blizzards.

Reisedauer Die 770 Kilometer werden in Etappen von 18 bis 50 Kilometern aufgeteilt. Für die Gesamtroute sind 40 Tage zu kalkulieren, aber Sie können auch jede Etappe separat begehen.

Reiseplanung Achten Sie auf ausreichende Akklimatisierung im Vorfeld, um Höhenkrankheit zu vermeiden. Das Official Guidebook der Colorado Trail Foundation enthält nützliche Informationen.

Tipp Wappnen Sie sich gegen sommerliche Unwetter mit Regenkleidung und planen Sie die Tagesrouten so, dass nachmittägliche Gewitter Sie nicht auf den hohen Bergkämmen erwischen.

Websites www.coloradotrail.org, www.colorado.com, www.coloradotrailhiking.com

HIGHLIGHTS

- Im Kurhotel **Cottonwood Hot Springs** können Sie Ihre Füße ausruhen, sich in Thermalbecken aalen oder sich massieren lassen.
- Die **Weminuche Wilderness** umfasst 1976 Quadratkilometer spektakuläre Landschaft. Dazu gehören der Animas River Canyon und die atemberaubenden Needle- und Grenadier-Berge.
- Besuchen Sie in **Durango**, einer Eisenbahnstadt aus den 1880er Jahren, die von Berggipfeln umrahmte viktorianische Altstadt und fahren Sie mit einem Dampfzug der Durango & Silverton Narrow Gauge Railroad zum alten Bergbaustädtchen **Silverton**.

Im Herbst verwandeln sich die Espenwälder an Colorados Berghängen in ein goldgelbes Farbenmeer.

Bergsteiger erklimmen einen Gipfel oberhalb von Shackleton Gap. Dahinter erstreckt sich das Murray Snowfield.

SÜDGEORGIEN

Die Shackleton-Querung

Die Schnee- und Eistour mitten im Südpolarmeer folgt der Route, die Ernest Shackleton nahm, um seine Mannschaft zu retten.

Die Wanderung über ein vergletschertes Bergmassiv im Südpolarmeer folgt den Spuren heldenhafter Entdecker. Der britische Polarforscher Ernest Shackleton überquerte Südgeorgien 1916 auf diesem Weg, um Hilfe für die Besatzung seines Schiffs zu holen, das im Packeis gesunken war. Er brauchte mit zwei Begleitern 36 Stunden, um unter mörderischen Bedingungen von der King Haakon Bay im Westen zur Walfangstation im Osten zu gelangen. Heute wandert man in seinen Fußstapfen mit erfahrenen Führern von der King-Haakon-Bucht hinauf zur Shackleton Gap und dann über das acht Kilometer breite Murray Snowfield zur Trident Ridge. Stürmischer Wind peitscht über den Kamm, hinter dem der gewaltige Crean-Gletscher liegt. Nach Überquerung dieses und des Fortuna-Gletschers blickt man von einem Bergsattel auf das nächste Etappenziel: die ferne Fortuna-Bucht, die von Pinguinen, Robben und Seeelefanten umlagert wird. Die letzte Etappe führt die Küste entlang nach Stromness.

Beste Reisezeit Januar und Februar. Das Wetter ist im Sommer rau, im Winter extrem kalt.

Reisedauer Bei gutem Wetter braucht man für die 39 Kilometer lange Route drei Tage und zwei Nächte.

Reiseplanung Sie sollten Erfahrung mit Gletscherwanderungen und Camping bei extremem Wetter haben. Unerlässlich sind ein guter Expeditionsschlafsack und ein robustes Zelt, das stürmischen Wind aushält. Der Veranstalter gibt eine Packliste heraus und verleiht vielleicht auch Ausrüstungsteile.

Tipp Nur für unverwüstliche Naturen! Es kann passieren, dass Sie einen längeren Sturm im Zelt aussitzen müssen oder dass die Tour in letzter Minute wegen Schlechtwetter abgesagt wird.

Websites www.sgisland.org, www.iaato.org, www.top-mountain-tours.de, www.jagged-globe.co.uk

HIGHLIGHTS

- Die **Vogelwelt** ist unglaublich. In der Fortuna-Bucht tummeln sich außer Robben auch Skuas und Tausende von **Königs- und Goldschopfpinguinen**. Außerdem können Sie Riesenpieper, Südgeorgien-Spitzschwanzenten und draußen auf dem Meer Albatrosse, Taubensturmvögel und andere Sturmvogelarten beobachten.

- Jenseits des Murray Snowfield lockt der über 1220 Meter hohe Gipfel der **Trident Ridge**.

- Der **Crean-Gletscher** wurde nach Tom Crean, einem von Shackletons zwei Begleitern, benannt. Die gewaltige Eis- und Schneedecke wird von Gletscherspalten durchzogen und hier und da von *nunataks* (eisgepanzerten Bergspitzen) durchbrochen.

- Der kleine **Friedhof** der Walfangstation **Stromness** zeugt vom harten Leben der Walfänger, von denen so manche ihren Aufenthalt hier nicht überlebt haben.

PERU

Der Inkapfad

Auf alten Inkawegen zum Vermächtnis einer eindrucksvollen Kultur: ein luftiges Märchenreich über den Wolken.

Die Luft wird dünn in über 2400 Meter Höhe. Während der uralte, steingepflasterte Weg immer höher klettert, schnappt man bei jedem Schritt nach Luft. Doch die Belohnung ist unmittelbar greifbar und unermesslich. Wolken treiben vorbei, über, unter und neben den Wanderern, und die monumentalen Inkaruinen an den Berghängen erinnern eher an riesige Skulpturen als an die Terrassen und Bauten einer entschwundenen Zivilisation. Der Inkapfad ist nur ein kleines Teilstück des beeindruckenden, rund 22500 Kilometer langen Straßennetzes, das einst die Berge, Regenwälder und Wüsten des Inkareichs durchzog, von Ecuador im Norden bis nach Argentinien und Chile im Süden. Die Wanderung geht von Chillca im Urubambatal an den Terrassen und Ruinen des Inkadorfs Llactapata vorbei und dann unerbittlich immer weiter bergauf. Warmiwañusca („Der Pass der toten Frau"), mit 4215 Metern der höchste Punkt der Route, wird normalerweise am dritten Wandertag erreicht. Er liegt oft im Nebel, aber an klaren Tagen bietet er bei der Rast nach dem Anstieg Aussicht auf gähnende Schluchten und schneebedeckte Andengipfel. Die Erinnerung an die Inkas, die die Schönheit ihres luftigen Zuhauses offenbar zu würdigen wussten, ist nie fern. Das gilt vor allem am Ziel des Wegs, wenn man durch das Intipunku (Sonnentor) die verlorene Stadt der Inkas, Machu Picchu, betritt, am besten im Morgengrauen, wenn sich die ersten Sonnenstrahlen an den umliegenden Gipfeln brechen.

Beste Reisezeit Ganzjährig, aber von Mai bis Oktober ist das Wetter trockener.

Reisedauer Fünf Tage für den so genannten klassischen Inkapfad von 45 Kilometer Länge, einschließlich Anreise von Cusco zum Ausgangspunkt des Wegs und Rückreise.

Reiseplanung Die Zahl der Wanderer, die pro Tag auf den Trail gelassen werden, ist strikt begrenzt. Deshalb muss man vor allem für die Hochsaison von Juni bis August weit im Voraus buchen. Der Weg darf nur von organisierten Wandergruppen mit Führern und Trägern begangen werden.

Tipp Verbringen Sie zwei bis drei Tage in Cusco, bevor Sie die Wanderung in Angriff nehmen. Sie brauchen die Zeit, um sich an die Höhe zu gewöhnen.

Websites www.peru.info, www.perutravelguide.info, www.inkanatura.com/deutsch

HIGHLIGHTS

- Auf dem Anstieg durch die verschiedenen Klima- und Vegetationszonen passieren Sie vielgestaltige Landschaften, vom trockenen, kakteenbewachsenen **Urubambatal** über das grasige Hochland der **Anden-Puna** bis zum feuchten **Nebelwald**, wo neben Baumfarnen über 250 Orchideenarten gedeihen.
- Wasserrauschen bildet die immerwährende Geräuschkulisse für die Inkaruinen von **Huiñay Huayna** (Wiñay Wayna), die man am vierten Wandertag erreicht. Dazu gehören spektakuläre Terrassen, Ritualbäder und die Zwillingstempel des Regenbogens und des Wasserfalls.
- Erklimmen Sie unbedingt den **Huayna Picchu**, den schroffen Felskegel, der Machu Picchu im Norden überragt: Er bietet den schönsten Blick auf die Ruinenstadt.
- **Andenkondore** segeln majestätisch am Himmel. Mit viel Glück bekommen Sie auch einen der seltenen und bedrohten Brillenbären zu Gesicht.

Gegenüber: Ein Wolkenschleier verhüllt den Huayna Picchu über den Ruinen von Machu Picchu, der vergessenen Stadt, die der Archäologe Hiram Bingham 1911 wiederentdeckte. Oben: Diese Behälter in Aguas Calientes, der Bahnstation unterhalb von Machu Picchu, und das geschmückte Lama zeugen von der Vorliebe der Andenbewohner für knallige Farben.

CHILE

Die Torres del Paine

Eine Wanderung durch Chiles überwältigenden Südzipfel, zwischen gigantischen Gletschern und verschneiten Gipfeln.

Die hoch fliegenden Kondore, Adler und Bussarde sind wie geschaffen für das Gelände des chilenischen Nationalparks Torres del Paine, dessen riesige Gletscher und Berge menschliche Besucher zu Zwergen degradieren und das Alltägliche in Frage stellen. Der Park ist nach seinen drei „blauen Türmen“ benannt, die ihre scharf gemeißelten Granitspitzen in Patagoniens stürmischen Himmel recken: *Paine* bedeutet in der indigenen Tehuelche-Sprache „blau“. Die Torres sind das erste Tagesziel auf dieser W-förmigen Route. Von der Ostseite des Parks steigt man durch ein Gebirgstal mit Buchenwald, kraxelt über Moränen, meist mit kräftigem Wind im Rücken … und dann stehen sie da und ragen lotrechte 100 Meter aus der Gletscherdecke auf. Die nächsten Tage bringen weitere Talwanderungen und Bergpanoramen. Nach Durchquerung des grünen Valle del Francés weiter westlich kommen die gezackten Konturen der Cuernos (Hörner) del Paine in Sicht, die treffende Namen wie Hoja (Klinge), Espada (Schwert), Catedral (Kathedrale) und Aleta de Tiburón (Haiflosse) tragen. Die aufgehende Sonne taucht sie in karmesinrotes Licht, sie werfen purpurne Schatten. Am Lago Grey, noch weiter westlich, kalbt der gut 60 Kilometer lange Grey-Gletscher, ein Ausläufer des riesigen patagonischen Eisfelds, blau gemaserte Eisberge ins Wasser. Besucher können die Landschaft auch auf Kajaktouren, Eiswand-Kletterpartien, Ausritten übers Hochmoor oder in aller Ruhe von einem felsigen Aussichtspunkt genießen.

Beste Reisezeit Das Wetter im Torres del Paine ist notorisch unberechenbar; von November bis Februar stehen die Chancen auf klaren Himmel besser als im Rest des Jahres.

Reisedauer Vier Tage zu je sechs bis acht Wanderstunden für die 97 Kilometer.

Reiseplanung Fliegen Sie von Santiago nach Punta Arenas; von dort geht es über die Straße weiter zum Torres del Paine. Sie brauchen wind- und wasserdichte Kleidung; selbst im Sommer ist mit Temperaturen um den Gefrierpunkt und Windgeschwindigkeiten von über 100 Kilometer pro Stunde zu rechnen.

Tipp Eine Querverbindung am oberen Ende des „W“ macht die Tour zur Rundwanderung, die Sie gegen den Uhrzeigersinn absolvieren sollten, um starken Gegenwind zu vermeiden.

Websites www.torresdelpaine.com, www.welcomepatagonia.com

HIGHLIGHTS

- Unvergesslich bleibt der erste Anblick des schimmernden **patagonischen Eisfelds** aus dem Fenster des Flugzeugs auf dem Weg von Santiago nach Punta Arenas.
- Die schönsten Gipfel des Parks sind die **„Hörner“**, deren schwarze Spitzen mit dem blendenden Schnee und dem hellen Granit ihres Sockels kontrastieren und sich im türkisblauen Nordenskjöldsee spiegeln.
- Am Lago Grey kredenzt Ihnen Ihr Führer vielleicht einen **pisco sour** (ein beliebtes Mixgetränk aus chilenischem Branntwein, Limonensaft, Zucker und Eis) mit zerstoßenem Eis von einem der schwimmenden Eisberge!
- Schon auf dem Weg zur sechs Kilometer breiten und 60 Meter hohen Zunge des stattlichen **Grey-Gletschers** hört man, wie gewaltige Eisblöcke mit erschreckend lautem Donnern abbrechen und in den See stürzen.

Gegenüber: Im stillen See spiegelt sich das Farbenspiel aus Rosarot- und Purpurtönen, mit dem die aufgehende Sonne die Cuernos del Paine umgibt. Oben links: Die gelbgrün gestrichene Wellblechhütte dient als Nachtquartier für Wanderer. Oben rechts: Guanakos, Verwandte des Lamas mit besonders begehrter Wolle, grasen vor den Felstürmen.

Auf den Gipfel des Fuji

Den Sonnenaufgang auf dem perfekten Vulkankegel des Fuji, Japans berühmtestem Wahrzeichen, erleben.

Der heilige Fujisan ist ein schlummernder Vulkan von 3776 Meter Höhe mit schneebedecktem Gipfel, den der Holzschnittmeister Hokusai in seinen „36 Ansichten des Fuji" verewigte. Die meisten Wanderer starten von der 5. Station der Kawaguchiko-Route auf mehr als halber Höhe des Bergs. Hier versammeln sich Touristen und Einheimische in trauter Eintracht zur Nachtwanderung, um den Tagesanbruch auf dem Gipfel zu erleben. Der Weg windet sich bergauf, mit langen, steilen Treppenabschnitten, die die Wadenmuskulatur strapazieren. Schließlich kommt man aus dem *Aokigahara*-Wald („Baummeer") in eine karge Geröll- und Strauchlandschaft. Die Temperatur sinkt rasch, und immer mehr Rasthütten locken am Wegesrand mit bequemen Futons, flackernden Feuern, warmen Speisen und Getränken. Auf dem Gipfel frösteln die Kletterer, während sie zuschauen, wie sich der Himmel langsam aufhellt. Weit unten treiben Wolken über den Hügeln, die in der Ferne mit dem Meer verschmelzen. Dann wirft die Sonne einen ersten, zögernden Strahl über den Horizont, bevor sie in einer wahren Lichtexplosion das riesige Stadtpanorama von Tokio mit ihrer Morgenglut übergießt.

Beste Reisezeit Juli und August; dann ist der Gipfel meist schneefrei. Vermeiden Sie das Obon-Fest im August; dann ist der Ansturm so groß, dass man stellenweise Schlange stehen muss.

Reisedauer Der Anstieg dauert etwa sechs bis sieben Stunden, der Abstieg bis zu vier Stunden.

Reiseplanung Vom Bahnhof Shinjuku im Zentrum von Tokio fahren Busse zur 5. Kawaguchiko-Station, wo Sie gegen 21 Uhr eintreffen sollten. Warme, regendichte Kleidung mitnehmen, da es auf dem Gipfel kalt ist und oft regnet, außerdem Handschuhe für steile Kletterpartien.

Tipp Nehmen Sie Proviant und Getränke mit; auf dem Gipfel ist die Verpflegung teuer. Ab 2400 Metern droht Höhenkrankheit; lassen Sie es langsam angehen und trinken Sie viel Wasser.

Websites www.jnto.go.jp, www.tourism.metro.tokyo.jp

HIGHLIGHTS

- Vom Gipfel nimmt sich die mit **Taschenlampen** bewaffnete Prozession der Kletterer wie eine lange Kette von Glühwürmchen aus.
- Wandern Sie **nach Sonnenaufgang** einmal um den Krater und betreten Sie an der Wetterstation den offiziell höchsten Punkt des Fuji.
- Schicken Sie Ihren Freunden eine Postkarte vom **Fuji-Postamt**, dem höchsten des Landes, oder erwerben Sie eine Gipfelstürmer-Urkunde.
- Erkunden Sie die idyllische Region der **Fünf Fujiseen** am Fuß des Bergs. Hier bieten sich die stimmungsvollsten Ansichten des Fuji, der sich in den Seen spiegelt.

Kirschblüten vor dem Fuji: Der Blick über den Kawaguchisee, einen der Fünf Fujiseen, vereint zwei Wahrzeichen Japans.

Ein Novize posiert unter flatternden Gebetsfahnen für die Kamera.

BHUTAN

Zum Rigsum Gompa

Eine Wanderung durch das verwunschene Land Bhutan, das an seiner uralten Lebensweise festhält.

Bhutans Osten ist ein Land der steilen Berghänge, wo Flüsse durch Schluchten rauschen und Dörfer sich im Schatten heiliger Felsen ducken. Ob sie das Land bestellen, weben oder drechseln, für die Dorfbewohner ist jede Tätigkeit eine religiöse Handlung. Sie folgen den Lehren von Guru Rinpoche, der im 8. Jahrhundert den Buddhismus in die Region brachte. Die Wanderung folgt vom „vergessenen Tal" Trashiyangtse nördlich von Trashigang dem Womanang-Fluss durch Reisfelder und Wald und führt über die Berge zum Rigsum Gompa, dem „Tempel der Drei Götter". Später geht es durch das Naturreservat Bumdeling und am Kolong-Chu-Fluss entlang zum Heiligtum Chorten Kora. Im Wald leben Bären, doch häufiger begegnet man jungen Mönchen auf dem Weg zu einer *puja* (Abfolge buddhistischer Rituale). Zu hören ist nichts außer dem Rauschen der Wasserfälle und dem Rascheln von Bambus.

Beste Reisezeit Im Herbst (ab Mitte Oktober) winkt das beste Wetter, zu Beginn des Frühjahrs die Rhododendronblüte.

Reisedauer 45 Kilometer in drei Tagen; im gebirgigen Gelände geht es nur langsam voran. Planen Sie für die Fahrt von Bhutans Hauptstadt Thimphu mindestens vier Tage ein, mit Sehenswürdigkeiten noch mehr.

Reiseplanung Bringen Sie ein Fernglas mit. Wer fotografieren will, sollte seine Filme/Speicherkarten-kapazität gleich auf das Doppelte aufstocken. Seien Sie auf Änderungen in der Reiseplanung gefasst.

Tipp Da es bis auf 2500 Meter hinauf geht, sollten Sie sich in Ruhe an die Höhe gewöhnen und viel trinken. Beim Betreten eines Tempels Schuhe ausziehen und dem Führer Zeit für seine Andacht lassen.

Websites www.kingdomofbhutan.com, www.bluepoppybhutan.com

HIGHLIGHTS

- Unauslöschlich bleibt der erste Blick auf das „vergessene Tal" **Trashiyangtse**, seine Reisterrassen und seinen *dzong* (Klosterfestung) auf einem Berggrat.
- Die **Begegnungen** mit den Menschen gehören zum besonderen Reiz der Wanderung, vom alten Mann, der seine Gebetsperlen durch die Finger gleiten lässt, bis zum Lehrer, der Sie in seine Schule einlädt. Die Bhutaner halten sich beim Sprechen die Hand vor den Mund, um die Atemluft des Gegenübers nicht zu verunreinigen, und posieren mit Freuden für die Kamera.
- Am ersten Abend kampieren Sie am Fluss an einer **heiligen Stätte**, über die ein eifriger Lama Ihnen am nächsten Morgen alles Wissenswerte erzählt.
- Vom Rigsum Gompa können Sie den **Sonnenaufgang** über Bergen und Tälern bewundern, während Mönche im Tempel der Barmherzigkeit, Kraft und Weisheit Schalen mit frischem Wasser bereitstellen.
- Seltene **Schwarzhalskraniche** aus Tibet überwintern auf sandigen Flussinseln im Naturreservat Bumdeling.

MALAYSIA

Der Kopfjägerpfad

Heute schlängelt sich die Route friedlich durch den dichten Regenwald, doch einst zogen gefürchtete Kopfjäger auf diesem Weg ins Nachbartal.

Drei Gebirge durchziehen den Gunung-Mulu-Nationalpark in Sarawak, einem der beiden malaysischen Bundesstaaten auf Borneo. Sie sind Teil einer phantastischen Kalksteinlandschaft, deren Felsnadeln wie Kirchtürme aus dem Regenwald ragen und deren Boden von Höhlen durchlöchert ist. Dazu gehört die größte Höhle der Welt, die Sarawak Chamber. Wanderwege führen zu Höhlen, Wasserfällen und den Kalksteinzinnen des Gunung-Api-Massivs. Auf dem Kopfjägerpfad zogen einst die Kayan-Krieger vom Baram durch den Dschungel. Sie paddelten den Melinau, einen Nebenfluss des Baram-Flusssystems, hinauf bis zur Melinau-Schlucht, von der sie ihre Kanus über Land bis zum Terikan-Fluss schleppten. Von dort drangen sie ins Limbang-Tal vor, um dessen Bewohner anzugreifen und ihre Köpfe als Trophäen zu erbeuten. Der Pfad folgt ihrer Route vom Melinau zum Terikan. Erst geht es mit dem Boot den Melinau hinauf bis zur Siedlung Kuala Berar, dann zu Fuß zu einer Lichtung namens Camp 5, in der Nähe der 610 Meter hohen Felswände der Melinau-Schlucht. Weiter schlängelt sich der Weg durch den Wald nach Kuala Terikan am Terikan, von wo ein Boot die Besucher zum Nachtquartier in einem Langhaus der (mit den Kayan verwandten) Iban bringt. Am nächsten Tag geht es mit dem Boot flussabwärts nach Nanga Medamit und von dort zu Fuß zum Städtchen Limbang.

Beste Reisezeit Ganzjährig.

Reisedauer Vom Camp 5 nach Kuala Terikan sind es 11,3 Kilometer. Rechnen Sie für den gesamten Weg bis Limbang drei Tage, mit Abstechern zu den Gunung-Api-Felsen und den Höhlen des Parks fünf Tage.

Reiseplanung Sie brauchen Proviant, Kochgerät und genügend Wasser für die Übernachtungen in Dschungelcamps, gute Wanderschuhe, einen Schlafsack (oder eine Decke) für kalte Nächte und Regenkleidung für das warme, aber sehr feuchte Klima. Die Wege werden mit Führern begangen.

Tipp Nutzen Sie die Chance, eine Iban-Mahlzeit zu probieren. Fleisch, Fisch, Gemüse und Reis werden in Bambusrohren gegart, was ihnen ein unvergleichliches Aroma verleiht. Gewürzt wird unter anderem mit Safran, wildem Ingwer und Galgant, der ähnlich wie Ingwer aussieht, aber eine stärkere Zitrusnote hat.

Websites www.mulupark.com, www.mmadventure.com

Gegenüber: Wanderer waten auf dem Kopfjägerpfad durch einen teefarbenen Wasserlauf; auf dieser Wanderung muss man auf einige solcher Flussdurchquerungen gefasst sein. Oben links: Iban-Männer im Langhaus in traditioneller Aufmachung. Oben rechts: Die Kalksteinzinnen des Gunung Api überragen das Blätterdach.

HIGHLIGHTS

- Die Übernachtung in einem **traditionellen Langhaus**, das bei den Iban *rumah panjai* heißt, ist ein besonderes Erlebnis. Ganze Dörfer leben in solchen Pfahlbauten mit einem Gemeinschaftsbereich auf der einen und den Familienquartieren auf der anderen Längsseite.

- Im Gunung-Mulu-Nationalpark gibt es 15 Regenwaldtypen und entsprechend eine erstaunliche **Artenvielfalt**, darunter über 170 **Orchideenarten**, 110 **Palmenarten** und zehn Arten fleischfressender **Kannensträucher**.

- Zur **Vogelwelt** des Parks gehören außer Mindanao-Hornvögeln und Höckerstörchen auch zwei exotische Fasanarten: der Bulwerfasan und der Feuerrückenfasan, dessen Männchen mit Gefieder in glänzenden Blau-, Gelb- und Rottönen prunken.

- Ein Wanderweg des Parks führt zur Deer Cave, aus der bei Sonnenuntergang **drei Millionen Fledermäuse** in einem schier endlosen Strom zur nächtlichen Insektenjagd ausschwärmen.

Die Berge um Chiang Mai

Eine Wanderung zu den Dörfern der gastfreundlichen Bergvölker in der grünen Gebirgswelt von Nordthailand.

Atemlos, aber glücklich gelangt der Wanderer an den höchsten Punkt des steilen Dschungelpfads. Noch glücklicher stimmt wenig später der Anblick von Terrassenfeldern mit Reispflanzen und Mangobäumen, denn jetzt ist das Dorf der Lahu erreicht. Nach Tee und Abendessen geht es früh zu Bett. Viele Routen führen zu den Bergdörfern in Thailands Norden, nahe der Grenze zu Myanmar (Birma). Die meisten Wanderer wählen den Weg von Chiang Dao westwärts über Pai nach Mae Hong Son (streckenweise unterstützt durch motorisierte Verkehrsmittel). Er passiert die Dörfer unterschiedlicher Völker. In dem der Akha begegnet man lächelnden Mädchen mit aufwendigem Kopfputz und hockt im Schneidersitz in einer windschiefen Hütte, um bitteren Tee aus Bambusbechern zu nippen. Allzu bald ist es Zeit weiterzuziehen, aber der Weg ist nicht weit. Er führt zwischen Bananenstauden hindurch bergab zum Nachtquartier bei den Lisu, die ihre Gäste mit kalten Getränken und Tanz erfreuen. Am nächsten Morgen geht es weiter: In der grünen Berglandschaft an karamellfarbenen Flüssen mit Wasserfällen entlang stößt man auf andere Völker, die einen nach ihrer Sitte in bunten Trachten begrüßen.

Beste Reisezeit Von Oktober bis Ende Februar, nach der Regenzeit. Die Monate von März bis Ende Mai sind heiß und trocken.

Reisedauer Die meisten Touren dauern zwei oder drei Tage, aber auch längere Touren oder Tagesausflüge sind möglich.

Reiseplanung Diese Tour sollten Sie nicht in Eigenregie angehen. In der Region ansässige Veranstalter stellen einheimische Führer und alle Ausrüstung und Verpflegung.

Tipp Die Routen variieren, aber in dem gebirgigen Gelände ist mit einigen strapaziösen Wanderetappen zu rechnen. Auf jeden Fall gute Wanderschuhe mitbringen.

Websites www.tourismthailand.org, www.chiangmai-chiangrai.com, www.erlebe-thailand.de

HIGHLIGHTS

- Ein Plausch mit den **Dorfältesten** lohnt sich immer; Ihr Führer dolmetscht gern für Sie. Diese faszinierenden Charaktere freuen sich, mit Besuchern Tee zu trinken und sich über das Leben auszutauschen.
- Die Bergvölker sind für ihre **Gastfreundschaft** bekannt, doch trotz ihres Lächelns haben sie oft ein hartes Leben hinter sich. Viele sind Flüchtlinge aus Myanmar.
- Achten Sie auf Schlangen, vor allem die hier heimische **Königskobra** – ein prachtvoller Anblick, solange man ihr nicht zu nah kommt!
- Viele Touren umfassen auch **Elefantenritte**, Rafting und Mountainbiking.

Zwei kleine Lisu-Mädchen aus Chiang Dao in farbenprächtiger traditioneller Tracht.

Träger mit Zehensandalen schleppen das Gepäck der Wanderer über die steilen Bergpfade.

NEPAL

Rund um den Annapurna

Eine Wanderung durch den nepalesischen Himalaja vor der Ehrfurcht gebietenden Kulisse des Annapurna-Massivs.

Gebetsfahnen flattern auf Mauern aus heiligen Steinen. Unter verschneiten Gipfeln liegen Reisfelder und Rhododendronwälder, die im Frühjahr rosarot erblühen. Zu Beginn der Rundwanderung passiert man eine abwechslungsreiche Landschaft und Dörfer, auf deren Dächern sich Heuballen und Brennholz stapeln. Vom grünen Marsyangdi-Tal geht es durch die Manangbhot-Schlucht über Hängebrücken ans andere Flussufer, wo Fichten- und Wacholderwälder beginnen. Der Anstieg von Manang zum 5425 Meter hohen Thorong-La-Pass führt über Bergwiesen, auf denen Yaks grasen. Oben beglückt das Panorama des Annapurna und seiner Schwestergipfel, von denen neun über 7000 Meter hoch aufragen. Beim Abstieg nach Westen durch das Kali-Gandaki-Tal trifft man auf Maultierkarawanen, die Salz und Gerste transportieren. Auf Nadelwald folgen Reisterrassen und Orangenhaine. Ein Bad in den heißen Quellen von Tatopani gibt Kraft für die letzte Etappe zum Marktflecken Birethanti.

Beste Reisezeit Für Wanderungen geeignet sind die Monate April bis Mai und Oktober bis November. Im Frühjahr blühen die Rhododendren; der Herbst bietet atemberaubende Blicke auf die Gipfel.

Reisedauer 24 Tage für die rund 240 Kilometer lange Rundwanderung.

Reiseplanung Von Kathmandu geht es über die Straße nach Besisahar, wo die Wanderung beginnt. Sie können campen oder in *bhatti* (traditionellen Gästehäusern) nächtigen.

Tipp Bei der Überquerung des Thorong-La-Passes geht es an einem Tag 914 Meter bergauf und dann 1524 Meter wieder hinab. Starten Sie vor Tagesanbruch, um die heftigen Winde auf dem Pass zu vermeiden.

Websites www.nepal.de, www.aktivferien.com, www.trekking.de

HIGHLIGHTS

- Sie verbringen einen Tag im Bergdorf **Manang**, um sich an die Höhe zu gewöhnen. Besuchen Sie hier das nahe Kloster **Braga** oder die winzige Einsiedelei oberhalb des Dorfs.
- **Muktinath** hinter dem Thorong La ist eine bedeutende Pilgerstätte für Buddhisten und Hindus. In einem Pappelhain speist natürliches Erdgas eine heilige Flamme über einer sprudelnden Quelle.
- Das **Kali-Gandaki-Tal** zwischen den mächtigen Gipfeln von Dhaulagiri und Annapurna ist das tiefste Tal der Welt.
- Kurz vor Ende der Wanderung bietet der **Poon Hill** oberhalb des Dorfs **Ghorepani** ein herrliches Panorama, vor allem bei Sonnenauf- oder -untergang. Von hier sieht man den Annapurna und den heiligen „Fischschwanz"-Berg Machhapuchhare.
- **Kathmandu** durchzieht ein Gewirr verwinkelter Gassen mit uralten Heiligtümern und quirligen Märkten. Besuchen Sie den buddhistischen Tempel **Swayambunath** und das Hindu-Heiligtum **Pashupatinath**.

Top 10 Untergrund-Abenteuer

Faszinierende Abstecher in unterirdische Wunderwelten, die teils von der Natur, teils von Menschenhand geschaffen wurden.

❶ Die Underground City, Montréal, Kanada

120 Eingänge führen in die größte unterirdische Stadt der Welt, und 500 000 Menschen sind täglich in diesem Netz aus Einkaufszentren, Hotels, Museen und Universitäten unterwegs. Eingebunden sind außerdem U-Bahn- und Zug-Bahnhöfe, ein Busbahnhof und eine Eishockeyarena.

Reiseplanung Die Kreditkarte nicht vergessen. www.montreal.com

❷ Mammoth Cave National Park, Kentucky, USA

Namen wie „Grand Avenue" und „Frozen Niagara" vermitteln eine Vorstellung davon, was Besucher im längsten Höhlensystem der Welt erwartet. Der älteste Teil entstand vor zehn Millionen Jahren, 9,5 Millionen Jahre bevor der *Homo sapiens* seine ersten Schritte unternahm.

Reiseplanung 50 Kilometer von Bowling Green, Kentucky, mit guter Verkehrsanbindung. www.nps.gov/maca

❸ Aktun-Chen-Höhlen, Yucatán, Mexiko

Hier wandert man an unterirdischen Flüssen *(cenotes)* und blickt durch kristallklares Wasser auf den weißen Boden natürlicher Brunnenschächte. Tiefe Ruhe herrscht in dieser Welt der Stalaktiten, Stalagmiten, Fossilien und Flughunde, die Sie zu Fuß oder per Tauchausflug erkunden können.

Reiseplanung Mit Touren oder Mietwagen ab Cancún. Insektenschutzmittel ist ein Muss. www.aktunchen.com

❹ Das Tunnelsystem von Cu Chi, Vietnam

Durch eine kleine Falltür kriecht man in die beklemmend engen Tunnel und betritt ein „Untergrund-Dorf" mit Küche, Schlafsaal, Versammlungsraum und Lazarett. Im Vietnamkrieg (1954–1975) bevölkerten Tausende von Vietcong-Kämpfern das 200 Kilometer lange Tunnelnetz. Es wurde immer wieder bombardiert, aber nie eingenommen.

Reiseplanung Touren sind bei allen Reisebüros in Ho-Chi-Minh-Stadt zu buchen. www.sinhcafevn.com

❺ Hannan's North Mine, Kalgoorlie, Australien

Wer mit dem Aufzugkäfig 30 Meter tief in die Stollen aus der Goldrausch-Ära des 19. Jahrhunderts fährt, kann sich selbst als Goldwäscher versuchen. Aus Kalgoorlie kommen heute noch zehn Prozent der weltweiten Goldproduktion.

Reiseplanung www.mininghall.com

Durch die Mammoth Cave in Kentucky führen über 540 Kilometer kartografierte Gänge. Die berühmteren Teile der Höhle – wie hier „Fat Man's Misery" – werden bei Führungen angestrahlt.

❻ Salzbergwerk Wieliczka, bei Krakau, Polen

Im Mittelalter war Salz so wichtig wie heute das Erdöl. In rund 900 Jahren Salzbergbau entstanden viele Kilometer Stollen und riesige Höhlen in bis zu 134 Meter Tiefe. Die als Welterbe geschützte Untergrundwelt mit Seen, Salzkapellen und -skulpturen, dem größten Bergbaumuseum der Welt, einem Sanatorium für Asthmatiker und Allergiker und Konzertsälen mit unvergleichlicher Akustik zieht jährlich über eine Million Besucher an.

Reiseplanung Knapp zehn Kilometer mit dem Zug vom Krakauer Hauptbahnhof (Glowny). 400 Stufen und 1,6 Kilometer Fußweg; gebührenpflichtiger Aufzug. Spezielle Touren für Besucher mit Behinderung. www.kopalnia.pl

❼ Berliner Atomschutzbunker, Deutschland

Erst nach ein paar Minuten gewöhnen sich die Augen an das Dämmerlicht des strahlensicheren Bunkers von 1971, aus der Ära des Kalten Kriegs. In dieser tödlichen Stille fühlt man, wie die Kälte in alle Knochen kriecht. Reihen schmaler Stockbetten bieten Platz für 3562 Menschen, die der Bunker im Falle eines Kernwaffenangriffs 14 Tage lang versorgen könnte. Der Besuch ist eine wahrhaft gespenstische Erfahrung.

Reiseplanung Führungen bietet nur das Museum The Story of Berlin, Kurfürstendamm 207-8. U-Bahnhaltestelle Kurfürstendamm. www.story-of-berlin.de

❽ Die Pariser Kanalisation, Frankreich

Täglich gurgeln 1,2 Millionen Kubikmeter Abwässer durch das rund 2090 Kilometer lange Kanalnetz. 139 Meter davon sind in Betrieb zu besichtigen, samt Attraktionen wie dem *wagon-vanne* (Spülwagen), der die Feststoffe in Bewegung hält. Dabei erfährt man auch etwas über die Abwasserentsorgung im Wandel der Zeiten. Der Geruch hier unten ist nicht ganz so streng wie vielleicht erwartet.

Reiseplanung Kostenlose Führung. Eingang zwischen Quai d'Orsay und der Seine. Metro: Alma-Marceau. www.paris.org/Musees/Egouts

❾ Die Katakomben, Rom, Italien

In der Frühzeit des Christentums, als Rom für die Gläubigen noch ein gefährliches Pflaster war, erhellten nur flackernde Öllampen die Gänge, Kammern und Kirchen der Begräbnisstätten unter der „Ewigen Stadt“. Achten Sie auf die „Graffiti“: Tausende von Gebeten, die Besucher von Päpsten bis zu Putzfrauen hier hinterließen.

Reiseplanung Bus 218 von der Piazza di Porta San Giovanni bis zu den Fosse Ardeatine. www.catacombe.roma.it

❿ Die Cheopspyramide, Giseh, Ägypten

Ein 100 Meter langer und nur einen Meter breiter Gang führt ins Herz des einzigen erhaltenen Weltwunders der Antike, das vor 5000 Jahren errichtet wurde. Der Granit des Sarkophags in der „Königskammer“ stammt aus dem 1000 Kilometer entfernten Assuan. Seit Jahrhunderten rätselt man, wie und warum die Pyramide gebaut wurde.

Reiseplanung Mietwagen und Touren vermittelt jedes Reisebüro im 19 Kilometer entfernten Kairo. Außerdem fährt ein klimatisierter Bus (355/357) vom Ägyptischen Museum in Kairo nach Giseh. www.egypt.travel

WEL COME TO PASU
OUR BELOVED 18 NOV-
HAZIR IMAM 1987

PAKISTAN

Das Hunzatal

Der Weg zu den Ultar-Wiesen hoch über Karimabad im nordpakistanischen Hunzatal eröffnet grandiose Aussichten auf die gewaltigen Karakorum-Gipfel.

Die Bewohner von Karimabad im Herzen des Hunzatals erzählen Besuchern gern, dass sie hier das sagenumwobene „Shangri-la" gefunden haben, und das lässt sich schwer bestreiten. Über dem Ort reckt das riesige Karakorum-Gebirge, das sich vom Himalaja nach Westen erstreckt, seine felsigen Gipfel in die Wolken. Ringsum säumen Aprikosen-, Mandel- und Kirschhaine die Terrassen, deren uralte Bewässerungskanäle aus dem Fels gehauen wurden. Unten im Talgrund fließt der Hunza. Ein steiler Wanderweg führt vom Ort bergauf durch eine enge Schlucht, an Gletschern und Wasserfällen vorbei, bis man unvermittelt auf idyllische, blumenübersäte Wiesen mit gluckernden Bächen und vereinzelten Baumgruppen hinaustritt. Dies sind die Sommerweiden der Hunzukuc. Nach einer weiteren Wegstunde tauchen ein paar Hütten auf, in denen die Hirten im Sommer wohnen. Hier verschnauft man auf 3000 Meter Höhe und bestaunt die dramatische Landschaft, durch die Alexander der Große einst seine Soldaten marschieren ließ. Die kristallene Glimmerschicht des Ultar-Gletschers glitzert in der Sonne. Im Norden erhebt sich der Ultar Sar, dessen 7388 Meter hoher Gipfel erst zweimal bezwungen wurde, neben dem raketenförmigen Bubulimating, einer so steilen Felsnadel, dass der Schnee an ihren Wänden keinen Halt findet. Krönender Höhepunkt des Gebirgszugs ist der Rakaposhi. Wenn er unter einer Schneedecke liegt, macht er seinem Namen „Glänzende Wand" alle Ehre.

Beste Reisezeit Juni bis September. Im Frühling blühen die Obstgärten des Tals.

Reisedauer Ein Tag. Es gibt aber auch längere Routen, darunter die spektakuläre, aber schwierige zwölftägige Biafo-Hispar-Querung über Gletscher und am Lukpe Lawo (Snow Lake) vorbei nach Askole.

Reiseplanung Die politische Lage in der Nordwestprovinz, insbesondere im Swattal, ist gegenwärtig sehr unruhig und gefährlich. Informieren Sie sich über die aktuelle Sicherheitslage auf www.auswaertiges-amt.de. Verkehrsmittel nach Karimabad fahren in Gilgit vom Jamat-Khana-Basar ab. Auf die Zeitplanung ist hier kein Verlass; die Fahrt führt über die Karakorumstraße, die oft durch Bergrutsche blockiert ist.

Tipp Gehen Sie mit Führer. Die eintägige Wanderung kann zwar allein absolviert werden, doch das Wetter ist wechselhaft und die Wege können durch Schneefall oder Steinschlag unkenntlich werden.

Websites www.tourism.gov.pk, www.hunza.com.pk

Gegenüber: Über der grünen, fruchtbaren Sohle des Hunzatals erheben sich die gebieterischen grauen Wände des Karakorum. Oben links: Vor der Kulisse des verschneiten Rakaposhi trocknen Hunzukuc-Frauen die berühmten Aprikosen des Tals. Oben rechts: Die Altit-Festung auf einem 300 Meter hohen Felsen über dem Fluss Hunza.

HIGHLIGHTS

- Die **Baltit-Festung** mit kunstvollem Schnitzwerk im tibetischen Stil bewacht den Weg zu den Ultar-Wiesen. Teile der Festung wurden für eine tibetische Prinzessin gebaut, die mit einem *mir* (Herrscher der Hunzukuc) verheiratet war; sie sind rund 700 Jahre alt.

- Weiter östlich im Tal steht die **Altit-Festung**. Hier führt eine Falltür in den Kerker, in dem ein *mir* seinen Bruder ermordete, um den Thron an sich zu reißen.

- Im Spätsommer und Herbst trocknen auf jeder verfügbaren Fläche **Aprikosen** in der Sonne. Im Hunzatal werden über 20 Sorten gezogen. Aprikosensuppe *(bateringe daudo)* ist eine regionale Spezialität.

- Die gastfreundlichen **Hunzukuc** sind für ihre angebliche Langlebigkeit berühmt. Die meisten sind ismailitische Muslime, deren Oberhaupt der Aga Khan ist. Die Frauen der Ismailiten tragen flache, runde Hüte und gehen unverschleiert. Sie fertigen sehr schöne Stickarbeiten.

- Die **Häuser der Hunzukuc** sind alle nach dem gleichen Schema gebaut. Die meisten haben zwei oder drei Stockwerke und sind nach Westen ausgerichtet. Im Winter wohnen die Familien im unteren Geschoss, im Sommer im oberen. In der Regel gibt es keine Fenster, sondern nur eine Öffnung im Dach.

Der Issykkulsee

Eine Wanderung durch Zentralasien mit Aussicht auf einen überirdisch blauen See vor schneebedeckten Gipfeln.

Die imposanten Gipfel des Tienschan („Himmelsgebirge" auf Chinesisch) prägen den östlichen Teil der kleinen zentralasiatischen Republik Kirgistan. Im Herzen der schroffen Bergwelt liegt der unwirklich blaue Issykkulsee („heißer See"). Von seinem Ufer führen viele herrliche Wanderwege über nach Kräutern duftende Wiesen, durch Wacholderwälder und weite grüne Bergtäler, in denen man kirgisischen Nomaden mit ihren Schaf- und Ziegenherden begegnet. Von der Stadt Karakol wandert man an den roten Sandsteinformationen der Jeti-Ögüz-Schlucht entlang zum Alakolsee, der für seine verblüffenden Farbwechsel von Grün über Blau bis zu Violett berühmt ist, und weiter durchs Altyn-Arashan-Tal. Ein wunderschöner Weg von mittlerer Länge führt von Balbay am Ostufer des Sees nordwärts nach Kasachstan. Zuerst geht es steil bergauf zum 3275 Meter hohen Sary-Bulak-Pass im Küngei-Alatau-Gebirge. Von hier bietet sich ein atemberaubender Blick nach Süden auf den Issykkulsee und nach Norden über die kasachische Steppe. Dann locken die drei schönen Kolsaiseen jenseits der kasachischen Grenze, von denen sich der Weg nach Saty hinunterschlängelt. Von dort kann man über die Straße zu Kasachstans größter Stadt Almaty (Alma-Ata) weiterreisen.

Beste Reisezeit Juli bis September für Höhenwanderungen. Ende Mai und Juni sind wunderbare Monate für Wanderungen unterhalb von etwa 3000 Metern.

Reisedauer Vier bis fünf Tage für die 64 Kilometer von Balbay nach Saty.

Reiseplanung Kirgistans Trekkingindustrie steckt noch in den Kinderschuhen, die Einrichtungen sind schlicht. Sie können sich einer organisierten Tour (am besten mit einheimischem Führer) anschließen oder einen eigenen Führer anheuern. Für Kirgistan und Kasachstan besteht Visumspflicht.

Tipp Da die Berge nur dünn besiedelt sind, sollten Sie genug Proviant und Wasser mitnehmen. Falls Ihnen jemand *kumys* anbietet, probieren Sie ruhig: Es handelt sich um vergorene Stutenmilch.

Websites www.dostuck.com.kg, www.karakol.kg, www.sagarmatha-trekking.de

HIGHLIGHTS

- Ein Bad im warmen, **mineralreichen Issykkulsee** soll therapeutische Wirkung haben. Auch im Altyn-Arashan-Tal gibt es heiße Quellen.
- An **Tieren** gibt es hier unter anderem Wildschafe, Braunbären, Wölfe, Luchse, Pfeifhasen und sogar Schneeleoparden zu sehen.
- Der Issykkul leuchtet blau, die **Kolsaiseen** dagegen grün. Sie liegen in Bergwiesen und -wäldern eingebettet in den Ausläufern des Küngei-Alatau-Gebirges und gelten als gutes Forellenrevier.
- Nächtigen Sie wenigstens einmal in einer **Jurte** (Filzzelt der Nomaden) unter einem farbenprächtigen **kirgisischen Teppich**. Es gibt einige Jurtenlager für Besucher.

Heiße Quellen erwärmen das Wasser des Issykkulsees auf Badetemperatur. Dahinter erstrecken sich die schneeweißen Gipfel des Tienschan.

Bergstädtchen und -dörfer thronen über terrassierten Hängen voller Weinstöcke, Oliven- und Obstbäume.

ITALIEN

Wandern in Umbrien

Durch die zauberhafte Heimat des heiligen Franziskus führen viele verlockende Wanderwege.

Die Toskana und Umbrien sind wie Schwestern, mit dem Unterschied, dass die Binnenregion Umbrien bislang noch ein Geheimtipp für Touristen und Wanderer ist. Wie die Toskana lockt sie mit klassisch italienischer Landschaft: Hügel, Zypressen und etruskische, mittelalterliche Bergdörfer. Doch Umbrien ist noch urtümlicher und wilder. Hier sind die Felsen schroffer, die Hügel steiler, die Pfade steiniger, also ein ideales Wanderrevier. Die Wanderung in die unverfälschte Naturlandschaft beginnt passenderweise am Geburtsort des heiligen Franziskus: Assisi erstreckt sich über mehrere Hügel und reckt seine weißen Steintürme in den blauen Himmel. Mehrere verlockende Routen führen in die Umgebung. Eine geht nach Osten auf die dunstigen Höhen des Monte Subasio (1289 Meter), der seine Bezwinger mit meilenweitem Rundumblick belohnt und Heimat für Wildkatzen, Habichte und Bussarde ist. Oder man bricht nach Süden auf, in grüne Täler mit duftenden Olivenhainen und alten Steineichenwäldern. In Richtung Norden kann man dem Lauf des Chiascio folgen, den zarte Wildblumen und sonnenverwöhnte Felder säumen. Die vielen felsigen Pfade der Gegend verlocken zu gemächlichen Tageswanderungen ohne festes Ziel und halten immer wieder Überraschungen am Wegesrand bereit.

Beste Reisezeit März bis August. In der Übergangszeit vom Frühling zum Frühsommer gibt es prachtvolle Sonnenuntergänge.

Reisedauer Sie brauchen mindestens eine Woche, um die Landschaft gründlich zu erkunden. Dabei stehen zahlreiche Wanderrouten verschiedener Länge zur Wahl.

Reiseplanung Reservieren Sie ein Hotelzimmer in Assisi als Ausgangsbasis oder ziehen Sie von Ort zu Ort, durch Städtchen wie Spello, Spoleto, Ravegna, Montefalco, Todi und Orvieto.

Tipp Manche Reiseveranstalter bieten All-inclusive-Wanderurlaub mit Unterkünften an.

Websites www.umbriatourism.com, www.assisionline.com

HIGHLIGHTS

- Nach einem Wandertag mundet der umbrische **Wildschweinschinken** besonders gut. Falls Ihr Budget es hergibt: Umbrische **Trüffeln** gehören nicht umsonst zu den teuersten Gourmetspezialitäten der Welt.

- Wer die Augen offenhält, bekommt vielleicht **Wölfe** oder **Wildschweine** zu sehen.

- Genießen Sie Umbriens sternenübersäten **Nachthimmel** ohne städtische „Lichtverschmutzung".

- Besuchen Sie in Assisi die riesige mittelalterliche **Basilika San Francesco** und die Überreste des **römischen Minervatempels**.

ITALIEN

Der Sentiero Azzuro

Am „Blauen Weg" hoch über dem azurblauen Ligurischen Meer reihen sich die malerischen fünf Dörfer der Cinque Terre wie fünf Edelsteine an einer Halskette.

Der Sentiero Azzurro ist ein Küstenpfad zwischen den berühmten fünf Dörfern der Cinque Terre: Riomaggiore, Manarola, Corniglia, Vernazza und Monterosso al Mare. Sie thronen in spektakulärer Lage zwischen zwei Landzungen auf einem felsigen Abschnitt der italienischen Riviera di Levante und vereinen den urtümlichen Charme alter Fischerdörfer mit typisch italienischer Eleganz. Ihre pastellbunten Häuser, die sich auf steilen Hängen dicht an dicht über der ligurischen Brandung türmen, zaubern ein Lächeln auf jedes Gesicht. Schmale Straßen und Gässchen (hier *carugi* genannt) kreuzen sich in unerwarteten Winkeln und eröffnen immer wieder einen unverhofften Blick aufs Meer. Wäsche flattert an Leinen hoch über der Straße, und Parkplätze sind hier nicht mit Autos, sondern mit Holzbooten belegt. Zwischen den Dörfern führt der Weg durch Oliven- und Zitronenhaine und schattige Kastanienwälder, über denen sich die typischen Weinbauterrassen der Region die Hänge hinaufziehen. Jedes Dorf hat seinen eigenen Charakter. Von Riomaggiore im Südosten, dem hübschesten der Orte, verläuft die Via dell'Amore („Straße der Liebe") zum ältesten Dorf, Manarola. Dieses Wegstück, das in den 1920er Jahren in die felsige Steinküste gehauen wurde, ist der einfachste Abschnitt und für viele auch der romantischste. Die nächste Etappe gipfelt in den 368 Stufen zum ländlicheren Corniglia hinauf. Ein weiterer steiler Anstieg führt von Corniglia nach Vernazza, einem ruhigen Fischerdörfchen, hinter dem als Wegziel der betriebsame Touristenort Monterosso al Mare wartet.

Beste Reisezeit März bis Ende Mai.

Reisedauer 11,3 Kilometer Wanderweg. Nehmen Sie sich einen Tag Zeit, um die Dörfer zu erkunden.

Reiseplanung Wasserflasche und Sonnenschutz sind unentbehrlich. Der steile Aufstieg von Corniglia nach Vernazza erfordert gute Kondition und dauert etwa 1,5 bis 2 Stunden.

Tipp Von 13 bis 16 Uhr schließen die Dorfbewohner ihre Geschäfte und halten Mittagsruhe. Falls Sie nicht den ganzen Weg wandern wollen oder Ihnen die Zeit ausgeht: Es gibt eine Zugverbindung zwischen allen fünf Dörfern.

Websites www.cinqueterre.it, www.cinqueterreonline.com

Gegenüber: Jenseits der Weinberge drängen sich die bunten Häuser von Manarola auf einem Felskap über dem Ligurischen Meer. Oben links: Die Wanderung macht Appetit auf die köstliche Regionalküche, deren Zutaten vor diesem Geschäft in Riomaggiore ausliegen. Oben rechts: Mohnblüten säumen den Weg nach Vernazza.

HIGHLIGHTS

- Der Turm von **Castello Belforte** in **Vernazza** auf einem Felsvorsprung über dem Ligurischen Meer wurde als Wachturm errichtet und nach den Rufen der Wachleute „Belforte" („lauter Ruf") getauft. Von seiner Spitze genießen Sie einen herrlichen Panoramablick auf den Hafen und die Küste.

- Jedes Dorf hat zwischen den Oliven- und Zitronenhainen am Hang über dem Ort seine **Madonnen-Wallfahrtskirche**. Ein besonderes Erlebnis sind die jährlichen Kirchenfeiern mit Prozessionen, Feuerwerk und weiteren Festlichkeiten.

- **Anchovis** sind eine örtliche Spezialität. Außerdem erzeugt die Region zwei **Weine**: einen trockenen Weißen namens Cinque Terre und einen Dessertwein namens Sciacchetrà. Ligurien ist auch die Geburtsstätte des **Pesto**. Das hiesige Klima ist ideal für Basilikum, das die Einheimischen mit Parmesan, Knoblauch, Pinienkernen und Olivenöl zu dieser Würzpaste verarbeiten.

- Wer durch den Sentiero Azzurro auf den Geschmack gekommen ist, kann sich an der schwierigeren **Alta Via** (Hohe Straße) versuchen, die 40 Kilometer weit von Portovenere nach Levanto führt.

Top 10 Brücken

Brücken sind nicht nur Verbindungen von A nach B, sondern auch Aussichtspunkte und mitunter selbst berühmte Sehenswürdigkeiten.

❶ Brooklyn Bridge, New York, USA

Wer dieses majestätische Symbol des amerikanischen Aufschwungs im 19. Jahrhundert überquert, spürt den dynamischen Pulsschlag einer großen Stadt. Die Brücke über den East River zwischen Brooklyn und Manhattan war bei ihrer Fertigstellung 1883 die größte Hängebrücke der Welt.

Reiseplanung Nehmen Sie von Manhattan aus den Zugang nahe der City Hall, von Brooklyn den neben dem Federal Court. www.newyork.de

❷ Puente de la Mujer, Buenos Aires, Argentinien

Die Straßen des Stadtviertels Puerto Madero sind alle nach Frauen benannt, aber das ist auch der einzige Traditionsbezug dieser staunenswerten „Frauenbrücke" aus dem Baujahr 2001, die über ein stillgelegtes Hafenbecken führt. Ihr Architekt, der Spanier Santiago Calatrava, soll beim Entwurf der Drehbrücke ein Tango tanzendes Paar vor Augen gehabt haben.

Reiseplanung Mit der U-Bahn (Subte) Linie A zur Plaza de Mayo oder mit Linie B nach Leandro N. Alem. www.galinsky.com

❸ Q'eswachaka-Brücke, Apurímac, Peru

Die beunruhigend filigrane Schilfbrücke 3962 Meter über dem reißenden Apurímac gewährt Mutigen einzigartigen Einblick in eine untergehende Kultur und spektakuläre Aussicht auf die Apurímac-Schlucht.

Reiseplanung Am besten mit einer organisierten Tour. www.dosmanosperu.com

❹ Dagu-Brücke, Tianjin (Tientsin), China

Der Blick von den Fußwegen der Dagu-Brücke in Chinas drittgrößter Stadt zeigt eine einzigartige Verbindung von Alt und Neu: Die elegante Brücke, die hochwasser- und erdbebensicher konstruiert wurde, symbolisiert Sonne, Mond und Sterne, die mit dem goldenen Drachen des Hai-He-Flusses tanzen.

Reiseplanung Visumspflichtig. Gute Verkehrsverbindungen zum rund 120 Kilometer entfernten Beijing. www.fac.de

❺ Spean Praptos, Kâmpóng Kdei, Kambodscha

Die exotische Brücke aus dem 12. Jahrhundert tief im Dschungel ist die größte des Straßennetzes, das die „Gottkönige" der Khmer, die Erbauer von Angkor Wat, anlegten. Das technische Meisterwerk mit 21 Bögen ist 85 Meter lang. Vier steinerne Riesenschlangen bewachen die Zugänge.

Reiseplanung Visumspflichtig. Die Brücke liegt abseits der Touristenströme, 69 Kilometer von Siem Reap (bei Angkor) auf der Route 6 nach Phimai. Mieten Sie einen Wagen mit Fahrer und stellen Sie sich auf eine holprige Fahrt ein. www.tourismcambodia.com

Die unvergleichliche Sydney Harbour Bridge gehört zu Australiens berühmtesten Wahrzeichen. Die Fußwege über die Brücke eröffnen großartige Panoramablicke.

❻ Sydney Harbour Bridge, Sydney, Australien

Das dramatische Panorama, das diese Brücke zusammen mit den konzentrischen Schalen des Opernhauses bietet, ist längst zum Wahrzeichen Australiens geworden. Der 1932 eingeweihte „Kleiderbügel“ ist immer noch die höchste Stahlbogenbrücke der Welt: Ihr Scheitelpunkt befindet sich 134 Meter über dem Wasser.

Reiseplanung Im Südostpfeiler gibt es eine Aussichtsplattform mit einer Ausstellung zur Geschichte der Brücke. Der Eingang liegt an der Cumberland Street, in der Nähe des Hotels Shangri-la. BridgeClimb organisiert spektakuläre Klettertouren zum höchsten Punkt der Brücke. www.bridgeclimb.com

❼ Karlsbrücke, Prag, Tschechische Republik

Durch wuchtige gotische Portale geht es auf diese wunderschöne mittelalterliche Brücke mit barockem Skulpturenschmuck. Angeblich wurde zur Stabilisierung Eigelb in den Mörtel gemischt. Wer wiederkommen möchte, sollte die glänzende Tafel unter der Statue des böhmischen Märtyrers Johannes von Nepomuk berühren. Die Brücke dient als Hauptfußgängerverbindung zwischen Altstadt und Kleinseite (Malá Strana) und bietet einen märchenhaften Blick auf die Stadt und die Prager Burg.

Reiseplanung U-Bahn: Staroměská (Linie A). Frühmorgens oder spätabends haben Sie die Brücke weitgehend für sich allein. www.prague-info.cz/ge

❽ Ponte Vecchio, Florenz, Italien

Hier spürt man das Selbstbewusstsein und die grenzenlose Energie der frühen Renaissance. Die „Alte Brücke“ über den Arno aus dem Jahr 1345 wurde in Kunst und Oper gefeiert und ist berühmt für ihre Läden, ihre Liebenden und ihr Gold, denn seit dem 16. Jahrhundert residieren hier die Goldschmiede. Der 1565 von Giorgio Vasari auf die Brücke aufgesetzte Corridoio Vasariano verbindet die Uffizien mit dem Palazzo Pitti am anderen Flussufer.

Reiseplanung Zu Führungen durch den Corridoio Vasariano müssen Sie sich in den Uffizien anmelden. Die Führung dauert etwa drei Stunden. www.florenceandtuscanytours.com

❾ Die Clifton Suspension Bridge, Bristol, England

Diese perfekte Kombination aus Eleganz und Stabilität überspannt die schöne, bewaldete Avon-Schlucht. Obwohl der brillante Ingenieur Isambard Kingdom Brunel die Hängebrücke im frühen 19. Jahrhundert für Pferdewagen und Fußgänger konstruierte, verkraftet sie heute klaglos 12 000 Autos pro Tag.

Reiseplanung Gruppenführungen nach Vereinbarung. www.clifton-suspension-bridge.org.uk

❿ Carrick-a-Rede Rope Bridge, Nordirland

Vom Atlantik weht eine Brise über die wildromantische Landschaft mit ihrer faszinierenden Pflanzen- und Vogelwelt. Die Seilbrücke in 24 Meter Höhe führt vom Festland über die Felsen zu den Fischgründen der vorgelagerten Inseln. Die erste Brücke wurde schon vor 300 Jahren gebaut, aber aufgepasst: Dieser Höhenrausch ist nichts für Zaghafte.

Reiseplanung Von März bis Ende Oktober je nach Wetterlage täglich geöffnet. Es gibt auch Führungen. Die Brücke ist für maximal acht Personen zugelassen. www.northantrim.com

SCHWEDEN

DER KUNGSLEDEN

Auf dem rund 450 Kilometer langen Königsweg durch die einsame Wildnis des schwedischen Lappland.

Von einer Fjällstation im Nationalpark Abisko in Schwedens hohem Norden verläuft der historische Königsweg durch vier Nationalparks und ein Naturreservat im schwedischen Lappland, Europas letzter echter Wildnis. Die Region 160 Kilometer nördlich des Polarkreises ist geprägt von Wäldern, birkenbestandenen Bergen, weiten Mooren, Schluchten, Gletschern, mächtigen Flüssen und kristallklaren Seen. Die Route bietet reichlich Panoramablicke und Gelegenheit zu Abstechern. Wer will, kann auf dem Weg durch die 20 Meter tiefe Schlucht des Abisko-Flusses das saubere Flusswasser bedenkenlos trinken. Die Flora bezaubert mit seltenen Orchideen, rosarotem Steinbrech und Lichtnelken. Stabile Hängebrücken führen über reißende Flüsse. Übergänge von einem Ökosystem zum anderen vollziehen sich innerhalb von 100 Metern. Oberhalb der Fjällhütte von Abiskojaure gelangt man über die Baumgrenze in arktische Wildnis, in der sich außer Rentierherden kaum Leben regt. Sie gehören der Urbevölkerung Nordskandinaviens, den Samen, die heute noch so leben wie seit über 10000 Jahren. Jenseits des Tjäktjapasset erstreckt sich das Tjäktjavagge, ein langes, tiefes und unverhofft grünes Tal, eine Oase zwischen kahlen Berghängen.

Beste Reisezeit Juni bis Mitte September.

Reisedauer Etwa ein Monat für die gesamten 450 Kilometer oder eine Woche für den nördlichsten Abschnitt, die 80 Kilometer von der Fjällstation Abisko bis zur Fjällstation Kebnekaise.

Reiseplanung Mit dem Flieger von Stockholm nach Kiruna und per Bus oder Zug weiter zur Fjällstation Abisko. Am Weg liegen Fjällhütten mit Wasch- und Kochgelegenheiten sowie Saunen, meist im Abstand einer Tagesetappe. Die größeren Fjällstationen haben Restaurants und Läden. Wanderer dürfen frei zelten.

Tipp Am besten begehen Sie den Weg in Nord-Süd-Richtung, mit der wärmenden Sonne im Gesicht. In den ersten beiden Sommermonaten ist Mückenschutzmittel unentbehrlich.

Website www.svenskaturistforeningen.se

HIGHLIGHTS

- Der **Nuolja** westlich von Abisko am Anfang des Wegs ist von Ende Mai bis Mitte Juli der ideale Ort, um die Mitternachtssonne zu bewundern. Ein Sessellift befördert Sie nach oben.
- Bei **Alesjaure** kann man im Juni manchmal zusehen, wie die Samen ihre Rentierkälber markieren, indem sie ihnen Muster in die Ohren schneiden.
- **Tjäktjavagge**, das eindrucksvollste Tal in Lappland, ist rund 50 Kilometer lang und wirkt wie ein riesiger Gobelin in jahreszeitlich wechselnden Grün- oder Bernsteintönen.

Rosarote Steinbrechblüten setzen Farbakzente in der arktischen Landschaft.

Das in hohen „Diemen" zum Trocknen aufgeschichtete Heu wird im langen, kalten Gebirgswinter das Vieh ernähren.

RUMÄNIEN

Durch die Karpaten

Gletscher, Höhlen, Wälder und die Tierwelt gibt es in Siebenbürgen zu erkunden – ganz zu schweigen vom Draculamythos.

Die ersten Sonnenstrahlen dringen durch die Dunstschleier der Berghänge. Sie färben die Blätter golden und lassen die blaugrünen Tannenreihen hervortreten. Ist das eine Burg hoch oben auf dem Kamm – mal verschwommen im Morgendunst, dann wieder deutlich sichtbar – oder bloß ein Felsvorsprung? Die Karpaten, ein über 1000 Kilometer langer Gebirgsbogen rund um Siebenbürgen (Transsilvanien) in der Mitte Rumäniens, bilden die passende Kulisse für die Legende von Dracula, dem Fürst der Untoten. Die Siebenbürger Westkarpaten (Apuseni-Gebirge), Heimat von Bären, Wölfen, Wildkatzen und Adlern, sind heute ein Nationalpark mit markierten Wanderwegen. Südlich von Cluj-Napoca (Klausenburg) führt ein Pfad durch die Cheile Turzii (Thorenburger Klamm) voller Höhlen, in denen frühe Vorfahren der Menschheit lebten. Im Mikroklima der Schlucht mit ihren Felsbögen und -zinnen gedeihen rund 1000 Pflanzenarten, es gibt seltene Schmetterlinge und Vögel. Andere Wege führen durch Wälder, über jurassisches Kalksteinterrain mit über- und unterirdischen Flussläufen und in Höhlen mit unterirdischen Gletschern, in deren Wasserdunst das einsickernde Sonnenlicht bunte Regenbögen malt.

Beste Reisezeit Mai bis Oktober. Nach altem Volksglauben zeigen sich Vampire vor allem am Vorabend von Georgstag (23. April), Allerheiligen (1. November) und Andreastag (30. November).

Reisedauer Die meisten Wege sind Tageswanderungen. In einer Woche lassen sich mehrere erkunden.

Reiseplanung Busse fahren von Cluj nach Turda (Thorenburg) und zu anderen Orten, von denen Sie zu Wanderungen aufbrechen können. Sie können zelten oder in den im Apuseni-Gebirge verstreuten Hütten nächtigen. Einige Veranstalter organisieren geführte Wandertouren für Gruppen oder Individualreisende.

Tipp In der Gegend um Cluj leben zahlreiche Ungarisch sprechende Magyaren, die ihr Kunsthandwerk am Straßenrand anbieten, zum Beispiel bunte Stickereien.

Websites www.romaniatourism.com, www.transylvaniatravel.net, www.wikingerreisen.de

HIGHLIGHTS

- Das **Padis-Plateau** ist eine dramatische Karsthochebene nordwestlich von Sighişoara. In den Tiefen der **Eishöhle Scărişoara** liegt Europas größter unterirdischer Gletscher.

- Außerdem können Sie hier die 1500 Meter lange **Bärenhöhle** und den unterirdischen Höhlenkomplex **Cetătile Ponorului** besichtigen.

- Auch **Sighişoara** (Schäßburg) ist einen Besuch wert. Die bestens erhaltene mittelalterliche Stadt war angeblich der Geburtsort von **Vlad Tepeş** (Vlad dem Pfähler), dem historischen Vorbild von Graf Dracula. Der grausame Herrscher verteidigte sein Land erbittert gegen die Türken.

Vom grünen Tal Swaledale, durch das sich zahlreiche Trockenmauern ziehen, geht es aufs Hochmoor hinauf.

ENGLAND

Mit Wainwright von Küste zu Küste

Der englische Autor Alfred Wainwright erkundete diese landschaftlich eindrucksvolle Strecke quer durch England.

Von St. Bees an der roten Steilküste von Nordwestengland führt die Route durch die drei Nationalparks Lake District, Yorkshire Dales und North York Moors bis nach Robin Hood's Bay an der Nordostküste. Sie ist nach dem Wandersmann Alfred Wainwright benannt, der die Strecke in seinem Buch „A Coast to Coast Walk" beschrieb. Am beschwerlichsten ist der Anstieg zum höchsten Punkt, dem 803 Meter hohen Kidsty Pike im Lake District. Er gehört zum High-Street-Massiv, auf dessen Kamm einst römische Soldaten zum Hadrianswall marschierten. Auch der Abstieg ist steil, doch der stille Stausee Haweswater lockt. Dann kommen die grünen Yorkshire Dales. Im hübschen Swaledale grasen braungesichtige Schafe mit gebogenen Hörnern zwischen Trockenmauern. Übers Heideland der North York Moors geht es dann zum Dorf Robin Hood's Bay, das keine ersichtliche Verbindung zu dem englischen Volkshelden, aber eine atemberaubende Steilküste mit Sandstrand hat.

Beste Reisezeit Ganzjährig. Frühjahr und Sommer sind wegen des langen Tageslichts am günstigsten.

Reisedauer Die meisten Wanderer nehmen sich ungefähr 14 Tage Zeit für die 306 Kilometer.

Reiseplanung Im Sommer sollten Sie Unterkünfte frühzeitig reservieren. Sie können aber auch entlang der ganzen Route auf Campingplätzen und in „Campingscheunen" nächtigen.

Tipp Die Strecke ist größtenteils gut markiert, führt aber teils durch einsame Gegend. Selbst im Sommer kann das Wetter auf den Hügeln und Hochmooren minutenschnell umschlagen.

Websites www.coast2coast.co.uk, www.sherpavan.com

HIGHLIGHTS

- **Ennerdale**, der westlichste See im Lake District National Park, ist am schwersten zu erreichen; hierher führt keine Straße. Deshalb ist er selbst in der Hauptsaison eine Oase der Ruhe.

- Am Ufer des **Haweswater** gibt es einen Vogelbeobachtungsplatz, von dem man mit Glück einen Blick auf die einzigen in England brütenden **Steinadler** erhascht. Außerdem bietet sich von hier eine schöne Aussicht auf die schroffen Lakeland-Berge, die Sie gerade überquert haben.

- Ein Abstecher am grasbewachsenen Flussufer entlang führt zu der Abtei **Shap Abbey**, sechs Kilometer östlich von Haweswater, wo Sie heute noch dieselbe Stille genießen können wie die Mönche des späten 12. Jahrhunderts.

- Die **stillgelegten Bleibergwerke** von Swinner Gill, Gunnerside und Hard Level in den Yorkshire Dales erinnern an die Industriegeschichte der Region.

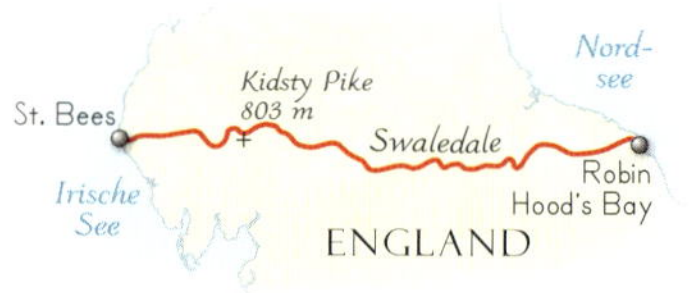

IRLAND

Der Dingle Way

Steilküsten und Strände, keltisches Erbe und urige Dörfer in Irlands wildem Südwesten.

Der Dingle Way umrundet Irlands westlichste Halbinsel, eine Region mit schroffen Küstenfelsen und steilen Hügeln, Ackerland mit verstreuten Dörfern und wellengepeitschten Atlantikstränden. Von Tralee führt der Weg im Uhrzeigersinn um die Halbinsel, auf weiten Strecken über schmale Landsträßchen, die hier *boreens* heißen. Hinter Blennerville geht es die Hänge der Slieve Mish Mountains hinauf, mit Blick auf die Tralee Bay. Über den Sattel des Corrin Mountain erreicht man eine bewaldete Hügellandschaft und stößt dann östlich von Annascaul auf die Südküste der Halbinsel. Westlich des Städtchens Dingle erstrecken sich lange Sandstrände; dann verläuft der Weg rund um die Spitze der Halbinsel und über die Hänge von Mount Eagle. Am Horizont zeichnen sich die Blasket Islands ab. Verfallene *clocháin* (uralte „Bienenkorbhütten" aus Stein) liegen am Hang verstreut. Der 953 Meter hohe Brandon Mountain, der höchste Punkt der Route, entlohnt für die Strapaze mit Blick über die Nordküste der Halbinsel und Brandon Bay. Diesen Abschnitt sollte man nur bei gutem Wetter absolvieren, da es hier an vielen Stellen steil in die Tiefe geht. Danach wird der Weg einfacher. 11,3 Kilometer weit, von Fermoyle bis Castlegregory, wandert man an Irlands längstem Strand entlang, bis die letzte Etappe zurück nach Tralee führt.

Beste Reisezeit Mai bis September.

Reisedauer Für die 180 Kilometer sind acht bis zehn Tage einzuplanen, unterteilt in acht Etappen von 17 bis 29 Kilometern und je sechs bis neun Wanderstunden.

Reiseplanung Sie sollten zu jeder Jahreszeit auf nasses und windiges Wetter gefasst sein. Solide Wanderschuhe, warme Kleidung und gute Regenkleidung sind unentbehrlich.

Tipp Der Weg führt durch viele Dörfer und Städtchen, die höchstens ein paar Stunden auseinanderliegen. Sie bieten zahlreiche Unterkünfte, aber reservieren Sie sicherheitshalber rechtzeitig.

Websites www.dingleway.net, www.12travel.de, www.irishways.com

HIGHLIGHTS

- An lang vergangene Zeiten erinnern **prähistorische Menhire**, Steine mit Inschriften in der gälischen **Oghamschrift** und **„Bienenkorbhütten"** frühchristlicher Einsiedler.

- Die malerische Ruine von **Minard Castle** aus dem 15. Jahrhundert schmückt einen einsamen Strand hinter Annascaul.

- **Ventry Harbour**, westlich von Dingle, ist im Sommer ein guter Platz zum Schwimmen.

- Nach einem langen Wandertag schmeckt das erste kühle Pint Guinness in einem **Dorf-Pub** noch mal so gut. Oder Sie gönnen sich einen **ceilidh**, einen Abend mit Musik und Tanz.

Keltische Einsiedler fanden im frühen Mittelalter in diesen *clocháin* oder Bienenkorbhütten die Ruhe zum Gebet und zur Besinnung.

Top 10 Trödelmärkte

Buntes Straßenleben in aller Welt: ein Durcheinander von Kostbarem und Kuriosem, exotische Klänge und verlockende Aromen.

❶ Hell's Kitchen Flea Market, New York, USA

In diesem Viertel in West-Manhattan wohnten einst arme irische Einwanderer. Heute drängen sich Designer, Künstler, Schauspieler und Touristen auf den Wochenendmärkten um das Treibgut der Vergangenheit: Antiquitäten, Souvenirs und Ramsch. Danach geht es zur Stärkung in eins der vielen exotischen Restaurants der Gegend.

Reiseplanung Zwischen Hell's Kitchen Flea Market an der 39th Street und Antiques Garage/West 25th Street Market verkehrt ein Shuttle-Bus. Die Fahrt kostet einen Dollar. www.hellskitchenfleamarket.com

❷ Plaza Dorrego, Buenos Aires, Argentinien

Sonntags strömen Menschenmassen zu den Antiquitätenständen der Feria de San Pedro Telmo auf der Plaza Dorrego. Rundherum tummeln sich Straßenmusiker, Tangotänzer und Puppenspieler auf dem Kopfsteinpflaster. Straßencafés servieren heimische Kost zum Blick auf das bunte Treiben.

Reiseplanung Sonntags von neun oder zehn Uhr bis zum Spätnachmittag. Die nicht kommerzielle Organisation Cicerones (www.cicerones.org.ar) stellt kostenlos einheimische Führer. www.buenostours.com/plaza-dorrego

❸ Temple Street Night Market, Hongkong, China

Hongkongs spätabendliche Atmosphäre lässt sich am besten in der Temple Street in Kowloon genießen. Hunderte von Händlern verkaufen hier alles von Kunsthandwerk bis zu Billigkleidung, Uhren und Elektroartikeln, während Imbissstände unwiderstehliche Düfte verbreiten.

Reiseplanung Der Markt ist von 16 bis 23 Uhr geöffnet. www.discoverhongkong.com

❹ Der Nachtmarkt von Patpong, Bangkok, Thailand

Die Fußgängerzone voller Bars, Sexshows und Massagesalons verwandelt sich nach Sonnenuntergang in einen geschäftigen Markt mit den aktuellsten Gucci-, Levi's-, Nike- und Rolex-Imitaten.

Reiseplanung Mit dem Zug nach Sala Daeng. Vorsicht vor Taschendieben. www.bangkoktourist.com

❺ Chandni Chowk, Delhi, Indien

Auf Asiens größtem Großhandelsmarkt trotten Elefanten zwischen Motorrollern. Intensiver Gewürzduft liegt in der Luft, während Besucher nach Saris und Kuriositäten stöbern oder sich einfach im hektischen Gewühl treiben lassen.

Reiseplanung Nehmen Sie genügend Mineralwasser und Kleingeld mit. www.exploredelhi.com

Der Westlondoner Stadtteil, der 1999 in dem Film „Notting Hill" verewigt wurde, gehört zu den Trendvierteln der Stadt. Samstags zieht es Schnäppchenjäger zum Antikmarkt auf der Portobello Road.

6 Großer Basar, Istanbul, Türkei

Durch das schöne Nuruosmaniye-Tor („das Licht der Osmanen") geht es in ein riesiges Labyrinth aus Gängen mit Moscheen, Banken, Lokalen und über 4000 Geschäften. Auf dem größten überdachten Markt der Türkei gibt es Teppiche, Schmuck, glasierte Kacheln, Keramik, Edelmetalle und Gegenstände aus kostbaren Materialien wie Alabaster und Meerschaum. Hier heißt es Feilschen!

Reiseplanung Mit der Zeytinburnu-Kabataş-Beşiktaş-Bahn bis Carsikapi. Sonntags geschlossen. Passen Sie auf Ihre Brieftasche auf. www.mygrandbazaar.net

7 Navigli-Antiquitätenmarkt, Mailand, Italien

Das ehemalige Armenviertel Navigli liegt zwischen den Kanälen, auf denen die Steine zum Dombau transportiert wurden. Heute ist es eine schicke Gegend mit quirligem Nachtleben und vielen Cafés, Galerien und Kunstgewerbeläden. Fast immer sieht man in irgendeinem bunten Innenhof einen Künstler bei der Arbeit. Auf dem allmonatlichen Sonntagsmarkt bieten über 400 Stände Antiquitäten, Nippes und Sammlerobjekte an. Am Markttag öffnen auch Geschäfte, Restaurants und einige Galerien.

Reiseplanung Zwischen den Kanälen Naviglio Grande und Naviglio Pavese. U-Bahn: Porta Genova. Straßenbahnlinie 3 bis Corso di Porta Ticinese. Markttag ist am letzten Sonntag im Monat, außer im Juli. www.navigliogrande.mi.it

8 Dappermarkt, Amsterdam, Niederlande

Dieser authentische Straßenmarkt liegt abseits der Touristenpfade im Herzen des multikulturellen Teils von Amsterdam. 250 Stände, die täglich auf- und wieder abgebaut werden, bieten eine unglaubliche Vielfalt an Kleidung, Lebensmitteln und Exotika zu günstigen Preisen.

Reiseplanung Eerste van Swindenstraat: Straßenbahnlinien 9 und 14. www.dappermarkt.nl

9 Les Puces, Paris, Frankreich

Les Puces („die Flöhe"), der wohl größte Flohmarkt Europas, erscheint schier endlos. Drinnen gibt es teure Antiquitäten, Schmuck und Exklusives. Unter freiem Himmel stöbert man stundenlang durch Secondhandmode, altes Spielzeug, antiquierte Elektrogeräte, Vinylscheiben und neckische Belle-Époque-Postkarten. Was immer einem in den Sinn kommt, ist hier bestimmt irgendwo zu haben!

Reiseplanung Metro: Porte de Clignancourt. Hüten Sie sich vor Taschendieben und meiden Sie die Gegend nach Einbruch der Dunkelheit. www.parispuces.com

10 Portobello Road, London, England

Samstags schieben sich die Massen über den längsten Straßenmarkt der Welt, der ein Sammelsurium aus Antiquitäten, Secondhandmode, Trödel, Kunsthandwerk und New-Age-Schnickschnack feilbietet. Unzählige Cafés, Bars, Ladenpassagen, Galerien und Imbissstände tragen zur quirligen Weltstadtatmosphäre bei. Im August feiert die Gegend Europas größtes Straßenfest, den Notting Hill Carnival: ein Rausch aus Farben, Musik und Tanz.

Reiseplanung U-Bahn: Ladbroke Grove (Antiquitäten) oder Notting Hill Gate (alles Übrige). www.portobelloroad.co.uk

PORTUGAL

Die Levadas von Madeira

Die Pfade an Madeiras Bewässerungskanälen sind ideale Wanderwege, um die ganze Vielfalt dieser paradiesischen Insel zu erkunden.

Madeiras außergewöhnliches Netz von Wassergräben verläuft durch Tunnel und über Aquädukte durch eine häufig als Paradies beschriebene Landschaft. Es leitet Regenwasser aus dem Gebirge zu den terrassierten Zuckerrohrplantagen und Weinbergen der Insel. Die ersten portugiesischen Siedler legten Levadas (vom portugiesischen *levar*: „mit sich führen") schon im 15. Jahrhundert an. Heute erstrecken sie sich über insgesamt 2000 Kilometer. Mal plätschern sie als Bäche neben von duftenden Pflanzen gesäumten Wegen, mal braust das Wasser durch steile Kanäle, die vor Jahrhunderten in die Bergflanken geschlagen wurden. Zu diesem Zweck wurden die Arbeiter in großen Körben herabgelassen. Die verschiedenen Klimazonen der Insel, die den Bau der Levadas erst notwendig machten, verwöhnen die Wanderer mit vielfältigen Eindrücken. Eine spektakuläre Einführung bietet die Levada da Serra de São Jorge im Nordosten. Von Queimadas, 899 Meter über der Küstenstadt Santana, geht es westwärts durch eine smaragdgrüne Landschaft mit atemberaubendem Blick auf Dörfer tief im Tal. Die Route passiert einen Wasserfall und mehrere Tunnel, bevor sie Caldeirão Verde (den „Grünen Kessel") erreicht, wo ein weiterer Wasserfall eindrucksvolle 305 Meter in die Tiefe stürzt. Wer sich fit fühlt und nicht zu Höhenangst neigt, kann weiterwandern zum Caldeirão do Inferno („Höllenkessel"). Dort rauschen weitere Fälle steile Felswände hinab und wilde Wasser tosen durch enge Schluchten.

Beste Reisezeit Ganzjährig. Im Sommer regnet es weniger, aber auch der Winter ist angenehm warm.

Reisedauer Für die 13 Kilometer von Queimadas zum Caldeirão Verde und zurück benötigt man vier bis fünf Stunden. Nehmen Sie sich vier bis fünf Tage, um noch einige andere Levadas zu erkunden.

Reiseplanung Manche der älteren Levadas sind ziemlich steil und erfordern einige Kondition. Lassen Sie sich mit dem Auto (oder von einem der erstaunlich billigen Taxis) absetzen und wieder abholen, denn die meisten Levadas sind so lang, dass man für Hin- und Rückwanderung bis zu zehn Stunden braucht.

Tipp Nach den Gesetzen der Insel haften die Nutzer der Wanderwege für Sach- und Personenschäden. Verhalten Sie sich umsichtig und wandern Sie nicht allein. Es gibt auch geführte Wanderungen.

Websites www.madeiratourism.org, www.madeira-explorers.com

HIGHLIGHTS

- Eine der bekanntesten Levadas beginnt bei **Ribeira Frio**, nördlich der Hauptstadt Funchal. Die zwölf Kilometer lange Wanderung bis Portela (eine Strecke) bietet einen außerordentlich schönen Blick auf Porto da Cruz und den Adlerfelsen.
- Uralte Bäume und Felsformationen säumen den 13 Kilometer langen Weg vom **Pico do Ariero** bis zur **Achada do Teixeira** im Westteil der Insel. Unterwegs kommen Sie am **Pico Ruivo** vorbei, dem mit 1862 Metern höchsten Punkt von Madeira.
- Eine kürzere Wanderroute vom Pico do Ariero passiert das Santa-Luzio-Tal, die Levada do Barreiro und den Pico Alto, sie endet beim **Poço da Neve.**
- Die **Levada das 25 Fontes** führt von Rabaçal zu einem See am Fuß einer Felswand, aus der 25 Quellen sprudeln.

Gegenüber: In dieser Waldidylle leitet ein altes steinernes Aquädukt die Levada das 25 Fontes über ein Tal. Die Wege neben den Levadas dienten ursprünglich ihrer Instandhaltung. Oben links: Bunte Wildblumen säumen die Levadas im Frühjahr. Oben rechts: Der Weg vom Pico do Ariero zur Achada do Teixeira führt am Pico Ruivo vorbei.

FRANKREICH/SCHWEIZ/ITALIEN

UM DEN MONTBLANC

Die Umrundung des Montblanc führt durch drei Länder, über sechs Pässe und unzählige blühende Bergwiesen.

Der traditionelle Rundwanderweg „Tour du Mont-Blanc" verbindet sieben Alpentäler rund um das Massiv des mit 4807 Metern höchsten westeuropäischen Gipfels und verläuft durch Frankreich, die Schweiz und Italien. Jedes der drei Länder bezaubert mit seiner eigenen Architektur, Sprache, Kultur – und mit seinen eigenen Perspektiven auf den Montblanc. Startpunkt ist der französische Skiort Chamonix. Von hier geht es im Uhrzeigersinn über den Col de Balme, den ersten von sechs Hochpässen entlang der Route, zum Dorf Champex am Ufer eines idyllischen Sees. Der Grand Col Ferret, mit 2580 Metern der höchste Punkt der Tour, bildet den Übergang ins schöne italienische Aostatal. Schließlich gelangt man über den Col de Seigne zurück nach Frankreich. Auf den gut gepflegten Wegen, die uralten Saumpfaden folgen, geht es relativ leicht voran durch Nadelwälder und Alpenwiesen, auf denen rosarote Azaleen, violetter Storchschnabel und tiefblauer Enzian blühen. Darüber türmen sich spitze Felsnadeln, von türkisblauen Spalten durchzogene Gletscher und die mächtigen Gipfel der Westalpen. Nur das gedämpfte Läuten ferner Kuhglocken, das Plätschern der Wasserfälle und die Pfiffe von Murmeltieren durchdringen die Stille.

Beste Reisezeit Ende Juni bis September.

Reisedauer Zehn bis elf Tage mit je fünf bis acht Wanderstunden für die rund 160 Kilometer. Übernachtet wird in Berghütten, Hotels in den Tälern oder im Zelt.

Reiseplanung Sie brauchen die übliche Bergwanderausrüstung, inklusive Kompass. Vor allem im August begehen Sie die Route besser im Uhrzeigersinn, um den Massenauftrieb zu meiden.

Tipp Sie können die lange Etappe zwischen Courmayeur in Italien und Les Chapieux in Frankreich (30,5 Kilometer) mit einer Übernachtung im Rifugio Elisabetta unterbrechen oder mit einer Busfahrt durch das italienische Val Veni abkürzen.

Websites www.wp-reisen.de, www.chamonix-guides.com

HIGHLIGHTS

- Beim **Fenêtre d'Arpette** zwischen Trient und Champex klettern Sie durch einen Felseinschnitt (das „Fenster") am Trient-Gletscher entlang.
- Eine **Besteigung des Montblanc** ist nicht schwierig, kann aber höhenbedingte Kopfschmerzen auslösen. Engagieren Sie in Chamonix oder im italienischen Courmayeur einen Bergführer.
- Die **Seilbahnfahrt** von Chamonix zur Aiguille du Midi garantiert einen grandiosen Panoramablick auf die Eisfelder des Montblanc und das Matterhorn.
- Mit der Zahnradbahn geht es von Chamonix zum Montenvers. Von hier gibt es die beste Aussicht auf das **Mer de Glace**, Europas längsten Gletscher.

Oberhalb von 2000 Metern sieht man gelegentlich Steinböcke über die Hänge springen.

MAROKKO

Der Hohe Atlas

Auf dem Weg zum Toubkal, dem höchsten Atlasgipfel, die traditionelle Gastfreundschaft der Berber genießen.

Burgähnliche Kasbas thronen auf Felsvorsprüngen. Ein Fluss windet sich als grünes Band durch die trockene Landschaft. Die Flachdachdörfer der Berber verschmelzen mit den Berghängen, auf deren Terrassenfeldern das Hirten- und Bauernvolk Weizen, Gerste und Mais anbaut. Maultiere schleppen das Gepäck der Wanderer durch die spektakuläre Szenerie. Kurz nach der Morgendämmerung erklingt das „*Yalla!*" („Auf geht's!") der Maultiertreiber. Nachts quaken Frösche in den Bächen, an den Ufern wuchert duftender Oleander. Der Hohe Atlas, der sich viele hundert Kilometer weit durchs zentrale Marokko zieht, liegt Lichtjahre entfernt vom modernen Leben. Die im Winter tief verschneiten Berge erreichen am Djebel Toubkal, Nordafrikas höchstem Gipfel, 4165 Meter Höhe. Von Marrakesch geht es über die Straße ins Mizanetal, zum Start der Wanderung. Auf dem ersten Abschnitt gewöhnen sich die Wanderer an die Höhe, während sie durch die Täler rund um den Toubkal von Dorf zu Dorf ziehen, wo sie von aufgeregten Kindern empfangen werden. Stärken Sie sich bei gerösteten Mandeln und erfrischendem Minztee. Der vierstündige Anstieg auf den Toubkal ist strapaziöser, aber am Ende der Kraxelei öffnet sich das überwältigende Panorama der schneebestäubten Gipfel des westlichen Hohen Atlas.

Beste Reisezeit April bis September. Winterwanderungen sind möglich, aber nur mit Eispickel und Steigeisen.

Reisedauer Für die 80 Kilometer (Rundwanderung durch die Berberdörfer und Besteigung des Djebel Toubkal) sollten Sie bis zu zwei Wochen einplanen.

Reiseplanung Sie brauchen leichte, robuste Wanderausrüstung, vor allem solide Stiefel, Sonnencreme, Sonnenhut, einen leichten Sommerschlafsack, Wasserreinigungstabletten und eine Stirnlampe.

Tipp Führer, Maultiere und Informationen gibt es in Imlil, Aroumd und Tacheddirt nahe des Toubkal.

Websites www.bedu.de, www.atlassaharatrekking.ch

HIGHLIGHTS

■ Nehmen Sie sich Zeit für **Marrakesch**, wo Eselskarren durch den Autoverkehr zuckeln und abends Schlangenbeschwörer, Akrobaten und Geschichtenerzähler auf dem fackelerleuchteten Hauptplatz Djemaa el Fna auftreten.

■ Rasten Sie im Schatten der Mandel- und Walnussbäume bei **Aroumd** im Mizanetal. Das Dorf liegt oberhalb der Terrassenfelder, auf denen Gerste, Mais und Gemüse wachsen. Es lässt sich kaum sagen, wo ein Lehmziegelhaus aufhört und das nächste anfängt.

■ Gönnen Sie sich ein Bad im milchig-türkisfarbenen **Lac d'Ifni**, südöstlich des Toubkal. Das Gewässer zwischen steilen Geröllhängen ist der einzige größere See im Atlas.

Unterhalb der Lehmziegeldörfer an den felsigen Talwänden erstrecken sich grüne Haine aus Mandel- und Walnussbäumen.

Top 10 Stadtmauern

Die uralten Wälle, die diese Städte vor Angriffen schützen sollten, sind Stein gewordene Geschichte.

❶ Cartagena, Kolumbien
Die schattigen Plazas und gepflasterten Straßen haben sich kaum verändert seit der Zeit, als die Stadt die „Schatztruhe" der spanischen Karibik war. Von den 500 Jahre alten Stadtmauern blickt man in private Innenhöfe. Das Castillo de San Felipe sollte das zu verschiffende Gold vor Piraten schützen. Die Kirche San Pedro Claver hütet den Sarg des „Sklaven der Sklaven" und ersten Heiligen der Neuen Welt.

Reiseplanung Spanischkenntnisse sind hier hilfreich. www.cartagenatravel.com

❷ Xi'an, China
Hier hat man 3000 Jahre Geschichte unter den Füßen oder Fahrradreifen. Die 13,7 Kilometer lange Mauer wurde zu Beginn der Ming-Dynastie (1368–1644) ausgebaut, um den Ausgangspunkt der Seidenstraße nach Kleinasien zu schützen. In der Nähe ist die Terrakottaarmee von Kaiser Qin Shi Huangdi zu bewundern.

Reiseplanung www.cnto.org

❸ Fatephur Sikri, Indien
In der zweiten Hälfte des 16. Jahrhunderts umschlossen die roten Mauern der „Verlassenen Stadt" für kurze Zeit die erhabene Hauptstadt des Mogulreichs. Sie wartet noch heute mit allem Prunk der Mogulmacht auf: mit der Moschee, den ehemaligen Palästen, Ställen und Harems für christliche und hinduistische Frauen.

Reiseplanung Mieten Sie in Agra (Standort des Taj Mahal) einen Wagen mit Fahrer und kommen Sie frühmorgens oder am späten Nachmittag. www.agratourism.org

❹ Baku, Aserbaidschan
Von den arabischen Festungswällen des 12. Jahrhunderts blickt man auf die Wegkreuzung europäischer und asiatischer Handelsstraßen. Im Gassengewirr der Altstadt von Baku liegen ein grandioser Palast (mit Schah-Moschee), Karawansereien und der wuchtige Jungfrauenturm.

Reiseplanung www.advantour.com

❺ Sa'dah, Jemen
Die Stadtmauer aus dem 16. Jahrhundert bietet den besten Blick auf die Große Moschee, die Festung des Imam und die „Hochhaustürme" aus hellen Lehmziegeln mit Gärten voller Trauben und Granatäpfeln. Händler in bunten Gewändern bieten ihre Waren auf dem quirligen Markt feil.

Reiseplanung www.yementourism.com

Auf der imposanten Stadtmauer von Xi'an, der Hauptstadt der chinesischen Provinz Shaanxi, konnten große Soldatentrupps bei einem Angriff rasch zum Ort des Geschehens marschieren.

❻ Jerusalem, Israel

Der Gang über die Altstadtmauer gehört zum Pflichtprogramm für Besucher. Man schaut auf die altehrwürdigen Kuppeln und Türme, erhascht Blicke vom Alltag der Menschen: Laken auf der Leine, Kinder beim Fußballspiel, Pensionäre, die ihre Zitronenbäume pflegen, eine jüdische Hochzeit, ein arabischer Händler. Über allem erhebt sich die goldene Kuppel des muslimischen Felsendoms aus dem 7. Jahrhundert. Die Mauer, die seit ihrem Wiederaufbau durch Süleiman den Prächtigen 1536 unverändert blieb, ist auf vier Kilometer Länge zu begehen.

Reiseplanung Zugang am Jaffa- oder am Damaskustor. www.jerusalem.muni.il

❼ Dubrovnik, Kroatien

Von den mächtigen Bastionen der fast zwei Kilometer langen Stadtmauer hat man einen herrlichen Blick auf das rote Dächermeer und die blaue Adria. Besondere Schmuckstücke der Altstadt sind die Barockkirche des heiligen Ignatius und das Franziskanerkloster. Vom weißen Kiesstrand aus ist die Mauer selbst zu bewundern. Im Sommer richtet die Stadt ein Festival mit Musik, Theater und Tanz aus.

Reiseplanung Tickets gibt es am Pile-Tor. www.tzdubrovnik.hr

❽ Lucca, Italien

Diese urtoskanische Stadt ist heute die einzige in Italien mit umlaufender Stadtmauer. Hier gibt es Paläste, Türme, Kirchen, reizende Gärten und versteckte Winkel der alten Toskana vor der Kulisse der umliegenden Weinstöcke und Berge zu entdecken, in denen wunderschöne Villen liegen. Auf der 4,8 Kilometer langen Renaissancemauer wachsen Bäume und es gibt ein Restaurant. Der Wall steht Fußgängern und Radfahrern offen. Der Blick vom 40 Meter hohen Guinigi-Turm ist die Klettertour wert.

Reiseplanung Für Besucher gibt es Mietfahrräder. www.luccatourist.it

❾ Ávila, Spanien

Der mittelalterliche Verteidigungsdrang ließ so manche Drohkulisse entstehen, wie bei dieser trutzigen Stadtmauer, die auf 2,4 Kilometern Länge von Zinnen, Türmen und Toren strotzt. Ávila war ein Zankapfel zwischen dem christlichen Spanien und den muslimischen Mauren. Die Mauer weist Elemente beider Architekturstile auf und wird von den Nachkommen beider Seiten mit Stolz bewahrt.

Reiseplanung Als Tagesausflug von Madrid erreichbar. Von April bis Oktober geöffnet. www.avilaturismo.com

❿ Die Ruinenstadt Simbabwe, Simbabwe

Wenn diese Mauern sprechen könnten! In der bewaldeten afrikanischen Savanne erhebt sich vor kargen Hängen eine ohne Mörtel gefügte Ringmauer von 9,8 Meter Höhe und bis zu fünf Meter Dicke. Im 14. und 15. Jahrhundert war Simbabwe die blühende Hauptstadt eines ausgedehnten Schonareichs, dessen Handelsnetz bis nach China reichte. Trotz aller archäologischen Untersuchungen bleiben die Ruinen rätselhaft.

Reiseplanung Busse fahren ab Harare und Bulawayo. Der nahe Mutirikwisee ist ein beliebtes Wassersportrevier. www.zimbabwetourism.co.zw

TANSANIA

Auf den Kilimandscharo

Die Besteigung des höchsten afrikanischen Gipfels führt aus der Sonnenglut der Savanne in eine eisige Gletscherwelt.

Der Weg auf Afrikas höchsten Berg geht durch Nebelwald, Heideland und Hochgebirgswüste bis hinauf zu den blau marmorierten Gipfelgletschern. Er beginnt an den Toren des Kilimandscharo-Nationalparks, umweht vom Duft des *ugali* (Maisbreis), der auf Holzfeuern kocht, und den Stimmen plaudernder Frauen und spielender Kinder. Bald nimmt der Regenwald die Wanderer auf, vom Blätterdach baumeln Lianen. Grünmeerkatzen kündigen die Eindringlinge mit ihren Rufen an, verstummen aber neugierig, wenn diese sich zur Rast niederlassen. Am zweiten Tag führt der Pfad auf Heideland hinaus, auf dem Riesenlobelien und Baumsenecien wuchern. Noch weiter oben zieht sich eine wüste Mondlandschaft zum Sattel zwischen Kibo und Mawensi hinauf. Der Kilimandscharo ist ein Berg mit drei Vulkangipfeln: Kibo, Mawensi und Schira. Zur letzten Etappe bricht man nachts auf und erklimmt den Kibo über einen Schotterhang. Mit Glück färbt die aufgehende Sonne die Firnkappe gerade rosa, wenn man den höchsten Punkt des afrikanischen Kontinents erreicht: Uhuru an Kibos Kraterrand, 5895 Meter über dem Meeresspiegel.

Beste Reisezeit Januar, Februar oder September.

Reisedauer Rund 48 Kilometer pro Strecke. Kalkulieren Sie fünf Tage für den Auf- und Abstieg.

Reiseplanung Mehrere Routen führen auf den Kilimandscharo. Am beliebtesten ist die Marangu-Route mit Hütten zum Übernachten und Bergrettungsdienst für Notfälle. Verschiedene Anbieter organisieren Bergtouren mit Führern und Trägern. Akklimatisieren Sie sich vor dem Aufbruch mindestens eine Woche oberhalb von 1500 Meter Höhe.

Tipp Lassen Sie es ruhig angehen, auch wenn Sie meinen, Sie könnten viel schneller vorankommen, und trinken Sie drei bis vier Liter Wasser pro Tag. Bringen Sie für die Gipfelfotos ein kleines Stativ mit; Ihnen ist vielleicht zu kalt, um die Kamera ruhigzuhalten.

Websites www.kilimanjaro-active-tours.com, www.chui-tours.de

HIGHLIGHTS

- Der Regenwald wimmelt von **Tieren** wie Mantelaffen, Diademmeerkatzen und exotischen Vögeln (von Nashornvögeln bis zu Turakos mit karmesinroten Flügelfedern). Die hier heimischen Leoparden lassen sich nur selten blicken.
- Ein Abstecher führt zum Rand des **Maundi-Kraters** knapp über der Baumgrenze. Er bietet eindrucksvolle Blicke auf den Kibo, dessen Gletscher an klaren Tagen in der Sonne schimmern.
- Auf dem Uhuru genießen Sie das unvergleichliche Gefühl, auf dem **Dach von Afrika** zu stehen und das Auge über Gletscher und Eiswände bis in die sonnenversengte Savanne schweifen zu lassen.

Eine majestätische Giraffe auf Futtersuche in der Savanne vor der Kulisse des firnbedeckten Kilimandscharo.

Rot, Braun und Blau sind die beherrschenden Farben dieser dramatischen Sandsteinlandschaft mit eckigen Basaltgipfeln.

SÜDAFRIKA

Die Drakensberge

Südafrikas höchstes Gebirge ist ein Wanderparadies mit Routen vom Spaziergang bis zur Kletterpartie für erfahrene Bergsteiger.

Bäche und Wasserfälle rauschen steile Bergflanken und tiefe Täler hinab, dazwischen ragen senkrechte Sandsteinwände und schwindelerregende Felspfeiler auf. Die Drakensberge erstrecken sich von Südafrikas Ostkap-Provinz nordostwärts durch Lesotho bis nach KwaZulu-Natal. Für Wanderer am interessantesten ist die Cathedral-Kette an der Grenze zwischen Lesotho und KwaZulu-Natal mit Gipfeln wie Cathedral Peak, The Bell, Inner und Outer Horn und den Chessmen. Zahlreiche Routen für jeden Geschmack durchziehen diese spektakuläre Landschaft, von kurzen Wegen zu Höhlen mit alten Felsbildern der San (Buschleute) bis zu Kettenleitern auf die höchsten Gipfel des Gebirges. Eine Tageswanderung führt nach World's View im Giant's Castle Nature Reserve mit herrlichem Rundumpanorama. Steiler hinauf geht es zum Mont-aux-Sources und dem 951 Meter hohen Tugela-Wasserfall. In der Nähe von Monk's Cowl kann man in der Zulu-Höhle hinter einem Wasserfall nächtigen, um am nächsten Tag die Didima Gorge zu erkunden. Die größte Herausforderung für erfahrene Bergwanderer ist die Grand Traverse: eine 12- bis 16-tägige Wanderung entlang der gesamten östlichen Abbruchkante der Drakensberge.

Beste Reisezeit Ganzjährig. Im Winter (Mai bis August) ist das Wetter am beständigsten, mit sonnigen Tagen und klaren, kalten Nächten. Im Sommer (September bis April) drohen Regen und Gewitter.

Reisedauer Mindestens drei Tage für einen Gesamteindruck von der abwechslungsreichen Landschaft.

Reiseplanung Die meisten Wanderer übernachten in Höhlen, die oft Platz für bis zu zwölf Personen bieten und vorab reserviert werden müssen. Nehmen Sie auch ein Zelt mit; bei einem Wetterumschwung müssen Sie vielleicht vorzeitig kampieren. Ein warmer Schlafsack ist auch im Sommer wichtig.

Tipp Nehmen Sie Wasser mit und füllen Sie Ihren Vorrat an Bächen oder Flüssen auf. Vor dem Aufbruch in einem KZN-Wildlife-Büro ins Bergrettungsregister ein- und nach der Rückkehr wieder austragen.

Websites www.kznwildlife.com, www.dav-summit-club.de, www.antbear.com

HIGHLIGHTS

- Achten Sie auf das Brüllen der **Mantelpaviane** und halten Sie Ausschau nach Antilopen wie Buschböcken, Oribis, Bergriedböcken, winzigen Duckern und Elenantilopen sowie nachtaktiven Erdferkeln und Stachelschweinen. **Lämmergeier** und **Adler** segeln am Himmel und nisten auf hohen Felsen.

- Erfreuen Sie sich im Frühling an **Wildblumenteppichen** und im Herbst an hüfthohen Blütenpflanzen in Rosa, Weiß und Rot. In Schluchten gedeihen **Palmfarne** und **Silberbäume**.

- Genießen Sie ein eisiges **Bad** in einem der **kristallklaren Wasserbecken** des Sandsteinsockels.

Eukalyptusbäume säumen die Biegung des tiefblauen Murray River.

AUSTRALIEN

Durch das Tal des Murray

Im südaustralischen Murray River Valley gibt es Weinberge, alte Siedlerbehausungen und eine artenreiche Tierwelt zu entdecken.

Der Murray River ist Australiens größter Strom. Gemeinsam mit dem Darling River nimmt er das Wasser aus dem gesamten so genannten Weizengürtel auf. Eine Touristenroute von seiner Quelle in den Snowy Mountains, New South Wales, bis zu seiner Mündung in South Australia kombiniert landschaftlich schöne Straßenabschnitte mit Schiffstouren und Buschwanderungen. Ein guter Wanderweg führt durch das historische Hafenviertel der Stadt Murray Bridge, South Australia, nordwärts zur Rocky Gully Gorge und in die Ausläufer der Mount Lofty Ranges. Mount Beevor bietet grandiose Aussichten auf die Weinberge des Barossa Valley im Norden, den gewundenen Murray River im Osten und Lake Alexandrina im Süden, eine Lagune in der Nähe der Flussmündung. Die Wanderung endet in Tungkillo oder im 26 Kilometer entfernten Springton, das als „Tor" zu den Weinbergen dient.

Beste Reisezeit März bis November. In den übrigen, trockenen Monaten wird der Weg oft wegen der Gefahr von Buschfeuern gesperrt.

Reisedauer Drei Tage für die rund 80 Kilometer bis Tungkillo oder vier Tage für die insgesamt 105 Kilometer bis Springton.

Reiseplanung Sie brauchen Wanderschuhe für vereinzelte steile Abschnitte, Proviant (Kocher sind nicht erlaubt) und genug Wasser. Ein Wasserfilter ist nützlich, um die Wasservorräte notfalls unterwegs aufzufüllen. Camping ist an der Route verboten; Unterkünfte müssen reserviert werden.

Tipp Im Shop und Café des Monarto Zoo kurz hinter Rocky Gully können Sie Ihren Proviant aufstocken.

Websites www.australia.com, www.lavenderfederationtrail.org.au

HIGHLIGHTS

- Halten Sie bei Niedrigwasser in der Nähe des Startpunkts beim Sturt Reserve, Murray Bridge, Ausschau nach den Wracks **gesunkener Raddampfer**.

- Das Feuchtgebiet des **Rocky Gully Reserve** am Nordrand von Murray Bridge ist bei Vogelbeobachtern beliebt. Der Aborigine-Name des Gebiets lautet *Moop-poltha-wong* – „ein Zufluchtsort für Vögel".

- Im *mallee* (Eukalyptus-Gestrüpp) der Ausläufer des Mount Lofty sind häufig **Graue Riesenkängurus** und **Warane** unterwegs. Mit viel Glück sichtet man auch mal einen **Schnabeligel** oder einen winzigen **Bilchbeutler.**

- Falls Sie bis Springton wandern, sollten Sie einen Blick auf das Zuhause des ersten Bewohners des Ortes aus den 1850er Jahren werfen. Friedrich Herbig, ein Siedler aus Deutschland, wohnte in einem ausgehöhlten Roten Eukalyptusbaum, der heute noch an der Hauptstraße steht.

NEUSEELAND

Die Grosse Querung

Die Wanderroute über Neuseelands Südinsel verzaubert mit einem jadegrünen Fluss, Buchenwäldern und rauschenden Wasserfällen.

Die „Grand Traverse“ ist eine fünftägige Wanderung durch die Divide, einen Höhenzug am Südende der neuseeländischen Südinsel. Hier werden die Regenwälder des Fjordlands von den verschneiten Gipfeln und Laubwäldern der neuseeländischen Südalpen abgelöst. Vom Greenstone-Parkplatz westlich des Lake Wakatipu folgt der Weg dem Tal des Greenstone River. Sein Wasser hat die Farbe der Jade, aus denen die Maori Gebrauchsgegenstände, Waffen und Schmuck fertigen. Das Tal verengt sich zur Schlucht, an deren oberem Ende die Greenstone Lodge unter dem Tooth Peak kauert. Nach Überquerung der Divide erreicht man den eisigen Lake Howden. Dann klettert der Pfad bis über das grüne Blätterdach des Buchenwalds, der die Hänge des Hollyford Valley bedeckt. Kreischende Keas unterbrechen die Stille und stellen im Flug die rote Unterseite ihrer Flügel zur Schau. Ein guter Rastplatz sind die Earland Falls mit ihrem erfrischenden Sprühnebel. Oberhalb der Mackenzie Lodge quert man die mit Neuseelandflachs bewachsene Hollyford Face. Vom 1277 Meter hohen Harris Saddle geht der Blick an klaren Tagen bis zum Lake Harris. Schon hört man das Rauschen der Routeburn Falls, und es ist nicht mehr weit bis zur Routeburn-Hütte.

Beste Reisezeit Von Mitte November bis März. Im Februar und März ist die Sicht am klarsten; im November lockt die Frühjahrsblüte.

Reisedauer Die meisten Wanderer nehmen sich fünf Tage Zeit für die 72 Kilometer.

Reiseplanung Rechtzeitig reservieren; die Kapazität der Hütten ist begrenzt und Zelten nur eingeschränkt erlaubt. Bringen Sie Kochtopf, Proviant und einen Schlafsack mit. Matratzen sind vorhanden.

Tipp Ein guter Stützpunkt ist Te Anau am Ostufer von Lake Te Anau. Das hiesige Büro des Department of Conservation ist sehr hilfsbereit, und der Transport zum Startpunkt und vom Endpunkt der Wanderung ist leicht zu organisieren, da die meisten Anbieter hier Büros betreiben.

Websites www.newzealand.com, www.ultimatehikes.co.nz

HIGHLIGHTS

- **Lake Howden**, an dessen Südufer eine Lodge steht, ist ideal zur Mittagspause mit einem kurzen Bad in seinem lausig kalten Wasser. Von der Lodge blickt man über den Buchenwald ins Hollyford Valley hinunter.

- Besteigen Sie am **Harris Saddle** den **Conical Hill**, um das großartige Panorama der Darran Mountains zu genießen. Am Saddle bieten zwei Schutzhütten Zuflucht bei Blizzard oder Sturm.

- Zur hiesigen Vogelwelt gehören unter anderem **Keas** (Bergpapageien, die mit Vorliebe Schnürsenkel klauen und in Rucksäcken wühlen), Paradieskasarkas (Halbgänse) an den Ufern der Flüsse Rees und Dart, **Glockenhonigfresser** und **Tuis**, deren Gesang durch die Wälder schallt.

Der felsige Pfad hoch über dem Hollyford Valley, mit Blick auf die schneegesprenkelten Gipfel jenseits des Tals.

5 Kunst und Kultur

Die Routen dieses Kapitels führen tief in die Gedanken- und Gefühlswelt der Menschheit. Sie alle würdigen die erstaunliche Schaffenskraft unserer Vorfahren. Manche der besuchten Kulturschätze sind weltberühmt, andere echte Geheimtipps. Einige entstanden vor Tausenden von Jahren, andere sind moderne Klassiker: heilige Stätten, die Ausgangspunkte künstlerischer Epochen, geheimnisvolle Ruinen uralter Kulturen, Zeugnisse versunkener Welten oder revolutionäre Architektur. In Südengland bezaubern kunstvolle Gärten in historischer Umgebung. In der Toskana nahm die Renaissance ihren Anfang. In der Türkei haben prächtig ausgemalte Höhlenkirchen die Jahrhunderte überdauert. Eine Nilkreuzfahrt entführt zu den rätselhaften Baudenkmälern des alten Ägypten. In Südafrika können Besucher in Tradition und Alltag der Zulu eintauchen. Wer Kunst, Geschichte und Kultur in all ihren Erscheinungsformen entdecken will, findet hier eine weltumspannende Auswahl an Zielen.

Die Sphinx mit dem Kopf eines Pharaos und dem Körper eines Löwen bewacht die Pyramiden des ägyptischen Giseh seit mehr als 4500 Jahren. Die Bedeutung des aus einem Kalksteinplateau am Nil gehauenen Monuments ist bis heute umstritten.

PENNSYLVANIA, USA

Im Land der Amischen

Auf stillen Nebenstraßen zu den traditionellen amischen Gemeinden im ländlichen Pennsylvania.

Unübersehbar zuckeln ihre schwarzen Pferdekutschen über die Sträßchen zwischen den gepflegten Äckern, goldgrünen Wiesen und überdachten Brücken des friedlichen Lancaster County in Pennsylvania, der Heimat einer der bekanntesten amischen Religionsgemeinschaften der Vereinigten Staaten. Die konservativeren „Altamischen" *(„Old Order Amish")* in Lancaster führen ein ländliches Leben wie vor 100 Jahren, verzichten auf Elektrizität, Autos und Telefon und beleuchten ihre Farmen mit Kerzen und Öllampen. Die moderateren *„New Order Amish"* benutzen immerhin einige maschinelle Hilfsmittel, während die Mennoniten sogar Autos in Gemeinschaftsbesitz zulassen. Auf einer Rundfahrt über die Nebenstraßen sieht man traditionelle Amische ihre Felder mit Ackergäulen bestellen oder sich sonntags zum Gottesdienst auf einer Farm versammeln. Lancaster County bietet genügend kleine Landsträßchen für ausgiebige Wochenendtouren. Am besten sucht man sich irgendeine Straße aus und fährt einfach drauflos. Unterwegs bieten sich reichlich Ablenkungen. Die Amischen verkaufen in Geschäften und an Straßenständen kunstvoll gefertigte Quilts (gesteppte Patchworkdecken) und Möbel. Museen wie das Lancaster Cultural History Museum oder das Landis Valley Museum bieten faszinierende Einblicke in Kultur und Geschichte der Amischen.

Beste Reisezeit Im Frühjahr locken die üppig grüne Landschaft und die Samstagsauktionen der Amischen.

Reisedauer Ein Wochenende bietet genug Zeit, um Landsträßchen zu befahren, eine Auktion zu besuchen, Sehenswürdigkeiten zu besichtigen und ein traditionelles Essen zu genießen.

Reiseplanung Besorgen Sie sich beim Pennsylvania Dutch Visitor Center in Lancaster eine Straßenkarte der Gegend. Ein Tourvorschlag: Vom Dorf Bird-in-Hand die Route 340 ostwärts durch Intercourse bis zur Route 82 nehmen. Von hier geht es nordwärts zur Route 23 und auf dieser südwestwärts bis Leola. Biegen Sie auf die 772 nach Südwesten ein, um in Intercourse wieder auf die Route 340 zu stoßen.

Tipp Wählen Sie kleine Landstraßen statt der Hauptstraßen, besuchen Sie einige der überdachten Brücken und probieren Sie lokale Spezialitäten wie *shoofly pie* (Streuselkuchen mit Zuckersirup).

Website www.padutchcountry.com

HIGHLIGHTS

- Lassen Sie die Landschaft bei einer Fahrt mit einer amischen **Pferdekutsche** an sich vorüberziehen.
- Die Übernachtung auf einer **Farm** verspricht eine schlichte, saubere Unterkunft, Laternenbeleuchtung, Telefonabstinenz und die Gelegenheit, bei traditionellen landwirtschaftlichen Arbeiten zuzuschauen oder mitzuwirken.
- Besuchen Sie im Frühling einen **mud sale** der Amischen, eine landwirtschaftliche Auktion, die Hunderte von amischen und nicht amischen Bietern aus der ganzen Region anzieht. Dies ist die ideale Gelegenheit, um Antiquitäten oder Quilts zu erwerben.
- Rattern Sie mit dem **Strasburg-Dampfzug** aus dem 19. Jahrhundert durch das Land der Amischen.
- Genießen Sie ein **Picknick** auf einer sonnigen Wiese mit Vogelgezwitscher und frischer Landbrise, die ab und zu den Duft von frisch gemähtem Heu (oder frischem Mist) herüberweht.

Gegenüber: Die Amischen tragen schlichte Kleidung und pflegen ihre traditionelle Gemeinschaft und Gastfreundschaft. Die meisten von ihnen sind Bauern, weil sie glauben, dass sie ihre Lebensweise auf dem Land besser bewahren können. Oben: Ein amischer Bauer bringt die Ernte auf einem Maultierwagen ein.

Die Tempelruinen von Tikal liegen teilweise im Dschungel verborgen. Rechts hinter dem vorderen Tempel sieht man die Dachkrone von Tempel IV.

MEXIKO/BELIZE/GUATEMALA

Die Tempel der Maya

Durch tropische Landschaft mit einer artenreichen Tierwelt zu den monumentalen Überresten der Maya-Architektur.

Auf dem Anstieg über die kaum 30 Zentimeter tiefen Steinstufen in der fast senkrechten Außenwand des Tikal-Tempels IV schaut man besser nicht in die Tiefe. Rundum ragen weitere Tempelspitzen aus dem Blätterdach des Dschungels. Die großen Städte der Maya-Kultur, die jahrhundertelang Mesoamerika beherrschte, prunkten mit außergewöhnlicher Monumentalarchitektur: mit Palästen, Plätzen, Tempeln, Observatorien und Ballspielplätzen aus behauenem Kalkstein. Die Reise beginnt auf Mexikos flacher, trockener Halbinsel Yucatán mit den Ruinen von Uxmal und Chichén Itzá und führt dann über Cancún nach Tulúm, das mit einer spektakulären Küstenlage an der türkisblauen Karibik beeindruckt. Von hier geht es weiter nach Lamanai, an der New-River-Lagune tief im Urwald von Belize. Jenseits der Grenze nach Guatemala wartet schließlich die riesige Ruinenstadt Tikal. Sie wurde von 600 v. Chr. an erbaut und blieb 1500 Jahre lang ein bedeutendes religiöses und politisches Zentrum. Auf dem Höhepunkt ihrer Macht zählte sie 100000 Einwohner. Ihre gewaltigen Tempelbauten, die heute inmitten von dichtem Regenwald mit einer reichen Tierwelt liegen, gehören zu den imposantesten Baudenkmälern des Kontinents.

Beste Reisezeit Das Klima ist subtropisch. Die Trockenzeit dauert von Dezember bis April. Meiden Sie die Hurrikansaison von August bis Oktober.

Reisedauer Für die wichtigsten Maya-Stätten brauchen Sie zwei bis drei Wochen.

Reiseplanung Gute Stützpunkte sind Cancún oder Mérida für die mexikanischen Ruinenstätten, Orange Walk für Lamanai in Belize und Flores für Tikal in Guatemala.

Tipp An vielen Ruinenstätten gibt es gute einheimische Führer, die Englisch sprechen. Offizielle Führer können sich ausweisen. Schuhe mit griffigen Sohlen sind wichtig, da die Treppen mancher Tempel durch Luftfeuchtigkeit und häufige Regenschauer sehr rutschig sind.

Websites www.aventoura.de, www.erlebnisreisen-suedamerika.de, www.the-mayan-adventure.com

HIGHLIGHTS

- **Chichén Itzá** hat einen der größten und besterhaltenen **Ballspielplätze** aller Maya-Stätten.
- **El Castillo** von **Tulúm** thront auf schroffen Felsen gleich an der Karibikküste. Am nahen Barriereriff von Belize können Sie **schnorcheln**.
- **Tempel IV** von **Tikal** in Guatemala ist der höchste aller Maya-Tempel.
- Beobachten Sie von der Spitze des Tempels IV in Tikal den **Sonnenaufgang** über dem Regenwald, begleitet vom morgendlichen Chor der Affen und Vögel.

JAPAN

Das alte Kyoto

Eine Welt bezaubernder Tempel und Shogun-Burgen aus der Ära der Feudalherrschaft.

Wer durch die Straßen von Japans einstiger Kaiserstadt Kyoto wandert, stößt an jeder Ecke auf Spuren der Vergangenheit. Kleine, neonbunte Supermärkte drängen sich neben klassischen Teehäusern. Japanische Geschäftsleute krakeelen in ihre Handys, während eine der wenigen verbliebenen Geishas in einem mehrere Millionen Yen teuren Kimono vorbeitrippelt. An einem bewaldeten Hang oberhalb der Stadt steht der Tempel Kiyomizu-dera (Reines Wasser) aus dem 8. Jahrhundert, umgeben von kleineren Heiligtümern. Aus den drei Wasserfällen des Tempels zu trinken, soll Glück und langes Leben bringen. Im Nordwesten Kyotos befindet sich der Tempel Kinkaku-ji (Goldener Pavillon). Das Original wurde 1950 von einem geistig verwirrten Jungmönch niedergebrannt, doch die Rekonstruktion ist auch eindrucksvoll. Der Tempel Sanjusangen-do im Osten von Kyoto beherbergt 1001 Statuen der tausendarmigen Kannon, der buddhistischen Gottheit der Barmherzigkeit. Ieyasu, der erste Tokugawa-Shogun, ließ die Burg Nijo im Zentrum von Kyoto errichten. Ihre hölzernen „Nachtigallenböden" erklingen unter jedem noch so leichtfüßigen Schritt, um die Bewohner vor Angriffen zu warnen.

Beste Reisezeit Im Sommer wird es so heiß, dass eine Stadtbesichtigung zu Fuß sehr strapaziös werden kann. Am schönsten ist Kyoto im Herbst oder während der kurzen, aber zu Recht berühmten Kirschblüte im April.

Reisedauer Kalkulieren Sie für Kyotos Hauptsehenswürdigkeiten mindestens eine Woche ein.

Reiseplanung Einheimische Veranstalter können Stadtführungen auf Englisch organisieren.

Tipp Wenn Sie zur Kirschblüte in Kyoto sind, begeben Sie sich mit den Japanern zur *hanami* (Blütenbetrachtung) in einen der Parks oder an den Fluss Kamo. Ein entspanntes Picknick unter den Kirschbäumen ist ein urtypisches Japanerlebnis.

Website www.pref.kyoto.jp/visitkyoto/en

HIGHLIGHTS

- Verpassen Sie beim Besuch des Kiyomizu-dera nicht den **Jishu-Schrein.** Wer mit geschlossenen Augen von einem Liebesstein zum anderen findet, hat Glück in der Liebe.

- Vom Tempel **Nanzen-ji** im Osten Kyotos führt ein kurzer Spazierweg durch den Wald zum **Oku-no-in-Schrein** neben einem Wasserfall in einem schattigen Tal. Gelegentlich beten besonders inbrünstige Pilger unter dem Wasserfall.

Einer von Kyotos historischen Tempeln, der Kinkaku-ji (Goldene Pavillon), spiegelt sich im Kyo-ki-Teich.

Top 10 Historische Stadtrundgänge

Von Beijings Kaiserstadt bis zum viktorianischen London: Diese Weltstädte verkörpern lebendige Geschichte.

❶ Freedom Trail, Boston, Massachusetts, USA

Dieser Weg führt zurück in die Kolonialära und zu den Anfängen der Amerikanischen Revolution: Hier lebten die ersten Bürger der Vereinigten Staaten, kämpften für ihre Rechte und begruben ihre Toten. Später wurde Boston zur Zuflucht für entflohene Sklaven. Der vier Kilometer lange Rundgang passiert 16 Stätten von historischer Bedeutung.

Reiseplanung Folgen Sie den roten Pflastersteinen (oder roten Schildern) vom Boston-Common-Park. 90-minütige Führungen starten vom Visitor Center, 15 State Street. www.thefreedomtrail.org

❷ The Loop, Chicago, Illinois, USA

Nüchterner Funktionalismus prägt die Handels- und Industriestadt Chicago. Ihr Hauptgeschäftsviertel „The Loop" innerhalb einer ringförmigen Hochbahntrasse ist ein Mikrokosmos aus 150 Jahren moderner amerikanischer Architektur und die Wiege der Wolkenkratzer. Stilgerechte Stärkung bietet der Chicagoer Hotdog – reines Rindfleisch ohne Ketchup, aber mit Senf, Relish-Sauce und Tomaten.

Reiseplanung Führungen starten von der Nordwestecke Michigan Avenue/Washington Street. www.walkchicagotours.com

❸ Vieux Carré, New Orleans, Louisiana, USA

Das French Quarter oder Vieux Carré ist ein Fest für alle Sinne: bunte Häuser mit kunstvollen Gittern aus Schmiedeeisen, Jazzklänge in heißen Sommernächten und der Duft von Meeresfrüchten. Die Verschmelzung gallischer, romanischer, afrikanischer und keltischer Kulturen hat ein reiches Erbe an Geistergeschichten hinterlassen. Das French Quarter Festival im April feiert Musik, Küche und Kunst der Region.

Reiseplanung Führungen starten an verschiedenen Punkten im Vieux Carré. www.tourneworleans.com

❹ Die Verbotene Stadt, Beijing (Peking), China

Heute ist es nicht mehr verboten, unter den Blicken der Bronzelöwen und Drachen aus bunten Kacheln durch die größte Palastanlage der Welt zu schlendern, durch Holzbauten mit mehrstufigen Dächern und geschwungenen Giebeln, von Fabelwesen geschmückt. Nach der Pracht des Thronsaals und dem Funkeln von Gold, Jade und Elfenbein in den Palästen winkt Erholung im Kaiserlichen Garten.

Reiseplanung Visumspflichtig. Start vom Wumen-Tor, Tiananmen-Platz. Audioführungen auch auf Deutsch. www.china-guide.de/china/peking

Die schmiedeeisernen Balkone des Vieux Carré von New Orleans erinnern an die Kolonialära. Dier spanische Baustil verbreitete sich Ende des 18. Jahrhunderts, nachdem Brände die alte Stadt zerstört hatten.

❺ Rotes Fort (Lal Qila), Delhi, Indien

Wuchtige rote Sandsteinmauern umgeben die 50 Hektar große Festung, Indiens Gegenstück zur Verbotenen Stadt. Diese Stadt in der Stadt wurde 1648 auf Anordnung von Schah Dschahan, dem Erbauer des Taj Mahal, errichtet und steht diesem an Opulenz, Extravaganz und Raffinesse kaum nach. Filigrane Ornamentik ziert die riesigen Säle und Marmorpaläste, die Perlenmoschee und das Badehaus.

Reiseplanung Von Oktober bis März ist das Wetter kühler. Audioführungen auf Englisch. www.exploredelhi.com

❻ Dubai, Vereinigte Arabische Emirate

Hypermoderne Architektur neben traditionellen arabischen Häusern, Märkten und Moscheen: Auf den alten Suks (Basaren) herrscht reges Treiben, und noch immer schaukeln hölzerne Boote auf dem Dubai Creek. Doch futuristische Projekte wie „The Palm Jumeirah" – die größte künstliche Inselgruppe der Welt, in Form einer Dattelpalme – machen Dubai zu einer der architektonisch fortschrittlichsten Städte der Welt.

Reiseplanung Prüfen Sie die aktuellen Visavorschriften. Es werden Führungen angeboten. www.dubai.de

❼ Alt-Istanbul, Türkei

Dieser uralte Schmelztiegel strotzt vor Vitalität. Die Hauptstadt dreier Weltreiche erstreckt sich auf zwei Kontinenten zwischen vier Meeren und lockt mit einer einzigartigen Vielfalt, von der Hagia Sophia über den römischen Hippodrom und die Blaue Moschee bis zum Topkapi-Palast und dem Einkaufsparadies des Großen Basars.

Reiseplanung Wählen Sie Ihre persönlichen Highlights aus dem Stadtplan. Startpunkt ist der Sultanahmet-Platz. www.istanbulwalks.com/german

❽ Altstadt, Tallinn, Estland

Durch gepflasterte Sträßchen geht es zum gotischen Rathaus, vorbei an atemberaubenden Kirchtürmen, traditionellen Glasbläsereien und Töpferwerkstätten. In den Jahrhunderten wechselnder Fremdherrschaft hat sich hier eine erstaunlich harmonische Stilmischung gebildet.

Reiseplanung Die Touristeninformation bietet Führungen an. www.tourism.tallinn.ee

❾ Whitechapel, Jack the Ripper's London, England

Diese Zeitreise zu den dunklen Seiten des viktorianischen London führt auf den Spuren eines Serienmörders durch die düsteren Gässchen des alten, vom Smog geplagten Eastend. Jack the Ripper ermordete Ende der 1880er Jahre mindestens fünf Prostituierte. Er wurde nie gefasst.

Reiseplanung Führungen ab U-Bahn Tower Hill. www.walks.com

❿ Quadrat d'Or, Barcelona, Spanien

Der Bezirk im Stadtteils Eixample ist eine einzigartige Ansammlung von Jugendstilbauten aus der Frühzeit der modernen Architektur, eine Art Freilichtmuseum aus Buntglas, Schmiedeeisen, Mosaiken und den geschwungenen Linien von Antoni Gaudís surrealen Kreationen.

Reiseplanung U-Bahn-Stationen: Catalunya, Passeig de Gràcia, Diagonal. www.cataloniatours.com

Thailands Tempel

Die rund 30 000 buddhistischen Tempel des Landes verzaubern alle Sinne.

Bei Sonnenaufgang spiegelt sich Bangkoks Tempel der Morgenröte im kühlen Wasser des Chao Phraya. Mönche in safranfarbenen Gewändern gehen mit ihren Opferschalen am Ufer entlang: Überall im Land bringen fromme Thais ihre täglichen Opfergaben für die Mönche und die Geister des Landes. Der Theravada-Buddhismus kam im 13. Jahrhundert, dem „Goldenen Zeitalter" des Sukhothai-Reichs, nach Thailand. Heute sind 95 Prozent der Thais Buddhisten. Jeder Mann (auch die Mitglieder der königlichen Familie) schließt sich mindestens einmal im Leben eine Woche oder länger den Mönchen an, um Verdienste für seine Familie zu erwerben. Trotz der Einflüsse aus den Nachbarkulturen sind Thailands Tempel unverwechselbar: mit ihren gestaffelten Dächern und leuchtenden Kacheln, mit Buddhas, Fabelwesen, Lotosblüten, Blattgold, Weihrauch und flackernden Öllampen. Jeder einzelne ist ein faszinierendes Labyrinth aus Höfen, Wandelgängen und Sälen, durch die Mönchsgesänge, Glocken und Gongs hallen. Besucher können sich ihr Horoskop erstellen lassen und unvergessliche Tempelfeste erleben. Von Bangkoks prachtvollen *wats* (Tempeln) geht es weiter zu den uralten Heiligtümern von Ayutthaya und Sukhothai und schließlich nach Chiang Mai und Mae Hong Son mit ihren Pagoden im birmanischen Stil.

Beste Reisezeit Von November bis Februar ist es zwar immer noch heiß, aber nicht so feucht wie in den anderen Monaten. Außerdem finden in dieser Jahreszeit viele Tempelfeste statt.

Reisedauer 924 Kilometer von Bangkok bis Mae Hong Son. Planen Sie drei Wochen ein.

Reiseplanung Je nach Zeitplanung lassen sich Eisenbahn-, Straßen- und Flugetappen kombinieren. Sie können Ayutthaya als Tagesausflug von Bangkok besuchen und über den Fluss zurückfahren. Informationen gibt es bei örtlichen Reisebüros und Tourveranstaltern.

Tipp Kleiden Sie sich dezent, setzen Sie sich nie so, dass Ihre Füße auf eine Buddhastatue zeigen, berühren Sie keinen Mönch (Opfergaben in die Schalen legen) und fotografieren Sie nicht den Smaragdbuddha.

Website www.thailandtourismus.de

HIGHLIGHTS

- **Wat Po**, der älteste und größte Tempel Bangkoks, beherbergt einen 46 Meter langen liegenden Buddha.
- **Wat Phra Kaeo** in Bangkok hütet den kleinen, aber inbrünstig verehrten Smaragdbuddha.
- Der Goldene Buddha des **Wat Traimit**, Bangkok, besteht aus gut fünf Tonnen massivem Gold.
- Der **Phra Pathom Chedi** westlich von Bangkok gilt mit seinen 127 Metern als der höchste der Welt. Ein *chedi* ist ein Kultbau für Buddhareliquien.
- Zum vergoldeten **Chedi** von **Doi Suthep** (bei Chiang Mai) führen 290 Stufen, die von siebenköpfigen Schlangen bewacht werden.

Blüten liegen als Opfergabe auf der Hand einer Buddhafigur in einem der Tempel von Sukhothai.

Der unvergleichliche Taj Mahal, eins der berühmtesten Monumente der Welt, erstrahlt in der Sonne.

INDIEN

Indiens goldenes Dreieck

Eine Zeitreise zu den märchenhaften Palästen und Festungen der indischen Maharadschas.

Ein einziger Besuch reicht nicht aus, um Indiens erstaunliche Vielfalt zu würdigen. Doch die Rundreise durch das relativ kleine „Goldene Dreieck" zwischen den nördlichen Städten Delhi, Jaipur und Agra ist eine wunderbare Einführung in die exotische Romantik dieses faszinierenden Landes. Die Hauptstadt Neu-Delhi vereint alle Facetten Indiens, vom Kolonialflair des eleganten Connaught Circus bis zum zeitlosen Gewimmel auf der Chandni Chowk mit ihrem berauschenden Gewürzduft und ihren Läden voller traditioneller „Henkelmänner", Saris, Teppiche und vielem mehr. Jaipur, mit seinem rosafarbenen Palast der Winde und dem spektakulären Amber Fort, in das man am besten standesgemäß auf dem Elefantenrücken reitet, vermittelt einen hervorragenden Eindruck von der Pracht, mit der sich die Maharadschas umgaben. Agra schließlich hütet einen der berühmtesten Architekturschätze der Welt, den marmornen Taj Mahal. Diese steinerne Liebeserklärung ließ der Großmogul Schah Dschahan von 1632 bis 1648 als Mausoleum für seine Lieblingsfrau Mumtaz Mahal errichten. Zwischen den Städten erlebt man das ländliche Nordindien, wo Turban tragende Landarbeiter die Felder bestellen.

Beste Reisezeit Ganzjährig. Am angenehmsten ist es von Oktober bis April.

Reisedauer Organisierte Touren absolvieren die 250 Kilometer in fünf bis sechs Tagen.

Reiseplanung Sie können per Bus, Zug, Auto oder Taxi von Stadt zu Stadt reisen. Die Touristeninformation in Delhi vermittelt auch die traditionellen weißen Ambassador-Wagen mit Fahrer. Der Taj Mahal ist freitags nur für betende Muslime geöffnet.

Tipp Trinken Sie nur Mineralwasser aus Flaschen. Trinken Sie keine offen verkauften Getränke und Getränke mit Eis. Insektenschutzmittel ist unentbehrlich, Malariaprophylaxe ratsam.

Websites www.goldentriangleindia.net, www.enchanting-india.de

HIGHLIGHTS

- Schmausen Sie in den offenen Cafés von Delhis **Chandni Chowk** traditionelle Dosa-Pfannkuchen und indische Süßspeisen.

- Genießen Sie den Nervenkitzel einer **Rikschafahrt** durch die Straßen von Jaipur, auf denen sich Autos, Busse, Kamele und Elefanten drängeln.

- In der Sternwarte **Jantar Mantar** in Jaipur gibt es das astronomische Instrumentarium eines Maharadschas aus dem 18. Jahrhundert zu bestaunen.

- Trotz der Menschenmengen bleibt die Gartenanlage des **Taj Mahal** ein wunderbar romantischer Ort zur stillen Besinnung.

TÜRKEI

Kappadokiens Höhlenkirchen

In einer bizarren Felslandschaft mitten in der Türkei verbergen sich Hunderte wunderbar ausgeschmückter byzantinischer Kirchen.

Kappadokien in der Zentraltürkei ist berühmt für seine landschaftliche Schönheit und seine außergewöhnlichen Felsformationen. Die Region war ein frühes Zentrum der Christenheit. In ihren Tälern wurden Hunderte von Kirchen ins Vulkangestein gemeißelt. Das Freilichtmuseum Göreme beherbergt die bekannteste Ansammlung solcher Kirchen, darunter die Dunkle Kirche, die Apfel-, die Schlangen- und die Sandalenkirche. Eine wackelige Leiter führt zu einem düsteren Höhleneingang hinauf. Drinnen schmücken Heiligenfiguren die Wände, Bögen und Pfeiler, die die Christen der Region vor rund 700 bis 1 300 Jahren aus dem Fels schlugen. Teilweise haben sich die Sockel so weit abgenutzt, dass die Säulen von der Decke hängen und die Gewölbe ungestützt schweben. Manche Kirchen sind mit schlichten geometrischen Mustern ausgemalt, andere mit Szenen aus dem Leben Jesu und der Heiligen. Gleich nordöstlich von Göreme liegt das Zelvetal, einst Heimat einer der größten Gemeinden der Region. Hier wurden Häuser, Taubenschläge und Kirchen aus dem farbenprächtigen Gestein gehauen. Südlich von Göreme lockt das Soganlital mit 150 Kirchen voller Fresken aus dem 9. bis 13. Jahrhundert. Die tiefe, grüne Schlucht des 16 Kilometer langen Ihlaratals südwestlich von Göreme säumen versteckte byzantinische Kirchen und Höhlenwohnungen.

Beste Reisezeit Von Mitte April bis Anfang Juni und von September bis Oktober entgehen Sie der sengenden Sommerhitze und dem größten Besucherandrang. Besonders faszinierend wirkt die Region im Winter unter einer schimmernden Schneedecke.

Reisedauer Drei Tage für die Highlights, besser eine Woche zur gründlichen Erkundung der Gegend.

Reiseplanung Am besten lässt sich die Region mit einem Mietwagen erkunden, von ihren Städten verkehren aber auch Busse und Minibusse. Es gibt genügend Hotels und Pensionen, einige sogar in den Felskegeln mit Höhlenzimmern. Sie können auch organisierte Touren buchen.

Tipp Selbstfahrer sollten sich frühzeitig eine Straßenkarte besorgen, da detaillierte Karten außerhalb von Istanbul schwer zu finden sind. Frühmorgens sind die Sehenswürdigkeiten nicht so überlaufen. Achten Sie bei Tourveranstaltern darauf, dass sie nicht zu viele Teppich- und Keramikläden ansteuern.

Websites www.middleearthtravel.com, www.dr-koch-reisen.de

Gegenüber: Geometrische Muster umrahmen den Eingang einer der vielen Höhlenkirchen im Göremetal. Oben links: Die Kirchen liegen in einer Landschaft aus bizarren Felskegeln verborgen. Oben rechts: Im dunklen Höhleninneren blieben die Malereien vieler Kirchen gut erhalten.

HIGHLIGHTS

- Im Freilichtmuseum Göreme begeistert die **Dunkle Kirche** aus dem 11. Jahrhundert mit leuchtend bunten Malereien. Die **Schnallenkirche** ist die größte Kirche im Tal.
- In Pasabag, nahe des Zelvetals, erheben sich einige der spektakulärsten **Felskegelformationen**.
- Besuchen Sie die unterirdische Stadt **Derinkuyu** südlich von Göreme, die der einheimischen Bevölkerung möglicherweise schon seit hethitischer Zeit bis zum Aufstieg der Türken Zuflucht bot. Mit ihren Schlaf- und Speisesälen, Lagerräumen, Kapellen, Brunnen und Luftschächten konnte sie mehrere Tausend Menschen monatelang beherbergen.
- Unternehmen Sie eine **Tageswanderung** durch das schöne Ihlaratal.
- Die Fahrt mit einem **Heißluftballon** bietet einen einzigartigen Blick auf die Landschaft und das wechselnde Licht- und Schattenspiel auf den Felsformationen.

ENGLAND

Englische Gärten

Der Juni ist der ideale Monat für eine Reise zu den rosenduftenden Meisterwerken der englischen Gartenkunst.

Südengland hegt und pflegt seine Gartentradition. Der grüne Gürtel, der sich rund um London durch Surrey, Sussex und Kent zieht, ist ein Paradies für Gartenfreunde, von den Landschaftsgärten großer Herrenhäuser bis zu den Kreationen legendärer Gartenliebhaber wie Vita Sackville-West und Christopher Lloyd. Im Frühjahr und Sommer sind diese Oasen der Ruhe mit ihrer duftenden Farbenpracht der Inbegriff des beschaulichen grünen Englands. Am westlichen Stadtrand von London finden sich Hampton Court Palace, die Lieblingsresidenz von Heinrich VIII., die Royal Botanic Gardens von Kew und der Savill Garden im Windsor Great Park. Die Royal Horticultural Society (Königliche Gesellschaft für Gartenbau) verwaltet den 81 Hektar großen Wisley Garden bei Woking in Surrey, dessen ausgezeichnete Gärtnerei auch praktische Beratung bietet. Polesden Lacey, ebenfalls in Surrey, erfreut mit sommerlichen und winterlichen Arrangements. Der gut 40 Hektar große Garten von Sheffield Park in East Sussex wurde im 18. Jahrhundert von dem berühmten Lancelot „Capability" Brown angelegt. In Ticehurst lockt das romantische Pashley Manor; bei Rye prunkt Great Dixter mit einem weitläufigen Bauerngarten von Christopher Lloyd. Der Garten von Sissinghurst Castle bei Cranbrook in Kent war das Lebenswerk von Vita Sackville-West. Hever Castle bei Edenbridge war das Elternhaus von Anne Boleyn. Die Gartenanlage stammt aus den Jahren 1904 bis 1908 und umfasst einen italienischen Garten, einen Rosengarten und einen Tudor-Garten.

Beste Reisezeit April bis September.

Reisedauer Organisierte Gartenreisen zu allen Gärten der Region dauern normalerweise eine Woche, aber Sie können die Höhepunkte in drei Tagen absolvieren.

Reiseplanung Die Gärten sind den ganzen Frühling und Sommer hindurch prächtig anzuschauen. Im Mai können Sie zusätzlich noch die jährliche Chelsea Flower Show in London besuchen.

Tipp Die Chelsea Flower Show ist immer rasch ausverkauft; reservieren Sie frühzeitig unter www.rhs.org.uk.

Websites www.britishtours.com/deutsch, www.ravenala-touristik.de

HIGHLIGHTS

- Planen Sie genug Zeit ein, um sich ausgiebig im **Irrgarten** von Hampton Court zu verlaufen.
- Genießen Sie die Ruhe zwischen den Mauern des **Rosengartens** von Polesden Lacey bei Great Bookham, in der Nähe von Dorking.
- Sheffield Park bei Uckfield beherbergt die **National Collection of Rhododendrons** und lockt mit besonders schönen **Herbstfarben**.
- Die Gärten von Sissinghurst sind in Form von zehn abgetrennten „Gartenzimmern" angelegt. Am berühmtesten ist der **Weiße Garten**.
- Der **Italienische Garten** von Hever Castle präsentiert neben Gehölzen und Staudenbeeten auch Skulpturen von der Römerzeit bis zur Renaissance.

Gegenüber: Die Gärten von Sissinghurst gruppieren sich als grüne Zimmer rund um einen Herrensitz aus elisabethanischer Zeit. Oben links: Mohn und andere Wildblumen erfreuen im Frühsommer mit ihrer Farbenpracht. Oben rechts: Der Garten von Polesden Lacey bietet einen wunderbaren Blick auf die Hügellandschaft der North Downs.

NIEDERLANDE

Hollands alte Meister

Eine Rundreise zu den Werken von Rembrandt, Frans Hals, Vermeer und anderen Malern des „Goldenen Zeitalters" der Niederlande.

Im 17. Jahrhundert beherrschten die kleinen Niederlande ein Weltreich, das ihnen ein „Goldenes Zeitalter" der Wirtschaft, Wissenschaft und Kunst bescherte. Der größte Maler dieser glorreichen Ära war Rembrandt van Rijn. Startpunkt der Reise ist Amsterdam, wo auch Rembrandts Karriere begann. Im Museum het Rembrandthuis, seinem einstigen Wohnhaus, sind viele seiner Zeichnungen und Radierungen ausgestellt. Der Weg nach Haarlem weiter westlich führt durch das flache Land unter weitem Himmel, das Künstler wie Jacob van Ruisdael und Aelbert Cuyp faszinierte. Haarlems Frans-Hals-Museum im ehemaligen Armenhaus, in dem der Porträtmaler seine letzten Jahre zubrachte, zeigt seine düsteren Spätwerke und schöne Beispiele der Haarlemer Schule. Dann geht es südwärts an Tulpenfeldern vorbei, die an die Bedeutung der Blumen in Leben und Kunst der Niederlande erinnern. In Den Haag hütet das Mauritshuis Jan Vermeers „Ansicht von Delft". Vermeer hinterließ nur wenige Gemälde, aber ihre friedvolle Stimmung und ihr schimmerndes Licht sind selbst in der holländischen Kunst einzigartig. Die Giebelhäuser und baumbestandenen Grachten des nahen Delft beschwören die stille Welt dieses rätselhaften Künstlers herauf.

Beste Reisezeit Ganzjährig. Das Mauritshuis ist montags geschlossen.

Reisedauer Von Amsterdam bis Delft sind es 64 Kilometer. Mit Sehenswürdigkeiten und Zwischenstopps sollten Sie fünf Tage veranschlagen, mit dem Fahrrad entsprechend länger.

Reiseplanung Alle Sehenswürdigkeiten sind per Zug oder Bus zu erreichen. Das Fahrrad ist eine gute Alternative, und auch mit dem Auto kommt man gut herum.

Tipp Eine lohnende Anschaffung ist die Museumjaarkaart (Museumsjahreskarte), die zum sehr zivilen Pauschalpreis Zutritt zu 400 Sehenswürdigkeiten im ganzen Land gewährt.

Websites www.cycletours.com, www.ifb-reisen.eu, www.holland.com

HIGHLIGHTS

- Zur hervorragenden Sammlung des **Rijksmuseum** in Amsterdam gehören Rembrandts „Nachtwache", Vermeers „Briefleserin" und Hals' „Der fröhliche Trinker".
- Eine **Bootstour** über Amsterdams Grachten führt an vielen alten Kaufmannshäusern vorbei.
- Entspannen Sie sich beim Bier in einer von Amsterdams **„braunen Kneipen"** *(bruine cafés)*, deren Fliesenböden und Holztäfelung aus gemalten Interieurs stammen könnten.
- Im **Mauritshuis** sind unter anderem Rembrandts „Anatomiestunde des Dr. Nicolaes Tulp", Gerard ter Borchs „Läusesucherin" und Vermeers „Mädchen mit dem Perlenohrring" zu besichtigen.

Giebelhäuser und Windmühlen erinnern an Szenen der alten holländischen Meister.

Die imposante doppeltürmige Westfassade von Notre-Dame de Paris.

FRANKREICH

Frankreichs Kathedralen

Ehrfurcht gebietende Meisterwerke der Gotik aus gemeißeltem Stein und Fenstern aus farbenprächtigem Glas.

Jede von Nordfrankreichs prachtvollen gotischen Kathedralen ist ein Kunstwerk für sich. Sie beeindrucken mit turmhohen Kirchenschiffen, Strebepfeilern, Rippengewölben, Spitzbögen und Fensterrosen, die von der Mitte des 12. Jahrhunderts an Einzug in die Kirchenarchitektur hielten. In Amiens gehen einem vor der größten dieser Kathedralen schier die Augen über angesichts der technischen und künstlerischen Leistungen. Über Laon geht es weiter zur Notre-Dame de Reims, in der die Könige von Frankreich gekrönt wurden. Frankreichs höchste Kathedrale ist das Straßburger Münster mit nur einem Turm und filigranem Maßwerk aus rotem Sandstein. In Chartres entzückt die großartigste aller gotischen Kathedralen mit über 2600 Quadratmetern herrlicher Glasmalerei. Notre-Dame de Paris ist ein geschichtsträchtiges Symbol Frankreichs. Den Schlusspunkt der Reise setzt die Kathedrale von Rouen, die innen wie außen mit wunderbarer Steinmetzarbeit begeistert.

Beste Reisezeit Ganzjährig.

Reisedauer Ohne Umwege rund 1385 Kilometer. Planen Sie für die Tour mindestens acht Tage ein.

Reiseplanung Mit einem Interrail Frankreich Pass können Sie in Frankreich innerhalb eines Monats drei bis acht Tage unbegrenzt mit der Bahn fahren.

Tipp Die bunten Kirchenfenster erzählen Geschichten und Gleichnisse aus der Bibel. Ein guter Kunstreiseführer hilft Ihnen bei der Deutung der mittelalterlichen Bildersprache.

Websites de.franceguide.com, www.kathedralen.net, deutsch.interrailnet.com

HIGHLIGHTS

- Das Mittelschiff von Amiens wird innen von 126 schlanken Pfeilern und außen von einer Doppelreihe **Strebebögen** gestützt. Das Schnitzwerk des **eichenen Chorgestühls** zeigt über 4000 biblische, mythologische und reale Figuren.

- Bewundern Sie die große **Fensterrose** von Reims bei Sonnenuntergang. Das Fenster der letzten Kapelle im hinteren Teil der Kathedrale, das die Kreuzigung und die Opferung Isaaks zeigt, stammt vom **Marc Chagall**.

- Achten Sie in Chartres besonders auf die **westliche Fensterrose** mit dem Jüngsten Gericht, auf den **Jessebaum**, der den Stammbaum Christi darstellt, und auf das **Marienfenster** im berühmten Chartres-Blau.

RUMÄNIEN

DIE BUNTEN MOLDAUKLÖSTER

Wandgemälde in leuchtenden Blautönen und Mönchsgesänge wie aus alter Zeit inmitten herrlicher Landschaft.

Die Außenwände der Moldauklöster in der Bukowina in Rumäniens Nordosten wirken mit ihren bunten Bibel- und Historiengemälden wie überdimensionierte Buchmalereien. Es gibt rund 15 Klöster in der Region. Die meisten Besucher zieht es nach Voronţ, Humor, Moldoviţa und Suceviţa. Sie kommen vor allem um die wunderbaren Wandmalereien zu besichtigen, die Außen- und Innenwände der Klöster mit einem farbenprächtigen Bilderreigen bedecken. Auch die Gebäude selbst sind sehenswert, ebenso wie ihre idyllische ländliche Umgebung. Das spektakuläre Voroneţwird oft als „Sixtinische Kapelle des Ostens" bezeichnet. Suceviţa beeindruckt mit trutzigen Befestigungen und einer besonders schönen Lage. Moldoviţa ist abgeschiedener, kleiner und stiller. Das pittoreske Humor prunkt mit großartigem Interieur. Die meisten dieser Klöster, die von der Unesco als Welterbe geführt werden, stammen aus dem 16. Jahrhundert. Sie wurden gebaut, um die Expansion des Fürstentums Moldau in diese Region zu festigen. Ihre Bilder sollten die des Lesens unkundige christlich-orthodoxe Bevölkerung in ihrem Widerstand gegen die eroberungslustigen Osmanen bestärken. Die Klöster spielen noch heute als orthodoxe Kirchen mit mehreren Gottesdiensten täglich eine wichtige Rolle im Gemeindeleben. Vor allem zu Ostern und anderen Feiertagen finden sich hier zahlreiche Pilger ein.

Beste Reisezeit Von April bis Oktober.

Reisedauer Bleiben Sie mindestens drei Tage, um die Gegend gründlich zu erkunden.

Reiseplanung In diesem Teil Rumäniens gibt es nur wenige öffentliche Verkehrsmittel. Wer nicht mit einer organisierten Tour kommt, braucht ein Auto, um alle Klöster zu besuchen. Individualreisende können in Gura Humorului übernachten, ganz in der Nähe von Voroneţ und Humor. Mehr Komfort verspricht Suceava, die größte Stadt der Region. Angeboten werden auch einwöchige Wandertouren.

Tipp Die Klöster haben offizielle Öffnungszeiten, meist von 8 bis 20 Uhr, und pro Tag mindestens vier Gottesdienste. Besucher werden aber normalerweise zu jeder Zeit eingelassen. Alle Klöster nehmen Eintritt und erwarten angemessene Kleidung, also keine Shorts und für Frauen eine Kopfbedeckung.

Websites www.eol-reisen.de, www.romanianmonasteries.org

Gegenüber: Die Außengemälde der Klosterkirche von Humor aus dem 16. Jahrhundert begeistern mit leuchtenden Blau- und Rotbrauntönen. Oben links: Zur Klosteranlage von Humor gehört auch ein Wehrturm. Oben rechts: Dieser Ausschnitt des „Jüngsten Gerichts" von Voroneţ zeigt die frischen Farben und feinen Details der Wandmalereien.

HIGHLIGHTS

- Bewundern Sie die lebhaften Farben und die kunstvolle Ausführung der **Wandmalereien von Voroneţ**, vor allem das „Jüngste Gericht". Für das strahlende Blau wurde **Lapislazuli** verwendet.
- Bestaunen Sie **Suceviţas bemalte Außenmauern**, besonders die „Stufenleiter der Tugenden". Weit vorgezogene Dachtraufen schützen die Malereien vor den Unbilden des Wetters.
- Suceviţa hat auch ein schönes **Museum** mit Sakralsilber, Büchern und illuminierten Handschriften.
- Moldoviţa leuchtender **Jessebaum** wurde als „in Blau getauchtes Pergament" beschrieben.
- Durchwandern Sie die **romantische Landschaft** der bewaldeten Hügel zwischen den Klöstern Humor und Suceviţa oder Suceviţa und Moldoviţa.
- Besuchen Sie eines der Klöster an einem **Feiertag**, wenn sich Pilger und Einheimische zum Feiern versammeln.

Diese prachtvoll vergoldete hölzerne Deckenkuppel ist nur eines der Schmuckstücke im Alcázar von Sevilla.

SPANIEN

Das maurische Spanien

Eine Reise zu den überwältigenden Vermächtnissen der maurischen Architektur in Südspanien.

Vom 8. Jahrhundert an regierten Mauren aus Nordafrika die Region Andalusien, die sie Al-Andalus tauften. Sie bewässerten die trockenen Ebenen und bauten Granatäpfel, Orangen, Zitronen, Safran, Zucker und Reis an. Rund 400 Jahre war dies die kultivierteste und wohlhabendste Region Europas. Von der Felsstadt Ronda geht es über Granada und Córdoba bis nach Sevilla zu den bedeutendsten maurischen Sehenswürdigkeiten. Sevilla hat sich aus maurischer Zeit viele verwinkelte Gassen, niedrige weiße Häuser mit Balkonen und Innenhöfe mit kühlenden Springbrunnen bewahrt. Córdoba war 250 Jahre Hauptstadt der Mauren und mit seinen 70 Bibliotheken ein führendes Zentrum der Wissenschaften. Seine Moschee, die Mezquita, die später zur Kathedrale umgebaut wurde, war Europas größtes Gotteshaus. Als die katholische Monarchie begann, Andalusien zurückzuerobern, wurde Granada Hauptstadt des maurischen Restreichs. Sein altes Araberviertel, der Albaicín, ist ein quirliges Gassengewirr und bietet vom Mirador de San Nicolas einen herrlichen Blick auf die Alhambra vor der Kulisse der Sierra Nevada.

Beste Reisezeit Ganzjährig.

Reisedauer Drei bis vier Tage für die rund 240 Kilometer mit Besichtigung der Städte.

Reiseplanung Tragen Sie leichte Kleidung und bequeme Schuhe. Für den Besuch religiöser Stätten sollten Sie langärmelige Kleidung dabeihaben.

Tipp Im Sommer bilden sich lange Schlangen vor den Hauptsehenswürdigkeiten. Bestellen Sie die Eintrittskarten am besten im Voraus bei den Touristeninformationen bzw. für die Alhambra unter www.alhambra-patronato.es. Für den etwa fünf Kilometer langen Rundgang ist ein Reiseführer hilfreich.

Website www.andalucia.org

HIGHLIGHTS

- Sevillas **Alcázar** bezaubert mit prachtvollen Stuckbögen und Gärten voller Springbrunnen und Zitrushainen.

- Córdobas Kathedrale, die **Mezquita**, hat einen ganzen Wald von Doppelbögen und einen wunderschönen *mihrâb* (Gebetsnische).

- Die **Alhambra** in Granada ist eine maurische Palastanlage, umgeben von Gärten und Wasserbecken. Die Alcazaba, der älteste Teil der Festung, bietet von ihrem höchsten Turm einen spektakulären Panoramablick.

- Lassen Sie sich in Granada eine Tasse Minztee in einem der vielen marokkanischen Teehäuser des Araberviertels **Albaicín** schmecken.

ITALIEN

Schätze der Renaissance

Die Toskana, das Zentrum der italienischen Renaissance, kann Kulturinteressierte tage- bis wochenlang beschäftigen.

Die Renaissance begann in der Toskana, und ein Rundgang durch das Zentrum von Florenz ist wie eine Zeitreise zurück zu dieser Wiedergeburt des Westens. Als die Stadt im 14. Jahrhundert erblühte, leisteten sich ihre reichen Bürger elegante Piazzas und freskengeschmückte Kirchen sowie Paläste, die heute erlesene Sammlungen der Renaissancekunst beherbergen. In ihrem Mittelpunkt steht der Dom der Santa Maria del Fiore. Seine prachtvolle Kuppel schuf Filippo Brunelleschi, ein Mitbegründer des Renaissancestils. In den Uffizien, für viele das großartigste Kunstmuseum der Welt, sind Gemälde von Giotto, Botticelli, Leonardo da Vinci, Raffael, Michelangelo und unzähligen weiteren Renaissancekünstlern zu besichtigen. Man muss sich geradezu losreißen, um südwärts nach Siena weiterzureisen, durch die klassische toskanische Landschaft wogender Hügel, auf denen noch immer Dörfer und Städte wie in den Gemälden von Piero della Francesca thronen. Auch Siena florierte in der Renaissance; sein Hauptplatz, die malerische Piazza del Campo, stammt allerdings aus dem 12. Jahrhundert. Zu guter Letzt geht es weiter nach Rom, zu den Meisterwerken der Hochrenaissance von Michelangelo und Raffael.

Beste Reisezeit Im Frühjahr und Herbst sind die Temperaturen am angenehmsten.

Reisedauer Sie können die Tour in drei Tagen (ein Tag pro Stadt) absolvieren. Besser nehmen Sie sich aber ein bis zwei Wochen Zeit, um in aller Ruhe die Straßen, Piazzas, Museen und Gärten der Städte und die toskanische Landschaft zu erkunden.

Reiseplanung Tickets für Züge und Busse können Sie vor Ort kaufen. Einen Mietwagen reservieren Sie am besten schon von zu Hause aus.

Tipp Bestellen Sie die Eintrittskarten für die Hauptsehenswürdigkeiten schon am Vortag, da sich vor ihren Eingängen oft lange Warteschlangen bilden.

Websites www.enit.it, www.turismo.intoscana.it, www.drp-kulturtours.de

HIGHLIGHTS

- Besuchen Sie in Florenz auch einige weniger bekannte Museen und Kirchen, wie die Privatsammlung der Medici im **Palazzo Pitti** und die Fresken von Fra Angelico im **Kloster San Marco**.
- Der Campanile bietet einen **wunderbaren Blick** über Florenz.
- Im Palazzo Pubblico in Siena zeigen die Fresken von Ambrogio Lorenzetti aus der Frührenaissance die Wirkungen der „Guten und schlechten Regierung".
- Im Vatikan sind Michelangelos Fresken in der **Sixtinischen Kapelle** und die von Raffael in den **Stanzen** zu bewundern. Verpassen Sie keinesfalls Michelangelos „Pietà" im Petersdom.

Die Kirchen von Florenz sind voller Fresken aus der Frührenaissance: Hier ein Auschnitt aus einem Fresko von Domenico Ghirlandaio in der Kirche Santa Maria Novella.

ZU WASSER AUF DER STRASSE AUF DER SCHIENE ZU FUSS KUNST UND KULTUR GOURMETPARADIESE REIN INS ABENTEUER HOCH HINAUS AUF SPURENSUCHE

Top 10 Reisen in die Vergangenheit

Entdecken Sie alte Traditionen in Welten weit entfernt vom Lebensstil des 21. Jahrhunderts.

❶ Plymouth Settlement, Massachusetts, USA

Eine Hauptattraktion hier ist die „Mayflower", ein Nachbau des Schiffs, auf dem die Pilgerväter 1620 vom englischen Plymouth aufbrachen. Besucher können zwischen den Holzhäusern des Pilgrim Village von 1627 herumwandern, ein Indianerhaus aus Schilfpaneelen besichtigen und erfahren, warum die Pilgerväter England verließen und was die Indianer von ihrer Ankunft hielten.

Reiseplanung Führungen zu Fuß (nachts mit Blechlaternen). Anreise per Bus oder Zug. www.visit-plymouth.com

❷ Gaiman, Provinz Chubut, Patagonien, Argentinien

1865 gründeten walisische Siedler *Y Wladfa* (das Heimatland) in der unwirtlichen Pampa am Fuß der Anden. Heute noch wirkt Gaiman mit seinen etwa 6000 Einwohnern, als hätte man es geradewegs aus Wales nach Südamerika versetzt. Nach einem Bummel durch ruhige, idyllische Sträßchen, an Parks und Kapellen vorbei, geht es weiter zur nahen Pinguinkolonie.

Reiseplanung Buchen Sie eine Sightseeingtour oder mieten Sie sich in Trelew, 18 Kilometer von Gaiman, ein Auto. www.patagonia-argentina.com

❸ Cordillera Urubamba, Peru

Eine Alternative zum Inkapfad aus dem 14. Jahrhundert ist der Weg in die schneebedeckten Berge nördlich von Cusco, zu Dörfern, deren Bewohner wie eh und je Alpakas und Lamas hüten, die Andenhänge bestellen und herrlich bunte Textilien weben. Über Pumamarca führt die Wanderung zu den imposanten Ruinen der Inkastadt Ollantaytambo.

Reiseplanung Am besten mit einer organisierten Tour. Nur für konditionsstarke Wanderer. www.inkanatura.com

❹ Kiriwina, Papua-Neuguinea

Regenwald voller Orchideen und Paradiesvögel erstreckt sich bis ans türkisblaue Meer. Die Inselbewohner fischen, gärtnern, garen Jamswurzeln, bauen ihre Hütten, fertigen Schnitzereien, alles wie seit Jahrhunderten. Nach Strandabenden mit Geschichten, Gesang und Tanz schlafen die Gäste auf Webmatten in einer Hütte ohne Strom.

Reiseplanung Kiriwina ist die größte der Trobriand-Inseln. Buchen Sie am besten eine organisierte Tour. www.em.com.pg

Lapplands Samen pflegen ihre traditionelle Lebensweise als Rentierhirten. Diese Frau beim Rentierauftrieb trägt ein abgeworfenes Geweih in der Hand.

❺ Nationalpark Gorki-Tereldsh, Mongolei

Hier besucht man mongolische Familien in ihrem *ger* und nächtigt selbst in einer solchen Jurte. Auf Wanderungen gibt es Braunbären und 250 Vogelarten zu erspähen. Eine längere Wandertour führt vom Gorki-Tereldsh 80 Kilometer stromaufwärts zum Gletschersee Khagiin Khar Nuur.

Reiseplanung Rund 80 Kilometer von der Hauptstadt Ulan-Bator. Am besten mit einer organisierten Tour. Ideal für Wander-, Pferde- oder Kameltouren. www.mongoliatourism.gov.mn

❻ Sautosjohkka, Schweden

Per Schneemobil oder Hundeschlitten geht es über einen gefrorenen See und durch schneeweißen Wald zu den Samen, der Urbevölkerung Lapplands. Am offenen Feuer werden die Besucher in einem samischen Zelt mit selbst gebackenem Brot, Rentierrauchfleisch und Preiselbeermarmelade bewirtet. Eine gute Ausgangsbasis ist das unglaubliche Eishotel, das jeden Winter neu aus Eisblöcken erbaut wird.

Reiseplanung Nur mit organisierten Touren. www.icehotel.com

❼ Peipus-See, Estland

Die Sandstrände, Schilfgürtel und Sandsteinfelsen wirken so friedlich wie einst, als die russischen Altorthodoxen im 17. Jahrhundert hier Zuflucht vor religiöser Verfolgung suchten. Die Gottesdienste in den kleinen Holzkirchen werden nach wie vor auf Altkirchenslawisch zelebriert. Das Museum der Altorthodoxen (im Schulhaus von Kolkja) zeigt bestickte Trachten und rosarote Leichenhemden.

Reiseplanung Melden Sie sich zum Museumsbesuch bei der Touristeninformation im 35 Kilometer entfernten Tartu an. Ein Mietwagen ist besser als die öffentlichen Verkehrsmittel. www.kolkja.edu.ee/muuseng.php

❽ Ethnografisches Freilichtmuseum, Riga, Lettland

Am bewaldeten Seeufer geben Bauernhäuser, Windmühlen, Fischerhäuschen, Kirchen und Küchengärten Einblick in das harte, karge Leben der lettischen Bauern des 19. Jahrhunderts. Handwerker demonstrieren ihre Kunst, und das Wirtshaus lockt mit traditioneller Gastlichkeit.

Reiseplanung 13 Kilometer von Riga. Buchen Sie Ihre Führung im Voraus und besorgen Sie sich einen englisch- oder deutschsprachigen Plan. www.ltg.lv/german/brivdabas.muzejs

❾ Grutas-Park, Druskininkai, Litauen

Die Parkanlage dient als letzte Ruhestätte für entsorgte Statuen aus der Sowjetära. Lenin, Stalin und berühmte litauische Kommunisten wirken zwischen Wachtürmen und Stacheldraht ein bisschen wie Häftlinge im Gulag.

Reiseplanung 120 Kilometer von Vilnius (Wilna). Mieten Sie ein Auto oder nehmen Sie die Buslinie 2 vom Busbahnhof. www.grutoparkas.lt

❿ Wüste Sinai, Ägypten

Auf einer Safari zu den Beduinen im Herz der Wüste Sinai lernen die Besucher nicht nur, wie man in der Wüste überlebt, sondern reiten auch auf Kamelen, schlafen in Beduinenzelten und backen Fladenbrot auf offenem Feuer.

Reiseplanung Nur mit organisierten Touren. www.sheikhsalemhouse.com/safaris.asp

Die Griechische Antike

Die Ruinen von Athen zeugen vom Glanz des alten Griechenland.

Hoch über dem Staub und dem Verkehrsgewühl der schmalen Straßen von Athen thront der Festungshügel der Akropolis. Hier steht der Parthenon, der erhabene Tempel der Athene, ein Monument der Zeitlosigkeit inmitten des hektischen Alltags der griechischen Hauptstadt. Der Kontrast zwischen der perfekten Marmorkonstruktion und ihrem rohen Felssockel zeugt vom Bemühen, die Natur selbst zu unterwerfen. Am nächsten Morgen holpert der Bus die Küstenstraße entlang über den steilwandigen Kanal von Korinth zum großen Theater von Epidauros. In den Hang geschlagene Sitzreihen führen hinunter zur Bühne. Jenseits erstrecken sich Olivenhaine und die felsige Küste der schimmernden Ägäis. Es ist nur eine kurze Fahrt bis nach Mykene mit seinem imposanten Löwentor und dem Grab des Agamemnon. In der Hitze des Spätnachmittags geht es weiter durch die Berge des Peloponnes, um in der Abenddämmerung Olympia zu erreichen. Dort steht am folgenden Tag die Erkundung der Sandbahnen und Tempel an der Geburtsstätte der Olympischen Spiele an. Die letzte Etappe führt nach Norden zurück auf das griechische Festland und dann ostwärts nach Delphi, wo einst eine Priesterin die Orakel des Lichtgottes Apollon verkündete.

Beste Reisezeit In den Sommermonaten finden die Epidauros-Festspiele im Rahmen des „Hellenic Festival" statt, zu dem internationale Theaterproduktionen eingeladen werden. Spielorte sind Theater der griechischen Antike. Außerhalb der Monate Juli und August ist es kühler und weniger überlaufen.

Reisedauer Drei Tage reichen gerade für die Hauptattraktionen. Nehmen Sie sich ein paar Tage mehr, um sich in Ruhe umzuschauen und in Athen genug Zeit für die Museen und die Akropolis zu haben.

Reiseplanung Viele Veranstalter bieten Pauschaltouren zu diesen Stätten an. Wer auf eigene Faust reist, kann selbst entscheiden, wie viel Zeit er sich für die einzelnen Sehenswürdigkeiten nimmt.

Tipp Sonnenschutz und eine Flasche Wasser sollten Sie immer dabeihaben.

Websites www.cityofathens.gr, www.gnto.gr, www.culture.gr

HIGHLIGHTS

- Erklimmen Sie den ausgetretenen Pfad auf die Akropolis zum **Parthenon**.
- Deklamieren Sie von der **Orchestra** (dem Bühnenbereich) in Epidauros ins weite Auditorium. Die ausgefeilte Akustik trägt den Klang bis in die letzten Zuschauerreihen.
- Bei den **Epidauros-Festspielen** im Sommer werden antike griechische Dramen in der Originalsprache aufgeführt.
- Im Museum von **Delphi** steht die große **Sphinx der Naxier**, ein steinernes Bildnis des Ungeheuers, dessen Rätsel Ödipus lösen musste, um die Stadt Theben zu befreien.

Der Parthenon in Athen ist ein Paradebeispiel für die Schönheit, Harmonie und Romantik der antiken griechischen Baukunst.

Tutanchamuns Totenmaske aus gehämmertem Goldblech mit Edelsteinen ist nur einer von Kairos vielen Schätzen.

ÄGYPTEN

Durch das alte Ägypten

Von den altägyptischen Schätzen in Kairo zu den Städten und Tempeln einer versunkenen Hochkultur.

Im staubigen, geschäftigen Kairo hütet das Ägyptische Museum die größten Schätze der uralten ägyptischen Kultur. An manchen Tagen lichtet sich der Dunst so weit, dass man bis zu den 4500 Jahre alten Pyramiden von Giseh in der Wüste westlich der Stadt sehen kann. Sie verblüffen bis heute durch ihre schiere Größe. Ganz in der Nähe erstreckt sich bei Sakkara die Totenstadt der altägyptischen Kapitale Memphis mit ihrer Stufenpyramide und ihren ausgemalten Gräbern. Die zweite Hauptstadt des alten Ägypten war Theben (Luxor), 500 Kilometer weiter südlich. Ramses II. ließ den Luxor-Tempel vollenden, den eine Prozessionsstraße mit der riesigen Tempelanlage von Karnak verbindet. Am Westufer des Nils liegt das Tal der Könige mit den tief im Fels verborgenen Königsgräbern. Eine Nilkreuzfahrt führt von Luxor südwärts zu den Tempeln von Isna, Idfu, Kom Ombo und Assuan. Von dort bietet sich ein Abstecher zum Ramsestempel von Abu Simbel an.

Beste Reisezeit Ganzjährig. Die Hauptsaison für Nilkreuzfahrten geht von Dezember bis Februar. Im Hochsommer (Juni bis August) steigen die Temperaturen mitunter auf über 40 Grad.

Reisedauer Von Kairo bis Assuan sind es rund 900 Kilometer, bis Abu Simbel noch einmal 280 Kilometer. 14 bis 17 Tage sind ideal; die Tour lässt sich aber auch in einer Woche absolvieren.

Reiseplanung Die Hauptsehenswürdigkeiten zentrieren sich in und um Kairo und im Süden bei Luxor. Zwischen den beiden Städten gibt es Flug-, Zug- und Straßenverbindungen.

Tipp Historischen Prunk bieten das Mena House Oberoi, ein früheres Jagdschloss neben den Pyramiden von Giseh, und das maurisch inspirierte Sofitel Old Cataract Hotel in Assuan aus den 1890er Jahren.

Websites www.egypt.travel, www.aegypten-spezialisten.de, www.helios-reisen.de

HIGHLIGHTS

- Das Ägyptische Museum in Kairo zeigt die **Schätze des Tutanchamun** und zahlreiche Alltagsgegenstände aus dem alten Ägypten, die dessen blühende Zivilisation lebendig vor Augen führen.
- Die **Pyramiden von Giseh** blieben als einziges der Sieben Weltwunder der Antike bis heute erhalten.
- Der **Große Säulensaal** des Amuntempels von Karnak ist ein dichter Wald aus 134 Säulen voller Hieroglypheninschriften.
- Vor dem großen Tempel von **Abu Simbel** thronen vier Kolossalstatuen Ramses' II. Die Tempel wurden in den 1960er Jahren an diesen erhöhten Standort versetzt, weil sie sonst nach dem Bau des Assuanhochdamms im Nassersee versunken wären.

Die kunstvoll dekorierte Fassade des mehrstöckigen Schatzhauses von Petra wurde aus dem Sandsteinfelsen herausgemeißelt.

JORDANIEN

Jordaniens Schätze

Auf einer 5000 Jahre alten Route zur antiken Stadt Petra und zu den Wundern der jordanischen Wüste.

Von Amman geht es südwärts über die Königsstraße, auf der einst Moses und die Israeliten wanderten – heute eine zweispurige Asphaltstraße. Erste Station ist die Stadt Madaba, deren byzantinische Mosaiken heute im Museum zu bewundern sind. Ein Abstecher führt zum Berg Nebo mit dem Kloster, das über das mutmaßliche Grab Moses' wacht. Über Al Kerak thront die Ruine einer Kreuzritterfestung, heute eine leere Hülle mit riesigen Gewölbesälen, doch einst der Schrecken der Karawanen auf dem Weg nach Ägypten und Mekka. Schließlich erreicht man Petra, die „rosarote Stadt, halb so alt wie die Zeit". Ihre Ursprünge liegen im Nebel der Geschichte. Im 4. Jahrhundert v. Chr. wurde das Stadtgebiet von den Nabatäern erobert. Sie beherrschten die Karawanenrouten des bis nach China reichenden Gewürzhandels. Der Verkauf von Weihrauch und Myrrhe, Gewürznelken und Zimt nach Europa machte die Stadt reich. Petra florierte, bis ein Erdbeben im 7. Jahrhundert die raffiniert konstruierte Wasserversorgung zerstörte. Nach der muslimischen Eroberung des Nahen Ostens im 12. Jahrhundert wurde die Stadt endgültig aufgegeben.

Beste Reisezeit Ganzjährig.

Reisedauer Mindestens eine Woche für die 262 Kilometer von Amman bis Aqaba mit Besuch der Sehenswürdigkeiten.

Reiseplanung Mieten Sie in Amman einen Wagen. Die touristische Infrastruktur an der Königsstraße ist gut entwickelt. Es gibt Hotels in Madaba (48 Kilometer von Amman), Al Kerak (124 Kilometer von Amman) und Petra (262 Kilometer von Amman).

Tipp Besonders romantisch wirkt Petra frühmorgens und am späten Nachmittag, wenn die rosaroten Felsfassaden im Sonnenlicht erglühen. Sie können am Tor einen Führer anheuern.

Websites www.de.visitjordan.com, www.intakt-reisen.de/asien/jordanien

HIGHLIGHTS

- Die St.-Georgs-Basilika in Madaba zeigt eine **Mosaiklandkarte** von Palästina und dem Nildelta aus dem 6. Jahrhundert.

- Vom Berg Nebo genießen Sie eine **atemberaubende Aussicht** über das Jordantal und das Tote Meer bis nach Jerusalem und Bethlehem.

- Hinter der Eingangsschlucht von Petra wartet der überwältigende erste Anblick des **Schatzhauses** (El Khazneh), der berühmtesten Attraktion der Felsstadt. Es diente in Wirklichkeit nicht als Schatzhaus, sondern eher als Königsgrab oder Tempel.

SÜDAFRIKA

Die Zulu-Kultur

Im südlichen Afrika ist die Geschichte und Lebensweise eines faszinierenden Volkes zu entdecken.

Das Killie Campbell Africana Museum in Durban bietet eine gute Einführung in die Zulu-Kultur, bevor man sich zu den historischen Stätten und heutigen Dörfern der Umgebung aufmacht. Bei Eshowe liegt das Freilichtmuseum Shakaland auf einem Hügel über dem Fluss uMhlatusi. Hier lernen die Besucher viel über Lebensweise, Gesellschaftsstrukturen, Tanz und Kunsthandwerk der Zulu. Das „Tal der Könige", eMakhosini, zwischen Eshowe und Ulundi, ist der Geburtsort von Shaka, dem Kriegerkönig und Begründer der Zulu-Nation, und Grabstätte von sieben Zulu-Königen. Das hiesige Ondini Museum dokumentiert Geschichte und Kultur der Zulu mit einer hervorragenden Sammlung. Wer in Eshowe ein Minibus-Taxi zur King Dinizulu Township nimmt, kann beim Bummel durch die Straßen des Viertels mit Ladeninhabern und Passanten plaudern, um etwas über die moderne Lebensweise der städtischen Zulu zu erfahren. Einen Eindruck von der heutigen ländlichen Kultur und der Gastfreundschaft der Zulu vermittelt ein Besuch im Valley of a Thousand Hills nordwestlich von Durban, eventuell mit Übernachtung bei einer Zulu-Familie.

Beste Reisezeit Ganzjährig. Besondere Attraktionen sind der „Zulu Royal Reed Dance" Anfang September und der „King Shaka Day" Ende September.

Reisedauer Mindestens fünf Tage, um etwas über die Zulu-Kultur zu erfahren, historische Stätten zu besuchen und den Zulu-Alltag zu erleben (samt Übernachtung in einem Dorf oder einer Township).

Reiseplanung Sie können die etablierten Zulu-Kulturstätten in Eigenregie mit dem Auto besuchen (in Durban gibt es genügend Autovermieter). Die Dörfer besuchen Sie besser mit einem einheimischen Führer, der für Sie dolmetscht; Führer vermittelt Zululand Eco-Adventures (www.eshowe.com).

Tipp Wenn Sie auf der Route T4 ins Valley of a Thousand Hills unterwegs sind, sollten Sie im Dorf Isithumba gegenüber vom Indunakazi Store haltmachen, wo Besucher herzlich empfangen werden.

Websites www.suedafrika-reise.net, www.simunyelodge.co.za

HIGHLIGHTS

- Der **Royal Reed Dance** *(uMkhosi woMhlanga)* Anfang September am KwaNyokeni-Palast in Nongoma, bei Eshowe, ist ein farbenprächtiger Umzug von Zulumädchen mit Gesang und Tanz.
- Das Zulu-Kulturdorf DumaZulu im Norden der Provinz KwaZulu-Natal pflegt **die traditionelle Lebensweise** der Zulu.
- **King Shaka Day** ist ein turbulentes Fest Ende September in KwaDukuza an der Nordküste von KwaZulu-Natal.
- Ein **Sangoma** oder **Geistheiler** kann Ihnen „die Knochen werfen", um in Ihrer Vergangenheit und Zukunft zu lesen.

Zulutänzer in Stammestracht bei einem Auftritt im Dorf DumaZulu mitten im Zululand.

AUSTRALIEN

Kultursafari durch Arnhemland

Die älteste lebende Kultur der Welt versteckt sich im Outback am nördlichsten Zipfel von Australiens Northern Territory.

Arnhemland gehört zu den letzten intakten Rückzugsgebieten der Aborigine-Kultur in Australien. In der Region leben rund 20 000 Ureinwohner verschiedener Volksstämme und Sprachgruppen. Um die Natur und die traditionelle Lebensweise zu schützen, ist der Zugang für Touristen beschränkt. Am besten kommt man mit dem Flugzeug oder Auto von Darwin, Cairns oder Jabiru nach Mount Borradaile. In der Umgebung liegen einige der eindrucksvollsten Beispiele der Aborigine-Felskunst verstreut. Die bis zu 40 000 Jahre alten Bilder zeigen Szenen aus dem Alltag und aus der „Traumzeit". So nennen die Aborigines die Schöpfungszeit, in der nach ihrem Glauben Land, Pflanzen und Tiere ihre heutige Form erhielten. Mount Borradaile liegt im Herzen eines komplexen Ökosystems. In der subtropischen Savanne leben Salzwasserkrokodile, Wallabys und Schildkröten. Hier wachsen Pflanzen, die nirgendwo sonst vorkommen. Die paradiesische Cobourg Peninsula weiter nördlich ist Teil des Garig-Gunak-Barlu-Nationalparks mit Mangrovensümpfen und weißen Stränden, reicher Meeresfauna und zahlreichen Vogelarten. Die klare Arafurasee ist ideal für Schnorchler und Taucher. Von hier kann man weiter ins östliche Arnhemland fahren, eine der letzten großen Wildnisregionen Australiens, oder südwärts zur Siedlung Oenpelli, wo Aborigine-Rindenmalereien und die Felskunst des Injalak Hill warten.

Beste Reisezeit In Arnhemland herrscht tropisches Klima. Am besten kommen Sie in der Trockenzeit (Mai bis Oktober) mit Temperaturen zwischen 15 und 27 Grad. In der Regenzeit (November bis April) ist vom Autofahren abzuraten, da die Straßen oft unpassierbar sind.

Reisedauer Eine Woche.

Reiseplanung Die Region ist von Darwin gut zu erreichen. Lizenzierte Veranstalter bieten Touren auf festen Routen an. Touristen brauchen eine schriftliche Genehmigung, um nach Arnhemland einzureisen, das sich im Besitz der Aborigine-Bevölkerung befindet. Die Genehmigung bekommen Sie über den Tourveranstalter oder auf direkten Antrag beim Northern Land Council (www.nlc.org.au).

Tipp Autofahrten in der Region können selbst in der Trockenzeit heikel sein und sind nur Fahrern zu empfehlen, die mit solchem Terrain Erfahrung haben.

Website www.northernaustralia.com

Gegenüber: Das Bild eines weißen Kängurus bei Karbenadjaringlawe ist im traditionellen „Röntgenstil" ausgeführt, der Skelett und innere Organe sichtbar macht. Oben links: Aus Schraubenbaumblättern entstehen farbenfrohe Korbwaren. Oben rechts: Die phantasievolle Felskunst, wie hier am Injalak Hill, inspiriert moderne Künstler.

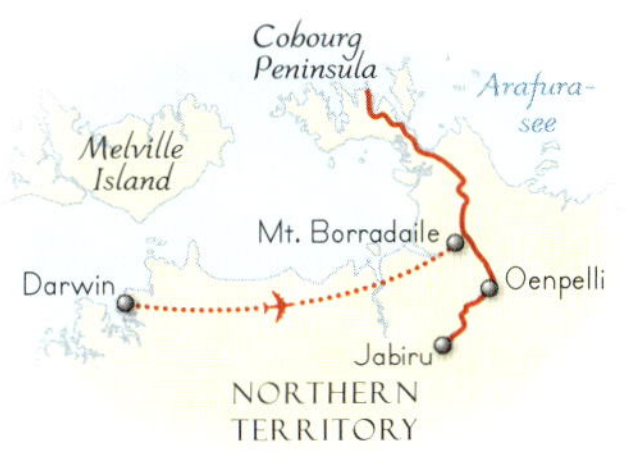

HIGHLIGHTS

- Bestaunen Sie bei Mount Borradaile die fünfeinhalb Meter lange **Regenbogenschlange**, ein bedeutendes Symbol aus der „Traumzeit" der Aborigine-Kultur.
- Am **Lagerfeuer** unter dem Kreuz des Südens können Sie Geschichten aus der „Traumzeit" lauschen und ein paar typische Buschsnacks naschen, insbesondere die leckeren Witchetty-Maden!
- In Teichen *(billabongs)* und Flüssen können Sie nach Barramundi **angeln** und **baden.** Aber fragen Sie vorher Ihren Reiseführer, ob sie krokodilsicher sind!
- Erleben Sie eine authentische **Corroboree**-Zeremonie, die die Verbindung der Aborigines mit ihrem Land und ihren Ahnen bekräftigt.
- Besuchen Sie **Kunsthandwerkszentren der Aborigines**, um Originalkunstwerke oder ausgefallene Souvenirs mit nach Hause zu nehmen.
- Fotografieren Sie Ihr **erstes Krokodil** im Cooper Creek bei Mount Borradaile.

6 Gourmet-Paradiese

Für Freunde leiblicher Genüsse gibt es keinen schöneren Grund zu reisen als die Aussicht, kulinarische Traditionen, unbekannte Gerichte und exotische Gaumenfreuden vor Ort zu erforschen. Oder Weingüter, Brennereien und Brauereien zu besuchen, in denen Reben und Getreide nach alten Rezepten und mit modernsten Methoden in legendäre Tropfen verwandelt werden. Dabei wird der Intellekt keineswegs auf Diät gesetzt: Jede Küche erzählt auch etwas über die Landschaft, das Klima, die Geschichte und die Kultur der Gegend. Die Reiserouten umfassen Ausflüge in die großen Weinregionen dieser Welt ebenso wie Wallfahrten zu den Schreinen der Haute Cuisine. Genau so spannend sind der Fischmarkt von Tokio, eine nach Koriander duftende Schüssel Nudelsuppe an einem Straßenstand in Vietnam, würzige Cajunwürstchen auf einem Foodfestival in Louisiana und die persönlichen Begegnungen mit Bauern, Fischern, Bäckern und Köchen, die die Schätze der Natur für eine bunte Festtafel mit kulinarischen Genüssen bereiten.

Wer könnte den Verlockungen dieses Marktstandes mit seiner überbordenden Auswahl an Früchten widerstehen? Die Aromen und Konsistenzen natürlicher Zutaten sind das Herzstück aller großen Küchen dieser Welt.

Crawfish: Mit Gewürzen, Kartoffeln, Zwiebeln und Mais geschmort, machen die Flusskrebse das Essen zum Volksfest!

LOUISIANA, USA

Die Cajunküche in Louisiana

Die Seele der Cajunküche lässt sich im Herzen Acadianas zum Beat einer Zydeco-Band entdecken.

Viele Menschen denken bei Cajunküche sofort an New Orleans. Und damit liegen sie gut 150 Kilometer daneben. Sicher, der verfeinerte, kreolisch-karibische Kochstil in Big Easy hat sich auch bei den Cajuns bedient. Doch wer das Echte sucht, muss weiter nach Westen: Die Cajunküche stammt aus Acadiana, wohin die französischen Siedler von Nova Scotia 1755 flüchteten, nachdem sie der britischen Krone den Treueeid verweigert hatten. Sie verwandelten die Einöde im heutigen Louisiana in einen blühenden Landstrich und brachten neben der ihnen eigenen *joie de vivre* auch ihre traditionellen Rezepte mit. Lafayette, Acadianas inoffizielle Hauptstadt, ist der perfekte Standort für Ausflüge nach Breaux Bridge, Avery Island, Opelousas, Carencro, Mansura, Basile und andere Cajunstädte. Cajuns feiern für ihr Leben gern und irgendwo findet immer ein Festival zu Ehren eines landestypischen Lebensmittels statt: In Crowley ist es der Reis, in Carencro die *boudin* (Wurst aus Schweinefleisch, Zwiebeln und Reis) und in Mansura das *cochon de lait* (Spanferkel).

Beste Reisezeit Ganzjährig, doch die feuchte Hitze des Spätsommers kann schlauchen. Wer in der Zeit vor Aschermittwoch (Mardi Gras) reist, braucht neben dem Karnevalskostüm auch Geduld und Humor.

Reisedauer Für Ausflüge in die Cajunstädte rund um Lafayette mindestens drei Tage einplanen.

Reiseplanung Die besten Flugverbindungen gibt es nach New Orleans. Per Mietwagen nach Lafayette (drei Stunden). Ab dort sind die meisten der genannten Städten in anderthalb Stunden zu erreichen.

Tipp Etwas Zeit sollten Sie einplanen, um in einer kleinen Metzgerei unterwegs *tasso* zu probieren, einen Schinken mit würzigem Rauchgeschmack, der vielen Saucen ihr typisches Aroma gibt.

Websites www.louisianatravel.com/play/festivals.cfm, www.lafayettetravel.com/foodtour

HIGHLIGHTS

- In den sumpfigen Flussarmen, den Bayous, entlang der Straße sind **Graureiher**, **Silberreiher** und sogar der ein oder andere **Alligator** zu entdecken.

- Die **Dialektausdrücke** der Einheimischen lassen deutlich ihre französischen Wurzeln erkennen.

- **Crawfish auspulen** ist eine Kunst für sich. Zu den Klängen von **Cajunakkordeon** und **Fiddle** lassen sich die Flusskrebse ein bisschen leichter knacken.

- Ein Besuch bei McIlhenny's Tabasco Bottling Plant auf Avery Island ist der beste Test für die individuelle **Schärfetoleranz**. Hier entstand der Urtyp aller scharfen Würzsaucen.

JAMAIKA

Kaffee vom Blue Mountain

Eine der exklusivsten Kaffeesorten wächst an den Hängen der traumhaft schönen Blue Mountains auf Jamaika.

Ihr mildes, vollmundiges Aroma brachte den Bohnen aus den Blue Mountains den Ruf ein, der beste Kaffee der Welt zu sein. Die höchsten Gipfel des Gebirgszugs, die über der jamaikanischen Hauptstadt Kingston aufragen, sind über 2000 Meter hoch. Und sie sind tatsächlich blau, denn meist sind sie in Nebel gehüllt. Das ist auch einer der Gründe für die Qualität des Kaffees: Der feuchte Schleier lässt die Beeren langsam reifen und ihr volles Aroma entwickeln. In den Bergen nördlich von Kingston liegt The Cooperage, ein kleines Nest, in dem die Bottiche zum Transport der Kaffeebeeren gezimmert werden. Über Guava Ridge erreicht man Mavis Bank, wo Besucher der Fabrik Jablum bei der Selektion der Beeren, ihrer Trocknung und Röstung zusehen können. Von Guava Ridge führt eine holprige Bergstraße zu den Kaffeeplantagen von Content Gap, Silver Hill und Section weiter im Norden. Über den Hardwar Gap, einen Pass zur Nordflanke der Bergkette, geht es weiter nach Newcastle, wo das Cold Spring Estate zur Besichtigung einlädt: Zu den Anlagen aus dem 18. Jahrhundert gehören auch Schwemmbecken und Röstvorrichtungen. Auf der Rückfahrt nach Kingston sorgen spektakuläre Ausblicke für Abwechslung.

Beste Reisezeit Die besten Monate sind Dezember bis März. So umgehen Sie die Sommerhitze, den Regen im April und November und die Wirbelstürme im August und September.

Reisedauer Für die rund 64 Kilometer lange Strecke mit ihren kurvigen, oft schlechten Straßen mindestens einen, besser zwei Tage einplanen.

Reiseplanung Ein Allradfahrzeug ist empfehlenswert. Wer das Old Tavern Coffee Estate besichtigen will, muss sich vorher anmelden.

Tipp Der größte Teil des Blue-Mountain-Kaffees wird von Kleinbauern angepflanzt, die sich meist über Besucher freuen.

Websites www.discoverjamaica.com, www.insel-jamaika.de, www.oldtaverncoffee.com

HIGHLIGHTS

- In Mavis Bank lassen sich die **berauschenden Ausblicke** auf das Tal des Yallahs River und den Blue Mountain Peak (mit 2256 Metern der höchste Berg der Insel) genießen.

- Zwischen Content Gap und Silver Hill führt von der staatlichen Baumschule Clydesdale ein vier Kilometer langer Weg durch den wunderschönen (aber etwas vernachlässigten) **Botanischen Garten Cinchona**.

- Sich in Section das **Old Tavern Coffee Estate** von Alex Twyman anschauen, die einzige Pflanzung in den Blue Mountains, die ihren eigenen Kaffee produziert.

Der vulkanische Boden gibt den Kaffeebohnen aus den Blue Mountains ihren charakteristischen Geschmack.

Top 10 Gourmettempel

Manche Spitzenrestaurants und ihre lukullischen Aushängeschilder sind eine Reise um den halben Erdball wert.

❶ Peter Luger Steak House, New York, USA

Seit 1887 überqueren steakbesessene New Yorker die Brooklyn Bridge, um das angeblich beste Rindfleisch der Vereinigten Staaten zu essen. Ausgesuchtes, perfekt marmoriertes und abgehangenes Roastbeef wird kurz gebraten und in Portionen serviert, die meist für zwei hungrige Esser reichen. Hier bezahlt man nicht für schickes Ambiente, sondern für die einmalige Fleischqualität.

Reiseplanung Das Restaurant akzeptiert keine Kreditkarten.
www.peterluger.com

❷ The French Laundry, Yountville, Kalifornien, USA

Das Restaurant des Küchenchefs Thomas Keller schafft es auf wirklich alle Top-Ten-Listen der USA. Er kocht nur mit saisonalen Zutaten von Erzeugern seines Vertrauens. Sein Markenzeichen ist das täglich wechselnde, neungängige Degustationsmenü. Es überrascht mit Kreationen wie „Oysters and Pearls", einer delikaten Creme aus Tapiokakügelchen, garniert mit Kaviar und Austern.

Reiseplanung Drei bis vier Stunden einplanen, um jedem Gericht die gebührende Aufmerksamkeit widmen zu können.
www.frenchlaundry.com

❸ Antoine's, New Orleans, Louisiana, USA

Die Grande Dame unter den amerikanischen Restaurants wird seit 1840 von derselben Familie geführt. Hier haben schon Präsidenten, Royals und Hollywoodstars geschlemmt. Berühmt wurde das Antoine's mit seinen 1899 kreierten „Oysters Rockefeller", deren Sauce so üppig war, dass der damals reichste Amerikaner als Namenspate gerade gut genug war. Viele haben erfolglos versucht, das Gericht nachzukochen: Das Rezept ist bis heute geheim.

Reiseplanung Der Dresscode schreibt für männliche Gäste Jackett vor.
www.antoines.com

❹ Beijing Dadong Kaoya Dian („Pekingente"), Peking, China

Pekingente gibt's mittlerweile in jeder Tiefkühltruhe. Aber die hat nichts zu tun mit der knusprigen Haut, dem saftigen Fleisch und der intensiven Würze des chinesischen Klassikers im Beijing Dadong Kaoya Dian. Dort sucht sich jeder seine Lieblingshäppchen aus, wickelt sie in Pfannkuchen und genießt.

Reiseplanung Tischbestellung erforderlich (am besten über die Hotelrezeption).
Adresse: Tuanjie Hu Beikou, Building 3.

Die Sachertorte wurde erfunden, als Fürst Metternich nach einem ganz besonderen Dessert verlangte. Doch sein Leibkoch war krank, und so sprang der 16-jährige Lehrling Franz Sacher in die Bresche.

5 49 Bat Dan Street, Hanoi, Vietnam

Nichts geht den Vietnamesen über ihr Nationalgericht *pho*, eine kräftige Fleischbrühe mit Nudeln, Rindfleisch- oder Geflügelstücken, Ingwer, Gewürzen und Kräutern. Und in Hanoi soll sie am leckersten schmecken. Unter den vielen Lokalen und Straßenständen ist der in 49 Bat Dan Street bei Einheimischen wie Touristen eindeutig der Favorit.

Reiseplanung Hier ist Spontaneität gefragt. Wer lange Schlangen hungriger Gäste vor einem Stand sieht, stellt sich am besten mit an.

6 Hotel Sacher, Wien, Österreich

Was haben der berühmteste Schokoladenkuchen der Welt – die Sachertorte – und ein Walzer von Strauss gemeinsam? Genau, sie sind der Inbegriff der Wiener Kaffeehauskultur im 19. Jahrhundert. Franz Sachers Kreation von 1832 mit der Schicht Marillenkonfitüre zwischen zwei dunklen Böden wird mit Schlagobers serviert. Das Traditionshaus ließ sein Sohn 1876 bauen.

Reiseplanung Das Sacher ist ein Luxushotel; auch im Café ist entsprechende Kleidung angebracht. www.sacher.com

7 Harry's Bar, Venedig, Italien

Der Gipfel des Vergnügens in Venedig ist, sich einen „Bellini" zu gönnen, und zwar dort, wo der Aperitif aus frischem Pfirsichsaft und Prosecco erfunden wurde. Namenspatron ist der Maler Giovanni Bellini aus dem 15. Jahrhundert. Die Bar ist seit ihrem Auftritt in Ernest Hemingways Roman „Über den Fluss und in die Wälder" Kult!

Reiseplanung Essen gehen bei Harry ist teuer. Sparsame beschränken sich auf einen Drink an der Bar. www.cipriani.com

8 L'Atelier de Joël Robuchon, Paris, Frankreich

Robuchon gilt als der einflussreichste französische Koch seiner Generation. Er predigt zwar Einfachheit und unverfälschten Geschmack, aber seine Küche ist alles andere als karg: Auf der Karte stehen Trüffel und Kaviar, aber in Begleitung von Blumenkohl oder himmlisch flaumigem Kartoffelpüree.

Reiseplanung Das Atelier hat keine Tische, sondern eine lange Theke mit Barhockern. www.hotel-pont-royal.com

9 The Fat Duck, Bray, Berkshire, England

Starkoch Heston Blumenthal hat die geliebten *chips* der Engländer in eine kulinarische Legende verwandelt. Bei ihm erreichen sie erst nach dreitägiger Vorbereitung mit Räuchern über Heu und unter Einsatz abenteuerlicher Küchentechniken ihre knusprig-zarte Perfektion.

Reiseplanung An den Tischen des Restaurants haben jeweils maximal sechs Gäste Platz. www.fatduck.co.uk

10 El Bulli, Cala Montjoi, Katalonien, Spanien

Küchenrevolutionär Ferran Adrià setzt auf Wissenschaft, Kunst und humorvolle Spielerei und hat mit seiner Molekularküche einen Trend gesetzt. Er liebt es, altbekannte Gerichte auseinanderzunehmen und neu zusammenzusetzen, zum Beispiel Ravioli, die er mit Tintenfisch statt Pastateig umhüllt.

Reiseplanung Das El Bulli öffnet nur im Sommer, bekommt aber jährlich 800 000 Anfragen. Deshalb unbedingt ein Jahr im Voraus reservieren. www.elbulli.com

AUF SUSHI-TOUR DURCH TOKIO

Der Weg durch die unzähligen Sushi-Restaurants in Tokio führt in den ultimativen Sushi-Himmel.

Der Morgen könnte in Tsukiji beginnen, auf dem weltgrößten Fischmarkt. Ab sieben Uhr haben die Stände geöffnet. Ein Großteil der Ware landet in den Sushi-Lokalen. Auf dem Markt sind die Schlangen vor Sushi Dai und Daiwa Sushi am längsten, denn nirgendwo sonst gibt es die leckeren Häppchen so frisch. Wer nicht anstehen will, bestellt sich in einem der Lokale am Rand des Markts *donburi*, eine große Portion Reis mit Thunfisch, Lachs, *ikura* (Lachsrogen), Krebs und Seeigelrogen. Nun geht es die Harumi-dori entlang nach Ginza, wo man in den Lebensmittelabteilungen der Kaufhäuser Mitsukoshi und Matsuya verschiedene Sushi-Varianten studieren kann: Reis, mit Fisch- und Gemüsestückchen bestreut, heißt *chirashizushi*, die mit essigsaurem oder gekochtem Fisch belegten Würfel aus gepresstem Reis sind *oshizushi* und die Röllchen werden *makizushi* genannt. Die Krönung ist ein Abendessen im Kyubey Sushi in Ginza: Dort wird der Fisch mit einem eleganten Messerschwung zerteilt, der gesäuerte Klebreis zu Häppchen geformt, mit einem Tupfer *wasabi* garniert und mit einem Stück Fisch angerichtet. Jetzt wird das Sushi nur noch mit der Fischseite in Sojasauce gedippt, bevor es sein Geschmacksfeuerwerk im Mund entfalten kann.

Beste Reisezeit Ganzjährig.

Reisedauer Ein Tag oder häppchenweise auf mehrere Tage aufteilen.

Reiseplanung Die Linien Hibiya und Odeo fahren zum Tsukiji-Markt. Da traditionelle Sushi-Restaurants sehr teuer sein können, lässt man sich am besten vorher beraten und nimmt vielleicht einen Übersetzer mit, da nicht alle eine englische Speisekarte haben. In *kaiten-zushi*-Lokalen defilieren die Häppchen auf Fließbändern an den Gästen vorbei und sind preisgünstiger.

Tipp Zwischen den Gängen ein Stückchen eingelegten Ingwer essen, das neutralisiert den Gaumen und verstärkt die Aromen. Meist wird zu Sushi Tee oder Bier (nicht Sake) getrunken.

Websites www.jnto.de, www.japan-tipp.de, www.tsukiji-market.or.jp

HIGHLIGHTS

- Es gibt sogar Führungen durch den **klinisch sauberen Tsukiji-Fischmarkt**. Obwohl hier täglich tonnenweise Ware verkauft wird, riecht es überhaupt nicht nach Fisch.

- Leicht gegrillter **Meeraal** *(anago)* mit einem Hauch süßer Sojasauce, cremiger **Seeigelrogen** *(uni)* und **Bonito** *(katsuo)* mit etwas Schnittlauch und Ingwer schmecken einfach göttlich!

In einem von Tokios unzähligen Sushi-Restaurants zu schlemmen ist beim Besuch der Hauptstadt ein absolutes Muss!

Eine fliegende Händlerin verkauft vom Boot aus Dampfbrötchen.

VIETNAM

DIE KÜCHE VIETNAMS

Auf einer Gourmetreise quer durch Vietnam vereinen sich Kultur und Küche zum spannenden Gesamterlebnis.

Ein paar Korianderblättchen schwimmen auf dampfender *pho*, Vietnams allgegenwärtiger Nudelsuppe. Dickflüssiger, schwarzer Kaffee tropft in weiße Mokkatässchen. Knusprige Baguettestangen werden im Korb eines Motorrollers durchgerüttelt. Ganz Vietnam steckt voller frischer, intensiver Aromen und über die Küche gelingt der Einstieg in die Landeskultur am besten. *Cha ca* (gebratener Fisch) in Hanoi, *banh beo* (Reismehlpfannkuchen mit Shrimps, Frühlingszwiebeln und Fischsauce) in Hue und *banh mi* (belegtes Baguette) vom Straßenstand in Ho-Chi-Minh-Stadt (Saigon) sind nur einige der Leckereien. Viele Gerichte erinnern mit ihrem chinesischen, kambodschanischen oder französischen Einschlag an die Kolonialzeit. Koriander, Thaibasilikum, Frühlingszwiebeln, Sojabohnensprossen oder *nuoc nam* (Fischsauce) sind fast überall dabei. Kochkurse beginnen immer auf dem Markt mit seinen Bergen von Mandarinen, Kokosnüssen und getrockneten Shrimps, deren kegelförmige Haufen den Strohhüten ähneln, unter denen die Händler dösen. Nur keine Hemmungen: Sie sind sofort hellwach, wenn es um ein Schwätzchen und ums Handeln geht, auch wenn ein Nicken und ein paar *dong* die einzigen Verständigungsmittel sind.

Beste Reisezeit Zwischen November und April, wenn es fast überall trocken ist. Von Juni bis August herrscht meist schwüle Hitze, unterbrochen von teilweise heftigen Schauern.

Reisedauer Zehn bis 14 Tage sind ideal, um Vietnams kulinarische Regionen gründlich zu erforschen.

Reiseplanung Ein spezialisierter Reiseveranstalter kennt die besten Adressen für authentische Esserlebnisse, auch abseits der ausgetretenen Touristenpfade.

Tipp Straßenstände sind kulinarische Fundgruben, aber Vorsicht bei allem, was nicht gekocht ist!

Websites www.expenova.com, www.buffalotours.de, www.vietnamtourism.com

HIGHLIGHTS

- Beim Abendessen in einer restaurierten **Kolonialvilla** in Hanoi mit Deckenventilatoren und Kerzenschein fühlt man sich wie in einem Film.
- Wer sich von einer **Starköchin** durch das Marktgetümmel lotsen lässt, kann ihr anschließend in der Küche über die Schulter schauen.
- Kochen Sie in Hanoi mit buddhistischen Nonnen ein **vegetarisches Mittagessen** und lernen Sie beim gemeinsamen Mahl ihre Lebensweise kennen.
- **Königlich schlemmen** lässt es sich in den ehemaligen Gemächern einer echten Prinzessin in Hue.

PERM

Thailand kulinarisch

Eine Genussreise durch die exotische, vielfältige Küche dieses uralten Königreichs.

Es brutzelt und zischt auf den Straßen Bangkoks. Marinade tropft von gegrillten Hühnerbeinen und Schweinerippchen. Duft und Lärm der Straßenstände erfüllen die Luft und machen Lust auf Nudeln, frittierte Bananen und Currys mit Kokosmilch oder auf einen Teller Reisbrei mit pochiertem Ei zum Frühstück. Motorräder knattern durch das Gewühl, mit zwei, drei oder sogar vier Passagieren, die geschickt ihren Snack balancieren. Viele Gerichte haben in Thailand auch eine spirituelle Dimension. Ein Teller mit Eiern symbolisiert bei den Buddhisten Wiedergeburt oder Erfolg, eine Lotusblüte steht für Reinheit. Im *wat* (buddhistischer Tempel) des Königspalasts in Bangkok werden Hühnchen, Klebreis, Shrimpspaste, Früchte, ein grünes Gemüse und Wasser in sechs kleinen weißen Schälchen als Opfer dargebracht. Chiang Mai erwartet Besucher mit Märkten, der Besichtigung einer Nudelfabrik und mit raffinierten Traditionsgerichten. Von dort bietet sich eine Spritztour nach Tha Ton am Kok River an. Auf dem Land werden undefinierbare, mal haarige, mal stachelige Früchte angeboten, die Verkäufer im Sarong zerschneiden, schälen oder aufhacken, um an ihren saftigen, glibberigen oder süßen Inhalt zu kommen. Und überall ist das Wasser aus jungen Kokosnüssen der beste Durstlöscher.

Beste Reisezeit Wer große Hitze und Regen vermeiden will, ist überall in Thailand zwischen November und März am besten dran. In Bangkok ist es im April heiß, im Oktober nass. Von April bis Juni, wenn fast ganz Thailand in der Gluthitze kocht, ist es im Süden erträglicher.

Reisedauer Um auf den Thailand-Geschmack zu kommen, neun bis 14 Tage einplanen.

Reiseplanung Ideal sind Reiseagenturen mit einheimischen Führern, die sich auskennen und alle exotischen Gerichte und Zutaten erklären können. Oder man sucht sich in jeder Stadt eine Kochschule.

Tipp Lassen Sie sich bei der Wahl des Straßenstands von den Einheimischen leiten und bestellen Sie das Gleiche wie sie, um wirklich authentische Gerichte kennenzulernen.

Websites www.expenova.com, www.thailandtourismus.de, www.bangkok.com/thai-cooking-class, www.thaicookeryschool.com, www.baipai.com, www.thaihouse.co.th

HIGHLIGHTS

- Der quirlige Markt in Bangkok bietet Galgantwurzeln, Thai-Basilikum, Kaffirlimonen und Koriander. Daraus lässt sich im **Thaikochkurs** etwas Leckeres zaubern.
- Fahren Sie früh am Morgen zum **schwimmenden Markt Damnoen Saduak** in Bangkoks Südwesten und folgen Sie den Händlern in einem der Boote in die *klongs* (Kanäle), wo sie um die tropischen Früchte, Gemüse und Blumen feilschen.
- Während des traditionell zubereiteten Mahls im **Kulturzentrum Old Chiang Mai** wirbeln Artisten beim Zwölf-Schwerter-Tanz, Kerzentanz und Fingernageltanz.
- Was in der Kochhütte eines **Lahu-Dorfs** frisch zubereitet wurde, wird in der Bambushütte direkt nebenan serviert, während sich die Kinder des Dorfs anschleichen, um die exotischen Gäste zu bestaunen.

Gegenüber: Die Boote der Händler drängen sich auf dem schwimmenden Markt von Damnoen Saduak bei Bangkok. Oben links: Die haarige, rote Rambutan ähnelt der Litschi und ist typisch für Thailand. Oben rechts: „Das Auge isst mit" könnte der Wahlspruch der Thaiküche sein.

MALAYSIA

Schmelztiegel Malaysia

Ob Straßenstände oder feine Restaurants: Essen ist in Malaysia immer eine lebendige, farbenfrohe Angelegenheit.

Singapur ist ein idealer Ausgangspunkt für die kulinarische Reise durch die malaiische Halbinsel, vom heißen, flachen Süden bis zu den Dschungeln des hügeligen Nordens. Chinesische, indische und arabische Händler haben hier in den letzten 2000 Jahren ihre kulinarischen Visitenkarten hinterlassen. Im alten Gewürzhafen Malakka an der Westküste äußert sich das bei der malaiischen Version der Frühlingsrolle, *popiah*, die mit Yambohnen gefüllt und mit Erdnusssauce serviert wird. Auch in der Hauptstadt Kuala Lumpur mit ihren drei Millionen Einwohnern sind drei Völkergruppen mit ihren typischen Rezepten vertreten: In Chinatown duftet es nach Hokkien-Nudeln und Reis mit Hähnchen aus Hainan. In Brickfields schmurgeln die mit südindischen Gewürzmischungen geschärften Currys. Kampung Baru ist dagegen fest in malaiischer Hand und steuert zum Beispiel *nasi lemak* bei, ein Reisgericht mit delikatem Ingweraroma. Alle drei Landesküchen vereinen sich in für Kuala Lumpur typischen Spezialitäten wie *kare laksa*, dem vielleicht leckersten Nudelgericht Südostasiens (wenn nicht der ganzen Welt). Krönender Abschluss der Reise ist George Town auf der Insel Penang. Hier erreicht die südostasiatische Garküche ihren Höhepunkt: Buchstäblich jeder Zentimeter freier Fläche ist mit Essensständen besetzt und der Bummel durch die Stadt ist eine einzige kulinarische Verlockung.

Beste Reisezeit Warm ist es das ganze Jahr. April/Mai und Oktober/November sind die Regenzeiten, aber die Regengüsse dauern nie wirklich lang.

Reisedauer Ideal wäre ein Monat, aber die beschriebene Tour ist auch in zwei Wochen zu bewältigen.

Reiseplanung Sie können die gesamte Strecke mit dem Zug oder einer Kombination aus Zug und Bus zurücklegen. Zugfahrer müssen in Tampin nach Malakka umsteigen. Die Fähre nach Penang legt in Butterworth ab.

Tipp Gegessen wird mit den Fingern der rechten Hand, ohne Besteck. Mit den Fingerspitzen etwas Essen aufnehmen und zu einem häppchengroßen Bällchen formen, das mit dem Daumen von den Fingerspitzen abgestreift und in den Mund geschoben wird. Nur Nudeln isst fast jeder mit Stäbchen.

Website www.motour.gov.my

HIGHLIGHTS

- Fahnden Sie in Singapur nach **ketam lada hitam** (Schlammkrabben mit schwarzem Pfeffer): Straßenstände verkaufen die mit Ingwer, frischem Kurkuma und schwarzem Pfeffer gewürzte Spezialität.

- Frisch vom Grill ist das Holzkohlearoma von **Satéspießen** noch richtig intensiv. Die Spezialität geht wahrscheinlich auf arabische Gewürzhändler zurück, die im 8. Jahrhundert nach Java und Indonesien kamen und ihr Kebab mitbrachten. Das wurde von den Einheimischen aufgegriffen und mit eigenen Würzzutaten (frischem Koriander, Ingwer, Galgantwurzel, Zitronengras, Knoblauch, Frühlingszwiebeln) abgewandelt.

- Malaysia ist ein Snackparadies, in dem der Straßenstand zur Kunstform avancierte. Deshalb unbedingt ein **Hawker Center** besuchen (Straßenhändler heißen hier *hawker*), wo bis zu 300 Straßenköche unter unablässig sirrenden Ventilatoren zu Hochform auflaufen.

Gegenüber: Mit handgeknüpften Netzen beschaffen malaiische Fischer die Hauptzutaten der Landesküche: Fisch, Hummer, Tintenfisch und Krabben. Oben: Gewürze spielen eine wichtige Rolle. Nelken (links) sind getrocknete Blütenknospen und würzen vor allem Currys; Muskatnüsse (rechts) werden auch für Süßspeisen verwendet.

INDIEN

DIE KÜCHE GOAS

Goas spezieller Mix aus indischen und westlichen Einflüssen prägt die Kultur, Architektur und ganz besonders die Küche der Region.

Hier erwartet Sie der gemächliche Rhythmus eines tropischen Paradieses mit Traumstränden und malerischen Winkeln, zum Beispiel in Velha Goa, der früheren portugiesischen Provinzhauptstadt. Ob man dort an Kirchen im Kolonialstil vorbeispaziert und einen erfrischenden *feni*-Cocktail trinkt oder ins zehn Kilometer entfernte Panaji (oder Pajim), die heutige Hauptstadt, fährt und sich dort ein feuriges Garnelen-*balchhão* gönnt: Goas Vergangenheit ist überall lebendig. Deswegen stehen hier auch Rind- und Schweinefleisch auf den Speisekarten, in Indien eine Seltenheit. Ein traditionelles Festmahl der Katholiken ist Schweine-*vindaloo* (oder *vindalho*), das stundenlang köchelt und sehr scharf gewürzt wird. Überhaupt hat jede Kultur hier ihre eigenen Küchenkniffe: Wenn das gewisse Etwas fehlt, greifen Christen gern zur Essigflasche, während Hindus auf Tamarinde und Kokum (eine säuerliche, dunkelrote Frucht) schwören. Fisch und Meeresfrüchte werden (mit Limettensaft und Mango) zum leckeren Fischcurry oder zu einem süß-scharfen *ambot tik*. Chilis sind beliebt, dominieren aber nicht die Marinaden und Gewürzpasten. Dafür spielt Kokosnuss eine Schlüsselrolle; sie macht Gerichte gehaltvoller und bricht die Schärfe. Süßschnäbel werden von *bebinca* schwärmen, einer Art Schichttorte aus Kokosmilch und Eiern, deren stundenlange Zubereitung beweist, dass Hektik in Goa ein Fremdwort ist.

Beste Reisezeit Oktober bis März. Im April und Mai wird es sehr heiß, von Juni bis September ist Regenzeit.

Reisedauer Rund zehn Tage.

Reiseplanung Anfang Dezember werden Zimmer wegen Festivals und Pilgern knapp, deshalb rechtzeitig buchen. In der Weihnachtszeit steigen Zimmerpreise bis aufs Doppelte. Selbst fahren ist hier unüblich, die meisten nehmen einen Mietwagen mit Chauffeur oder Taxis.

Tipp Obwohl die Palmblatthütten an manchen Stränden Nordgoas von Hotelkomplexen und Ferienanlagen verdrängt wurden, findet jeder noch ein ruhiges Plätzchen, zum Beispiel am Bambolin Beach zum Picknick oder am Candolim Beach, der bei Ausländern beliebt, aber nicht überfüllt ist.

Websites www.india-tourism.com/EN, www.goacentral.com

HIGHLIGHTS

- Freitags strömt alles zum **Basar** in Mapusa, einer geschäftigen Stadt in Nordgoa.
- Von den Naturparks Goas ist das **Bondla Wildlife Sanctuary** am einfachsten zu erreichen. Neben Elefantenreiten und Safaris lockt auch ein Botanischer Garten mit heimischen Kräutern und Gewürzen.
- *Rechad masala*, eine scharfe **Gewürzpaste**, gilt als Spezialität Goas und kommt in Currys, Fleisch- und Fischmarinaden zum Einsatz.
- *Feni* ist ein hochprozentiges alkoholisches Getränk, das aus Cashewfrüchten oder dem Saft der Kokospalme gebrannt und mit Fruchtsaft gemixt als **erfrischender Cocktail** serviert wird.

Gegenüber: Erntehelferinnen in einem Meer von Chilischoten, die Goas Küche prägen. Oben links: Obststände wie dieser machen Panajis Straßen zur Idylle. Oben rechts: Der Marktstand verschwindet schier unter Bergen von frischem Gemüse, das in den Gemüseeintopf *kahtkhate* wandert.

Teeplantagen in Sri Lanka

Eine Tour zu den malerischen Teepflanzungen in Sri Lanka macht Lust darauf, die Eindrücke bei einer Tasse Tee sacken zu lassen.

Angesichts der endlosen grünen Teefelder fällt es schwer zu glauben, dass diese Pflanze nur durch einen Zufall nach Sri Lanka kam: Als die Kaffeeernten Ende der 1860er Jahre einer Krankheit zum Opfer fielen, verlegte man sich auf Tee. Er wächst auf der Südhälfte der Insel; die Sorten variieren je nach Höhenlage. Galle im Südwesten hat sich auf Orange Pekoe spezialisiert, der Tee aus Ratnapura eignet sich gut für Mischungen. Von dort windet sich die Straße die grünen Berghänge hinauf, wo Farmhäuser und Teefabriken als weiße Pünktchen hervorblitzen. In der Provinz Dimbula werden die besten Qualitäten im Winter geerntet, die milden Sorten der Provinz Uva wachsen im Sommer. In der ehemaligen Hauptstadt Kandy locken neben Tee auch Tempel und Paläste. Und die besten Ceylon-Tees, goldene Aromawunder, kommen aus Nuwara Eliya. Die idyllische Stadt inmitten von Blumengärten bietet sich als Basisquartier für Exkursionen ins Hochland an: Wer früh aufbricht, sieht Frauen die berühmten „zwei Blätter und eine Knospe" pflücken, während in der Ferne ein Wasserfall rauscht und der Duft frisch gerösteter Teeblätter in der Nase kitzelt.

Beste Reisezeit Der beste Tee wird in der Trockenzeit geerntet (im Osten im Sommer, im Westen im Winter).

Reisedauer Für das Hochland eine Woche. Wer auch Galle und Ratnapura sehen will, plant vier bis fünf Tage mehr ein.

Reiseplanung Allzu legere Kleidung zu Hause lassen. Nuwara Eliya liegt 1890 Meter hoch, deshalb etwas Warmes für kühle Nächte und ansonsten Baumwollkleidung einpacken. Im August, während der Kandy-Perahera-Feste, sind Zimmer dort knapp, deshalb rechtzeitig buchen! Angesichts der angespannten politischen Lage ist es ratsam, vor Abreise die aktuellen Sicherheitshinweise abzufragen.

Tipp Wer keine feste Tour gebucht hat, kann sich bei einer Agentur vor Ort einen Pkw mit Fahrer mieten (Preis vorher aushandeln!). So höflich, freundlich und offen wie die Bewohner Sri Lankas sollten sich auch Besucher verhalten; Geschenke werden großzügig verteilt und auch gerne entgegengenommen.

Website www.teatrails.com

HIGHLIGHTS

- Ein Besuch in einer **Teefabrik** enthüllt die Geheimnisse der Teeverarbeitung und der zahlreichen Qualitätsabstufungen; ein Aufguss frischester Ware weckt die Lebensgeister.

- In der **Morgendämmerung im Hochland** heben sich die Nebelschleier und die ersten Ceylon-Nektarvögel schwirren durch die Luft.

- Beim **Picknick** an einem Wasserfall schweift der Blick über die Teepflanzungen bis zum heiligen Berg Adam's Peak (Sri Pada), wo sich im Winter Pilger treffen.

- Quartiere der besonderen Art bietet eine **umgebaute Teefabrik:** Die Luxuszimmer im früheren Trockenboden sind mit Originalgerätschaften eingerichtet.

Teepflückerinnen im Hochland von Sri Lanka.

Blick vom Pier in Bruichladdich, der Heimat einer der Brennereien von Islay.

SCHOTTLAND

Schottischer Whisky

Eine Pilgerfahrt durch die Highlands und die Inneren Hebriden zu den Quellen des „Wassers des Lebens".

Die Natur prägt den Charakter der wunderbaren schottischen Malt Whiskys – die vom Meer umtoste Küste und die Torfmoore von Islay und Jura, die sumpfige Heidelandschaft und die versteckten Schluchten der Highlands. Eine Reise zu den ehrwürdigen Brennereien ist wie eine Reise zur Seele dieses bernsteinfarbenen Lebenselixiers selbst. Wer bei dem Gedanken an weite Natur und feinsten Scotch Herzklopfen bekommt, sollte sich auf zwei Regionen konzentrieren: Speyside im Nordosten Schottlands und die kleinen Inseln Islay und Jura vor der Westküste. Die vielen berühmten Marken dieser Gegenden stehen für zwei ganz unterschiedliche Klassiker: Die Whiskys von Speyside schmecken süßlich-mild, mit intensiven Fruchtnoten. Von Islay und Jura kommen kräftige, rauchige Whiskys mit starkem Eigengeschmack. Natürlich kann man beide Regionen für sich besuchen. Aber wer sie in eine Reise packt, entdeckt unterwegs auch noch eines der schönsten kleinen Länder der Welt.

Beste Reisezeit Das schottische Wetter ist sehr wechselhaft, zeigt sich aber normalerweise von April bis September von seiner besten Seite.

Reisedauer Für beide Regionen jeweils mindestens zwei, drei Tage. Wer beide Ziele miteinander verbindet, sollte einen Zwischenstopp einlegen, entweder in Edinburgh oder im quirligen Glasgow.

Reiseplanung Manche Brennereibesichtigungen müssen Sie vorher buchen. Die Region Speyside ist von Glasgow oder Edinburgh aus per Zug oder Pkw zu erreichen. Nach Islay geht ab Glasgow ein Flug und ab Kennacraig auf der Halbinsel Kintyre eine Fähre. Von Islay geht auch eine Fähre nach Jura.

Tipp Auf die Promillegrenze wird in Schottland streng geachtet. Wer die Kostproben der Brennereien ohne schlechtes Gewissen genießen will, sollte einen abstinenten Reisepartner dabei haben.

Websites www.maltwhiskytrail.com, www.islay.co.uk, www.undiscoveredscotland.co.uk

HIGHLIGHTS

- Ein guter Schluck rundet die Besichtigung der **riesigen Kupferbrennblasen** in der Glen Grant Distillery in Rothes (Speyside) ab.
- Genießen Sie an einem Sommerabend den einheimischen **Malt** in einer der Kneipen Speysides, während die Schatten der Grampian Mountains langsam länger werden.
- Eine Erkundungstour zu den **netten, kleinen Brennereien** an Islays felsiger Küste führt auch an Burgruinen, Robben und Vogelkolonien vorbei.

SLOW FOOD IN DER TOSKANA

Fastfood ade: In einer der beliebtesten Regionen Italiens sollte man sich für die liebevoll zubereiteten Klassiker Zeit nehmen.

Die internationale Slow-Food-Bewegung will regionale Küchentraditionen erhalten und die nachhaltige Produktion der heimischen Zutaten fördern. Sie wurde von einem Italiener initiiert und hat ihren Stammsitz im Piemont, aber auch die Toskana eignet sich als Anschauungsbeispiel für diese Philosophie. Die Bewohner dieser Region schwören auf ihre bodenständige Küche, verteidigen die alten Rezepte mit Leidenschaft und erwarten ungeduldig die Spezialitäten jeder Saison. Im Winter sind das dicke Bohnensuppen – die ihnen bei ihren Landsleuten den Spottnamen *mangiafagioli* („Bohnenfresser") einbrachten –, dunkelgrüner *cavolo nero* (Schwarzkohl, ein Verwandter des Grünkohls) und *farro* (Dinkel). Frühling und Sommer verwöhnen mit leichteren Genüssen wie frisch ausgepulte dicke Bohnen, die mit jungem Pecorino gegessen werden. Im Herbst liefern die Wälder Steinpilze, Wild und Kastanien. Rustikales Sauerteigbrot, am Spieß gegrilltes Fleisch und *pappardelle* (breite Nudeln, die traditionell mit Hasenragout serviert werden) schmecken das ganze Jahr über. Die von der Renaissance geprägten Städte der Toskana sind für diese Gaumenfreuden die perfekte Kulisse.

Beste Reisezeit Jede Saison hat ihre Spezialitäten, deswegen gibt es für Gourmets keine ungünstige Jahreszeit. Aber viele Familienbetriebe sind im August geschlossen, und die Landschaft ist im Frühjahr und Herbst besonders attraktiv.

Reisedauer Mindestens fünf Tage im Pkw plus Zeit, um die romantischen Städte, Dörfer und Gegenden zu erkunden.

Reiseplanung Siena, Florenz und Lucca sind ideale Ausgangspunkte für Tagesausflüge. Alternativ kann man sich auf einem Bauernhof, der *agriturismo* (Urlaub auf dem Land) anbietet, ein Zimmer nehmen.

Tipp In Dörfern und Kleinstädten kündigen Plakate (meist am Rathaus oder Marktplatz) die *sagras* an. Das sind Feste, die einer lokalen Spezialität gewidmet sind und bei denen öffentlich getafelt wird.

Websites www.slowfood.com, www.agriturismo.com, www.maremma-toskana.de

HIGHLIGHTS

■ Die Salami **Finocchiona** hat ihren Namen von den wilden Fenchelsamen, mit denen sie verfeinert ist. Sie ist nur eine der vielen lokalen Fleisch- und Wurstspezialitäten, die als Vorspeisenteller in vielen Restaurants und *osterie* (Weinstuben) serviert werden.

■ Kaufen Sie **natives Olivenöl** direkt von der Ölmühle. Davon gibt es Hunderte, vom Ein-Mann-Unternehmen bis zum Großbetrieb.

■ Das **Bistecca alla Fiorentina** stammt vom seltenen Chianina-Rind. Das dicke, saftige T-Bone-Steak wird über Holzkohle gegrillt.

■ Aus den **Weingütern** der Region kommen klassischer Chianti, edler Brunello di Montalcino und spritzige Weißweine wie Vernaccia di San Gimignano.

In der Auslage dieses alteingesessenen Feinkostgeschäfts drängen sich Salamis und luftgetrocknete Schinken.

ITALIEN

Trüffeln und Pilze

Hier lockt die Jagd auf eine der rarsten und teuersten Gaumenfreuden: die weiße Trüffel von Alba.

Für Freunde leiblicher Genüsse ist Italien zu jeder Jahreszeit ein lohnendes Ziel. Aber wer im Herbst Zeit für einen kurzen Abstecher nach Alba findet, ein mittelalterliches Städtchen in den malerischen Weinbergen der Langhe südöstlich von Turin, erlebt einen der großen kulinarischen Momente des Landes. Denn da sprießen nicht nur die Pilze – allen voran der aromatische Steinpilz –, sondern auch die begehrteste aller Knollen mit ihrem unvergleichlichen, intensiven Geschmack: die weiße Trüffel. Speziell dafür ausgebildete Hunde erschnuppern dieses köstliche Juwel, das in der Nähe von Baumwurzeln wächst. Je nach Baumart (Eiche, Pappel, Linde, Weide) variiert die Farbe der Trüffel von weiß über grau bis braun. Auf den Trüffelmessen in Alba und Umgebung bezahlen Küchenchefs astronomische Summen für den „weißen Diamanten". Ungünstiges Wetter verknappt das Angebot und lässt die Preise innerhalb von Tagen auf das Doppelte steigen. Aber wenn es Trüffeln gibt, greifen alle zu: Kein Gericht auf den Speisekarten, das nicht den Zusatz „mit Trüffel" hätte, und sobald sich eine Restauranttür öffnet, wird man von ihrem betörenden Duft fast betäubt.

Beste Reisezeit Herbst; die Trüffelmesse in Alba geht den ganzen Oktober über. Auch in Asti, Acqui Terme und anderen Orten finden im Oktober und November Trüffelmärkte statt. Ab Ende September konzentrieren sich die Restaurants auf Wildpilze und Trüffeln.

Reisedauer Drei bis fünf Tage für eine gemütliche Rundreise im Pkw.

Reiseplanung Wer zur Trüffelmesse nach Alba will, sollte rechtzeitig ein Hotelzimmer buchen.

Tipp Weiße Trüffeln werden nicht gekocht, sondern roh über verschiedene Gerichte gehobelt. Als Konserve (eingelegt oder als Paste) verliert die Trüffel an Geschmack und lohnt sich nicht als Souvenir.

Website www.saporidilanga.com

HIGHLIGHTS

- Ein himmlischer Genuss ist eine Portion *tajarin* (die im Piemont übliche eierreiche Pasta) mit einem Stich Butter, über die feine Späne **roher weißer Trüffel** gehobelt werden.
- Das köstliche Aroma und die herrliche Konsistenz frischer **Steinpilze** machen sich besonders gut in einem perfekt zubereiteten Risotto.
- Auf Märkten und Messen gibt es **lokale gastronomische Leckereien** zu entdecken: mit Barolo aromatisierte Salami, Kastanienhonig, Käse wie *bruz* oder piemontesischer Ricotta.

Erwartungsvoll beobachtet ein *trifolau* (Trüffelsucher) seinen Hund beim Erschnüffeln der wertvollen Knolle.

Top 10 Weine aus Italien

Vom Piemont über die Toskana bis Sizilien liefern Italiens abwechslungsreiche Regionen wunderbare (und oft unbekannte) Tropfen.

❶ Blanc de Morgex et de La Salle, Aostatal

Besucher dieser alpinen Weinregion sollten sich warm anziehen und ihr Italienisch vergessen: Hier spricht man Französisch. Aber vielleicht ist der Panoramablick auf die Berge so atemberaubend, dass man gar nicht reden will. Das Aostatal ist Europas höchstes Anbaugebiet mit dem kleinsten Ertrag, doch das feine Bergwiesenaroma seiner Weißweine lohnt den Aufstieg!

Reiseplanung Wer nicht nach Turin, sondern nach Genf fliegt, muss bis Morgex zwar 13 Kilometer länger fahren, erlebt dafür aber unterwegs die französischen Alpen in ihrer ganzen Pracht. www.de.yndella.com

❷ Franciacorta, Lombardei

Die Franciacorta-Weintour führt durch malerische mittelalterliche Städtchen, wo einer der besten Schaumweine Italiens gekeltert wird. Kreative Winzer haben die traditionellen Kellermethoden entstaubt, so dass die heutigen Qualitäten mit Champagner durchaus mithalten können. Und engagierte Küchenchefs machen die Region vollends zum Gourmetparadies.

Reiseplanung In den Städten sind die ehemaligen Villen italienischer Adliger, die Fresken der Kirche Santa Maria Assunta in Favento und das Schloss von Passirano (10. Jahrhundert) sehenswert. www.stradadelfranciacorta.it/de

❸ Vernaccia di San Gimignano, Toskana

Dreizehn Türme, ein Platz, auf dem Dante eine Rede hielt, und ein mineralischer Weißwein, der seit 800 Jahren gekeltert wird und in der Renaissance als Italiens bester galt, sind die Trümpfe dieser Stadt. Doch vor lauter Weinhandlungen und Souvenirläden sollten Sie die restaurierten Fresken der Stiftskirche auf der Piazza del Duomo nicht übersehen!

Reiseplanung Unter den vielen Winzern ist besonders der Laden der Fattoria di Cusona am Kirchplatz zu empfehlen. Das Weingut selbst liegt zwischen San Gimignano und Poggibonsi. www.turismo.intoscana.it

❹ Brunello di Montalcino, Toskana

Dieser kleine, mittelalterliche Ort wirkt wie ein Bild von van Gogh: Sonnenblumen, Getreidefelder und Zypressen bilden die romantische Kulisse bei der Verkostung des berühmtesten Rotweins der Gegend.

Reiseplanung Montalcino liegt 40 Kilometer südlich von Siena. Seine robusten Rotweine schmecken zu Salami und Pecorino, zum Beispiel in der Weinstube im Schloss aus dem 14. Jahrhundert. Empfehlenswert auch das Weingut Castello Banfi.
www.consorziobrunellodimontalcino.it, www.castellobanfi.com

Das Regal einer Weinhandlung in Neapel zeigt, wie vielfältig Italiens Weinangebot ist: Fast überall wachsen Reben, und jede Region ist stolz auf ihre typischen Sorten.

5 Sagrantino di Montefalco, Umbrien

Romanische Kirchen, Fresken, Schlösser und umwerfende Ausblicke machen Montefalco zum typisch italienischen Städtchen, das Besucher mit seinem Rotwein Sagrantino begeistert. Es heißt, französische Mönche hätten die Traubensorte im Mittelalter aus Kleinasien mitgebracht.

Reiseplanung Der Wein- und Olivenproduzent Paolo Bea liegt zehn Minuten vom Stadtzentrum entfernt an der SS316 und bietet individuelle Führungen an. www.italianmade.com

6 Taurasi, Kampanien

Die Gebirgs- und Hügellandschaft rund um die Weinberge der Irpinia bei Avellino ist wenig bekannt, aber auch über den Wein hinaus eine Reise wert. Die hiesige Traube Aglianico wurde von den alten Griechen eingeführt und liefert einen gehaltvollen Rotwein mit ausgeprägtem Aroma.

Reiseplanung Von Neapel aus die A16 nach Atripalda nehmen und den Keller der Familie Mastroberardino besuchen. Sie produziert Taurasi und andere, noch unentdeckte Weine. www.mastroberardino.com

7 Aglianico del Vulture, Basilikata

Von Moden unberührt brilliert dieser Wein allein durch seine interessanten Rebsorten. Wer so eine Flasche öffnet, wird glatt seinen Barolo dafür stehen lassen, umso mehr, als er preislich deutlich günstiger ist. Allerdings ist er außerhalb der Basilikata kaum zu finden.

Reiseplanung Sehenswert sind die Höhlensiedlungen und -kirchen Sassi di Matera in den Felshängen der Stadt Matera. www.italianmade.com

8 Vermentino di Gallura, Sardinien

Schalentiere sind auf den Speisekarten der Insel allgegenwärtig. Und der spritzige Weißwein, der dazu gereicht wird, schmeckt auch solo wunderbar! Mit 486 Hektar Reben ist Sella & Mosca im Nordwesten Sardiniens der zweitgrößte Winzerbetrieb Italiens, also kaum zu übersehen.

Reiseplanung An der Costa Smeralda ist die prähistorische Tomba dei Giganti (Grab der Riesen) von Arzachena, mitten im Vermentino-Gebiet, ein Highlight. www.sellaemosca.com

9 Contea di Sclafani, Sizilien

Diese Weinregion liegt abseits der Touristenpfade in den Bergen hinter Vallelunga. Wer sich bis hierher durchfragt, hat diesen wunderbaren Rotwein aus der Traubensorte Nero d'Avola wirklich verdient. Tradition und Innovation liefern sich in den Kellern einen produktiven Wettstreit, von dem Weinfreunde profitieren.

Reiseplanung Wer Zeit hat, kann die gemütliche alte Eisenbahn von Palermo nach Vallelunga nehmen – nach einer Portion köstlicher sizilianischer Eiscreme an der Piazza Mondello. www.italianmade.com

10 Moscato di Passito di Pantelleria, Pantelleria

In den griechischen Sagen heißt es, die Göttin Tanit hätte Apollo mit diesem Süßwein verführt. Das sollte man sich zum Vorbild nehmen und sich ganz diesem goldenen Nektar von der bezaubernden Mittelmeerinsel vor Sizilien hingeben.

Reiseplanung Nehmen Sie in Palermo oder Trapani die Fähre. Auf der Westseite der Insel sieht man bis nach Afrika. www.pantelleria.com

Mohnblumen setzen Farbtupfer in den Weinbergen der Region Graves.

FRANKREICH

Wein aus Bordeaux

Elegante Rote, blumige Weiße und süßer Sauternes machen diese Reise zum paradiesischen Genuss für Weinfans.

Die Tour beginnt in den sanften Hügeln der Appellation Pessac-Léognan, wo die besten Graves-Weine herkommen. Das Garonne-Tal südlich von Bordeaux ist seit je berühmt für seine komplexen Rotweine und die Weißweinsorten Sémillon und Sauvignon. Wer in Pessac, gleich hinter Bordeaux, an den Toren des Château Haut-Brion und den steilen Dächern des Château Pape-Clément vorbeifährt, hat schon einen ersten Eindruck, wie die Heimat edelster Tropfen aussieht. Weiter geht es durch ländliche Idylle bis nach Podensac, wo im Château de Chantegrive geschmeidige Rotweine und Weißweine mit mineralischer Note verkostet werden können. Danach wartet weiter südlich das Château de Malle in Preignac, an der Schnittstelle von Graves und Sauternes, mit trockenen Weißen und dem edelsüßen Spitzenwein. Ein Hingucker ist der Garten des Schlosses aus dem 17. Jahrhundert; er gibt eine malerische Kulisse ab, um sich mit dem Weinangebot dieser Region intensiv auseinanderzusetzen. Der Sauternes verdankt seine seidige Süße übrigens der *Botrytis cinerea*, der Edelfäule. Deshalb werden die Trauben erst im Spätjahr, wenn die Weinberge am Ufer des Flusses Ciron von feuchten Herbstnebeln eingehüllt werden, von Hand gelesen.

Reisezeit März und April oder Oktober und November, wenn in Barsac und Sauternes die Weinlese zu Ende geht. Die Châteaux und die meisten Sehenswürdigkeiten sind von Ostern bis Anfang November geöffnet. Für Radtouren ist der Frühling am günstigsten.

Reisedauer Für die Graves Chais Ouvert (offenen Winzerkeller) Anfang November reicht ein Wochenende. Für die ganze Region (mit Weinproben) eine Woche einplanen.

Reiseplanung Autovermietungen gibt es in Bordeaux. Wer Wein probieren und kaufen will, sollte sich bei den Châteaux anmelden; am besten konsultieren Sie dazu die Websites.

Tipp In Léognan kann man Fahrräder ausleihen.

Websites www.vins-graves.com, www.otmontesquieu.com, www.weinwege.de

HIGHLIGHTS

- Ende Oktober ziehen die **Kranichschwärme** über die Gironde und lassen ihre trompetenartigen Rufe erschallen.
- Im **Château La Brède** an der D108 bei La Brède lebte der Philosoph, Literat und Winzer Baron de Montesquieu.
- Ein Glas **edler Sauternes** vom Château de Malle macht die Seele weit.

Das Champagnerhaus Mumm in Reims wurde 1827 gegründet. In seinen Kellern lagern 25 Millionen Flaschen.

FRANKREICH

Champagnertour

Eine prickelnde Reise durch die Weinberge der Champagne, auf der die Korken knallen.

Julius Caesar ließ seine Truppen in der Champagne ausbilden, und Hunnenkönig Attila wurde hier später von den Römern geschlagen. Heute beherrschen die ordentlich gestutzten Reihen weißer Chardonnay- und roter Pinot-Noir- und Pinot-Meunier-Trauben das Gebiet und liefern die berühmte Edelbrause. In den kilometerlangen Tunneln, die die Römer zwischen Épernay und Reims, der Hauptstadt der Region, in den Kalksteinboden gruben, herrscht das perfekte Reifeklima. Viele renommierte Häuser haben ihren Sitz in einer der beiden Städte und bieten Besichtigungen und Verkostungen an. An der Côte des Blancs zwischen Épernay und Sézanne haben sich kleinere Winzerbetriebe angesiedelt, die vor allem *blanc de blancs*-Champagner (nur aus der Chardonnay-Traube) herstellen. In der Gegend um Vertus kommt auch Pinot dazu und hinter Troyes beginnt die Weinregion Aube, wo sich um Bar-sur-Seine und Bar-sur-Aube ebenfalls viele Kleinerzeuger konzentrieren.

Beste Reisezeit Mai und Juni.

Reisedauer Von Paris aus bietet sich ein Wochenendtrip (im Zug oder Pkw) nach Reims oder Épernay an. Wer die gesamte Region erkunden will, plant eine Woche ein.

Reiseplanung Entweder im eigenen Auto reisen oder eine Champagnertour buchen. Bei den Betriebsbesichtigungen ist meist eine *dégustation* (Verkostung) im Preis inbegriffen. Besuche vorher anmelden.

Tipp Mailly-Champagne feiert im Mai ein Dorffest. Die Winzergenossenschaft ist eine gute Einkaufsquelle.

Websites www.tourisme-champagne-ardenne.com, www.ot-epernay.fr

HIGHLIGHTS

- De Castellane in Épernay zeigt nicht nur das **Champagnerherstellungsverfahren** und reicht dazu Champagner, sondern bietet auch eine herrliche Aussicht auf das Marne-Tal vom 66 Meter hohen Turm des Weinguts.
- In Cuis, südlich von Épernay, bietet sich ein **berauschender Blick** auf das Rebenmeer der Champagne.
- Zur Führung im Familienbetrieb **Launois Père & Fils** in Le-Mesnil-sur-Oger an der Côte des Blancs gehört auch ein kleines Museum mit alten Arbeitsgeräten und eine Champagnerprobe.
- Das intakte **mittelalterliche Stadtzentrum** von Troyes sowie seine Renaissancegebäude lohnen einen Besuch.

SPANIEN

Tapas in Barcelona

Was gibt es Schöneres, als von Bar zu Bar zu ziehen und von den hauseigenen Spezialitäten zu naschen?

Der Duft von ofenfrischem Gebäck, Espresso und süßen *xurros* (frittierten Brandteigstangen) schwebt über den Ständen der Markthalle Boqueria. Wer sie von La Rambla aus betritt, geht schier unter im Gewusel rund um die Obst-, Gemüse- und Fischstände und flüchtet vielleicht in die Bar Pinoxto oder ins El Quim, die für ihre Tapas berühmt sind. Die kleinen Magenfüller werden aus marktfrischen Zutaten zubereitet, bis mittags serviert und gerne mit einem Glas Cava (Schaumwein), Weißwein oder Bier hinuntergespült. Aber in den zentralen Vierteln Barri Gòtic (Altstadt), El Born, L'Eixample und La Ribera gibt es fast an jeder Ecke eine Tapas-Bar und das Häppchenangebot rangiert von einfach und bodenständig bis kreativ und exotisch. In der traditionsbewussten Bodega La Palma in der Calle Palma wird der Wein direkt vom Fass in die Gläser und Keramikkrüge gefüllt. Im Restaurant des baskischen Kulturzentrums Euskal Extea in der Placeta Montcada gehören Oktopus und gefüllte Peperoni zu den Tapas-Spezialitäten. Küche, Kunst und Architektur verbinden sich in Barcelona zu einem einmaligen Cocktail: Nicht nur Gaudí, sondern auch Picasso, Miró und Dalí haben hier gelebt.

Beste Reisezeit In Barcelona ist immer etwas los. Im Frühjahr (Mitte März bis Anfang Mai) und im Herbst (Mitte September bis Ende Oktober) ist das Wetter mild und der Betrieb erträglich.

Reisedauer Mindestens drei Tage, um ein Gefühl für die verschiedenen Stadtviertel zu bekommen. Wer Architektur, Küche, Galerien und Museen richtig genießen will, sollte eine Woche vorsehen.

Reiseplanung Am 24. September wird mit der Festa de la Mercè der Schutzpatron der Stadt gefeiert.

Tipp Bei der Tapas-Bestellung möglichst den Überblick behalten: In manchen Cafés bringt der Kellner unaufgefordert Tapas, solange man sich nicht wehrt, und das kann teuer werden. In Bars werden für die Rechnung die leeren Schälchen oder die Plastik- oder Holzspießchen gezählt, die der Gast benutzt hat.

Websites www.bcn.es/turisme, www.barcelonaturisme.com

HIGHLIGHTS

- Gaudís **Kathedrale Sagrada Familia** in der Avinguda de Gaudí im Viertel El Eixample bietet einen herrlichen Ausblick von ihren Türmen.
- Auch der **Blick auf Stadt und Meer** vom Montjuïc aus ist wirklich ein Erlebnis und zeigt, wie viele Parks und Plätze es in Barcelona gibt. Anschließend geht es gleich weiter in die **Joan Miró Foundation**.
- Die fünf Gebäude des **Museu Picasso** in der Carra Montcada in El Born sind ein Muss.

Kleine Verführer in der Tapas-Bar: Meeresfrüchte, Tortilla, Leckereien aus Fleisch und Gemüse, von denen jeder nach Lust und Laune nascht.

Die Portweinfässer reisen in speziellen Schiffen, den *cabelos*, den Fluss Douro hinunter.

PORTUGAL

Portwein vom Douro

Der berühmteste Likörwein der Welt kommt aus der Region um Pinhão, wo die Weinberge den Douro säumen.

Tawny und ruby, bernsteingelb und rubinrot wie die Edelsteine, funkelt der Likörwein, den englische Händler Ende des 17. Jahrhunderts aus der Taufe hoben. Sie hatten portugiesischen Wein mit Brandy „verstärkt", damit er während der Überfahrt nach England nicht umkippte. Diese Methode wird bis heute beim Portwein angewandt, aber nicht der Haltbarkeit, sondern des Geschmacks wegen. Das Tor zum Portweinland ist Porto (Oporto), die Stadt, der das Getränk seinen Namen verdankt. Von hier aus exportieren die großen Hersteller ihre Ware in alle Welt. Die geschäftige Hafenstadt liegt in einer Senke an der Mündung des Douro, und ihre Häuser klettern die steilen Hänge hinauf. Wer nicht nur Portwein trinken, sondern mehr über seine Herstellung erfahren will, muss flussaufwärts zu den Winzern fahren. Am schönsten ist das per Zug bis Pinhão im Herzen der Region oder per Fähre bis Regua; von dort geht es per Zug oder Mietwagen auch weiter bis Pinhão. Eine romantische Unterkunft bietet die Pousada de Mesão Frio in einem Weingut hoch über dem Fluss. Das Haus aus dem 18. Jahrhundert ist mit Antiquitäten eingerichtet, hat ein ausgezeichnetes Restaurant und einen wunderschönen Garten mit Rosen und Orangenbäumen. Und vom Zimmerbalkon aus sieht man, wie sich der Mond im Fluss tief unten spiegelt.

Beste Reisezeit September ist günstig, um die Weinlese mitzuerleben. Aber das Wetter ist auch im Frühjahr angenehm.

Reisedauer Zwei bis drei Tage genügen, um anzukommen, den Hafen und die Gegend zu sehen.

Reiseplanung Wer in einer *pousada* (stilvolle Unterkunft in einem historischen Haus oder Schloss) wohnen will, sollte früh buchen, weil meist nur wenige Zimmer zur Verfügung stehen.

Tipp Für die Hinfahrt den Zug, für die Rückfahrt die Fähre nehmen (oder umgekehrt).

Websites www.visitportugal.com, www.douroazul.pt

HIGHLIGHTS

- Eine Wanderung durch die Weinberge eröffnet genussvolle **Ausblicke auf das Flusstal**, das einem zu Füßen liegt.
- Bei einer **Weinprobe** in einer *finca* oder Portweinfabrik erfährt man alles über die Herstellung von Portwein, dann schmeckt man unter fachmännischer Anleitung die Finessen heraus.
- Die steilen Felsen und Weinberge entlang dem Douro gleiten malerisch vorbei auf einer **Bootstour** von Porto nach Regua.

In den vielen Hafenlokalen präsentiert sich Sydney als berauschende Kulisse.

AUSTRALIEN

Essen und Trinken in Sydney

Ob am Wasser oder auf den Hügeln, ethnische Vielfalt und beste Zutaten machen Essengehen in Sydney zum spannenden Erlebnis.

Australien ist ein kultureller und kulinarischer Schmelztiegel. Einflüsse aus Europa und Asien sowie eine Fülle frischer Zutaten vereinen sich zu einem Fest für den Gaumen. In Sydney ist das Angebot an Fisch, Fleisch und Gemüse am größten. Der Fischmarkt der Stadt überwältigt mit Barramundi und Lachs aus lokaler Zucht, Bergen von Garnelen, Miesmuscheln, Tintenfischen und dicken Austern aus New South Wales sowie Fischen aus Tasmanien, Südaustralien und den klaren Gewässern vor Neuseeland. Nach einem Abendessen in der City bietet sich ein Bummel durch den Ostteil der Stadt mit dem Circular Quay und der Oper an, bevor die schicken Hafenlokale mit einmaligem Panorama zu einem Digestif locken. Auch die Hügel und Weinberge wollen erkundet werden, und die Blue Mountains sind nur ein paar Fahrstunden entfernt. Nach ein, zwei Tagen in Sydney geht es weiter ins Hunter Valley, die älteste Weinregion von New South Wales. In der Nähe der vielen Probierstuben und Winzerkeller haben sich auch einige der besten Restaurants der Region angesiedelt.

Beste Reisezeit Frühling und Sommer (wenn Sydney Weihnachten und sein Januarfestival feiert) oder Spätsommer und Herbst (Ende Februar bis Anfang April).

Reisedauer Wer neben den besten Restaurants auch noch die Sehenswürdigkeiten der Region erleben will, sollte mindestens eine Woche einplanen.

Reiseplanung Für die Strecke zwischen Sydney, den Blue Mountains und dem Hunter Valley sollten Sie sich Zeit für Stopps an besonders schönen Punkten nehmen.

Tipp In vielen, meist preisgünstigeren Restaurants Sydneys ist BYO *(Bring Your Own*, Wein selbst mitbringen) üblich. Manchmal wird ein Korkengeld berechnet. Am besten vorher nachfragen.

Websites www.visitnsw.com.au, www.sydneyaustralia.com, www.eatability.com.au

HIGHLIGHTS

- Im **Quay** am West Circular Quay kann die Küche mit dem unvergleichlichen Ambiente mitten im quirligen Hafen absolut mithalten.
- Das **Pier Restaurant** in Rose Bay serviert mit die besten Meeresfrüchte der Stadt und dazu herrliche Ausblicke über die Bucht zum grünen Nordufer.
- Im **Solitary** bei Leura in den Blue Mountains macht die Aussicht auf den Mount Solitary und das Jamieson Valley Lust auf einen Verdauungsspaziergang.
- Lokale Produkte mit französischen, italienischen und asiatischen Ideen zu kombinieren ist das Erfolgsrezept des **Robert's** im Pepper Tree Vineyard im Hunter Valley.

Weinregion Margaret River

Sonne, Meer und Wein sind die Hauptzutaten dieser Tour in die südwestlichste Ecke Australiens.

Wer am Indischen Ozean steht, wird kaum glauben, dass gleich um die Ecke Westaustraliens renommierteste Weinregion liegt, die sich vom Cape Leeuwin bis zum Cape Naturaliste zieht. Aber schon wenige Kilometer landeinwärts weicht die windgepeitsche Küstenvegetation saftigen Feldern und Wäldern und endlosen Reihen von Reben. Rund um die Städtchen der Gegend haben sich Winzerbetriebe angesiedelt. Überall laden ihre Schilder zur Weinprobe ein; die Australier nennen das *cellar door*, und es gibt hier rund 80 davon. Das Mikroklima der wenigen Hügel des sonst flachen Gebiets begünstigt spezielle Rebsorten. Die kühlere Region im Süden um Cape Leeuwin bringt dabei andere Weine hervor als die wärmeren Gebiete zwischen Cowaramup, Yallingup und Carbunup. Am besten fährt man von Augusta über die Lagen rund um Margaret River zu den neueren Rebanlagen nördlich davon, vor allem, wenn die Reise nach Perth weitergehen soll. Alteingesessene Winzerbetriebe wie Voyager Estate, Vasse Felix, Cape Mentelle, Leeuwin Estate, Xanadu und Pierro haben meist elegante Probierstuben, oft mit Restaurant. Aber es geht dort durchaus entspannt zu, dafür sorgt die gemischte Gästeschar aus Surfern und Weinkennern.

Beste Reisezeit Spätsommer oder Herbst (Ende Februar oder Mitte März), wenn die Schule wieder begonnen hat. Dann ist auch Konzert- und Festivalsaison. Oder November, wenn das Margaret River Wine Region Festival das Beste aus Küche und Keller auffährt.

Reisedauer Ein bis zwei Tage für die Weingüter und zwei bis drei Tage für die Sehenswürdigkeiten der Region, also insgesamt mindestens vier bis fünf Tage veranschlagen.

Reiseplanung Die Gegend bietet Unterkünfte für jeden Geldbeutel. Am besten buchen Sie eine Weinprobentour (bei größerem Budget eine individuelle), so dass Sie nicht selbst fahren müssen.

Tipp Die meisten Winzer gewähren Tourteilnehmern zehn bis fünfzehn Prozent Rabatt.

Websites www.margaretriver.com, www.margaret-river-online.com.au

HIGHLIGHTS

- Am Cape Leeuwin **treffen sich zwei Meere**, der Südliche Ozean und der Indische Ozean. Vom Leuchtturm aus sieht man die Wellen aus zwei Richtungen anrollen und an den Felsen gegeneinanderkrachen.
- Zur abwechslungsreichen **Fauna** der Region gehören Kängurus, Wallabys und viele Vogelarten. Von Mai bis September kann man **Wale beobachten. Delphine** lassen sich zwischen Juni und August besonders häufig sehen.
- Wunderschöne Ausblicke und spannende Geschmackserlebnisse bietet die **Probierstube Howard Park** mit trockenem Riesling, würzigem Chardonnay, hellrotem Cabernet Sauvignon und kräftigem Shiraz.

Nur drei Prozent der australischen Reben wachsen in der Region Margaret River, trotzdem kommen 20 Prozent der australischen Premiumweine von hier.

Mit Kaffee demonstrieren Beduinen ihre Gastfreundschaft. Er wird mit Kardamomkapseln gewürzt und vor den Gästen zubereitet.

JORDANIEN

Bei Beduinen zu Gast

Kardamomkaffee und Lamm mit Joghurtkruste kitzeln den Gaumen in der zimtfarbenen Wüste von Wadi Rum in Jordanien.

Palmen markieren den Eingang zum Beduinenlager. Die Zelte sind aus Ziegenhaar; Strohdächer geben zusätzlichen Schutz. Zur Begrüßung reicht der Scheich Kardamomkaffee, wenig später schaufeln zwei Diener den Erdofen unter glühend heißem Sand frei. Es duftet nach *mansaf*, sanft gegartem Lamm mit Joghurtkruste, serviert mit Reis und Pinienkernen. Der Ort: Wadi Rum im Südwesten Jordaniens. Ein *wadi* ist ein zeitweise trockenes Flussbett. Und Jordanien ist das Land des Araberaufstands im Ersten Weltkrieg, das Land von David Leans „Lawrence von Arabien". Mit Recht nannte Lawrence das Gebiet „riesig, widerhallend und gottgleich". Leuchtend orange Felsmassive ragen vom Wüstenboden auf, im Khazali Canyon tragen die Felswände antike Zeichnungen. Im Lager sitzt man auf Teppichen und teilt sich die Mahlzeit, dippt Brotfladen in *hummus* und *baba ghanouj* (Kichererbsen- und Auberginenpaste mit Sesam) oder isst Knoblauchhuhn vom Spieß. *Tabbouleh* steht mit seinen Zutaten ebenso für Schlichtheit und Stärke des Landes (Weizengrieß) wie auch für eine Spur von Trotz (Petersilie, Tomaten, Zwiebeln, Minze und Zitrone) – so sehen das auch die Beduinen von Wadi Rum, wo sich Sand, Geröll und Gestrüpp im Winter in eine Oase verwandeln.

Beste Reisezeit Ganzjährig. Im Winter ist es feucht, im Januar am kältesten, im Juli am heißesten (36 Grad).

Reisedauer Für einen ersten Eindruck reichen zwei Tage. Passionierte Wanderer und Archäologen können auf fünf Tage aufstocken.

Reiseplanung Das Wadi Rum Visitor Center arrangiert Beduinengastmahle. Am authentischsten erlebt man das *wadi* im Zelt unterm Sternenhimmel oder in einem *bayt ash-sha'ar* („haariges Haus"; Beduinenzelt). Etwas mehr Komfort bieten die Campingplätze der Dörfer Diseh und Rum.

Tipp Traditionell bietet ein Beduine dreimal Kaffee an: einen für die Seele, einen für das Schwert, einen zu Ehren des Gastes. Um mehr zu bitten, wäre unhöflich.

Websites www.de.visitjordan.com, www.wadirum.jo, www.captains-jo.com

HIGHLIGHTS

- Atemberaubende Ausblicke verdient sich, wer Jordaniens zweithöchsten Gipfel, den Jabal Rum (1750 m), erklimmt. Die Bergtour muss vorher im Visitor Center (Besucherzentrum) gebucht werden.

- Touren mit dem Allradwagen durch den **Barrah Canyon** sind besonders eindrucksvoll, wenn die Felsen in der Morgen- oder Abendsonne orangefarben leuchten. Die natürlichen Felsbrücken Burdah und Um Frouth sind eindrucksvoll.

- Hier lassen sich Wildtiere wie **Syrischer Wolf, Streifenhyäne** und Nubischer Steinbock hautnah erleben. 2002 begann ein Wiedereingliederungsprogramm für die Arabische Oryx-Antilope, die laut den Felszeichnungen früher hier gelebt haben muss.

SÜDAFRIKA

Weinberge am Kap

Die Qualität südafrikanischer Weine hat sich herumgesprochen; wer sich auf ihre Spuren begibt, findet einen Garten Eden.

Die Weinstraßen am Kap drängen sich rund um Stellenbosch, östlich von Kapstadt. Das Universitätsstädtchen mit seinen historischen Gebäuden und Eichenalleen wurde im 17. Jahrhundert gegründet und ist nur eine Attraktion unter den vielen landschaftlichen, kulturellen und lukullischen Highlights entlang der Weinrouten. Über 100 Weingüter empfangen Besucher und lassen sie ihre verschiedenen Weinsorten probieren; manchmal bieten sie auch Picknicks oder Mittagessen in ihren wunderschön gepflegten Gärten an. Initiator des Weinbaus am Kap war Jan van Riebeeck, der erste niederländische Gouverneur, der 1655 Reben pflanzte. Damals diente das Kap als Versorgungsposten für die Dutch East India Company. Zwischen 1680 und 1690 kamen französische Hugenotten ins Land, die die Weinproduktion perfektionierten. Heute gibt es 15 verschiedene Weinstraßen, aber schon aus Zeitgründen wird kaum jemand alle abfahren können. Wer Stellenbosch als Basislager nimmt, kann mehrere international prämierte Winzer besuchen, auf den Spuren der Niederländer und Hugenotten wandeln oder mit dem Auto über Bergpässe mit grandioser Aussicht und durch fruchtbare Täler fahren.

Beste Reisezeit Oktober bis Mai, das heißt Frühlingsende bis Herbstanfang. Wer zünftige Tageswanderungen plant, reist noch etwas früher bzw. später.

Reisedauer Vier bis fünf Tage für eine Rundreise im Pkw.

Reiseplanung Stellenbosch und Umgebung sind beliebte Touristenziele, deshalb Besichtigungen und Unterkünfte vorher buchen. Die Touristeninformation von Stellenbosch hat Straßenkarten, kann Adressen empfehlen und ist auch bei Online-Buchungen behilflich.

Tipp Das Weingut Rustenberg mit seinem Hof und der Kellerei liegt ausgesprochen idyllisch, deshalb sollten Sie sich für den Besuch wirklich Zeit nehmen.

Websites www.stellenboschtourism.co.za, www.wineroute.co.za, www.sa-weine.de

HIGHLIGHTS

- Das **Weingut Rustenberg** nicht weit von Stellenbosch ist Südafrikas berühmteste Adresse für bordeauxähnliche Cuvées aus Cabernet Sauvignon, Cabernet Franc und Merlot.
- Das Kanonkop Wine Estate kommt mit seinen Lagen einem französischen Premier Cru am nächsten. Unbedingt probieren sollten Sie die **Pinotages**, die es nur in Südafrika gibt. Sie sind eine Kreuzung von Pinot-Noir- und Hermitage-Traube.
- Jan Meerland hat das Weingut Meerendal Wine Estate 1702 gekauft. Heute ist es vor allem für seine **Shiraz-Jahrgangsweine** berühmt. Aber auch Cabernet und Pinotage sind eine Kostprobe wert.

Schnurgerade Rebzeilen bei Stellenbosch: Hier reifen Trauben unter der Sonne Südafrikas.

7 Rein ins Abenteuer

Wer bei dem Wort „Action“ glänzende Augen bekommt, wird hier seine Traumreise finden. Manche Trips sind körperlich anstrengend und erfordern neben Kondition eine Portion Risikofreude. Andere Abenteuer sind sanfter. Aber auf allen lernt man sich selbst besser kennen. Eine Hundeschlittenfahrt im eisigen Alaska ist eine intensive Naturerfahrung. Zu den Tierbegegnungen in wärmeren Gefilden zählen ein Elefantenritt in Nepal oder eine Safari in Botswana, wo Rhinozerosse, Leoparden, Büffel, Löwen und Elefanten selten einen Fototermin platzen lassen. Wer sich verausgaben will, kann die Schneehänge des Montblanc hinunterwedeln, mit dem Drachen über Rio de Janeiro fliegen oder ein Höhlenlabyrinth in Puerto Rico erforschen. Nicht weniger Courage braucht es für eine heiße Tangonacht in Buenos Aires, wo verwirrende Beinarbeit und glutvolle Blicke gleichermaßen einschüchternd wirken können. Wer sich trotzdem traut, wird garantiert von der argentinischen Leidenschaft mitgerissen.

Wildwasserfahren, wie hier auf dem afrikanischen Fluss Sambesi, sorgt immer für Adrenalinkicks. Und jeder Fluss, der durch eine enge Schlucht rauscht, ist geeignet, ob im tropischen Norden Australiens oder in der Eiswüste Alaskas.

Am wolkenverhangenen See erwarten Wanderer den Helikopter, der ihnen das Gipfelstürmen erleichtert.

KANADA

Helikopterwandern in British Columbia

Hubschrauber setzen Bergfreunde im wilden Hochgebirge ab, wo sonst keine Menschenseele hinkommt.

Erst der Ruf «Duckt euch!», dann klettert ein Wanderer nach dem anderen in den Hubschrauber. Nachdem Rucksäcke, Wanderstöcke und Lunchpakete verstaut sind, schraubt sich der Flieger hoch über die Baumgrenze der Adamant Range in British Columbia. Nach einer Nacht in der „Berghütte" (eine Luxusunterkunft!) geht es jetzt zu den Waldorf Towers, einer Felsformation, wo die Passagiere auf dem Schneefeld über dem riesigen Gletscher abgesetzt werden. Das Hubschraubergeknatter verklingt und die Wanderer sind allein mit ihrem Führer in der unberührten Bergwelt. Schon die Baumgrenze liegt einige Tageswanderungen entfernt. Gegen Abend nimmt der Hubschrauber seine Passagiere wieder auf und bringt sie zur Hütte zurück. Je nach Fitness und Interessen werden die Wanderungen maßgeschneidert. Manche suchen lieber nach Wildblumen, andere klettern auf einen schneebedeckten Gipfel.

Beste Reisezeit Helikopterwandern wird von Anfang Juli bis Mitte September angeboten. Ideal ist August, wenn der Schnee geschmolzen ist und es weniger Insekten gibt.

Reisedauer Die meisten Touren dauern drei Tage. Nur beim Wandern von Hütte zu Hütte (siehe unten) sind sechs Nächte vorgesehen.

Reiseplanung Der Anbieter Canadian Mountain Holidays holt Gäste in Banff (Alberta) ab und bringt sie wieder zurück. Die komplette Wanderausrüstung (inklusive Schuhe) wird gestellt.

Tipp Wer es abenteuerlicher mag, bucht eine Wanderung von Hütte zu Hütte oder eine anspruchsvollere Klettertour. Alle Wanderungen und Klettertouren sind wetterabhängig.

Website www.canadianmountainholidays.com

HIGHLIGHTS

- Halten Sie mit der Kamera den **Blick vom Vordersitz** des Hubschraubers fest: Die steilen Berghänge scheinen zum Greifen nah.
- Stellen Sie Fragen! Die Wanderführer wissen alles über **Ökologie, Geologie und Geschichte** der Region (und natürlich auch über Sicherheitsmaßnahmen beim Wandern).
- Wenn das Hubschraubertaxi seine Passagiere am Abend in der Luxusversion einer traditionellen Berghütte absetzt, wartet dort ein **mehrgängiges Gourmetmenü**.
- Das für die kanadischen Rockies typische Städtchen **Banff** ist eine Erkundung wert. Dort findet jedes Jahr ein Literatur- und Filmfestival statt.

KANADA

Eisbären in Kanada

Eine Safari durch eine weißgraue Wildnis, in der hinter jeder Felsnase oder Schneewehe ein Eisbär auftauchen kann.

Nicht sein Ruf als gefährliches Raubtier, sein verächtlicher Blick oder sein imposanter Gang machen die Begegnung mit einem Eisbären so unheimlich, sondern die Tatsache, dass sich ein so massiges Tier so unglaublich gut tarnen kann – auch wenn *kein* Schnee liegt. Ahnungslose Touristen entdecken einen Eisbären, der irgendwo zwischen Geröllbrocken und Eisschollen döst, oft erst, wenn sie nur noch ein paar Schritte von ihm entfernt sind. Am ehesten lassen sich die Könige der weißen Wüste in Churchill am Nordrand der kanadischen Provinz Manitoba blicken. Die Stadt liegt an einer der Hauptwanderrouten der Eisbären am Westufer der Hudson Bay. Wenn im Sommer das Packeis bricht, kommen sie auf der Suche nach Nahrung auf das Festland und durchkämmen auch Churchill nach Essbarem. Aber am besten lassen sie sich in freier Natur beobachten, vom sicheren „Tundra-Buggy" aus, der besonders gut gefedert ist. Nach über 20-jähriger Bekanntschaft haben die Tiere die Scheu vor den Allradfahrzeugen verloren und pressen gelegentlich sogar neugierig die Schnauze an die Fensterscheibe. Allerdings kommt es vielleicht nicht gleich beim ersten Ausflug zu einer Begegnung, sondern erst nach mehreren mehrstündigen Fahrten.

Beste Reisezeit Oktober und November, wenn sich die Eisbären am Ufer der Hudson Bay sammeln und darauf warten, dass sich eine Eisdecke bildet.

Reisedauer Mindestens drei Tage, besser eine Woche einplanen, um wirklich ein Gefühl für die Besonderheiten der Arktis zu bekommen.

Reiseplanung Gute Reiseveranstalter stellen auch Thermojacken. Da es im Herbst selbst um die Mittagszeit Minusgrade gibt, gehören Thermounterwäsche, Handschuhe mit Innenhandschuh, Skimützen und wasserdichte Wanderschuhe in den Koffer.

Tipp Die Hudson Bay Railway ist eine gemütliche Alternative zur Flugverbindung Winnipeg-Churchill: Rund 36 Stunden dauert die 1 300 Kilometer lange Fahrt mit dieser Linie der VIA Rail Canada.

Websites www.itravel.de, www.townofchurchill.ca, www.viarail.ca

HIGHLIGHTS

- Östlich von Churchill eine Nacht in einer **Lodge auf Rädern** verbringen und dort Zoo einmal umgekehrt erleben: Menschen drinnen, Bären schauen rein.
- Das **Nordlicht** *(Aurora Borealis)*, das in über 300 Nächten des Jahres magisch flackert, ist in Churchill ganz besonders gut zu sehen.
- **Vögel** sind Churchills Sommerattraktion. Im **Wapusk National Park** südlich der Stadt leben so seltene Arten wie Hudsonschnepfe, Elfenbeinmöwe, Raubseeschwalbe und Gerfalke.
- Im Juli und August lädt das Prince of Wales Fort zum Besuch ein, ein ehemaliger **Pelzhandelsposten der Hudson's Bay Company** aus dem 18. Jahrhundert.

Im Wapusk National Park südlich von Churchill ruht sich eine Bärin mit ihren beiden Jungen im Schnee aus.

KANADA

Der Trans Canada Trail

Durch ausgedehnte Wälder streifen, auf Vancouver Island Rad fahren, auf dem Athabasca River paddeln ... die Mammuttour quer durch Kanada bietet ungezählte Möglichkeiten.

Der Trans Canada Trail (TCT) wird Stück für Stück zu einem Netzwerk von 18078 Kilometer Gesamtlänge ausgebaut, das sich von Saint John's (Neufundland) im Osten bis nach Victoria (British Columbia) im Westen, von Calgary (Alberta) im Süden bis zum Nordpolarmeer spannt und jede Provinz, jede Landschaftsform Kanadas berührt. Auf ihm sollen Besucher das ganze Land mit all seinen Facetten und Freizeitmöglichkeiten, von Wandern und Reiten bis zu Rad-, Ski-, Snowmobil- und Kajakfahren, kennenlernen. Wie wär's mit dem 270 Kilometer langen Abschnitt auf Prince Edward Island als Einstieg? Oder doch lieber ein Stück am Ontariosee entlang und dann durch die Nadelwälder und die unberührten Naturoasen im Norden Ontarios? Vielleicht den Athabasca River von Alberta nach British Columbia hinunterpaddeln? Oder auf dem „Galloping Goose", einem 71 Kilometer langen Radweg von Victoria zu den Snooke Hills die Ausblicke auf Landschaft und Meer genießen? Geschichtsinteressierte kommen auf dem Cowichan Valley Rail Trail auf Vancouver Island, dem Kettle Valley Railway Trail in British Columbia und dem Whitehorse Copper Trail im Yukonterritorium auf ihre Kosten. Richtig abenteuerlich (ohne auf Komfort und Sicherheit verzichten zu müssen) wird es in den Northwest Territories, zum Beispiel auf den Spuren des unerschrockenen Samuel Hearne. Er war der erste Europäer, der dem Coppermine River von der Quelle bis zu seiner Mündung am Nordpolarmeer folgte.

Beste Reisezeit Ganzjährig. Das Freizeitangebot ist so vielfältig, dass es für jede Jahreszeit einen passenden Abschnitt des Trails gibt.

Reisedauer Der Trail bietet für jeden etwas, vom kurzen Spaziergang (bei dem Sie unterwegs Vögel beobachten können) bis zur mehrwöchigen Rucksackwanderung.

Reiseplanung Die Tourismusverbände der Provinzen können detailliert Auskunft geben, welche Abschnitte sich für welche Sportart eignen.

Tipp Die Bewohner der über 800 Städte im Einzugsgebiet des Trails benutzen den Weg täglich. Wer Tipps oder Hilfe braucht, fragt einfach in den Pavillons am Wegrand.

Websites www.tctrail.ca, www.canadatrails.ca

HIGHLIGHTS

- Es gibt unzählige Möglichkeiten, unterwegs **Tiere in freier Wildbahn** zu beobachten, z. B. Grizzlys, Schwarzbären, Elche, Rotwild oder Pumas. Auf Vancouver Island leben noch 200 der vom Aussterben bedrohten Vancouver-Murmeltiere.

- Wandern rund um die Uhr – das geht im Sommer im **Yukon Territory**, wenn die **Mitternachtssonne** scheint. Und wer doch mal eine Pause braucht, lässt sich in einem Varieté der dortigen Hauptstadt Whitehorse in die Zeit des Goldrauschs zurückversetzen.

- Jeder Trailabschnitt hat seinen Charme, aber der 44 Kilometer lange **Guysborough Nature Trail** in Nova Scotia ist mit Wasserfällen, einer Hängebrücke und dem Ausblick auf die größte Bucht an der Atlantikküste, die Chedabucto Bay, ganz besonders bezaubernd.

Gegenüber: In den Hochtälern der kanadischen Rockies wirken die Farben dank der klaren Luft besonders intensiv. Das Grün von Wiesen und Lärchenwäldern kontrastiert mit dem Azurblau des fast wolkenlosen Himmels. Oben: Diese Flussidylle bei Banff (Alberta) überwältigt mit einem ebenso leuchtenden Farbenspiel.

Alaskan Huskies sind für ihre Ausdauer bei Hundeschlittenrennen berühmt.

ALASKA, USA

Schlittenfahrt in Alaska

Sich von einer Meute Huskys durch die Schneelandschaft ziehen zu lassen, ist ein unvergessliches Naturerlebnis.

Die Meute im Hundehof bellt freudig: Ein Ausflug in Alaskas schneebedeckte Wildnis wird vorbereitet. Die glücklichen Auserwählten werden eingespannt, würden am liebsten sofort losstürmen. Dann stellt sich der Schlittenführer hinten auf die Kufen, löst den Schneeanker und die Hunde ziehen an. Nun sind nur noch das Trommeln der Pfoten auf dem Schnee und das leise Ächzen des Schlittens zu hören. *Mushing* heißt das Hundeschlittenfahren hier, abgeleitet vom französischen *marcher* (laufen). Die Hunde verfallen in rhythmischen Trab und ihr Atem kondensiert in der kalten Luft. Raureif glitzert auf den Fichten, dahinter zeichnet sich die Silhouette von Nordamerikas höchstem Berg, dem Denali (oder Mount McKinley, 6194 Meter) ab. Die Fußspuren von Elchen und Füchsen perforieren die Schneedecke, Raben folgen dem Gespann in der Luft. Gelegentlich verrät das Zucken eines Hundekopfs, dass ein Schneehuhn oder ein Polarhase in der Nähe ist. Sonst stört nichts das ergreifende Gefühl, allein mit den Hunden in der jungfräulichen Natur zu sein.

Beste Reisezeit Mitte November bis Mitte April, je nach Schnee- und Wegverhältnissen.

Reisedauer Die Schlittenfahrten können von anderthalb Stunden bis zu fünf Tage dauern.

Reiseplanung Outdoorkleidung und Schneestiefel stellt der Anbieter. Unbedingt lange Unterhosen aus Merinowolle darunterziehen sowie Fleece- und Wollsachen (keine Baumwolle).

Tipp Schwitzen vermeiden! Schweißfeuchte Kleidung lässt einen schnell frieren. Lieber etwas weniger warm anziehen.

Website www.vernhalter.com

HIGHLIGHTS

- Die Schlittenrouten durchqueren den **Denali National Park**, der auf 24600 Quadratmetern ein intaktes subarktisches Ökosystem bietet. Hier leben Grizzlybären, Wölfe, Elche und Dallschafe. Keine Angst vor den Bären: Die meisten halten Winterruhe.

- Auf einer drei- oder fünftägigen Tour bleibt auch Zeit für ein Stück auf dem 1 852 Kilometer langen **Iditarod Trail**, auf dem immer im März das Hundeschlittenrennen von Nome nach Anchorage stattfindet. Übernachtet wird in einem der Checkpoints, wo Veteranen gerne über ihre Rennerfahrungen plaudern.

- Manche Touren machen Zwischenstation in der **Tokosha Mountain Lodge**. Sie liegt abseits aller Straßen zwischen dem Tokositna River und dem Pirate Lake und verwöhnt Gäste mit einem überwältigenden Bergpanorama sowie leckeren, hausgemachten Gerichten, Kuchen und Keksen.

VERMONT, USA

DER CATAMOUNT TRAIL

Auf Skiern durch Vermonts Hinterland zu gleiten, abends gut zu essen und dann ins warme Bett zu sinken ist ein Wintertraum.

Kein Laut ist zu hören, nur das Zischen der Skier, die sich ihre Spur durch den jungfräulichen Pulverschnee bahnen. Und vielleicht das entfernte Stakkato eines klopfenden Spechts. Beim schweißtreibenden Erklimmen der Uferböschung im Grätschschritt fliegt ein Trio von Schwarzkopfmeisen auf und schimpft geräuschvoll auf die Eindringlinge. Der Catamount Trail führt durch ihr Territorium. Die 480 Kilometer lange Langlaufpiste von der kanadischen Grenze bis zur Grenze von Massachusetts im Süden teilt sich in 13 Kilometer lange Etappen von Gasthaus zu Gasthaus. Ein guter Einstieg wäre das Blueberry Hill Inn in Goshen. Ein gefrorenes Flussbett dient als Weg durch das Moosalamoo-Gebiet des Green Mountain National Forest, bevor es wieder bergauf und südwärts geht. Nun säumen Kiefern, Fichten, kahle Buchen und Zuckerahorn die Piste. Ein Abstecher zum Churchill House Inn bei Brandon bietet gute Chancen, die weißen Schwanzstummel einer Hirschfamilie zwischen den Bäumen verschwinden zu sehen.

Beste Reisezeit Dezember bis März. Vor dem Start nach Schnee- und Pistenverhältnisse erkundigen.

Reisedauer Für den beschriebenen Abschnitt vier bis fünf Stunden einplanen. Für den gesamten Catamount Trail braucht man einen Monat; die meisten absolvieren ihn jedoch mit Unterbrechungen in jeweils mehrtägigen Etappen.

Reiseplanung Neben Langlaufski und -kleidung gehören Landkarten, Erste-Hilfe-Ausrüstung und Reparaturset für die Ski ins Reisegepäck.

Tipp Außer den Gasthäusern bieten auch die Hütten des U.S. Forest Service und Skihütten entlang des Trails Übernachtungsmöglichkeiten.

Websites www.catamounttrail.org, www.inntoinn.com

HIGHLIGHTS

- Der Trail führt durch **unberührte Schneelandschaften** und bietet **Panoramen**, die von den Straßen nicht zu sehen sind.
- Einige Tiere halten zwar Winterschlaf, aber es sind immer noch viele unterwegs, zum Beispiel **Elche und Weißwedelhirsche**. Manchmal kreuzt sogar ein **Rotluchs** die Piste.
- Am Abend vor dem Start ist die mit Holz befeuerte Sauna im **Blueberry Hill Inn** (und danach die selbstgebackenen Kekse) die richtige Einstimmung. Nach der Tagestour am nächsten Abend im **Churchill House** Inn bei einem Glas Wein am Kamin entspannen.

Eins sein mit Schnee und Natur auf der Skitour durch die weiße Wildnis.

Wellenreiten auf Hawaii

Ein Surfkurs auf Kauai, Hawaiis „Garteninsel" macht Lust auf größere Herausforderungen.

Lektion Nummer eins beim Wellenreiten: Hinauszupaddeln zum Break (der Linie, an der die Wellen brechen) ist meist viel anstrengender als auf dem Brett zum Strand zurückzusurfen. Wer das begriffen hat, braucht nur noch den festen Willen und rund zwei Stunden, um sich die Grundkenntnisse dieser Sportart am Poipu Beach an der malerischen Südküste von Kauai anzueignen. In der Surfschule vor Ort lehren ehemalige Profisurfer die Wellen zu „lesen", sich auf dem Board aufzurichten, die Balance zu halten und vor allem zu bremsen. Wer ein, zwei Wochen lang in der einen Meter hohen Dünung vor Poipu trainiert hat, ist fit für größere Herausforderungen. Zum Beispiel für den Waikiki Beach von Honolulu auf der Insel Oahu, wo schon Elvis Ferien machte. Ausgerüstet mit trendigem Board, Shorts und sonstigen Accessoires trifft sich die Elite an Oahus berühmter Nordküste, um sich die Monsterwellen der Waimea Bay untertan zu machen. Da beschleichen den Anfänger, der vom Strand aus zuschaut, leise Zweifel, ob er wirklich zum *„hang ten"* bereit ist: mit den Zehen beider Füße um die Nase des Boards gekrallt in vollem Tempo losbrettern. Da hilft nur eins: tief Luft holen, das Brett unter den Arm klemmen und rein in die Brandung!

Beste Reisezeit Ganzjährig, aber im Sommer ist das Wasser wärmer. Die Winterstürme im Nordpazifik sorgen für hohe Wellen; im Dezember und Januar den Neoprenanzug einpacken.

Reisedauer Die meisten Surfschnupperkurse dauern nur ein paar Stunden. Anfänger brauchen meist ein, zwei Wochen täglicher Praxis, bis sie mit den Wellen souverän zurechtkommen und wirklich Spaß haben.

Reiseplanung Surfschulen stellen die Ausrüstung: ein Board und eine Leine, die um den Knöchel geknüpft wird. Wer will, findet Dutzende von Läden, um sich ein eigenes Brett und Zubehör zu kaufen.

Tipp Die Garden Island Surf School unterrichtet täglich am Poipu Beach. Eine Unterrichtseinheit besteht aus einer Stunde mit Lehrer und einer Stunde zum Üben.

Website www.gardenislandsurfschool.com

HIGHLIGHTS

- Am **Waikiki Beach** gibt es vielleicht nicht die höchsten Wellen, trotzdem bietet er das ultimative Surferlebnis: Im *„hang ten"* über die Wellen vor dem korallenrosa Hawaiian Resort gleiten, hinter dem sich der Diamond Head erhebt.
- Um hohe Wellen und schnelle Action geht es an den berühmten Surferzielen **Waimea Bay** und **Banzai Pipeline** an Oahus Nordküste.
- Gutes Mitbringsel: ein *aloha*-Shirt! Das typische großgeblümte Hawaiihemd haben die meisten Boutiquen des Archipels im Regal. Besonders beliebt ist die Marke Reyn Spooner.

Übung macht den Meister, aber es kann schon eine Weile dauern, bis man so souverän mit der Brandung spielt wie dieser hawaiische Surfer.

ARIZONA, USA

Rafting im Grand Canyon

Die ungebremste Wucht des Colorado: eine Tour auf dem Fluss, der den Grand Canyon schuf.

In seinem wildesten Abschnitt tobt der Colorado River in schwindelerregendem Tempo durch die Abgründe des Grand Canyon. Unmöglich, denkt man, dass ein Mensch diese Flussfahrt überleben kann. Bis man sieht, wie geschickt die erfahrenen Guides ihre Rafts, Kajaks und Dories (flache Ruderboote) die rund 450 Kilometer von Lees Ferry bis zum Lake Mead steuern. Seit Major John Wesley Powell, der einarmige Held des amerikanischen Bürgerkriegs, 1869 die erste Expedition per Schiff flussabwärts führte, hat sich hier wenig geändert. Der größte Teil der Strecke verläuft jedoch ruhig, so dass die Passagiere entspannt die Landschaft genießen können. Außerdem steht täglich ein Landausflug auf dem Programm, zum Beispiel zu den Anasazi-Ruinen oder in das blühende Tal des Saddle Canyon. Der vom Schmelzwasser aus den Rockies gespeiste Colorado ist eiskalt, aber die Seen, die sich im Frühjahr in einigen Seitentälern füllen, eignen sich perfekt für ein Bad. Entspannte Momente am sandigen Ufer wechseln sich ab mit adrenalinfördernden Passagen durch Stromschnellen wie die Roaring Twenties, deren Name schon alles verrät.

Beste Reisezeit Rafting wird von April bis Oktober angeboten. Im Frühjahr und Herbst ist das Wetter am besten; im Sommer kann es bis zu 50 Grad heiß werden.

Reisedauer Mindestens drei bis fünf Tage, wenn am Flussufer gezeltet wird. Für die gesamte Strecke von Lees Ferry zum Lake Mead zwei Wochen einplanen.

Reiseplanung Autorisierte Reiseveranstalter vor Ort bieten Flussfahrten an und sorgen auch für Proviant und Kochgerät. Schlafsack, Seesack, Tagesrucksack und Wasserflasche bringt jeder Teilnehmer selbst mit.

Tipp Eine Fahrt im Schlauchboot ist ideal für die erste Begegnung von Kindern mit Wildwasser und dem Grand Canyon. Auf manchen Strecken dürfen Kinder schon ab sieben Jahren mit.

Website www.oars.com

HIGHLIGHTS

- Wer scharfe Augen oder ein Fernglas hat, kann **Pumas, Dickhornschafe, Kojoten, Biber** und im Grand Canyon **rosa Felsen-Klapperschlangen** erspähen.

- Im **Indianerreservat Havasupai** wohnen rund 450 amerikanische Ureinwohner, die noch ihre Muttersprache sprechen. Neben tosenden Wasserfällen und türkisgrünen Seen gibt es dort auch Zeltplätze und eine gemütliche kleine Lodge.

- Hinter dem Grand Canyon ergießt sich der Colorado in den **Lake Mead**. Der durch den Hoover-Staudamm entstandene See hat unzählige Buchten, wo Hausboote ankern, geangelt und Wasserski gefahren wird.

Die Navajo Bridge überspannt den Canyon bei Lees Ferry, wo viele Raftingtouren beginnen.

ARIZONA, USA

Der Grand Canyon per Muli

Auf dem Rücken eines Maultiers durch die Schönheit der versteckten, kilometerlangen Seitentäler des Grand Canyon.

Wer glaubt, dies sei ein anspruchsloser „Touristenausflug" wird schnell umdenken, wenn er im kalten Morgennebel am Pferch steht und den wettergegerbten Maultiertreiber seine Ratschläge bellen hört: «Wer Herzprobleme hat: Ab nach Hause! Wer Atemprobleme hat: Ab nach Hause! Wer irgendwelche Bedenken hat, ob er diesen Trip schafft: Ab nach Hause!» Offensichtlich ist dieses klassische Grand-Canyon-Abenteuer keine Kaffeefahrt. Mehrmals pro Jahr müssen Teilnehmer per Hubschrauber abgeholt werden, sei es wegen Hitze, Kälte, Dehydrierung oder weil sie nicht schwindelfrei sind. Trotzdem schwingen sich jährlich Tausende in den Sattel auf dem breiten Rücken der robusten Maultiere und reiten die 17 Kilometer steil bergab zum Colorado River und zur Talsohle des Grand Canyon, die rund 1600 Meter tiefer liegt. Kein Wunder, denn nie wirkt die Innere Schlucht majestätischer als auf diesem Trip. Nach jeder Kurve bieten sich neue, überwältigende Ausblicke. Auf der einen Seite ragt die Felswand in Rot-, Braun-, Orange- und Grautönen auf, auf der anderen Seite gähnt der Abgrund. Unten im idyllisch grünen Talgrund verwöhnt die rustikale, aber gemütliche Phantom Ranch seit 80 Jahren müde Reiter mit leckerem Essen und bequemen Betten. Das haben sie auch verdient, denn am nächsten Morgen beginnt der lange, steile Rückweg.

Beste Reisezeit März, April und Mai, wenn die Vegetation grün ist und die Temperaturen angenehm sind. Im Herbst ist das Klima ebenfalls erträglich und die Farbenpracht ein zusätzlicher Genuss.

Reisedauer Drei Übernachtungen für den Grand Canyon einplanen. Der Maultierritt beginnt früh am Morgen und endet am Abend des darauffolgenden Tages.

Reiseplanung Reservierungen sind Pflicht und können schon 13 Monate im Voraus erfolgen. Die bei der Buchung mitgeteilten Ratschläge und Warnungen beachten. Nehmen Sie eine Kamera mit, die man umhängen oder am Körper tragen kann, da Sie oft beide Hände zum Reiten brauchen.

Tipp Die meisten sind bei der Ankunft in der Phantom Ranch wie gerädert. Abhilfe schafft ein kurzer Spaziergang zum malerisch wilden Colorado, über dem die Felswände des Canyon aufragen.

Websites www.nps.gov/grca, www.grandcanyonlodges.com/Mule-Trips-716.html

Gegenüber: Aus der Vogelperspektive kommen die imposanten Dimensionen des Grand Canyon erst richtig zur Geltung, dagegen geht der Ritt mit dem Maultier mehr auf Tuchfühlung. Oben links: Der schmale Pfad zwingt die Reiter zum Gänsemarsch. Oben rechts: Desert Star heißt die Blume aus der Korbblütlerfamilie, die hier in Felsnischen wächst.

HIGHLIGHTS

- Wer Glück hat, entdeckt einen **Kalifornien-Kondor**, der mit ausgebreiteten Schwingen über dem Canyon segelt. Die Vögel waren vom Aussterben bedroht, werden nun in Aufzuchtstationen hochgepäppelt und dann im Canyon ausgewildert.

- Begleitet von den unaufhörlichen „Ohs" und „Ahs" der anderen Reiter lassen einem die ständig wechselnden **Panoramablicke** buchstäblich den Atem stocken. Und nur, wer die mühsame Klettertour zu Fuß oder per Muli auf sich nimmt, kann sie erleben.

- Der Abstieg entlang der scheinbar endlosen Gesteinsschichten ist auch eine Zeitreise **durch zwei Milliarden Jahre Erdgeschichte**. Das ist knapp die Hälfte des Lebensalters der Erde.

- Die Abendsonne verwandelt die sprühende Gischt des **Colorado** in ein zauberhaftes Farbenspiel. Bis heute arbeitet der Fluss, der nur ein paar 100 Meter von der Phantom Ranch entfernt vorbeirauscht, an der Monumentalskulptur des Grand Canyon.

- In der Phantom Ranch angekommen, macht ein abendliches Sonnenbad, untermalt von Flussrauschen und Vogelgezwitscher, die steifen Glieder wieder geschmeidig. Und die herzhaften **Steaks zum Abendessen** geben neuen Mumm.

Wer durch das türkisblaue Wasser paddelt, wird sich in den Arm kneifen, um sicher zu sein, dass er nicht träumt.

MEXIKO

Im Seekajak vor Mexiko

Eine einsame Pazifikinsel und die artenreichen Gewässer vor Baja California laden zur Erkundung per Kajak ein.

Beim Umfahren einer felsigen Halbinsel im Golf von Kalifornien (Cortes-See) taucht der weiße Sandstrand einer einsamen Bucht auf, der sich als Campingplatz anbietet. Mit jedem Paddelschlag rückt das Ufer näher; Kakteen zeichnen sich ab, ein steiniger Pfad, der sich zu den Hügeln hochschlängelt, Wellen, die sich am Ufer brechen. Fixpunkt der einwöchigen Reise ist die Insel Espíritu Santo vor der Küste des mexikanischen Bundesstaats Baja California. Die Vormittage gehören dem Kajak, mit dem sich die zerklüftete Küstenlinie mit vorgelagerten Inseln, Landzungen und Buchten erkunden lässt. Am Westrand der Insel warten idyllische Strände, im Osten türmen sich die Klippen zu bizarren Formationen auf. Nachmittags könnten Inselwanderungen oder Schnorcheln im glasklaren Wasser auf dem Programm stehen. Und abends lässt sich der Sonnenuntergang bei einer Margarita genießen.

Beste Reisezeit Die heißen Sommermonate meiden. Von Oktober bis Anfang Dezember ist das Wasser angenehm warm und perfekt zum Schnorcheln.

Reisedauer Sieben Tage, wovon jeden Morgen drei bis vier Stunden für das Kajak reserviert sind.

Reiseplanung Die Tour beginnt in La Paz, der Hauptstadt von Baja California Sur. Ein kleines Motorboot bringt die Teilnehmer zur Isla Espíritu Santo und befördert auch Tagesgepäck, Campingausrüstung und Lebensmittel in die verschiedenen Buchten, zu denen die Kajaktouren führen.

Tipp An Sonnenschutz denken und reichlich trinken, da die Sonne unbarmherzig brennt und vom Wasser reflektiert wird. Wasserflaschen, Sonnencreme und Kamera können Sie in wasserdichten Beuteln verstauen und im Kajak unter die Elastikgurte klemmen.

Websites www.kayactivities.com, www.discoverbajacalifornia.com

HIGHLIGHTS

- Im Golf leben **31 Arten von Meeressäugern**, Meeresschildkröten und rund 500 Fischarten. Die Isla Espíritu Santo wird von einigen Tieren bevölkert, die es sonst nirgends gibt, etwa vom **Schwarzschwänzigen Eselhase** und einem winzigen Vertreter der Art der Ziesel.
- An der Nordspitze der Insel lagert eine **Seelöwenkolonie**. Inmitten dieser eleganten Schwimmer und ihrem putzigen Nachwuchs zu schnorcheln ist ein unvergessliches Erlebnis.
- In seichteren Gewässern tauchen oft **Mantarochen** auf und begleiten das Kajak ein Stück.
- Selten ist ein Gang zur Toilette so malerisch: An jedem Zeltplatz wird das mobile WC in diskreter Entfernung auf einer Klippe aufgebaut, mit **phantastischem Blick** auf das Meer.

BELIZE

Das Belize Barrier Reef

Eine farbenprächtige Unterwasserwelt wartet in diesem Taucherparadies in der westlichen Karibik.

Das längste Barriereriff der nördlichen Hemisphäre (nur das australische Great Barrier Reef ist länger) ist ein Mekka für Taucher: Im komplexen Ökosystem des Belize Barrier Reefs leben über 500 Fischarten und 65 verschiedene Korallensorten. Die seichten Lagunen und Sumpfwiesen zwischen Riff und Küste sind Tummelplätze für Seekühe und Pelikane. Auf den über 450 „cayes" (Inselchen) nisten Fregattenvögel und Rotfußtölpel. Ein ideales Standquartier ist San Pedro auf Ambergris Caye, dem größten Eiland am Nordende des Riffs. Knapp 80 Kilometer südöstlich davon wartet eine Attraktion, für viele das ultimative Taucherlebnis: das mit türkisgrünem Wasser gefüllte Blue Hole, eine kreisrunde, tiefe Doline mitten im Lighthouse Reef. Doch damit ist Belizes Reichtum an marinen Attraktionen nicht erschöpft. Lohnende Ziele sind auch die Half Moon Caye Wall oder das fischreiche (und passend benannte) „Aquarium" vor Long Caye, wo sich gerne Delphine sehen lassen. Unbedingt empfehlenswert ist ein nächtlicher Tauchgang in Flachwasser, auf dem die Unterwasserwelt noch mehr Facetten offenbart: leuchtend grüne Oktopusse, nachtaktive Hummer und Garnelen oder dicke Papageifische, wie von Picasso gemalt.

Beste Reisezeit November bis Juni. Von Juli bis Oktober können Wind und Regen die Tauchbedingungen beeinträchtigen.

Reisedauer Mindestens eine Woche.

Reiseplanung Nach Belize City auf dem Festland fliegen, dann einen der kleinen Flieger nach San Pedro auf Ambergris Caye nehmen. Andere Inseln sind von Belize City oder San Pedro aus per Boot erreichbar. Tauchausrüstungen können Sie in Ambergris Caye ausleihen.

Tipp Selbst für erfahrene Taucher sind die Tiefen des Blue Hole riskantes Terrain. Auch wer nicht so tief taucht, braucht eine gute Technik und Selbstdisziplin, da immer die Gefahr des Tiefenrauschs besteht (mit ähnlichen Symptomen wie beim Alkoholrausch).

Websites www.ambergriscaye.com, www.dmd-reisen.de

HIGHLIGHTS

- Auf **Ambergris Caye** schwimmen unter dem Deck der **Sharks Bar** Haie, Rochen und Wasserschildkröten in einem Unterwassergehege. Beim Schnorcheln rund um die Anlegestellen der Insel begegnen Ihnen Myriaden von Kliffbewohnern.

- Die Echte und Unechte Karettschildkröte sowie die **Grüne Schildkröte** tummeln sich in seichten Küstengewässern, da sie ihre Eier am Sandstrand ablegen. Gelegentlich aalt sich dort auch eine **Rundschwanz-Seekuh** in der Abendsonne.

- Die meisten Inseln rund um die drei Korallenatolle **Glover's Reef, Turneffe Island** und **Lighthouse Caye** sind unbewohnt und daher von Wasservögeln und Einsiedlerkrebsen bevölkert. In den tiefen Gewässern dazwischen lauern Haie und Barrakudas.

Eine betörende Formen- und Farbenvielfalt, von phantastisch bunten Fischen bis zu filigranen Fächerkorallen, erwartet Taucher in der tiefblauen Karibik.

Egal, ob es aufwärts oder abwärts geht, ein Seil ist immer eine große Hilfe und der Umgang damit gar nicht so schwierig.

PUERTO RICO

Höhlentour am Río Camuy

Schmutzig und anstrengend ist die Tour durch das unterirdische Labyrinth im Dschungel. Aber auch ein unvergessliches Erlebnis.

Im Morgengrauen holen die Führer ihre Schäfchen ab und bringen sie in den dichten tropischen Regenwald. Kaum zu glauben, dass Puerto Ricos laute, geschäftige Hauptstadt San Juan nur 80 Kilometer entfernt ist. Unterwegs gibt es einen Crashkurs im Abseilen, und schon schwebt man an einer Seilbrücke über das grüne Blättermeer dem Angeles Cave entgegen. Der Blick nach unten lässt den Herzschlag einen Moment lang stocken: Durch diese Doline führt der Weg zur Höhle. Am Seil geht es 76 Meter abwärts (das ist ungefähr die Höhe eines 25-stöckigen Hochhauses) bis zum Höhleneingang. Jetzt den Helm mit Lampe und die Schwimmweste angelegt und das Abenteuer in der Unterwelt kann beginnen. Hier hausen Fledermäuse, Spinnen, Skorpione und Krebse zwischen Stalagmiten, Stalaktiten und Fossilien seltsamer Meerbewohner, die vor Millionen Jahren lebten. Die Kraxelei über bizarr geformte Kalksteinfelsen, durch enge Kammern und riesige Höhlen ist etwas mühsam; kurz darauf lassen sich alle auf dem Rücken, Füße voraus, vom Río Camuy mitreißen. Der unterirdische Fluss hat eine erstaunlich starke Strömung. Schon bald blendet wieder das Tageslicht. Aber wer in sich hineinhorcht, wird überrascht feststellen, dass er sich bereits in diese dunkle, magische Zauberwelt zurücksehnt.

Beste Reisezeit Ganzjährig.

Reisedauer Ein ganzer Tag (der um 5.45 Uhr beginnt).

Reiseplanung Diese anstrengende Tour ist nur mit Führer möglich und muss gebucht werden. Teilnehmer müssen körperlich fit und über 15 Jahre alt sein.

Tipp Alte Turn- oder Wanderschuhe anziehen, denn sie werden nass und schmutzig. Dazu dünne Hosen oder Shorts (Jeans sind ungünstig, weil sie Wasser aufsaugen und schwer werden). Für bequemere Naturen gibt es als Alternative eine Bustour zu den Höhlen im nahe gelegenen Río Camuy Caves Park.

Website www.aventuraspr.com

HIGHLIGHTS

- Aufregender Moment: Am Grund der Doline springen Sie in das eisige Wasser des **unterirdischen Sees**, um zur Höhle zu kommen.
- **Auf dem Rücken treiben** Sie im Fluss durch die Höhlenkammern, mit der Helmlampe als einziger Lichtquelle und dem gurgelnden Rauschen als Soundtrack.
- Bei einem Picknick in einer **Höhle bei Kerzenlicht** schmecken die mitgebrachten Snacks besser als jedes Gourmetgericht.

ARGENTINIEN/CHILE/PERU/ECUADOR

Zu Pferd durch die Anden

Hoch zu Ross lässt sich die majestätische Bergkulisse der Anden genießen.

Einen Huf vor den anderen setzen die Pferde auf den aus dem Berg gehauenen Pfad. Alpine Pflanzen erobern sich ihren Lebensraum im Geröll. Gelegentlich gleitet ein schwarzweißer Andenkondor mit einer Flügelspannweite von drei Metern über das Tal. Auf dem Pferderücken hat man das Gefühl, eins mit der Natur zu sein. Weiter oben am Hang bilden die Mulitreiber und ihre mit Zelten, Kochgeschirr und Lebensmitteln beladenen Tiere die Vorhut. Am Abend wartet am Seeufer ein warmes Essen. Mit 7500 Kilometern sind die Anden die weltweit längste Bergkette, die von Venezuela bis nach Feuerland reicht. Als höchster Gipfel außerhalb Asiens ragt der Aconcagua 6959 Meter hoch auf. Ein Paradies zum Trekking zu Pferd; vor allem in Argentinien, Chile, Peru und Ecuador gibt es dafür zahllose Angebote. Eine Tour durchquert die Grassteppen in den ecuadorianischen Anden, die von schneebedeckten Vulkangipfeln gesäumt werden, manche davon noch aktiv. Eine andere folgt dem Schmugglerpfad von Chile über die patagonischen Anden nach Argentinien. Einige Treks erlauben Einblicke in das Leben der Bergbevölkerung, das sich in den letzten 100 Jahren kaum verändert hat. Ein riesiges Angebot, nur die Wahl fällt schwer.

Beste Reisezeit In den nördlichen Anden (zum Beispiel im Hochland von Ecuador) ganzjährig. Im Süden (Chile und Argentinien) herrschen von Januar bis Juni ideale Wetterbedingungen.

Reisedauer Von der Tagestour bis zum zweiwöchigen Ritt ist alles möglich.

Reiseplanung Manche Touren führen in sehr hohe Lagen, deshalb Zeit für die Akklimatisierung einplanen. Viele Anbieter geben an, man brauche keine Reiterfahrung. Aber zu wissen, wie man sich nach einem Tag im Sattel fühlt, ist auf jeden Fall von Vorteil.

Tipp Packen Sie Sonnencreme mit hohem Lichtschutzfaktor, einen breitkrempigen Hut und ein Halstuch (als Nackenschutz) ein. In solchen Höhen brennt die Sonne zu jeder Jahreszeit gnadenlos.

Websites www.rideandes.com, www.horseranch.de, www.reiterreisen.com, www.chileferien.de

HIGHLIGHTS

- Der Ritt durch die Anden ist ein **Fest für das Auge**. Klare Seen liegen inmitten samtiger Bergwiesen, auf denen farbenprächtige Wildblumen sprießen. Dank der sauberen Bergluft funkeln die Sterne am Nachthimmel besonders hell.

- Zu Pferd ist man flott unterwegs. In den Anden leben **viele Wildtiere**, zum Beispiel Lamas, Alpakas, Pumas, Bussarde, Adler, Chinchillas und Andenkondore.

- Die Trek- und Mulifführer bauen die Zelte auf und kochen **leckere Mahlzeiten**. Bei manchen Veranstaltern begleiten sogar **Musiker** den Trek und sorgen für die Abendunterhaltung.

Reiter auf ihrem Trek durch die chilenischen Anden. Viele Pferdetouren beginnen in der Hauptstadt Santiago.

Top 10 Wildwasser-Routen

Die weltweit schönsten Raftingtouren beinhalten alle Schwierigkeitsgrade bis Stufe V.

❶ Alsek und Tatshenshini, Alaska, USA/Kanada

Gletscher und Eisberge gehören zu den Attraktionen dieser beiden Flüsse in der rauen Wildnis im Grenzgebiet von Kanada und Alaska. Neben erstklassigem Wildwasser versprechen die Touren Begegnungen mit Grizzlybären und Elchen, fette Lachse und köstliche Blaubeeren.

Reiseplanung Beste Reisezeit ist von Juni bis September. Die Fahrten auf dem Alsek führen von Haines Junction (Yukon) zur Dry Bay (Alaska), auf dem Tatshenshini von Dalton Post (Yukon) bis zu seiner Mündung in den Alsek. www.wildernessriver.com

❷ Magpie River, Kanada

Ein Wasserflugzeug fliegt zum Magpie-See, wo die achttägige Tour durch die einsamen Kiefernwälder im Osten der Provinz Quebec beginnt. Schon gleich nach dem See wartet der Fluss Magpie mit ersten Stromschnellen auf. Die Strecke wird anspruchsvoller und erreicht hinter den spektakulären Magpie-Wasserfällen sogar Schwierigkeitsgrad V. Nachts wird auf Flussinseln das Zelt aufgeschlagen und am Himmel flackert geheimnisvoll Aurora Borealis, das Nordlicht.

Reiseplanung Beste Reisezeit ist Juli und August. www.globetourer.de

❸ Middle Fork, Salmon River, Idaho, USA

Trümpfe der äußerst beliebten Wildwasserstrecke sind Stromschnellen bis Stufe IV und die atemberaubenden Wald- und Berglandschaften der größten straßenlosen Wildnis Amerikas außerhalb Alaskas. Wenn dann noch eine Bärenmutter mit ihren Jungen vorbeischwimmt, ist das Naturerlebnis perfekt.

Reiseplanung Beste Reisezeit ist von Mai bis September. Aufgrund der Beliebtheit der Strecke wurden die Personenzahlen begrenzt, deshalb lange vorher buchen. www.ioga.org

❹ Río Upano, Ecuador

Links und rechts des Ufers erstreckt sich tropischer Regenwald, in dem Tukane und leuchtend bunte Schmetterlinge von Baum zu Baum flattern. Die mit Palmblättern gedeckten Hütten der Shuar machen Lust auf einen Zwischenstopp. Der Trip beginnt in Macas am Westrand des Amazonasbeckens mit zahmen Wasserwalzen, steigert sich mit Passagen durch enge Schluchten und gipfelt in der Namangosa-Schlucht, mit Stromschnellen der Stufe IV+.

Reiseplanung Beste Reisezeit ist von November bis Januar. www.surtrek.de, www.ecuador-kajak.com

Hier heißt es nur noch: Augen zu und durch! Die Internationale Wildwasserschwierigkeitsskala geht von Stufe I (leicht) bis VI (Grenze der Befahrbarkeit).

❺ Futaleufú, Chile

Von den Gletscherseen in den Anden Patagoniens arbeitet sich der klare, blaue Futaleufú durch majestätische Gebirgslandschaften stetig bergab und sorgt bei Wildwasserfans für Adrenalinkicks. Einige Abschnitte schaffen auch Anfänger, aber bei den Stromschnellen der Stufe V kommen selbst erfahrene Cracks ins Schwitzen.

Reiseplanung Beste Reisezeit ist Dezember bis April. www.visit-chile.org, www.aquamotion.cl

❻ North Johnstone River, Australien

Einfach gigantisch, diese Strecke im tropischen Norden von Queensland mit Schikanen der Stufen IV und V, Schluchten aus Vulkangestein und den Regenwäldern des Palmerston National Park. Der wilde Tanz der Glühwürmchen und leuchtende Pilze zaubern nachts ein surreales Ambiente. Der Startplatz ist nur per Hubschrauber erreichbar.

Reiseplanung Beste Reisezeit ist April bis Juli. www.raft.com.au

❼ Sun Kosi, Nepal

Vom Dach der Welt an der Grenze zu Tibet führt der Sun Kosi an den Gipfeln des Himalaja vorbei hinunter in die Ebenen des Ganges. Unterwegs donnern Stromschnellen der Stufe V durch enge Schluchten. Es folgen waldreiche Täler und schließlich der undurchdringliche Dschungel, wo kreischende Affen in den Bäumen turnen.

Reiseplanung Beste Reisezeit ist September bis Dezember oder Februar bis Mai. www.welcomenepal.com, www.raftnepal.com

❽ Çoruh, Türkei

Kaum ein Fluss fließt so schnell wie der Çoruh, der sich im wildromantischen Kaçkar-Gebirge im äußersten Nordosten der Türkei atemberaubende Schluchten gegraben hat. An seinen Ufern leben Bergziegen, Bären und Wildschweine und ab und zu erblickt man byzantinische Burgruinen.

Reiseplanung Beste Reisezeit ist Mai bis Juli. Da auch der Ararat (Agri Dagi) im Kaçkar-Gebirge liegt, wo laut Bibel Noah mit seiner Arche strandete, bietet sich seine Besteigung natürlich an. www.alternatifraft.com

❾ Noce, Italien

Das Schmelzwasser der Alpengletscher speist den Noce, der sich durch das abgelegene Dolomitental Val di Sole (Sulztal) im Norden Italiens wälzt. Kaum ein Fluss in Europa stellt Wildwasserfreaks derartig auf die Probe; legendär sind die engen Schluchtpassagen der Stufe V bei Mostizzolo.

Reiseplanung Beste Reisezeit ist Mai bis September. www.extremewaves.it

❿ Sambesi, Simbabwe/Sambia

Unterhalb der Viktoriafälle tosen die kochenden Wassermassen des Sambesi über 23 Stromschnellen durch die 24 Kilometer lange Batoka-Schlucht. Sie sind Afrikas Beitrag zur Wildwasser-Hitliste und punkten außerdem mit einer unvergleichlichen Landschaftskulisse.

Reiseplanung Von Juni bis Februar sind alle 23 Stromschnellen befahrbar. Von März bis Juli, bei Hochwasser, nur die letzten 13. www.zambiatourism.com, www.zimbabwetourism.co.zw

ARGENTINIEN

Tango in Buenos Aires

Tango ist viel mehr als ein Tanz. Geboren in den Slums von Buenos Aires, verkörpert er die Seele Argentiniens.

Erst nach Mitternacht kommt Leben in die *milongas* (Tanzabende) der Hauptstadt. Neben den *porteños* (Einheimische) sind es Tangobegeisterte aus aller Welt, die hier ihrer Leidenschaft frönen. In den großen Tanzpalästen können Touristen die dreiminütige Liebesgeschichte verfolgen, während sie sich an einem Rindersteak gütlich tun. In den kleinen Kellerlokalen sind manche Tische seit 30 Jahren für dieselben Stammgäste reserviert. Das Unterrichtsangebot für Anfänger wie Fortgeschrittene ist riesig und reicht bis zur Hotelsuite im Abasto Plaza mit eigenem Tanzboden inklusive Privatlehrer. Das Ritual beginnt mit einem intensiven Blick: Die Paare finden sich, gleiten gegen den Uhrzeigersinn über die Tanzfläche, umwerben und attackieren sich. Ihre Beine scheinen sich zu verfolgen und schneiden messerscharf durch die Luft. Die Geschichte des Tangos reicht ins 19. Jahrhundert zurück, als sich die von afrikanischen Sklaven mitgebrachte Candombe mit den Musikstilen anderer Immigranten vermischte. War der Tango anfangs ein Ventil für die Arbeiterklasse, so sollte er schon bald die ganze Welt erobern. 1913 lud das vornehme Londoner Waldorf Hotel zum Tango-Tanztee. Während der Militärjunta verschwand der Tango im Untergrund, um Mitte der 1980er Jahre als Inbegriff argentinischer Identität wiederaufzuerstehen.

Beste Reisezeit Im Herbst (März bis Mai) und Frühjahr (September bis November) ist das Wetter am besten. Im September (Nebensaison) fallen die Preise.

Reisedauer Buenos Aires bietet genug Abwechslung für mindestens sechs Tage.

Reiseplanung Am besten schon vor der Abreise die Grundschritte lernen, um ein Gefühl zu entwickeln.

Tipp Beim Kofferpacken beachten: Porteños sind immer topschick angezogen, bei der Arbeit wie auch im Café. Wer sich vor dem späten Abendessen kurz hinlegt, hält bis zum Morgengrauen durch. Veranstaltungshinweise stehen in B.A. Tango und El Tangauta, außerdem gibt es Tango-Stadtpläne.

Websites www.turismo.gov.ar, www.reallatino-tours.de, www.tango-international.org

HIGHLIGHTS

- Beim *viborita*-Schritt **(„kleine Schlange")** stellt der Mann sein rechtes Bein zwischen die Beine seiner Partnerin und schiebt mit schlängelnden Fußbewegungen erst ihr linkes, dann ihr rechtes Bein zur Seite.
- Tangopause unter Jacaranda- und anderen blühenden Sträuchern: Im **Palermo-Viertel** laden der Botanische Garten, ein Rosengarten, ein See mit hübsch gestalteter Promenade und der Park Bosques de Palermo zum Spazierengehen ein.
- Altes Silber, Skulpturen, ein Grammophon oder Schellackplatten: All das findet sich sonntags auf dem Flohmarkt auf der **Plaza Dorrego in San Telmo**, wo auch auf der Straße Tango getanzt wird.

Die Geheimnisse eines der leidenschaftlichsten Tänze der Welt werden in Buenos Aires gelüftet.

Hoch über dem brasilianischen Pantanal thront dieser Jabiru-Storch in seinem Nest.

BRASILIEN/BOLIVIEN/PARAGUAY

Die Tierwelt des Pantanal

Der Pantanal ist das größte Sumpfgebiet der Erde, es erstreckt sich von Brasilien bis nach Bolivien und Paraguay.

Im Morgengrauen zeichnet sich die Silhouette eines fast 1,5 Meter großen Jabiru-Storchs ab, der zur Wasserstelle stakst. Wenn der Río Paraguay die Niederungen im Norden überschwemmt, verwandelt sich das Pantanal in einen riesigen Wassergarten, in dem Besucher vom Boot aus den Wasservögeln beim Fischen zusehen können. Zu Pferd geht es in höher gelegene Regionen, wo viele Säugetiere leben. Die untergehende Sonne taucht alles in rosa-goldenes Licht; oft bildet sich ein Regenbogen. Das 210 000 Quadratkilometer große Gebiet beheimatet zu jeder Zeit eine reiche Tierwelt. Bei Trockenheit lassen sich Waldstörche die gestrandeten Fische schmecken. Auch Waldhunde, Sumpfhirsche, Tapire und Stinktiere fühlen sich hier wohl, ebenso wie Myriaden von Schmetterlingen. Nachtwanderungen sind besonders faszinierend, und wer Glück hat, entdeckt sogar die leuchtenden Augen eines Pumas.

Beste Reisezeit Die Natur ist zu jeder Jahreszeit überwältigend. Die Trockenzeit (April bis September) eignet sich eher für Wanderungen und Safaris per Jeep. In der Regenzeit (Oktober bis März) lassen sich faszinierende Ökotope per Boot und Kleinflugzeug entdecken.

Reisedauer Vier Tage reichen für die Highlights des Pantanal.

Reiseplanung Die Unterkünfte reichen von Hängematten auf einer Veranda bis zum komfortablen Bungalow auf einer Rinderranch. Wer einfach wohnt, braucht Schlafsack und Mückenschutz.

Tipp Buchen Sie einen erfahrenen Führer bei einer renommierten Agentur oder Lodge und ignorieren Sie die Schlepper am Flughafen oder Busbahnhof.

Websites www.pantanal-pocone.net, www.caiman.com.br

HIGHLIGHTS

- Bei einem abendlichen Ausritt entdecken Sie vielleicht eine **Wasserschweinfamilie.** Mit seiner kurzen Schnauze und dem hundeähnlichen Rumpf ähnelt der weltgrößte Nager einem Riesenmeerschweinchen; er bringt bis zu 80 Kilogramm auf die Waage.
- Mit einem Meter Länge ist der **Hyazinth-Ara** der größte Papageienvogel. Da seine Eier oft in den Brutkasten wandern und der Nachwuchs für Tausende von Dollar verkauft wird, ist er vom Aussterben bedroht, kommt aber im Pantanal noch recht häufig vor.
- Der **Große Ameisenbär** ist unverwechselbar. Seine lange, schlanke Schnauze, das zottige Fell und der schwankende Gang machen ihn zum gern gesehenen Unikum.
- Manchmal leisten einem beim Frühstück **Tukane** Gesellschaft. Mit ihrem auffälligen Schnabel picken sie bei Sonnenaufgang gerne Beeren.

In Valparaíso ruckeln Passagiere mit dem Ascensor Artillería von 1893 vom Hafen hoch in die Stadt.

ARGENTINIEN/CHILE/PERU

In Südamerika auf den Spuren von Che

Mit dem „Tagebuch einer Motorradreise" als Vorlage: Tour durch Berge, Wüste und die endlose Pampa.

Argentinien, Chile und Peru sind Stationen in Che Guevaras „Tagebuch einer Motorradreise". Für die Bewunderer des unbeugsamen Rebellen ist das eine Pilgerfahrt. Aber es ist auch ein Abenteuer, bei dem die eigene Kondition wie auch das Zweirad auf harte Proben gestellt werden. Che und sein Freund Alberto Granado tourten auf einer alten 500er Norton mit dem hübschen Beinamen *La Poderosa* (die Mächtige). Angesichts der Straßenverhältnisse sind moderne Abenteurer mit einer Enduro und einem guten GPS besser bedient, um die kurvigen, steilen Straßen und die kristallklaren Bäche zu meistern. Für Adrenalinschübe ist jedenfalls bestens gesorgt: Erst werden die Anden überquert, dahinter wartet die Atacamawüste, dann geht es wieder steil bergauf zur alten Inkahauptstadt Cusco und nach Machu Picchu.

Beste Reisezeit Wer im Januar startet, erlebt Patagonien im Sommer der Südhalbkugel und erreicht die Atacamawüste im Herbst, wenn es kühler ist.

Reisedauer Veranschlagen Sie für die rund 8050 Kilometer mindestens einen Monat.

Reiseplanung Renta Moto in Buenos Aires verleiht Geländemaschinen. Touristische Informationen zur Route veröffentlicht der South American Explorers Club auf dem „Schwarzen Brett" seiner Website.

Tipp Che und Alberto fuhren weiter nach Kolumbien und Venezuela, aber wegen der ungünstigen Straßenverhältnisse nicht per Motorrad. Für unsere Tour ist Machu Picchu der krönende Abschluss.

Websites www.rentamoto.com.ar, www.saexplorers.org

HIGHLIGHTS

■ **San Carlos de Bariloche** liegt am Ufer des Sees Nahuel Huapi im argentinischen Andenvorland und ist das Tor nach **Patagonien**. Wer Lust hat, macht einen Abstecher durch das seen- und gletscherreiche Gebiet bis zum südlichsten Punkt der Erde außerhalb der Antarktis.

■ Von den Docks der chilenischen Hafenstadt **Valparaíso** zu den Wohngebieten ist es ein steiler Aufstieg. 15 klapprige, seilbahnähnliche Aufzüge karren Passanten die Straßen buchstäblich hoch und runter. Wer wie Che Guevara für den Dichter und Nobelpreisträger **Pablo Neruda** schwärmt, besucht dessen ehemaliges Wohnhaus, La Sebastiana, in 692 Ferrari.

■ Über **Machu Picchu** in Peru thront der **El Salkantay**, der von den Einheimischen schon immer als göttlicher Beschützer verehrt wird. Hier lebt auch der Pudu (*sachacabra*), eine nur 40 Zentimeter große Hirschgattung.

BOLIVIEN

DIE STRASSE DES TODES

Motorradfahrer können sich keine Unaufmerksamkeit leisten auf der gefährlichsten Straße der Welt durch die bolivianischen Anden.

Beißender Wind gerbt die Haut, Lamas scharren auf dem steinharten Boden. Auf 4700 Meter Höhe grüßen die benachbarten Gipfel der Cordillera Real, einem Granit-Faltengebirge in der bolivianischen Hochebene. Unter der Christus-Statue murmeln die Motorradfahrer in der ungewohnt dünnen Luft ein letztes Gebet und überprüfen die Bremsen. Das ist auch notwendig, denn jetzt geht es abwärts auf der Carretera de la Muerte (Straße des Todes), die die Hauptstadt La Paz mit dem subtropischen Norden Boliviens verbindet. Kriegsgefangene aus dem Chacokrieg mit Paraguay haben die Straße in den 1930er Jahren aus dem Fels gehauen. 3400 Höhenmeter und 61 Kilometer trennen den Bergpass La Cumbre von der Stadt Coroico. Der mörderische, 24 Kilometer lange Abschnitt bis zum Dörfchen Yolosa, südwestlich von Coroico, ist selbst für erfahrene Biker ein Albtraum. Nach einer achterbahnähnlichen Talfahrt gleich hinter dem Pass wird die Straße zur unbefestigten Piste. Das Gefühl der Lebensgefahr fährt ständig mit: In den nebligen Haarnadelkurven ist nur das Hupen der Busse zu hören, überall am Straßenrand erinnern Kreuze an Verunglückte. Jede Furche, jede Felsnase jagt den Puls von Neuem hoch, und auf dem langen Weg bis Coroico ist klar, dass die nächste falsch eingeschätzte Kurve ins Jenseits führt.

Beste Reisezeit März bis Oktober. Von November bis Februar regnet es in La Paz am stärksten.

Reisedauer Fünf bis sechs Stunden.

Reiseplanung Diverse Reisebüros in La Paz bieten Tagestouren auf der Carretera de la Muerte an. Ein paar Tage einplanen, um sich an die Höhenluft zu gewöhnen, bevor es losgeht.

Tipp Frische Kleidung einpacken für nach der Fahrt (wird vom Begleitfahrzeug transportiert). Wer das Abenteuer überlebt hat, sollte das mit einem Essen in Coroico feiern, bevor er den Bus zurück nach La Paz nimmt.

Websites www.gravitybolivia.com, www.bolivialine.de, www.travel-tracks.com

HIGHLIGHTS

- Entlang der Strecke tauchen häufig **Lamas** auf. Stopps nutzen, um nach **wilden Hunden** und **seltenen Vögeln** Ausschau zu halten, zum Beispiel den Rotbauch-Höhenläufer.
- Wenn der Guide anhält, um am Straßenrand Süßigkeiten zu verstreuen, ist das eine **Opfergabe für Pachamama** (Mutter Erde), die für eine sichere Reise sorgen soll.
- Die leuchtend bunten **Ponchos** und **Melonenhüte** (*sombreros de cholita*) der bolivianischen Frauen sind echte Hingucker.
- Einer der zahllosen schneebedeckten Felsenkämme und -gipfel auf diesem Abschnitt der Straße des Todes gehört dem 5869 Meter hohen **Cerro Mururata**.

Die gefährlichste Straße der Welt schlängelt sich durch die Anden und sorgt mit gähnenden Abgründen für Herzklopfen, bevor sie den bolivianischen Dschungel erreicht.

Warme Luft streichelt das Gesicht, während sich tief unten eines der weltweit beeindruckendsten Stadtpanoramen darbietet.

BRASILIEN

Drachenfliegen über Rio

Nur ein Drachenflug kann diesen absolut atemberaubenden Blick auf Brasiliens legendäre Hauptstadt eröffnen.

Der Anlauf über die Startrampe erfordert zwar etwas Mut, aber sobald der Drachen abhebt und sich Rio de Janeiro wie ein riesiges Bilderbuch ausbreitet, ist jede Angst vergessen. Nach einer kurzen theoretischen Einweisung nimmt einen der Pilot mit zum Startplatz in Pedra Bonita im Nationalpark Tijuca, dem weltweit größten städtischen Regenwaldgebiet, nur ein kleines Stück südwestlich des Zentrums. Überhaupt hat sich Rio einen einzigartigen Logenplatz ausgesucht: Im Osten glitzert der Atlantik, im Westen ragen steile, von dichtem Regenwald überwucherte Berge zum Himmel auf. Auf dem Drachenflug in Richtung des Küstenviertels São Conrado tauchen nach und nach die Wahrzeichen der Stadt auf: der Zuckerhut, der Corcovado (deutsch: der Bucklige) mit der berühmten Christusstatue, die endlosen, weißen Sandstrände Ipanema und Copacabana, die kleinen, bewaldeten Inselchen, die die Guanabara-Bucht sprenkeln, und schließlich Niterói, Rios Satellitenstadt am anderen Ende der Bucht. Einen Tandemflug schaffen auch Anfänger; der Pilot kümmert sich ja um alles, so dass man sich ungestört dem Zauber dieses unvergleichlichen Panoramas hingeben kann.

Beste Reisezeit Flüge werden das ganze Jahr über täglich angeboten. Sonnenschein ist keine Voraussetzung, nur tiefe Wolken oder Regen in den Bergen verhindern einen Start.

Reisedauer Ein Direktflug dauert zwölf Minuten. Aber wenn die Thermik stimmt, kann sich das auf eine halbe Stunde ausdehnen.

Reiseplanung Ziehen Sie eine extra Schicht Kleidung an, denn beim Abflug kann es wegen der Höhenlage kühl sein. Für Start und Landung ist bequemes Schuhwerk wichtig.

Tipp Wer ein paar Tage in Rio ist, sollte sich gleich bei seinem Drachenflugpilot melden, damit dieser den Idealtermin festlegen kann (der nicht unbedingt ein Tag mit Badewetter sein muss).

Websites www.riohanggliding.com, www.rioturismoradical.com.br

HIGHLIGHTS

- Der **Moment des Abhebens** ist unvergleichlich: Ein kleiner Ruck, und plötzlich schwebt man in der samtigen, tropischen Luft, kommt sich völlig frei und schwerelos vor – ein erhebendes Gefühl!
- Erst aus der Vogelperspektive werden die **Besonderheiten der Stadt** richtig deutlich; **schroffe Granitgipfel** unterteilen die verschiedenen Wohngebiete, die sich anhand der Länge und Form ihrer Strände identifizieren lassen.
- Auch wenn die Füße längst wieder Kontakt mit dem weichen Sand des **Strands von São Conrado** aufgenommen haben, hämmert das Herz noch vor Aufregung.

IM PFERDEWAGEN DURCH IRLAND

In dem gemütlichen Vehikel lässt sich die Grüne Insel erkunden und unterwegs an Seen, Flüssen und in waldreichen Tälern verweilen.

Einen Stapel Bücher, dazu eine Angelrute eingepackt, und schon kann es losgehen zu den Wicklow Mountains, wo die Geschichte zahllose Spuren hinterlassen hat. Mit vier Schlafplätzen, Tisch, Waschbecken und Herd sind die Pferdewagen ein Heim auf Rädern. Auf der Karte des Reiseveranstalters sind die weniger befahrenen Straßen markiert, dazu die Orte, wo man für die Nacht anhalten, duschen, etwas essen und ein Bier trinken kann. Am ersten Tag machen sich die Reisenden in Carrigmore, 20 Kilometer südlich von Dublin, mit den Pferden vertraut, meist geduldige, kräftige irische Kaltblüter. Je nach Wetter, Gelände und persönlichen Vorlieben können die Tagesetappen sieben bis 20 Kilometer lang sein; das macht zwei bis fünf Stunden, wenn nicht gerade das Angel- oder Golferglück dazwischenfunkt. Oder eines der vielen Herrenhäuser, wie der palladianische Powerscourt aus dem 18. Jahrhundert, der ebenso besichtigt werden will wie die wunderschönen Mount Usher Gardens am Killiskey River. Das Tempo ist gemächlich, aber was soll's. Langweilig wird es trotzdem nie.

Beste Reisezeit April bis Oktober. Im Juni blühen Wildblumen am Wegesrand, im September muss man sich die Straßen oft mit Landwirtschaftsfahrzeugen teilen.

Reisedauer Mindestens eine Woche.

Reiseplanung Es müssen nicht die Wicklow Mountains sein, auch andere Countys haben ihre Reize. Galway ist urtümlich-wild, Laois historisch interessant und Mayo ein einziges Fotoalbum.

Tipp Vergessen Sie nicht, Insektenschutz einzupacken. Bei steilen Anstiegen sollte man neben dem Pferd hergehen. Oft können Sie auch zusätzlich Reitpferde mieten, um unabhängig vom Wagen Ausflüge zu machen.

Websites www.irishhorsedrawncaravans.com, www.dochara.com

HIGHLIGHTS

- Immer einen Stopp wert: **Wochenmärkte** in Dörfern. Nach Sonnenuntergang, wenn die Straßen für Pferdewagen tabu sind, ist eine **Musiksession** in einem Pub ein geselliger Tagesabschluss und garantiert süße Träume!

- In **Galway** auf keinen Fall das alljährliche Sommerkunstfestival der Provinzhauptstadt verpassen. Für Pferdenarren sind die Galway Races Ende Juli ein Höhepunkt.

- Mit das beste **Fisch- und Gemüseangebot** Irlands lockt jeden Samstagmorgen auf dem Markt von Galway.

- Entspannung pur bieten die **herrlichen, langen Strände** an Mayos Küste; Brücken zu den vielen vorgelagerten Inselchen laden zum Spaziergang ein.

Die knallbunten Wagen erinnern an liegende Fässer; trotz Campingeinrichtung sind sie leicht genug, um von Pferden gezogen zu werden.

SCHOTTLAND

Golfen in Schottland

Mit über 500 Plätzen ist Schottland ein wahres Golferparadies. Aber nur einige wenige davon sind so legendär, dass Fanatiker aus aller Welt zu ihnen pilgern.

St. Andrews mit seinen sattgrünen Links, eingefasst von den langen, bei Robben beliebten Sandstränden der Nordsee, gilt als die Wiege des Golfsports. Hier wacht der 1754 gegründete Royal and Ancient Golf Club mit Argusaugen über das Regelwerk. In der „Auld Grey Toun" dreht sich wirklich alles um Golf, und wer sich auf der Warteliste für den Old Course einträgt, auf dem die legendäre Open Championship öfter als irgendwo sonst ausgetragen wurde, muss sich Monate oder sogar Jahre gedulden. Dafür kommt er in den Genuss des weltweit anspruchsvollsten Platzes mit hügeligen Doppelgrüns und Bunkern, die Namen wie „Hell" (Hölle) oder „Coffin" (Sarg) tatsächlich verdienen, da in ihrem Sand schon einige Golfbälle versenkt wurden. Knapp 50 Kilometer nördlich von St. Andrews, in Carnoustie am Nordufer des Firth of Tay, kommen Golfer schneller zum Zug. Wer einen nicht golfenden Reisepartner hat, ist mit Edinburgh am besten bedient, dessen Kulturangebot eine optimale Alternative bietet. Muirfield, nicht weit vom Stadtzentrum, ist das Heim der Honourable Company of Edinburgh Golfers und mindestens so exklusiv wie St. Andrews; ein weiterer renommierter Platz, Musselburgh, liegt ganz in der Nähe. An der Westküste machen Ayrshire, Turnberry und Royal Troon dem Veteranen St. Andrews Konkurrenz.

Beste Reisezeit Frühling (April bis Anfang Juni) oder Herbst (September und Oktober). Golf wird zwar ganzjährig gespielt, aber im nassen, kalten Winter wird es früh dunkel, und im Sommer während der Hochsaison herrscht Massenandrang.

Reisedauer Schottland ist klein (die Fahrzeit von St. Andrews nach Turnberry beträgt zwei Stunden). Bei geschickter Planung schafft man die berühmtesten Plätze in einer Woche.

Reiseplanung Unterkünfte müssen immer lange im Voraus gebucht werden. Die einfachste (und oft auch preisgünstigste) Lösung bieten auf Golfreisen spezialisierte Reiseveranstalter.

Tipp Auch im Sommer ist das Wetter unbeständig, und Seitenwinde von der Küste stellen Golfer auf harte Bewährungsproben. Aber genau das macht Schottland für viele so reizvoll. Auf dem Old Course von St. Andrews ist jedes Loch eine Herausforderung; besonders knifflig sind jedoch das erste, elfte, 14. und 17. Vor dem letzten, dem Road Hole, mussten schon Profis kapitulieren.

Websites www.visitscotland.com, www.golfing-scotland.com, www.golfurlaub.com

HIGHLIGHTS

- Der wunderschöne, parkähnliche Platz von **Charleton** bietet neben Blicken auf den Firth of Forth breite Fairways und einige überraschende Schikanen, die Golfern aller Niveaus Freude machen.

- Die **Crail Balcomie Links** auf der Landzunge Fife Ness wurden 1895 angelegt. Wenn im nahen St. Andrews die Open ausgetragen werden, schlagen viele Topspieler auch auf diesem kleinen, attraktiven Platz ein paar Bälle.

- Troons berühmtestes Loch, die **Postage Stamp** (Briefmarke), hat zwar eigentlich ein winziges Grün, trieb aber angeblich schon gestandene Golfer zu Tränen. Turnberry dagegen schrieb mit dem „Duell in der Sonne" ein Kapitel der Geschichte der Open Championship, bei dem Tom Watson 1977 Jack Nicklaus bezwang.

- Ein Weg führt durch die bizarren Klippen, idyllischen Buchten und sandigen Strände der **Felsküste von Fife**. Im Sommer tummeln sich dort Riesenhaie und Delphine, auf den Inseln wimmelt es von Wasservögeln. Auch die winzigen Fischerdörfer mit ihren imposanten alten Hafenanlagen (Crail, St. Monans, Pittenweem) verdienen einen Besuch.

Gegenüber: Wie hier auf der Isle of Arran sind viele Golfplätze Schottlands eingebettet in die wilde, urtümliche Landschaft und bieten neben sportlicher Herausforderung auch überwältigende Panoramen. Oben: Der Old Course von St. Andrews vor dem Stammsitz des Royal and Ancient Golf Club.

Top 10 Radtouren

Bei diesen Radwanderwegen, die vom lockeren Tagesausflug bis zur mehrwöchigen (Tor-)Tour alles bieten, fällt die Wahl schwer.

❶ La Route Verte, Kanada

Die neu angelegte Route Verte (Grüne Route) durchquert Québec auf über 4000 Kilometern sorgfältig ausgesuchter Landstraßen und Radwege. Die hervorragende Beschilderung weist auch auf Sehenswürdigkeiten hin. Und langweilig wird es einem entlang dem Sankt-Lorenz-Strom und durch die Laurentinischen Berge bestimmt nicht.

Reiseplanung Dank der vom Staat unterstützten Kampagne „Bienvenue Cyclistes" (Fahrradfahrer willkommen) sind Unterkünfte, vom Campingplatz bis zum Hotelzimmer, kein Problem. www.routeverte.com

❷ Underground Railroad Bicycle Route, USA/Kanada

Die Route wurde von der Adventure Cycling Association ausgearbeitet und folgt den Spuren der Sklaven auf ihrem Weg in die Freiheit von Mobile in Alabama nach Owen Sound im kanadischen Ontario. Auf fünf Abschnitten, die zusammen 3300 Kilometer lang sind, wird die afrikanisch-amerikanische Geschichte dank Museen und historischer Stätten lebendig.

Reiseplanung Im frühen Frühjahr und Spätherbst sind manche Campingplätze auf dem Nordabschnitt geschlossen. www.adv-cycling.org

❸ Carretera Austral, Chile

Auf über 1300 Kilometern meist ungeteerter Schotterstraßen führt die Route von Puerto Montt in Zentralchile über Caleta Yungay nach Villa O'Higgins in Nordpatagonien, wobei man einige Male auf Fähren umsteigen muss. Zu den schönsten Abschnitten gehören die Nationalparks Cerro Castillo und Queulat sowie die heißen Quellen von Puyuhuapi mitten im Urwald, nicht weit von Queulat.

Reiseplanung Alles Notwendige mitnehmen, da die Strecke durch absolut einsame Gegenden führt. www.volcanes.de

❹ Munda Biddi Trail, Australien

In der Sprache der Noongar bedeutet Munda Biddi „Pfad durch den Wald". Die Tour führt durch kilometerlange *jarrah forests*, wie hier die Eukalyptuswälder heißen. Der 332 Kilometer lange Abschnitt von Mundaring nach Collie wurde im Juli 2004 eröffnet, reicht mittlerweile 166 Kilometer weiter bis Nannup und soll noch bis Albany verlängert werden. Unterwegs lassen sich Irmawallabys, Graue Riesenkängurus und Fuchskusus blicken.

Reiseplanung Meiden Sie die australische Sommerhitze von Dezember bis Februar. www.mundabiddi.org.au

Auf der Cape Argus Cycle Tour in Südafrika treffen Rennradler auf Genussfahrer, die vor allem die landschaftlichen Schönheiten der Tour durch Berge und Küstengebiete schätzen.

❺ Von Hanoi nach Ho-Chi-Minh-Stadt, Vietnam

Das Richtige für alle, die Fahrradfahren und Strände lieben, denn weite Teile der 1200 Kilometer langen Strecke liegen an der Küste. Aber die Route ist kein Zuckerschlecken, dafür sorgen unterschiedlichste Straßenbeläge und natürliche Hindernisse wie der Hai-Van-Pass an der Grenze zwischen Nord- und Südvietnam.

Reiseplanung Viele Radler nehmen einen Zug oder Flieger von Hanoi nach Hue und kürzen damit um die Hälfte ab. www.velotrek.de

❻ Gran Fondo Campagnolo, Italien

Das Massen-Radfahrereignis rund um Feltre in den Dolomiten findet zu Ehren von Tulio Campagnolo statt, der die Kettenschaltung erfand. Jedes Jahr Mitte Juni, wenn die Bergstraßen schneefrei sind, quälen sich Radfanatiker über den 209 Kilometer langen Kurs mit 4200 Metern Höhenunterschied und vier Gipfeln.

Reiseplanung Teilnahme nur mit ärztlichem Attest. www.infodolomiti.it

❼ Von Luchon nach Bayonne, Frankreich

1910 führte die Tour de France erstmals über hohe Bergpässe. Für die 325 Kilometer der damals schwierigsten Etappe von Luchon nach Bayonne brauchte der Gewinner 14 Stunden. Er überwand dabei vier Pässe, damals noch ungeteert. Heute haben es Radler einfacher, da es eine gute Straßenverbindung gibt.

Reiseplanung Vom Spätherbst bis zum Frühjahr sind die Pässe wegen Schnee geschlossen. www.canigou-cycling.de, www.clevacances-65.com

❽ Route du Comte Jean, Belgien/Frankreich

Die belgische Vlaanderen Fietsroute (Flandern-Radweg) über Landstraßen und -sträßchen (viele mittlerweile für Autos gesperrt) ist berühmt. Der 220 Kilometer lange Abschnitt von Brügge nach Frankreich heißt Route du Comte Jean, benannt nach einem flämischen General aus dem 14. Jahrhundert.

Reiseplanung Zu jeder Jahreszeit unbedingt Regenzeug einpacken. www.fietsroute.org

❾ Von Land's End nach John O'Groats, Großbritannien

Je nach Streckenplanung kann die Tour über 1450 Kilometer lang sein. In Nord-Süd-Richtung sind die Chancen für Rückenwind besser. Und selbst wer sich für eine lange, gemütliche Variante entscheidet, wird wahrscheinlich den ersten offiziellen Rekord von 1885 locker brechen: 65 Tage (mit einem Hochrad).

Reiseplanung Die meisten wählen verkehrsarme Nebenstraßen und planen mindestens eine Woche ein. www.ctc.org.uk

❿ Cape Argus Pick 'n' Pay Cycle Tour, Südafrika

Mit 35000 Teilnehmern ist die Cape-Argus-Tour vielleicht das größte offene Radrennen. Der 109 Kilometer lange Rundkurs auf der Kap-Halbinsel ist von ständigem Auf und Ab geprägt. Wem es nur darum geht anzukommen, wird die vielen Abschnitte an der Küste und im Table-Mountain-Nationalpark genießen.

Reiseplanung Rechtzeitig vorher anmelden. www.cycletour.co.za

VÖGEL BEOBACHTEN IM DONAUDELTA

Nicht nur für die unglaublich vielfältige Vogelwelt, sondern auch für Besucher ist das Mündungsgebiet eine friedliche Oase.

Am Ende ihrer rund 2900 Kilometer langen Reise vom Schwarzwald bis in den Balkan ergießt sich die Donau ins Schwarze Meer. Das breite Mündungsdelta gehört zu den weltweit größten Schilfrohrgebieten und bietet über 300 Vogelarten Lebensraum. Fast nirgends in Europa sind Stelz- und Wasservögel, darunter Exoten wie Rosapelikane, Braunsichler, Rallenreiher und Löffler, noch so häufig. Dazu gesellen sich Raubvögel, leuchtend bunte Eisvögel, Racken und Spinte sowie Otter, Nerze und Schakale. Seitenarme oder stehende Gewässer wie der Fortunasee bei Crisan sind für Hobbyornithologen besonders interessant. In angrenzenden Wiesen-, Heide- und sogar einigen Waldgebieten tummeln sich noch viele weitere Tierarten. Übrigens haben sich nicht immer nur Vögel in diese einsame, straßenlose Wildnis verirrt. Im 18. Jahrhundert erwies sich diese gottverlassene Gegend mit ihrer ganz eigenen, fast unwirklichen Atmosphäre als willkommener Zufluchtsort für die in Russland wegen ihrer Religion verfolgten Altgläubigen oder Lipowaner.

Beste Reisezeit April bis Mai und September bis Oktober, wenn auch die Zugvögel auf ihrer Reise von Afrika nach Sibirien hier Zwischenstation machen. Ideal ist Mai, wenn alle Sommerbrüter nisten.

Reisedauer Die meisten Touren durch das Delta dauern drei bis fünf Tage.

Reiseplanung Individualreisende kommen per Schiff ab Tulcea zu den Touristenzentren Crisan, Sulina und Sfântu Gheorghe. Dort kann man einen Fischer bitten, zu den Beobachtungspunken zu fahren, oder sich einer Kleingruppe anschließen. Am einfachsten ist es, eine Tour zu den Vogelparadiesen zu buchen.

Tipp Die Nachfahren von Lipowanern und ukrainischen Flüchtlingen halten die alten Fischereitraditionen aufrecht. Ihre im ganzen Delta verteilten Dörfer mit den Holzhäusern sind ein lohnendes Ausflugsziel.

Websites www.traveldelta.ro, www.rumaenien-info.at, www.eco-romania.ro

HIGHLIGHTS

- Wer genügend Zeit hat, mietet ein **Ruderboot oder Kanu**. Boote mit Außenbordmotoren sind die Norm, aber nichts geht über die idyllische Ruhe beim Paddeln durch das Labyrinth der Wasserläufe im Delta.
- Ein Schwarm **Rosapelikane**, der sich von der Thermik in die Höhe tragen lässt, ist einer der schönsten optischen Genüsse im Donaudelta.
- Familien in **Crisan** und **Sfântu Gheorghe** nehmen Gäste auf. Nicht weit von Sfântu Gheorghe gibt es einen schönen, abgelegenen Strand.
- Der krönende Abschluss eines Tages inmitten von Vögeln: Ein Schlemmermahl mit **Karpfen** aus dem Delta, mit Sonnenuntergang und Froschkonzert als Kulisse.

Ein russisch-lipowanischer Fischer im traditionellen Holzboot auf einem ruhigen Seitenarm im Donaudelta.

Das gebirgige Herz Rumäniens belohnt unerschrockene Radfahrer mit unvergleichlichen Ausblicken.

RUMÄNIEN

Durch Transsilvanien

Die Heimat Draculas gibt es wirklich. Und ihre dichten Wälder mit heulenden Wölfen und einsamen Schlössern warten auf Besucher.

Eingebettet in die Karpaten, ist Transsilvanien (oder Siebenbürgen) im Herzen Rumäniens ein ideales Revier für Mountainbiker. Die beliebtesten Radwege und Pisten liegen im Südosten, rund um den Kurort Sinaia und die Stadt Braşov (Kronstadt). Selten ist die Natur in Europa noch so ursprünglich; nicht nur die Berge, sondern auch die tiefer gelegenen Landstriche bezaubern mit einem ganz eigenen Charme. Das liegt nicht zuletzt daran, dass die moderne Agrartechnologie mit ihren verheerenden Auswirkungen auf das Ökosystem hier noch nicht Einzug gehalten hat. Genussradler, die keine Rekorde aufstellen wollen, werden von der Landschaft schlichtweg überwältigt sein: Wiesen voller Wildblumen, saftige Weiden, betagte Wälder und dazwischen Heuhaufen und Pferdefuhrwerke, nicht zu vergessen der Vogelreichtum. Angesichts dieser perfekten Landidylle fühlt sich manch einer in die gute, alte Zeit zurückversetzt.

Beste Reisezeit April bis Oktober; im Mai und Juni ist es besonders schön.

Reisedauer Die meisten Touren dauern sechs bis acht Tage.

Reiseplanung Rumänien wird als Reiseziel immer beliebter und die touristische Infrastruktur wächst. Mountainbiking ist allerdings noch recht neu, die meisten buchen ihre Tour bei einem Reiseveranstalter.

Tipp Wer auf eigene Faust fahren will, kann Räder und sonstige Ausrüstung für das Bucegi-Gebirge in Sinaia, Buşeni und in dem Wintersportort Poiana Braşov (weiter nördlich, bei Braşov) mieten.

Websites www.adventuretransylvania.com, www.vividus-reisen.de

HIGHLIGHTS

■ Mit die schönsten Wege führen über das von uralten Buchen- und Kiefernwäldern bedeckte Hochplateau im **Bucegi-Gebirge** zwischen Sinaia und Bran, südwestlich von Braşov. Das Bucegi-Gebirge gehört zu einer Bergkette, die Siebenbürgen von der tiefer gelegenen Walachei weiter im Süden trennt.

■ Südwestlich von Bran lädt der Fundata-Pass zu einer herrlichen Abfahrt durch das **Piatra Craiului(Königstein)-Gebirge** ein. Das Dorf Fundata ist berühmt für seinen Räucherkäse und köstlichen Sirup aus Waldfrüchten.

■ Highlights für Nicht-Radfahrer: **Schloss Peleş** über Sinaia, die prächtige Sommerresidenz rumänischer Könige aus dem 19. Jahrhundert, dann das (angebliche) Draculaschloss Bran und die pittoreske Altstadt von Braşov.

FRANKREICH

Skifahren in der Vallée Blanche am Montblanc

Schwarze Pisten und Extremkonditionen stellen Skifahrer am höchsten Alpengipfel auf die Probe.

Wer die Fahrt mit der *téléphérique* (Seilbahn) auf die 3842 Meter hohe Aiguille du Midi hoch über Chamonix ohne Nervenflattern überstanden hat, bekommt spätestens beim Anblick des schroffen Kamms oben am Ausstieg kalte Füße. Denn erst muss dieser schneebedeckte Felsgrat überquert werden, angeseilt, die Ski in der Hand. Aber was dann kommt, ist reinstes Vergnügen: Die 22 Kilometer lange Abfahrt im Schatten des Montblanc, mit 4807 Metern der höchste Berg der Alpen, hinunter in die Vallée Blanche. Trotz beeindruckender 2804 Meter Höhenunterschied können auch trainierte Hobbyskifahrer und -snowboarder mit der richtigen Ausrüstung und einem Bergführer aus Chamonix das erleben, was viele das ultimative Skivergnügen auf diesem Planeten nennen. Über den felsigen Glacier du Tacul führt die Piste in das Mer de Glace, Frankreichs größten Gletscher, der tatsächlich einem weißen, gleißenden Meer aus Schnee und Eis gleicht. Je nach Wetter- und Pistenbedingungen endet die Abfahrt entweder in Chamonix oder an der Talstation Montenvers.

Beste Reisezeit Februar und März. Montags sind die Schlangen vor dem Lift am kürzesten.

Reisedauer Passionierte Skifahrer (und für solche eignet sich Chamonix) gönnen sich eine, wenn nicht zwei Wochen für dieses vielfältige Skigebiet.

Reiseplanung Bergführer kann man an verschiedenen Orten buchen (siehe Websites unten) und sollte das auch tun, zumindest, wenn man zum ersten Mal in der Vallée Blanche Ski fährt.

Tipp Kalkulieren Sie beim Packen alle Wetterbedingungen ein. Trillerpfeife, Energieriegel und Wasserflasche nicht vergessen. Séracs (Türme aus Gletschereis) sind eine ernst zu nehmende Gefahr. Jedes Jahr kosten einstürzende Eisformationen einige Skifahrer das Leben.

Websites www.chamonix.com, www.guides-du-montblanc.com, www.cieguides-chamonix.com

HIGHLIGHTS

- In Chamonix mit seinen Läden und Restaurants ist **Après-Ski** angesagt, aber ganz unelitär und zünftig. 1924 fanden hier die ersten Olympischen Winterspiele statt.

- Wintersport macht Appetit auf regionale Spezialitäten wie **Tartiflette**, ein gehaltvoller Auflauf mit Kartoffeln, Weißwein und Reblochon-Käse.

- Wer in der Skisaison keine Zeit hat, kommt einfach im Frühjahr oder Sommer zum **Wandern in die Vallée Blanche**. Zu Fuß erkundet man auch die Wälder, was auf Skiern nicht möglich ist.

Skifahrer bereiten sich auf die Abfahrt von der Aiguille du Midi in die Vallée Blanche vor.

Ein einmaliges Erlebnis: Langlaufen unter dem weiten Himmel in der Einsamkeit Norwegens.

NORWEGEN

Skilanglaufen in Lillehammer

Skiwandern auf Norwegisch heißt, in einer jungfräulichen Schneelandschaft nie dieselbe Loipe zweimal zu fahren.

Eine endlose Schneedecke, hier und da ragen Kiefern und Birken auf. Nach stundenlanger Fahrt, ohne einer Menschenseele zu begegnen, taucht eine rotwangige Familie auf, die ihre Kleinsten auf Schlitten hinterherzieht und fröhlich winkt. Das südnorwegische Lillehammer ist ein Eldorado für Langläufer. Die Berge rund um das Städtchen am Nordufer des Mjøsa-Sees, knapp 180 Kilometer nördlich der Hauptstadt Oslo, laden zu langen Skiwanderungen ein. Ausgangspunkt vieler Loipen ist das Skistadion Birkebeineren. Wer mag, schlägt sich ostwärts in die Berge und mietet sich in einem der ehemaligen Bergbauerngehöfte in Nordseter oder Sjusjøen ein. Dort eröffnet sich ein Netz von insgesamt 350 Kilometern Loipen, die durch offene Landschaft führen oder durch tiefe Wälder, vorbei an zugefrorenen Seen. Trainierte Skilangläufer wagen sich an die 170 Kilometer lange Troll-Loipe, die von Høvringen durch den Rondane-Nationalpark bis nach Lillehammer führt.

Beste Reisezeit Norwegen ist absolut schneesicher; mancherorts kann man sogar im Sommer langlaufen. Aber die beste Zeit ist von Dezember bis März.

Reisedauer Zwei Wochen, wenn man wirklich ein passionierter Wintersportler ist. Denn sehr viel mehr gibt es dort nicht zu tun!

Reiseplanung Vom Osloer Gardermoen International Airport gibt es gute Verbindungen nach Lillehammer. Skier und Ausrüstung können in Lillehammer gemietet werden.

Tipp Unbedingt einen Vorrat an Orangen, Säften, Schokoriegeln und ähnlichen Energiespendern mit auf die Loipe nehmen.

Websites www.visitnorway.de, www.lillehammerturist.no, www.norske-bygdeopplevelser.no

HIGHLIGHTS

- Nach einer mehrstündigen Tour durch die Einsamkeit eine **Kaffeepause in einem Weiler** wie Pellestova oder Hörnsjö einlegen.

- Wenn Norweger „ga pa tur" (ein bisschen rausgehen) wollen, schnallen sie die Langlaufskier an. Und **die ganze Familie** ist dabei, denn in den meisten Wintersportorten gibt es Kinderbetreuung, Babysitter, Krippen und Kinderskikurse.

- Auch wer lieber **Abfahrtski** fährt, kommt auf seine Kosten: In Nordseter und Sjusjøen gibt es Lifte und 15 Kilometer nördlich von Lillehammer liegt das Alpinskizentrum Hafjell.

AUSTRALIEN

Viehtrieb in Australien

Tagsüber im Sattel, nachts am Lagerfeuer ... Dieser Trail ist geprägt vom einfachen Leben und der Kameradschaft im Outback.

Unzählige Sterne funkeln am blauschwarzen Nachthimmel, überdeutlich zeichnet sich das Kreuz des Südens ab. Nach einem Tag im Sattel wird das Lager aufgeschlagen, dabei sind die leisen Geräusche der 500 Rinder ständig präsent. Bis morgen früh kein Peitschenknallen, keine «Los, vorwärts»-Rufe mehr. Kein Laut dringt aus den Sanddünen und Geröllhalden der Wüste, die sich jenseits der Zelte erstreckt. Der Oodnadatta Track ist eine der historischen Viehtriften in South Australia. Er führt von Oodnadatta, tief im Outback, durch die Tirariwüste zur alten Eisenbahnstation Marree, 400 Kilometer weiter südöstlich. Und die Viehtreiber, die hier unterwegs sind, sehen genauso zerfurcht aus wie das Outback selbst. Lässig sitzen sie im Sattel und lassen die Peitsche geschickt über die Rinderrücken tanzen; sie sind echte Veteranen, abgeklärt, aber mit einer guten Portion trockenen Humors. Der Track ist eine einmalige Gelegenheit, um die herbe Schönheit Zentralaustraliens kennenzulernen. Und um zur Ruhe zu kommen: Die klare Luft, die endlose Weite, der blaue Himmel versetzen einen in eine andere Welt. Die Strapazen halten sich in Grenzen bei diesem „Droving für Softies" (Viehtrieb wird hier *droving* genannt). Aufbruch ist zwar in aller Frühe und der Tag ist lang. Aber die Etappen sind nie länger als 15 Kilometer, die Zelte komfortabel und eine Bar gehört auch zum Reisegepäck.

Beste Reisezeit Zurzeit findet der Viehtrieb alle zwei Jahre von Anfang Mai bis Ende Juni statt.

Reisedauer Der Trail wird in Etappen von je fünf Tagen eingeteilt, die einzeln gebucht werden können. Planen Sie zusätzlich noch ein paar Tage für Adelaide ein, die attraktive Hauptstadt von South Australia.

Reiseplanung Da pro Trip nur 70 Personen teilnehmen können, rechtzeitig buchen. Bei Trockenheit können Etappen verkürzt werden. Empfehlungen für Kleidung und Sicherheitsvorkehrungen beachten (Reithelme sind Pflicht). Packen Sie ein gutes Mückenschutzmittel ein.

Tipp Gemeinsames Singen am Lagerfeuer ist ideal, um die Reisegefährten näher kennenzulernen. Wer ein (transportables) Instrument spielt: unbedingt mitnehmen! Erfahrungsgemäß macht dieser Trail unheimlich durstig; die Bar ist darauf eingerichtet und akzeptiert Bargeld und Kreditkarten.

Websites www.cattledrive.com.au, www.southaustralia.com

HIGHLIGHTS

- Manche Etappen führen durch das Gebiet von **Anna Creek**. Die größte Rinderfarm der Welt ist mit rund 30 000 Quadratkilometern ungefähr so groß wie Brandenburg.

- Der Lake Eyre ist mit 9600 Quadratkilometern **Australiens größter Salzsee**. Da er keinen Abfluss besitzt, verdunstet das Wasser und hinterlässt dicke weiße Salzablagerungen. Wenn er mit Wasser gefüllt ist (was nur ungefähr alle 25 Jahre vorkommt), verwandelt sich die Ödnis in ein Paradies für Vögel und Wildblumen. Wer diesen Zeitpunkt erwischt, sollte unbedingt einen Rundflug über den See machen.

- **Marree Man** heißt ein mysteriöses Kunstwerk 60 Kilometer westlich von Marree. Die vier Kilometer große Erdzeichnung stellt einen Mann mit einem Stock oder Bumerang dar und ist aus der Luft am besten zu erkennen.

- Ältere Ureinwohner können viel über die **Kultur der Aborigines** erzählen, etwa über ihre Ernährungsgewohnheiten, ihre Kunst oder ihre Traumzeit-Geschichten. Im Lake Eyre Basin sind traditionell die Arabunna zu Hause.

Gegenüber: Wenn sich die Silhouetten der Viehtreiber und ihrer Tiere in der Morgensonne abzeichnen, bekommt das Outback einen Hauch Romantik. Oben links: Sobald abends das Lagerfeuer brennt, wird der traditionelle Wasserbehälter *(billy)* aufgefüllt. Oben rechts: Geduldig warten die Rinder darauf, aus ihrem Pferch geholt zu werden.

NEPAL

Elefantensafari

Geduldig trägt der Dickhäuter seine Reiter durch Grasland und Dschungel des Chitwan-Nationalparks im Süden Nepals.

Die Flüsse Narayani und Rapti markieren die Grenze des Chitwan, dessen Hügel, Sümpfe, tropische und subtropische Wälder unzähligen Tieren eine Heimat bieten, darunter auch einige vom Aussterben bedrohte Arten. Ein Elefantenritt ist ideal, um ihnen näherzukommen. Besonders das bullige Panzernashorn verhält sich in Gegenwart von Elefanten meist recht friedlich. Nachdem die „Passagiere" auf die *howdah* (eine kleine Plattform) geklettert sind, gibt der *mahout* (Führer) ein Kommando, und die grauen Riesen setzen sich in Bewegung. Sie sind erstaunlich flott, was ihre Reiter bedenklich von einer Seite zur anderen schwanken lässt. Schon bald erreichen sie das Grasland, wo neben Rotwild auch die ersten Nashörner warten; oft teilt sich die Gruppe, damit jeder „sein" Nashorn vor die Linse bekommt. Kaum haben sich alle an den schaukelnden Gang gewöhnt, brechen die Elefanten mit unvermindertem Tempo in den Dschungel ein, folgen einem Trampelpfad zur Furt durch den Fluss und steigen trittsicher die steile Böschung auf der anderen Seite hoch. Die ganze Zeit über jagt eine Begegnung die nächste: Ein stolzer Pfau schlägt sein blau schimmerndes Rad, Wildschweine rumoren im Unterholz und ein warziges Krokodil sorgt für Gänsehaut.

Beste Reisezeit Oktober bis Mai; im Dezember und Januar kann es morgens recht kühl sein.

Reisedauer Der Chitwan-Nationalpark verdient drei Tage; ein Elefantenritt dauert zwei bis drei Stunden.

Reiseplanung Der Chitwan liegt 175 Kilometer südwestlich von Kathmandu. Die nächstgelegene Stadt (mit kleinem Flugplatz) heißt Bharatpur. Ins Gepäck gehören Fernglas, Wanderschuhe, Insektenschutz und zwischen Ende November und Februar auch warme Kleidung. Der Park bietet viele Unterkünfte, so die Chitwan Jungle Lodge und die berühmte Tiger Tops Jungle Lodge, die auch Safaris organisieren.

Tipp Elefanten haben ein enges Verhältnis zu ihren Führern, oft über Jahre. Bei manchen Touren dürfen die Teilnehmer auch beim Füttern, Baden und Training der Dickhäuter dabei sein.

Websites www.visitnepal.com, www.goxplore.de, www.chitwanjunglelodge.com

HIGHLIGHTS

- Wer in drei Meter Höhe thront, hat einen **phantastischen Blick** über das hohe Elefantengras (das seinen Namen verdient).

- Zur **überwältigenden Tierwelt** gehören Lippenbären, Streifenhyänen, verschiedene Rotwild-, Antilopen- und Affenarten sowie (seltener) Königstiger und Leoparden.

- Auf einer Einbaumfahrt den **Narayani** hinunter lassen sich oft Gangesgaviale blicken. Die Krokodilart mit der langen, schmalen Schnauze kann bis zu sechs Meter lang werden. Außerdem sind im Park über 450 Vogelarten heimisch.

- Für alle, die sich in die Elefanten verliebt haben, ist der Besuch der **Elefanten-Aufzuchtstation** interessant.

Touristen auf einer Elefantensafari. Auch ein Fluss ist für die flinken, behänden und gutmütigen Tiere kein Problem.

Auge in Auge mit einer Wildkatze, die am See Kühlung sucht: ein unvergesslicher Moment.

INDIEN

TIGERSAFARI

Königstiger sind scheu und selten. Die besten Chancen, sie zu sehen, bietet der Ranthambore-Nationalpark im Osten Rajasthans.

Wahrscheinlich leben nicht mehr als 20 Tiger im Ranthambore. Aber sie fühlen sich auf dem 394 Quadratkilometer großen, übersichtlichen Gelände anscheinend so sicher, dass sie sich hier öfter zeigen als in anderen Reservaten, sogar tagsüber. Früher war der Park rund um das namensgebende Fort das Jagdgebiet der Maharadschas von Jaipur. Kein Wunder, dass die dichten Wälder, durchsetzt von Felsgebieten, Grasland und Wasserläufen, einen hohen Wildbestand haben. Neben Pferde- und Axishirschen, Schakalen und Streifenhyänen erwarten die Safariteilnehmer Lippenbären, Kobras und sogar Leoparden. Doch nie verliert der Guide das Ziel aus den Augen. Wenn er anhält, nach Fußspuren sucht und den Warnrufen der Hirsche lauscht, steigt die Spannung, und dann kommt der magische Augenblick: Einen Königstiger aus nächster Nähe zu erleben, lässt sämtliche Strapazen sofort vergessen.

Beste Reisezeit März bis Mai, vor dem Monsun. Da kann es zwar sehr heiß werden, aber die Vegetation ist dann am lichtesten, und die Tiere sind viel unterwegs auf Wassersuche. Dezember bis Februar sind fast genauso gut und weniger heiß. Von Juni bis Oktober ist der Ranthambore geschlossen.

Reisedauer Ein mindestens zweitägiger Aufenthalt bietet eine reelle Chance, einen Tiger zu sehen.

Reiseplanung Der Park bietet eine große Auswahl an Unterkünften. Wer zwischen Ende November und Februar reist, sollte warme Kleidung einpacken.

Tipp Grundregeln für Safariteilnehmer sind: sich still verhalten, keine grellen Farben und kein Parfüm tragen. Im Park gibt es strategisch günstige Beobachtungspunkte.

Websites www.ranthamborenationalpark.com, www.thobareisen.de

HIGHLIGHTS

- Ein Spaziergang hinauf zum **Ranthambore Fort** eröffnet ähnliche Aussichten, wie sie die Adler und Geier haben, wenn sie ihre Kreise ziehen. Auch auf dem Weg dorthin wurden schon Tiger gesichtet.

- **Drei Seen** gehören zu den Höhepunkten des Parks. Padam Talao, der größte, hat eine Lodge an der Wasserstelle, die morgens und abends stark frequentiert wird. Die Wasserpflanzen am Raj Bagh Talao schmecken Zackenhirschen besonders gut. Am Malik Talao, dem kleinsten See, tummeln sich Vögel und das eine oder andere Sumpfkrokodil.

- Die **Ruinen von Raj Bagh**, einem ehemaligen Palast am Raj Bagh Talao, dienen gelegentlich auch Tigern als Schlupfwinkel.

- Die **herbe Schönheit** der Landschaft kommt auf den Fahrten in der Morgendämmerung oder im goldenen Abendlicht am besten zur Geltung.

AZOREN

Wale beobachten auf den Azoren

Die winzigen Inseln bilden ein maritimes Paradies, wo sich die massigen Meeressäuger das ganze Jahr über tummeln.

Kalte, salzige Atlantikgischt prickelt auf den Wangen der kleinen Reisegruppe, die eine Welle nach der anderen überwindet, um ... da! *«Baleia a vista!»* schreit der wettergegerbte *vigia* (Mann im Ausguck). Und schon sind Sie näher an einem Wal dran, als Sie es sich jemals erträumt haben. Kein Wunder, denn Sie sitzen in einem simplen Schlauchboot oder in einem kleinen, wendigen Katamaran. Aufgrund des reichhaltigen Nahrungsangebots wird das Meer vor den neun kleinen Vulkaninseln gerne von Walen frequentiert; manche Walarten tummeln sich hier das ganze Jahr über. Am größten und häufigsten sind Pottwale. Aber auch Grind-, Blau-, Finn-, Buckel- und Zwergwale lassen sich oft sehen. Möglicherweise war der Skipper des Ausflugsboots früher Kapitän auf einem Fischtrawler, denn Walfang war bis zu dem Verbot 1987 die wichtigste Einkommensquelle. Heute folgt keine Crew mit Harpunen seinem Kommando, sondern mit Kameras bewaffnete Touristen. Gespannt warten alle darauf, das charakteristische Y der Fluke (Schwanzflosse) auftauchen zu sehen. Anhand ihrer individuellen Zeichnung konnten viele Wale identifiziert und ihre Wanderwege verfolgt werden. Es wäre schade, sich mit nur einer Walbeobachtungsfahrt zu begnügen. Jeder Ausflug bietet neue spannende Erlebnisse. Und am schönsten ist es, den Tag bei einem ausgiebigen Schlemmermahl mit Spezialitäten und Weinen der Azoren in netter Gesellschaft ausklingen zu lassen.

Beste Reisezeit Mai bis September. In diese Periode fällt auch der milde Sommer mit Temperaturen zwischen 15 und 22 Grad und vielen Festivals.

Reisedauer Wer nur Wale beobachten will, kommt mit fünf bis sieben Tagen aus. Um auch den unverfälschten Reiz der Inseln zu genießen, müssen Sie noch etwas Zeit dazugeben.

Reiseplanung Von Lissabon aus dauern Flüge zu den Azoren zwei Stunden. Je nach vermutetem Aufenthaltsort der Wale werden auf den Beobachtungstouren diverse Orte angesteuert. Die Tagestouren enden zwischen 16.30 und 17.30 Uhr.

Tipp Um das Erlebte festzuhalten, ist es keine schlechte Idee, eine wasserdichte Digital- oder Videokamera mitzunehmen.

Websites www.azores.com, www.norbertodiver.com

HIGHLIGHTS

- Die Chancen stehen gut, einen 14 Meter langen **Pottwal** zu sehen, der sich direkt neben dem Boot zur Seite wälzt, um eine Portion rötlichen Krill zu verspeisen.
- Die **Inseln** haben alle ihren **eigenen Charakter**: São Miguel mit ihrer Berg- und Seenlandschaft ist die größte und kosmopolitischste; auf Pico locken exotische Pflanzen und spektakuläre Felsenbecken (die Schwimmer in Ekstase versetzen) und Graciosa, die „weiße Insel" ist eine ländliche Idylle mit Windmühlen, heißen Quellen und einer von Mini-Inseln gesäumten Küste.
- Auch zur **Delphinbeobachtung** bieten sich exzellente Möglichkeiten. Je nach Stimmung begleiten die lebhaften Tiere ein Boot mit akrobatischen Sprüngen, lassen sich füttern und suchen den Kontakt.
- Wer Glück hat, lernt auch noch andere Vertreter der **aufregenden Meeresfauna** kennen, zum Beispiel die pfeilschnellen Marline, Schwertfische, Unechte Karettschildkröten oder Haie. Aus der Luft grüßen Rosenseeschwalben und Gelbschnabel-Sturmtaucher.

Gegenüber: Die Fluke eines Pottwals durchbricht die Wasseroberfläche. Das klare Wasser der Azoren ist ideal für Wale ... und Walbeobachter. Oben links: Der Vulkan auf Pico, der sich über dem idyllischen Dorf an der Südküste erhebt, ist Portugals höchster Gipfel. Oben rechts: Wale spielen in der Inselkultur eine wichtige Rolle.

Ein Kamelritt bringt einem das traditionelle Nomadenleben der Berber in der Sahara ein Stück näher.

MAROKKO

Kamelreiten in Marokko

Sich von einem Höckertier durch die Sanddünen schaukeln zu lassen, ist hochromantisch und ein Stück authentischer Lebensart.

Die goldenen Sanddünen der Erg Chebbi im Osten Marokkos, zwischen den Oasen von Wadi Ziz und der algerischen Grenze, scheinen endlos. Täglich fünf bis sechs Stunden sitzen die Reiseteilnehmer im Sattel, angeführt von den Tuaregs in ihren leuchtend blauen Gewändern. Ab und zu wird die Eintönigkeit dieser jahrtausendealten Wüstenlandschaft durch das Zelt einer Nomadenfamilie unterbrochen, deren Kamele sich um die von Palmen beschattete Wasserstelle drängen. Wenn die Sonne hinter dem Atlasgebirge versinkt, wird das Nachtlager aufgeschlagen. Zum Abendessen gibt es Lamm und Couscous, danach stimmen die Berber am Lagerfeuer Nomadenlieder an. Dann klettert man auf die nächste Düne, legt sich auf den Rücken und lauscht der Stille unter dem Sternenhimmel.

Beste Reisezeit Oktober bis Mai, wenn moderate Temperaturen die Wüstentour einigermaßen angenehm machen. Nachts kann es im Winter allerdings kalt werden.

Reisedauer Die Kameltouren dauern meist drei Tage. Doch um wirklich einen Eindruck von Marokko zu bekommen, sollten zehn bis vierzehn Tage eingeplant werden.

Reiseplanung Bei internationalen Reiseveranstaltern sind oft Anfahrt im Allradwagen ab Marrakesch oder Fez, Campingausrüstung und meist auch Vollpension inklusive.

Tipp Auch im Winter ist Sonnenschutz unerlässlich. Das Tempo ist so, dass alle, denen das Reiten weniger behagt, mühelos neben dem Kamel hergehen können. Bei manchen Reiseveranstaltern nehmen Begleitfahrzeuge fuß- oder kamelmüde Teilnehmer mit.

Websites www.cameltrekking.com, www.desert-team.de

HIGHLIGHTS

- Die **spektakulären goldenen Dünen** von Erg Chebbi sind eines der schönsten Naturschauspiele der Sahara und ragen bis zu 150 Meter hoch auf.

- Die malerische Oasensiedlung und ehemalige Karawanserei **Rissani** am Wadi Ziz bezaubert mit einer Kasba aus dem 17. Jahrhundert, einem geschäftigen Suk und den schmackhaftesten Datteln weit und breit.

- Wüstenleben pur heißt: für sein Kamel Wasser aus dem Brunnen pumpen und frühmorgens den **Sonnenaufgang** über der sanft gewellten, friedlichen Dünenlandschaft erleben.

- Zwei Alternativen, die marokkanische Sahara zu erleben, sind **Sandboarding** und **Dune Riding**. Bei beiden stand der Wintersport Pate: Beim Sandboarding gleitet man auf einem Fiberglas- oder Holzbrett die Dünen hinunter, beim Dune Riding auf einem schnittigen Plastikschlitten.

Mit Haien tauchen

Näher kann man einem der faszinierendsten Tiere unseres blauen Planeten nicht kommen. Wer traut sich ins Wasser?

Bestimmte Dinge scheinen irrsinnig gefährlich, wenn nicht sogar tollkühn. Tauchen mit Weißen Haien zum Beispiel. Aber genau das haben diejenigen vor, die sich an einem wolkenlosen Morgen an der berühmten Shark Alley, nicht weit von dem alten Fischerdorf Gansbaai, in der Walker Bay einfinden. Ihr Kapitän hat bereits einen Eimer voll *chum* (Fischabfälle als Köder) ins Meer gekippt, um die Haie anzulocken. Dann versichert er den Passagieren ein letztes Mal, dass wirklich keine Gefahr bestehe. Denn getaucht wird in einem stabilen Stahlkäfig, der fest mit dem Boot vertäut ist. Es kann etwas dauern, bis die erste Rückenflosse auftaucht. Aber dann beschleunigt der Puls, schnell ziehen alle die Tauchermaske über, schnappen ihre Kamera und steigen in den Käfig. Verschwommen zeichnet sich ein massiger Schatten ab. Er macht eine Wendung, zeigt seine riesige graue Rückenflosse und die Reihen rasiermesserscharfer Zähne. Der Hai kommt immer näher, umkreist erst vorsichtig den Käfig, um die Lage zu prüfen. Und dann schnappt er sich blitzartig einen Happen des Köders. Der berüchtigte Fisch ist zum Greifen nah. Aber keiner streckt die Hand aus – wohlweislich, denn mit einem Biss wäre sie weg!

Beste Reisezeit Vor Kapstadt tummeln sich das ganze Jahr über Haie, aber im Winter (Mai bis September) sind sie wegen der kühleren Wassertemperaturen und des besseren Nahrungsangebots besonders häufig.

Reisedauer Die Tauchfahrt dauert einen halben Tag.

Reiseplanung Käfigtauchen wird an drei Orten angeboten: False Bay (bei Kapstadt), Gansbaai (110 Kilometer südöstlich von Kapstadt) und Mossel Bay (bei George). Agenturen vor Ort organisieren die Tauchausflüge.

Tipp Die Veranstalter stellen die gesamte Ausrüstung inklusive Stahlkäfig, Taucheranzug, Maske und Atemgerät. Teilnehmer müssen einen Tauchschein besitzen.

Websites www.white-shark-diving.com, www.rhinoafrika.de

HIGHLIGHTS

- Die Walker Bay gehört den Weißen Haien nicht alleine. Auch Wale, vor allem **Südkaper**, machen auf ihrer Wanderschaft jedes Jahr hier Station.

- Weitere Anziehungspunkte der Gegend um die Walker Bay sind der Badeort **Hermanus** gegenüber von Gansbaai, die Strände und die Weingüter.

- Das **Kap der Guten Hoffnung** ist ein Naturschutzgebiet mit wunderschönen Küstenwegen und großer Tiervielfalt, zu der auch Zebras, Strauße und Paviane gehören.

- Das **Two Oceans Aquarium** in Kapstadt lockt mit einem Raubfischbecken, in dem höchst imposante Exemplare des Schildzahnhais herumschwimmen.

Vom sicheren Käfig aus verliert dieser berüchtigte Jäger seinen Schrecken: der Weiße Hai.

KENIA/TANSANIA

Vogelsafari in Ostafrika

Am Boden, in den Bäumen, an Flüssen, in der Luft: Einzeln, in Paaren und als Schwarm bevölkern exotische Spezies dieses Paradies für Vogelfreunde.

Im Morgengrauen brechen die Vogelfreunde von ihrer Lodge zu einem der weniger bekannten Naturschutzgebiete auf, wie dem Samburu National Reserve in Kenia. Auf dem Weg zu den bewaldeten Ufern des Ewaso Ng'iro tasten sich erste Sonnenstrahlen über die Savanne. Schon in diesen Stunden können einige Exemplare auf der Liste afrikanischer Vogelarten abgehakt werden, deren Namen allein schon wunderbar exotisch anmuten: Kronenkiebitz, Schopffrankolin, Rotschopf- und Schwarzbauchtrappe, Palmgeier, Gaukler, Savannenadler, Brillentaube, Kaptäubchen, Weißkopfmausvogel, Fischerglanzstar, Taitawürger, Schwalbennektarvogel, Gabelracke ... Im Vogelparadies Ostafrikas (vor allem in Kenia und Tansania) fühlt sich jeder mit einem Fernglas bewaffnete Vogelliebhaber wie ein Kind im Spielzeugladen. Bei über 1000 heimischen Arten und verschiedenen Lebensräumen in unmittelbarer Nachbarschaft sind 100 Entdeckungen am Tag keine Seltenheit. Mit jedem Ausflug wird die Liste kürzer. In den weiten Ebenen sind Hornrabe, Sekretär, Strauß und verschiedene Reiher-, Trappen-, Adler- und Geierarten zu Hause. In Wassernähe leben Flamingos, Hammerköpfe, Eisvögel, Kraniche, Schreiseeadler und Blatthühnchen. Und selbst der ambitionierteste Ornithologe wird auch von den anderen Wildtieren wie Elefanten, Löwen und Wasserbüffeln begeistert sein.

Beste Reisezeit Das ganze Jahr über können Sie Vögel beobachten. Im Herbst sind die Zugvögel eine zusätzliche Attraktion. Da bietet sich ein Besuch in Ngulia im kenianischen Tsavo West National Park an; dort fallen die Vögel buchstäblich vom Himmel, wenn sie eine Pause einlegen, um dann weiter nach Süden zu fliegen.

Reisedauer Vogelsafaris können von einer Woche bis zu einem Monat und länger dauern.

Reiseplanung Packen Sie ein gutes Fernglas und einen Vogelführer für Ostafrika ein und lassen Sie sich von einem Arzt zum Thema Malariaprophylaxe beraten.

Tipp Schon gleich nach der Landung in Nairobi winken die ersten Vogelbegegnungen. Möglicherweise kann man bereits vor Erreichen des Parkplatzes hinter Schildrabe, Schwarzer Milan und Witwenstelze ein Häkchen machen.

Websites www.natureswonderlandsafaris.com, www.tanzaniabirding.com

HIGHLIGHTS

- Mit über einer Million **rosa Zwergflamingos** ist der Nakurusee in Kenia ein echter Hingucker. Dazu kommen noch Giraffen, Hyänen und Breitmaulnashörner.
- Im Serengeti-Nationalpark in Tansania begegnet man außer Zebras und Thomson-Gazellen **fünf verschiedenen Geierarten**.
- Manche Lodges installieren Scheinwerfer an Wasserstellen, so dass die Gäste **Wildtiere nachts beobachten** können, wenn diese zum Trinken kommen.
- Luxuscamper sollten sich abends ein **Galadiner** mit gestärkter Tischwäsche, Bedienung und erlesenen Weinen gönnen, das auch unter Zeltplanen serviert wird.

Gegenüber: Rosa- und Zwergflamingos am Ufer eines Natronsees in Kenia gruppieren sich zu einer Symphonie in Pink. Oben links: Die Nester des Brillenwebers zieren die Silhouette eines Baumes im Gegenlicht. Oben rechts: Auf dem Zweig zwitschert ein kecker kleiner Weißstirnspint sein Lied.

Ein Höhepunkt jeder klassischen Afrika-Safari: die Begegnung mit einem Spitzmaulnashorn.

BOTSWANA

Den „Big Five" auf der Spur

Der Norden Botswanas, wo Chobe-Becken, Okavangodelta und Kalahari aneinandergrenzen, ist das Reich des Großwilds.

Über 100 Elefanten leisten einem in den Niederungen des Chobe Gesellschaft. Doch sie würdigen einen kaum eines Blickes, während sie das goldgelbe Gras mampfen und der Nachwuchs zwischen ihren Beinen herumturnt. Diese Szene gehört zu den Höhepunkten einer Safari zu den „Big Five" (Großen Fünf) Afrikas: Löwen, Leoparden, Kaffernbüffel, Nashörner und natürlich die grauen Riesen. Den Spitznamen verdanken sie der Tatsache, dass sie für Großwildjäger am schwersten zu erwischen waren; heute werden zum Glück nur noch Bilder geschossen. Die Safari beginnt im Chobe-Nationalpark und bald hat sich eine angenehme Routine eingestellt: In aller Herrgottsfrühe hinaus, um Tiere zu beobachten. Dann zurück ins Camp zum Brunch mit anschließendem Nickerchen. Am Spätnachmittag wieder auf Pirsch, denn jetzt lassen sich die ersten Leoparden blicken. Nach dem Abendessen spinnt man am Lagerfeuer Jägerlatein. Später geht es ins Okavangodelta, um per *mokoro* (Einbaum) Flusspferde, Krokodile und seltene Sumpfbewohner wie Letschwe-Antilopen zu sehen. Anschließend wird eine der Kalahari-Salzpfannen im Makgadikgadi-Pans-Nationalpark angepeilt, in denen sich nach Sonnenuntergang ein reges Tierleben versammelt.

Beste Reisezeit Mai bis Oktober (Winter und Frühjahr auf der Südhalbkugel) sind am günstigsten für die „Big Five". Es ist nicht so heiß, die Vegetation ist licht und das Tierleben konzentriert sich um die Wasserstellen.

Reisedauer Mindestens eine Woche, besser zwei oder mehr.

Reiseplanung Lizenzierte Anbieter offerieren Touren inklusive Transport in Allradfahrzeugen, Bootsfahrten, Unterkunft in Lodges oder Zelten, Vollpension und Deutsch sprechende Guides.

Tipp Die Viktoriafälle an der Grenze zwischen Simbabwe und Sambia liegen nicht weit vom Startpunkt der Safari entfernt und wären eine schöne Ergänzung zur Tour zu den „Big Five".

Websites www.botswana-tourism.gov.bw, www.taruk.com, www.outback-africa.de

HIGHLIGHTS

- Im **Chobe-Nationalpark** leben mehr Elefanten als in allen anderen Naturparks Afrikas, dazu Kaffernbüffel, Zebras und Antilopen. Mit das bekannteste Safariziel in diesem Park ist der Savuti Channel, ein zeitweise ausgetrocknetes Kanalbett.

- In der Trockenzeit wird das Naturschutzgebiet Linyanti von Wandertieren wie Elefanten und Zebras aufgesucht, gefolgt von ihren Feinden: **Löwen, Leoparden** und **Hyänen**.

- Das **Okavangodelta** ist ein Paradies für Hobbyornithologen und für alle, die mit der Kamera auf Großwildjagd gehen.

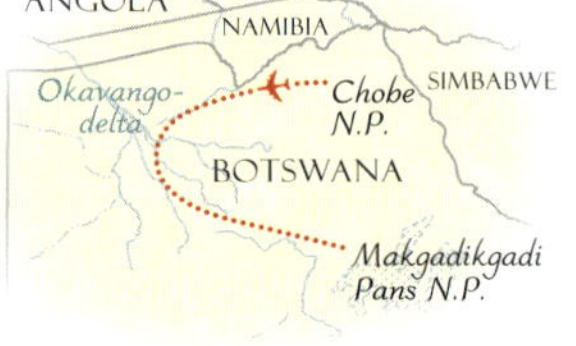

NAMIBIA

Quads im namibischen Sand

Die hohen Sanddünen Namibias per Quad zu bezwingen bringt Riesenspaß und muss keine Umweltsünde sein.

Der tieforangefarbene Sand der Kammlinie bildet einen besonders lebhaften Kontrast zum strahlend blauen Morgenhimmel. Da oben muss das Ende der Welt sein; der schroffe Fels türmt sich fast senkrecht auf und beschwört Bilder vom freien Fall herauf. Fragende Blicke richten sich auf den Guide, dem die Teilnehmer bis jetzt vertrauensvoll durch Geröllfelder und Sandberge hinterhergekurvt sind. Hier hoch, ist das sein Ernst? Aber er sitzt seelenruhig lächelnd auf seinem Quad. Dann ruft er «Gebt Gas!», schaltet und nimmt die Steigung mit einem Affentempo. Gebannt starren alle auf das scheinbar durch die Luft schießende Gefährt, bis es nach ein paar Sekunden hinter dem Horizont verschwindet. Nun heißt es: Tief Luft holen und hinterher! Oben auf dem Kamm wartet dann der befürchtete Sturz ins Nichts. Aber bevor man Zeit hat, sich über die haarsträubend steile Abfahrt Gedanken zu machen, merkt man, dass man fest am Sitz klebt und die Räder Bodenkontakt haben. Wenn es nicht vorher schon die Aufregung war, dann ist es spätestens jetzt der unglaubliche Ausblick, der einem den Atem verschlägt: ein Meer aus Dünen, eingefasst vom schwarzen Band der Straße, und dahinter die unendliche Weite des Atlantiks.

Beste Reisezeit An der Küste ist es ganzjährig angenehm, auch im Sommer (November bis März). Um auch den Rest Namibias zu sehen, sind Mai bis Oktober ideal.

Reisedauer Eine mögliche Tour ist 35 Kilometer lang und dauert (mit Sicherheitstraining und Anfahrt zu den Dünen) 2,5 Stunden. Die Gegend um Swakopmund verdient ein paar Zusatztage.

Reiseplanung Buchung über Hotels und Reiseagenturen in Swakopmund. Wählen Sie seriöse Anbieter, die sich auf ausgewiesene Strecken beschränken und ökologische Gesichtspunkte beachten.

Tipp Dünenausflüge auf eigene Faust (auch zu Fuß) sind tabu, um das fragile Ökosystem nicht zu stören. Für weniger Erfahrene gibt es auch Quads mit Halbautomatik.

Websites www.namibiatourism.com.na, www.outback-orange.com/quads.htm

HIGHLIGHTS

- **Swakopmund** ist ein Zentrum für Abenteuersportarten. Im Angebot sind auch Sandboarding, Ausritte zu Pferd oder Kamel, Rundflüge, Fallschirmspringen und vieles mehr.
- Der Strand der Stadt ist in ganz Namibia populär. Nicht weit davon starten die **Bootsfahrten zur Delphinbeobachtung**, bei denen oft Robben zu Besuch an Bord kommen.
- Weiter nördlich liegt die unwirtliche, karge, aber stimmungsvolle **Skelettküste**, wo Schiffswracks im Nebel auftauchen und die Fische besonders gut beißen.
- Auf einer Wüstensafari nach Sesriem im Süden grüßen einige der **weltweit höchsten Dünen**.

Eine Quadkolonne folgt dem Guide über sanft gewellte Dünen in Namibia.

C-GZIX

8

Hoch hinaus

Bestimmte Ziele muss man einfach aus der Vogelperspektive gesehen haben. Dafür gibt es viele gute Gründe: Man entdeckt Orte, die auf anderem Wege unerreichbar sind, eine Landschaft eröffnet sich erst in ihrer ganzen Weite, berühmte Sehenswürdigkeiten präsentieren sich aus völlig neuem Blickwinkel, wilde Tiere sind ganz nah und können einem doch nichts anhaben ... Es gibt überraschend viele Möglichkeiten, sich in luftige Höhen aufzuschwingen, ob in einem Klein- oder Ultraleichtflugzeug, im Hubschrauber oder Heißluftballon oder schlicht per Seilbahn oder Aufzug. Abenteuerlustige können die Hawaii-Insel Kauai per Helikopter erkunden oder mit einem erfahrenen Piloten in die Wildnis von Alaska aufbrechen. Ein Ultraleichtflugzeug ist ideal, um Elefanten, Giraffen, weiße Nashörner und Krokodile in der Savanne des Krüger-Nationalparks zu sehen. Ein Rundflug über die Nazcalinien in Peru beflügelt die Phantasie: Wie und warum entstanden die riesigen, 2500 Jahre alten Kunstwerke, die sich nur aus der Luft gänzlich erschließen?

Ein Wasserflugzeug startet bei klarem Wetter vom Mackenzie River bei Fort Simpson in den kanadischen Northwest Territories zu einem Rundflug über den Nahanni National Park.

KANADA

Wasserflieger zum Nahanni

Vom früheren Handelsposten Fort Simpson am Mackenzie River über wilde nordkanadische Gebirgslandschaft.

Die Unesco ernannte das Nahanni National Park Reserve in Kanadas entlegenen Northwest Territories 1978 als erste Landschaft zum Weltnaturerbe. Vor Ort rauschen wilde Flüsse und Wasserfälle durch Canyons von gut 800 Meter Tiefe, es erheben sich Kanadas größte *tufa mounds* (Sinterhügel) und es erstreckt sich eine Wildnis, in der das Volk der Dene bis heute jagt und Heilpflanzen sammelt. Das Flugzeug folgt dem South Nahanni River durch das Deadmen Valley, das nach den hier umgekommenen Goldsuchern benannt ist, am Pulpit Rock vorbei und landet auf dem Fluss oberhalb der Virginia Falls. Die Passagiere können über einen Portageweg absteigen, und die Kraft des Wassers von unten zu bewundern. Der Weiterflug führt am Sunblood Mountain entlang, wo Elche, Schwarz- und Grizzlybären leben, stromaufwärts zum Rabbitkettle, von dem Kanutouren starten. Nächster Landeplatz ist der Glacier Lake unterhalb der Ragged Range, jenseits der Parkgrenzen. Dann folgt ein 75-minütiger Flug durch die Ram Canyons, über das Ram Plateau und durch einen Einschnitt der Nahanni Mountains zum stillen Little Doctor Lake, wo das Flugzeug vor dem Strand der Nahanni Mountain Lodge wassert, bevor es zum Startpunkt zurückfliegt.

Beste Reisezeit Von Anfang Juni bis Ende September, nach der Flusseisschmelze und vor den ersten Schneefällen und Temperaturstürzen.

Reisedauer Der Rundflug dauert acht Stunden. Eine kürzere Route, ohne die Etappe Virginia Falls bis Glacier Lake, dauert sechs Stunden.

Reiseplanung Sie können am Nahanni River auch wandern. Dabei sind Regenzeug, Sonnenschutz und Mückenschutz unentbehrlich. Im Sommer wird es etwa 25 Grad, manchmal sogar bis zu 30 Grad warm.

Tipp Außerhalb der Parkgrenzen liegen das Ram Plateau und der Cirque of the Unclimbables, eine Arena aus schroffen Felswänden in der Ragged Range. Helikopter fliegen Besucher hierher, die die Höhlen voller Fossilien und die rund 1,6 Kilometer tiefen Ram Canyons erkunden wollen.

Websites www.simpson-air.com, www.pc.gc.ca, www.nordlandtours.com, www.nahanni.com

HIGHLIGHTS

- Die **Virginia Falls** sind mit 90 Metern doppelt so hoch wie die Niagarafälle. An ihnen haben die Besucher bis zu drei Stunden Zeit für die Fußwege neben den Fällen.

- Der Nahanni bietet die größte **landschaftliche Vielfalt** aller kanadischen Nationalparks. Bewundern Sie die Sinterkegel am Rabbitkettle mit bis zu 27 Meter Höhe und 74 Meter Durchmesser, die *sand blowouts* (Sandsteinformationen) und die schroffen Karstfelsen voller Höhlen, darunter die Grotte Valerie mit 250 000 Jahre alten Stalagmiten.

- Von den Säugetieren des Parks lassen sich **Elche, Schwarz- und Grizzlybären** am häufigsten sehen. Bärenmütter stellen sich schon mal auf die Hinterbeine, um ihre Jungen zu verteidigen.

Der berühmte Pulpit Rock am Nahanni wirkt von oben winzig vor der Kulisse des imposanten Third Canyon.

Düstere Wolken umrahmen den dramatischen Gipfel des Mount McKinley.

ALASKA, USA

Luftsafari in Alaska

Routinierte Piloten steuern winzige Flugzeuge bis in die entlegensten Winkel des wilden Alaska.

Beim Start von der Schotterpiste sieht man einen riesigen Grizzlybär am reißenden Fluss entlangtrotten. Am windgepeitschten Hang direkt voraus sucht eine Schwarzbärin mit ihren Jungen nach Beeren. Das Herz stockt, als der Pilot zur Landung auf einem Grasstreifen oberhalb einer gut 300 Meter hohen Felswand ansetzt. In der Tiefe grasen Dallschafe mit stattlichen, gebogenen Hörnern. Dann geht es wieder in die Lüfte, durch ein Tal zwischen zum Greifen nahen Schneegipfeln. Der Pilot steuert im Korkenzieher-Manöver abwärts, bevor er eine weitere tollkühne Landung zwischen zwei klaffenden Gletscherspalten hinlegt. Und so geht es immer weiter: Am einen Tag startet man von Anchorage zum Nationalpark Denali oder Lake Clark, um Tiere aus nächster Nähe zu beobachten. Am nächsten gleitet man im Kenai Fjords National Park über riesige Gletscher und Buchten voll blauer Eisberge.

Beste Reisezeit Alaskas Luftsafari-Saison geht von Ende Mai bis Mitte September.

Reisedauer Es gibt eintägige Rundflüge von Anchorage zu den Nationalparks Denali und Lake Clark, zur Kenai Peninsula sowie von McCarthy zum Nationalpark Wrangell-St. Elias. Außerdem bieten sich Gelegenheiten zum Campen. Die Erkundung der entlegenen Regionen erfordert zehn bis 14 Tage.

Reiseplanung Wer sich zum Wandern oder Campen absetzen lässt, braucht einen Winterschlafsack (selbst im Sommer), ein Zelt, gute Wanderschuhe und Regenbekleidung sowie Proviant und Kochgerät.

Tipp Ab Anfang August lässt Alaskas berüchtigte Mückenplage nach.

Websites www.nps.gov/dena, www.ultimathulelodge.com, www.lakeclarkair.com

HIGHLIGHTS

- Die Nationalparks Lake Clark und Kenai Fjords sind für ihre großartige Landschaft und die reiche Tierwelt ihrer verschiedenen Ökozonen berühmt. Der **Denali-Nationalpark** mitten in Alaska lockt ebenfalls mit artenreicher Fauna und mit dem höchsten Gipfel Nordamerikas, dem 6194 Meter hohen Mount McKinley.

- Besuchen Sie **Geisterstädte** und Siedlungen der Ureinwohner, die sonst nur mit wochenlangen Fußmärschen erreichbar wären.

- Amerikas größter Nationalpark, **Wrangell-St. Elias** im Südosten Alaskas, umfasst Wälder, Berge, Küsten- und Tundralandschaft.

- Wasserflugzeuge fliegen zum **Cook Inlet**, in dem eine Gruppe Weißwale lebt.

- Das **Alaska Aviation Heritage Museum** in Anchorage huldigt den wagemutigen Fliegern des Staats mit fesselnden Präsentationen und fast zwei Dutzend historischer Flugzeuge.

HAWAII, USA

Höhenflug im Paradies

Mit dem Helikopter über die spektakuläre Landschaft der Garteninsel Kauai.

Die dramatische Landschaft von Kauai gehört zu den eindrucksvollsten Panoramen der Welt. Die älteste der Hawaii-Inseln ist nach geologischen Maßstäben noch ziemlich jung: Vor gerade einmal sechs Millionen Jahren erstarrte geschmolzene Lava zu den trutzigen Felstürmen, die an der nördlichen Na-Pali-Küste bis zu 1219 Meter aus dem Ozean aufragen. Mit ihren landeinwärts gelegenen Tälern bilden sie einen prähistorischen Garten Eden, der als Drehort für zahlreiche Filme von „South Pacific" bis „Jurassic Park" diente. Am besten lässt sich die einladend grüne, aber unzugängliche Landschaft mit dem Helikopter erkunden. Beim Flug über die zerklüftete, von einem grünsamtenen Vegetationsteppich überzogene Küste sieht man weiß schäumende Wasserfälle über 100 Meter tief in den Schatten bewaldeter Täler stürzen. Plötzlich bricht das Land ab. Tief unten glitzert das Meer. Zwischen gewaltige Felsvorsprünge schmiegen sich kleine Buchten, gesäumt von Sandstränden und üppiger Blütenpracht. Die beständige Hintergrundmusik des Wellenrauschens steigert sich bei starkem Wind zu tosendem Brandungsdonner. Einst stimmten die Inselsänger auf den glatten Felsbuckeln am Meeresufer ihren *mele*-Gesang an. Wenn sie Wind und Wellen übertönen konnten, galt ihre Ausbildung als abgeschlossen. Der Zauber dieser Landschaft ist so bezwingend, dass man den Piloten bitten möchte: «Lass mich hier und komm mich irgendwann wieder abholen – in einer Woche, einem Monat, ganz egal.»

Beste Reisezeit In Kauai scheint die Sonne das ganze Jahr, aber im Winter (Dezember bis März) herrscht offiziell Regenzeit. Dies ist zugleich die teurere touristische Hauptsaison. Das schönste Wetter und die preisgünstigsten Angebote locken oft im April/Mai und September/Oktober.

Reisedauer Der Rundflug dauert etwa 55 Minuten. Nehmen Sie sich mindestens eine Woche Zeit, um den Rest der Insel in aller Ruhe zu erkunden.

Reiseplanung Die Helikopter starten von Lihue. Sonnentage bieten ideales Flugwetter. Wenn Sie in der Nebensaison kommen, verfolgen Sie den Wetterbericht und buchen Sie Ihren Flug für den ersten Sonnentag nach Ihrer Ankunft. Von Dezember bis April müssen Sie den Flug weit im Voraus reservieren.

Tipp Die Helikopter sind klimatisiert; Sie brauchen also keine spezielle Kleidung.

Websites www.bluehawaiian.com, www.gohawaii.com

HIGHLIGHTS

- Die bewaldete Verwitterungslandschaft des 1067 Meter tiefen **Waimea Canyon** gilt als kleinere und grünere Version des Grand Canyon.
- Achten Sie auf die Herden **kleiner Bergziegen**, welche die schroffen Felshänge des wilden Inselinneren bevölkern.
- Gleiten Sie über die weite Sandfläche von **Kauapea Beach**, auch „Secret Beach" genannt, zur felsigen Landzunge des Kilauea-Leuchtturms.
- Nach dem Helikopter-Rundflug können Sie sich die Na-Pali-Küste auf dem anspruchsvollen und sehr beliebten 18 Kilometer langen **Kalalau Trail** erwandern. Er führt steil bergauf und bergab, belohnt die Mühen aber mit der Aussicht auf Wasserfälle, grüne Täler, uralte Ruinen und schwindelnde Steilküste, bis er zu guter Letzt den wunderschönen Kalalau Beach erreicht.

Gegenüber: Vor einem meeres- und himmelblauen Hintergrund erheben sich die senkrechten, tief gefurchten Wände des Kalalau-Tals über die Baumfarne des Regenwalds. Oben links: Blick aus dem Cockpit während eines Rundflugs. Oben rechts: Ein Helikopter schwebt wie eine Libelle vor einem Regenbogen im Dunst des Waimea Canyon.

Der Blick aus der Höhe offenbart die volle Schönheit der Insel, wie dieses Panorama der Marigot Bay im Norden.

ST. LUCIA

Am Hochseil über St. Lucia

In den luftigen Höhen des Regenwalds, der mehr als ein Drittel der Insel bedeckt, lässt sich die Tierwelt der Baumwipfel hautnah erleben.

Die Vielfalt der Grüntöne ist surreal. Es ist, als habe man sein Leben unter der Erde verbracht und entdecke erst jetzt, dass die Luft grün ist, gesprenkelt mit Farbtupfern: Gelb blitzt auf, als ein St.-Lucia-Trupial vorbeisaust, lavendel- und orangefarben baumeln Blüten von den Ästen. Unter dem Blätterdach mischt sich das Kreischen der farbenprächtigen Blaumaskenamazonen mit dem melodischen Gesang der Zuckervögel und den durchdringenden Pfiffen der Bartklarinos. Orchideenduft liegt in der Luft, und edelsteinbunte Kolibris schwirren vor pfeilspitzen Helikonienblüten, die hierzulande „Yellow Dancer" (Gelbe Tänzerin) heißen. Was für eine wunderbare Erfahrung, in luftiger Höhe durch dieses Füllhorn der Natur zu gleiten, ohne sich als Störenfried zu fühlen. Im Rain Forest Sky Rides Park kann man mit den Sky-Canopy-Seilrutschen von Wipfel zu Wipfel sausen. Oder man schwebt in einer offenen Gondel für neun Personen durch alle „Etagen" des Walds und hält in bis zu 37 Meter Höhe Ausschau nach Geschöpfen, die nie auf den Waldboden herabsteigen. Dazu erzählen Naturkundler Wissenswertes über einige der 105 Heilpflanzenarten des Regenwalds und die Geschichte und Kultur von St. Lucia.

Beste Reisezeit Die Hauptsaison geht von Mitte Dezember bis Mitte April. In der Regenzeit von Juni bis November winken günstige Angebote, man muss aber auch mit vereinzelten Hurrikans rechnen.

Reisedauer Einen halben Tag für die Regenwaldtour, mindestens eine Woche für die Insel insgesamt.

Reiseplanung Fotoapparat und Fernglas nicht vergessen. Die Gondelbahnen sind rollstuhlgerecht. Lange Haare vor Benutzung der Seilrutschen zurückbinden. Eine gute Einführung in die Kultur von St. Lucia sind die Gedichte und Theaterstücke des Nobelpreisträgers Derek Walcott.

Tipp Auf Kunsthandwerkermärkten gibt es nachhaltig produzierte Regenwaldsouvenirs, wie Korbwaren aus Kletterpalmenblättern und Luftwurzeln und Ketten aus den bunten Samen riesiger Regenwaldbäume.

Website www.rfat.com

HIGHLIGHTS

- **Aus luftiger Höhe** über den Baumkronen kann man die Gebirgslandschaft und die herrlichen weißen Sandstrände dieser wunderschönen Karibikinsel noch besser würdigen.
- Bei Soufrière, der ältesten Stadt der Insel, liegen die **Schwefelquellen** des einzigen „Drive-in-Vulkans" der Welt vor der majestätischen Kulisse der Piton-Berge. In der Nähe gibt es heiße und kalte Wasserfälle und Mineralbäder, deren Heilwirkungen Sie am eigenen Leib testen können.
- Besuchen Sie eine 250 Jahre alte **Kakaoplantage**, die heute noch mit traditionellen Produktionsmethoden arbeitet, und kosten Sie den frisch zubereiteten Kakao!

PERU

DIE NAZCALINIEN

Diese unglaublichen prähistorischen Kunstwerke sind in ihrer ganzen Größe nur aus der Luft zu erfassen.

Die riesigen Tierbilder und geometrischen Figuren auf einem Wüstenplateau in Südperu geben bis heute Rätsel auf. Die Nazca schufen zwischen 200 v. Chr. und 700 n. Chr. Hunderte dieser Geoglyphen oder „Scharrbilder", indem sie die dunklere Gesteinsoberfläche der Wüste abtrugen und den helleren Untergrund freilegten. Archäologen glauben, dass die Nazca diese Kunstwerke mithilfe einfachster Vermessungsgeräte anlegten, und konnten beweisen, dass sich selbst die größten Figuren mit solchen Methoden reproduzieren lassen. Phantasievollere Forscher behaupten, Außerirdische seien den Schöpfern der Kunstwerke zur Hand gegangen. Andere mutmaßen, die Nazca hätten Heißluftballons eingesetzt, um ihr Werk aus der Luft zu überblicken, und untermauerten ihre Hypothese durch den Nachbau eines flugtüchtigen Ballons aus prähistorischen Materialien. Besucher können diese Theorien gegeneinander abwägen, während sie die stilisierten Tierbilder und die noch rätselhafteren Dreiecke, Kreise, Trapeze, Spiralen und bis zu 14,5 Kilometer langen Geraden aus einem Sechssitzer-Flugzeug bestaunen. Der Pilot kippt das Flugzeug seitwärts, um optimalen Blick auf die Bilder zu bieten, die vom zeitlosen menschlichen Schaffensdrang zeugen.

Beste Reisezeit Ganzjährig.

Reisedauer Eine Stunde für das 350 Quadratkilometer große Areal.

Reiseplanung Die 483 Kilometer lange Fahrt von Lima zum Nachtquartier in Nazca dauert etwa acht Stunden, der Flug von Lima rund eine Stunde. Von Nazca starten allmorgendlich Flugzeuge zu den Bildern.

Tipp Playa el Chaco, 200 Kilometer nördlich von Nazca, ist die ideale Zwischenstation auf der Rückfahrt nach Lima. Hier sehen Sie am frühen Nachmittag die Pelikane über die Pazifikbrandung gleiten, während Sie an einem *pisco sour* nippen. Am nächsten Morgen führt ein Schiffsausflug zur überwältigenden Tierwelt der Islas Ballestas mit Tölpeln, Kormoranen, Pelikanen und Seelöwen.

Website www.perufly.com

HIGHLIGHTS

- Aus der Luft offenbaren sich faszinierende **landschaftliche Kontraste**: Die Schneeschmelze der Hochanden speist Flüsse, deren fruchtbare Täler sich als grüne Schneisen voller Baumwollfelder und Zitrushaine durch die Wüste ziehen.

- Zwischen den geometrischen Mustern sind viele **Tiere** zu entdecken: Frosch, Affe, Spinne, Wal, Echse, Kolibri, Kondor und ein 305 Meter langer Pelikan!

- Die **gestalterische Präzision** und enorme Größe der Bilder lässt sich nur aus der Luft richtig würdigen: Viele der exakt gezeichneten Tierfiguren haben die Länge von mehreren Fußballfeldern.

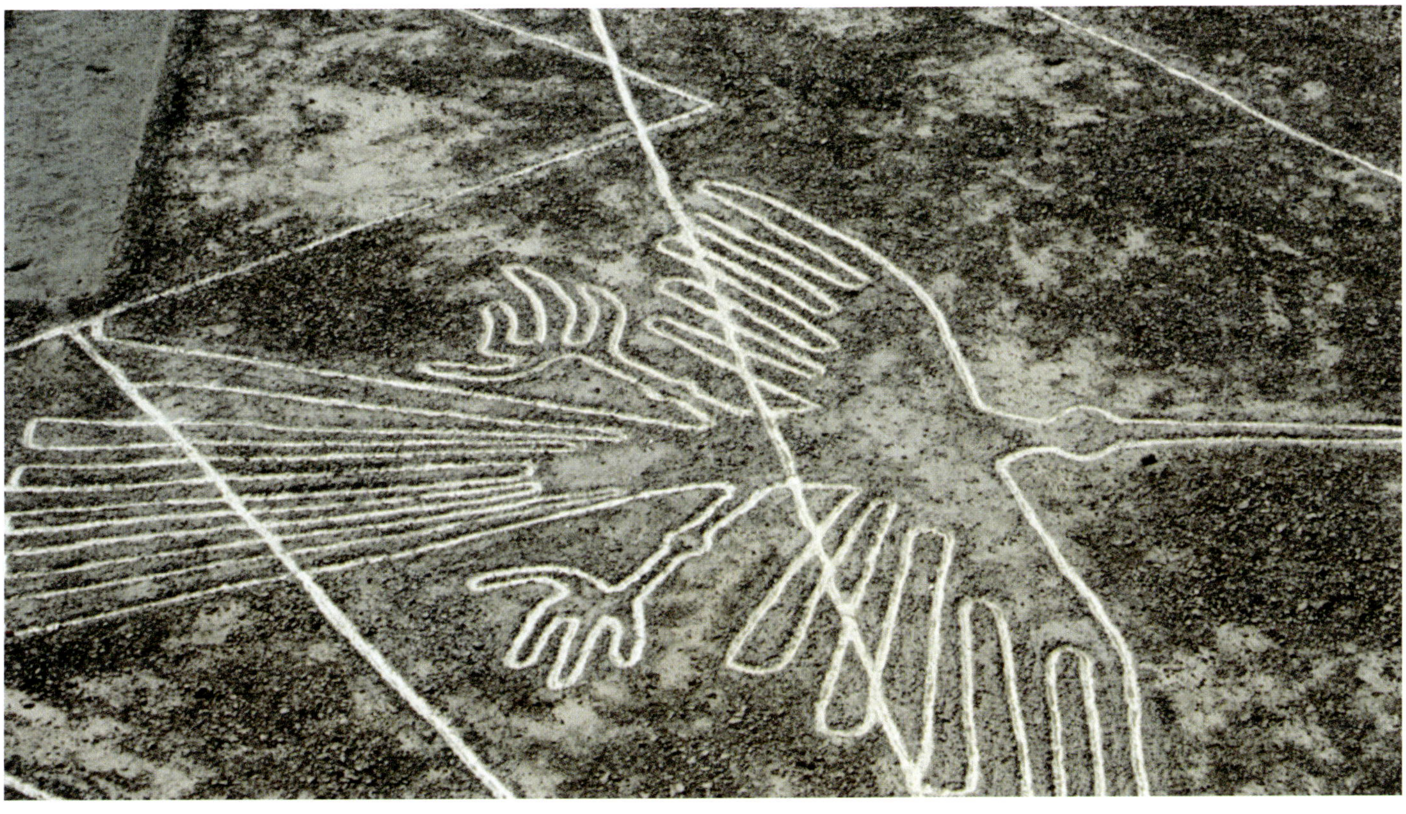

Der Kondor ist nur eines von zahlreichen imposanten Tierbildern, die die Nazca neben geometrische Figuren setzten.

Top 10 Seilbahnen und Cable Cars

In transparenten Gondeln über pulsierende Städte und in grandiose Landschaften vom Himalaja bis zum australischen Regenwald.

❶ Zacatecas, Mexiko

Die Gondel des *teleférico* (Seilbahn) schaukelt über das Mosaik der Straßen, Plazas, Dächer und Kuppeln der rosafarbenen Stadt, bevor sie innerhalb weniger Minuten den Cerro de la Bufa erklimmt.

Reiseplanung Außer bei starkem Wind verkehrt die Seilbahn täglich von 10 bis 18 Uhr vom Cerro del Grillo im Zentrum. www.enjoymexico.net

❷ Rio de Janeiro, Brasilien

Die Fahrt führt zuerst zum Urcahügel oberhalb der Guanabarabucht und dann auf den Gipfel des Zuckerhuts (396 Meter). In der Ferne sieht man die berühmte Christusstatue auf dem Corcovado. Der weite Blick auf die Stadt und ihre Strände ist bei Sonnenuntergang besonders schön.

Reiseplanung Die Seilbahn verkehrt täglich von 8 bis 22 Uhr alle 30 Minuten. Hin- und Rückfahrt dauern zwei Stunden. www.riodejaneiro-turismo.com.br

❸ Mérida, Venezuela

Die höchste und längste Seilbahn der Welt fährt in einer Stunde von einem 3125 Meter hohen Andenplateau auf den Pico Espejo. Unterwegs laden vier Stationen zu Zwischenstopps; oben genießt man den Blick auf den Pico Bolívar.

Reiseplanung Bergauf starten die Gondeln von etwa 7 bis 12 Uhr; die Zeiten variieren. Sie brauchen warme Kleidung und für die letzte Etappe ein Zusatzticket. www.merida24.com

❹ Die Peak Tram, Hongkong, China

Da die Bergbahn auf den Victoria Peak Steigungen von 4 bis 27 Grad bewältigt, scheinen alle Gebäude, die sie passiert, schief zu stehen! Oben kann man das Stadtpanorama bewundern, speisen, shoppen oder herumwandern.

Reiseplanung Die Peak Tram verkehrt täglich alle zehn bis 15 Minuten. www.thepeak.com.hk

❺ Genting Skyway, Malaysia

Mit den schnellsten Seilbahngondeln der Welt geht es über Südostasiens längste Seilbahnstrecke zum Genting Highlands Resort in 2027 Meter Höhe mit Themenparks, Geschäften, Hotels und einem Kasino.

Reiseplanung Genting Skyway verkehrt von der Talstation Gohtong Jaya zum Highlands Hotel montags bis donnerstags von 7.30 bis 23 Uhr, freitags bis sonntags von 7.30 Uhr bis Mitternacht. www.genting.com.my

Eine Gondel auf dem Weg zum Zuckerhut hoch über Rio de Janeiro mit dem Corcovado im Hintergrund.

❻ Gulmarg-Gondelbahn, Dschammu und Kaschmir, Indien

Das bezaubernde Tal Gulmarg („Blumenwiese") auf 2730 Meter Höhe im nordwestlichen Himalaja trägt seinen Namen zurecht. Eine französisch designte Seilbahn führt von hier in zwei Etappen nahezu senkrecht über Nadelwaldhänge bis knapp unter den Gipfel des nahen Mount Apharwat. Oben warten der Blick auf den K2 und weitere imposante Himalajagipfel und im Winter Abfahrten abseits aller Pisten.

Reiseplanung Gulmarg liegt 56 Kilometer südwestlich von Srinagar. Von April bis Juni lockt grüne Natur, von Dezember bis März das Skivergnügen. Sie können Pässe für die Gondelbahn erwerben. www.gulmarg.org

❼ Nationalpark Picos de Europa, Spanien

Die Bergkette in Nordspanien beeindruckt mit ihrer außergewöhnlichen landschaftlichen Schönheit. Einfachen Zugang bietet die steile Seilbahn, die Besucher zügig über ein sonniges, bewaldetes Tal bis auf 1840 Meter Höhe trägt. Oben angekommen führt ein Weg zum Aussichtspunkt Aliva, dessen Bergpanorama zur weiteren Erkundung dieses spektakulären Wanderreviers verlockt.

Reiseplanung Die Talstation befindet sich neben dem *parador* in Fuente Dé. Täglich geöffnet; die Zeiten variieren je nach Saison. www.asturiaspicosdeeuropa.com

❽ Gondelbahn Grindelwald-Männlichen, Schweiz

Eine der längsten Gondelbahnen der Welt verbindet den Ort Grindelwald-Grund (943 Meter) mit dem Männlichen (2230 Meter) in den Berner Alpen. 30 Minuten lang kann man sich in aller Ruhe am Blick auf berühmte Gipfel wie Jungfrau und Eiger und die Täler in der Tiefe erfreuen – auch ohne Wanderschuhe oder Skier an den Füßen!

Reiseplanung Wechselnde Betriebszeiten je nach Saison. Täglich geöffnet. Fahrpreisermäßigung mit verschiedenen Bahnpässen und Abos. www.maennlichen.ch

❾ Tafelberg-Seilbahn, Kapstadt, Südafrika

Der Boden der Gondel rotiert auf der kurzen Fahrt zum Gipfel des Tafelbergs (1085 Meter) um 360 Grad, um allen Passagieren Rundumblick zu bieten. Oben laden mehrere Wanderwege zur Erkundung des Bergs ein; am besten bringt man sich ein Picknick mit. Frühmorgens und spätabends ist die Sicht oft am klarsten.

Reiseplanung Der Weg zur Seilbahn ist gut ausgeschildert. Die Bahn verkehrt täglich alle zehn bis 15 Minuten, außer bei starkem Wind. Die Öffnungszeiten variieren je nach Saison. www.aboutcapetown.com/table-mountain.htm

❿ Powell-Hyde Line, San Francisco, Kalifornien, USA

Zum Pflichtprogramm in San Francisco gehört eine Fahrt mit der Powell-Hyde-Straßenbahn, die zuerst durch Russian Hill bergauf zuckelt und dann die berühmten Steilhänge hinabschlingert. Die Golden Gate Bridge kommt in Sicht, bevor die Fahrt bei Fisherman's Wharf endet.

Reiseplanung Die Bahnen starten täglich von 6 bis 1.30 Uhr von der Ecke Powell/Market Street. Tickets gibt es in der Bahn. Fahren Sie früh los, um dem Massenandrang zu entgehen. www.streetcar.org

Inselhopping auf den Seychellen

Der Blick vom Hubschrauber oder Kleinflugzeug auf dichten Regenwald und unvergleichliche Strände macht Appetit auf die bevorstehenden Inselfreuden.

Die Seychellen offerieren ein abgeschiedenes, reichhaltiges Paradies voller Strände, Vögel und Urwälder im Südindischen Ozean, rund 1600 Kilometer östlich von Kenia. Aus der Luft erkennt man ganz deutlich den Kontrast zwischen den inneren Granitinseln, die größer und dichter besiedelt sind, und den flachen äußeren Korallenatollen. Außerdem sind auf diesem Weg selbst die entlegensten und ruhigsten Winkel der Inselgruppe leicht zu erreichen. Auf Praslin führt ein Waldweg durch das fruchtbare urzeitliche Vallée de Mai zu den größten Samen der Welt, den Seychellennüssen *(cocos de mer)*, und zur Anse Lazio, einem der zehn schönsten Strände der Welt. Auch La Digue besitzt herrliche Strände, darunter die äußerst fotogene Anse Source d'Argent, die oft als Kulisse für Filme und Werbespots genutzt wird. Doch auf den Seychellen gibt es ohnehin nicht den einen Lieblingsstrand; jeder scheint noch reizvoller als der vorige und lädt mit seinem türkisblauen Wasser zum Schwimmen und Schnorcheln, Träumen und Faulenzen ein. Hier und da trifft man auf einen knietief im Wasser stehenden Fischer, der sein Netz einholt. Am Wochenende findet sich in einem der winzigen Hotels von La Digue immer jemand, der einem die *moutia* beibringt, einen Tanzstil, der einst von der Kolonialverwaltung als zu erotisch verboten wurde. Und am nächsten Morgen beim Frühstück im Freien stibitzt ein leuchtend roter Madagaskarweber die Muffinkrümel.

Beste Reisezeit Oktober bis Ende Mai. Meiden Sie die Regenzeit im Januar und Februar.

Reisedauer Mindestens zwei Wochen, je nachdem, wie viele Inseln Sie besuchen wollen. Planen Sie für Mahé (die größte), Praslin und La Digue jeweils mehrere Tage ein.

Reiseplanung Der Flug von Deutschland nach Mahé dauert etwa neun Stunden. Von hier vermitteln die Hotels Kleinflugzeuge und Hubschrauber zu den anderen Inseln.

Tipp Das heimische Bier ist gut, der importierte Wein dagegen mäßig und teuer. Auf La Digue gibt es weder breite Doppelbetten noch Autos; die Hotels verleihen aber Fahrräder und schicken Ochsenkarren, um Gäste und Gepäck abzuholen. Selbst Spitzenschwimmer sollten an Stränden mit „Danger"-Warnschildern keinesfalls ins Wasser gehen.

Websites www.seychelles.travel, www.helicopterseychelles.com, www.airseychelles.de

Gegenüber: Eine idyllische Tropenlagune der Seychellen. Oben links: Diese Lilienart ist eine von vielen Pflanzen, die nur auf den Inseln vorkommen. Oben rechts: Die markanten Granitformationen des palmengesäumten Strands auf La Digue sind typisch für die inneren Inseln.

HIGHLIGHTS

- Eine Stunde vor Sonnenuntergang erstrahlen die rosa Granitfelsen, der weiße Sand und die Kokospalmen von **Anse Source d'Argent** in einem ganz besonderen Licht.

- Ein Muss für Vogelfreunde ist **Bird Island**, rund 200 Kilometer von Mahé, wo sich von Mai bis September 1,5 Millionen brütende Rußseeschwalben zur dauerhaften Population von mehreren tausend Vögeln gesellen und die Luft mit ihren Stimmen erfüllen. Cousin Island ist ein weiteres Vogelschutzgebiet und ein wichtiger Eiablageplatz der Echten Karettschildkröte.

- Das frühere Piratennest **Frégate**, die abgelegenste der Granitinseln, beherbergt heute ein exklusives Öko-Resort für nur 40 Gäste. Hier bilden Papayabäume, Kokospalmen und andere heimische Bäume eine grüne Heimat für Turteltauben und die Fregattvögel, nach denen die Insel benannt ist.

- Zur Fülle der faszinierenden **Arten, die nur hier vorkommen,** gehören der kleinste Frosch, die schwerste Schildkröte und der einzige flugunfähige Vogel des Indischen Ozeans. Die Fauna und Flora der Inseln wird sorgsam geschützt. Die Landfläche der Seychellen besteht zur Hälfte aus Nationalparks und Naturschutzgebieten.

Aus der Luft zeigt sich die volle Pracht von Angkor Wat mit seinen fünf majestätischen Türmen.

KAMBODSCHA

PER HELIKOPTER NACH ANGKOR

Der Blick aus der Höhe offenbart das Herz des Khmer-Reichs: die Tempel im tiefen Dschungel.

Der Helikopter lässt Phnom Penh hinter sich und nimmt im kühlen blauen Morgendunst Kurs nach Norden, zum Tonle-Sap-See. Aus rund 300 Meter Höhe sind die Straßen nur ockerfarbene Staublinien, auf denen ameisengroße Fahrzeuge kriechen. Auf dem See sind Fischerboote und Schwimmende Dörfer auszumachen. Hier und da sieht man rastende Störche und vereinzelte Schwimmer als winzige Pünktchen. Über ausgedehnte Ebenen geht es weiter nach Siem Reap. Hunderte von Jahren hütete der nahe Dschungel ein Geheimnis, von dem selbst die Einheimischen nur eine schwache Ahnung hatten: die Ruinen von Angkor. Nur aus der Luft lässt sich ihre ausgeklügelte Anlage ganz überblicken. Die königliche Hauptstadt Angkor Thom bildet ein perfektes Quadrat. Eine Ansammlung von *wats* (Tempeln) mit gemeißelten Fassaden, ausladenden Terrassen und Lotustürmen ragt aus dem Unterholz. Nach der Landung durchbrechen nur einzelne Tierstimmen die tiefe Stille und man wundert sich, wie viele Tempel hier noch ihrer Entdeckung harren mögen?

Beste Reisezeit Kambodscha hat ein tropisches Monsunklima. Der Winter (November-März) ist am kühlsten und trockensten und damit die angenehmste Zeit für einen Besuch.

Reisedauer Der rund 300 Kilometer lange Flug dauert etwa zwei Stunden. Da Sie den Hubschrauber chartern, können Sie beliebig viele Zwischenlandungen einplanen.

Reiseplanung Visa werden bei der Einreise nach Kambodscha ausgestellt, aber fragen Sie sicherheitshalber vor Reiseantritt noch mal bei Ihrer Botschaft nach.

Tipp Falls Sie die Tempel noch von Siem Reap aus erkunden, lassen Sie sich den Sonnenaufgang am Bayon Wat nicht entgehen. Ein Muss ist auch der Sonnenuntergang auf der Westseite von Angkor Wat.

Websites www.phnompenhtours.com, www.sacred-destinations.com

HIGHLIGHTS

- **Angkor Wat**, das größte Heiligtum der Welt, erstreckt sich in friedlicher Pracht hinter seinem breiten Wassergraben. Einzelne orangerote Farbtupfer vor dem Steingrau – Mönche auf dem Weg zum Gebet – verdeutlichen die überwältigende Größe des Tempels.

- Besichtigen Sie **Ta Prohm** unbedingt zu Fuß. Dieser Tempel wurde so belassen, wie man ihn im 19. Jahrhundert vorfand. Sein Mauerwerk ist teilweise von den gigantischen Wurzeln riesiger Dschungelbäume überwuchert.

- Die Vielfalt der Tierbilder und Statuen, die die Mauern und Umgebung der Tempel schmücken, findet sich in der **Tierwelt des Dschungels** wieder. Affen schnattern, Elefanten trompeten und Sittiche zwitschern. Der Tonle-Sap-See nährt eins der größten Ökosysteme Südostasiens. Viele seiner Arten zählen zu den am stärksten bedrohten der Welt.

NEUSEELAND

Zu einsamen Gletschern

Vom Flugplatz am Mount Cook in die ebenso friedvolle wie faszinierende Eiswelt der neuseeländischen Südinsel.

Wird das eine Skitour oder ein Rundflug? Das winzige Flugzeug hat jedenfalls ein Paar ausklappbare Kufen. Wie soll es auch sonst auf einem Gletscher landen? Auf dem Flug in die neuseeländischen Südalpen öffnen sich Täler mit verstreuten Schotterfeldern. Spiegelglatte Gletscherseen erscheinen trügerisch nah. Die Great Divide reckt ihre über 3000 Meter hohen Gipfel in den Himmel. Eismassen hängen an den Bergwänden. Mit einem dumpfen Geräusch klappt der Pilot die Kufen aus. Jenseits der Divide setzt das Flugzeug wie ein Weltklasseskifahrer sanft auf der Schneedecke des Gletschers auf. Die Passagiere steigen aus und stehen staunend in einer menschenleeren Landschaft aus Eis, Schnee, schroffen Gipfeln, strahlender Sonne und tiefblauem neuseeländischem Himmel. Zehn Minuten später ist man schon wieder in der Luft und fliegt an Eisfällen und schneebedeckten Bergen vorbei. Zur Linken kommen die zerklüftete Westküste und die glitzernde Tasmanische See in Sicht; rechts erstreckt sich die Küstenebene. Das Flugzeug kreist über weitere Gletscher, die man nach dem Gletscherspaziergang mit ganz neuen Augen sieht: nicht mehr mit bloßer Bewunderung aus der Ferne, sondern mit freudiger Vertrautheit.

Beste Reisezeit Ganzjährig bei geeigneten Wetterbedingungen. Am häufigsten werden die Flüge wegen Frühlingsregens abgesagt, gelegentlich auch, wenn ungemütliches Wetter oder schlechte Sicht drohen.

Reisedauer Eine Stunde für rund 160 Kilometer.

Reiseplanung Flüge täglich von 7.30 Uhr bis 17.30 Uhr, im Winter ab 9.30 Uhr. Kleidung nach dem Zwiebelprinzip ist ratsam; im Flugzeug ist es warm, und selbst auf dem Gletscher kann es erstaunlich mild sein. Stiefel sind ein Muss. Im Winter können hohe Gummistiefel nützlich sein, da der Gletscher mitunter knietief verschneit ist.

Tipp Frühmorgens und am späten Nachmittag ist das Licht zum Fotografieren am schönsten. Am klarsten ist der Himmel oft am Tag nach einem heftigen Sturm.

Website www.mtcookskiplanes.com

HIGHLIGHTS

- Am **Hochstetter Icefall** bröckeln unablässig riesige Eismengen auf das Grand Plateau und stürzen von dort wie ein gefrorener Wasserfall in die Tiefe. Das gelegentliche Donnern der losbrechenden Schnee- und Eismassen ist das einzige Geräusch, das die Stille durchbricht.

- Lassen Sie die tiefe Stille nach der **Landung auf dem Franz-Josef- oder Tasmangletscher** auf sich wirken.

- Tiere sind rar und im Allgemeinen nicht heimisch. Der Anblick einer Herde **Gämsen oder Himalaja-Tahre** (Verwandte der Ziegen), die auf dem Weg von Tal zu Tal über die Gletscher laufen, ist ein seltenes Vergnügen.

Spuren im Schnee: Das Leichtflugzeug hat eine perfekte Landung in der Einsamkeit des Franz-Josef-Gletschers hingelegt.

Kneipentour durchs Outback

Per Flugtaxi zu den Bieroasen der durstig machenden Wüstenlandschaft – nur der Pilot muss nüchtern bleiben.

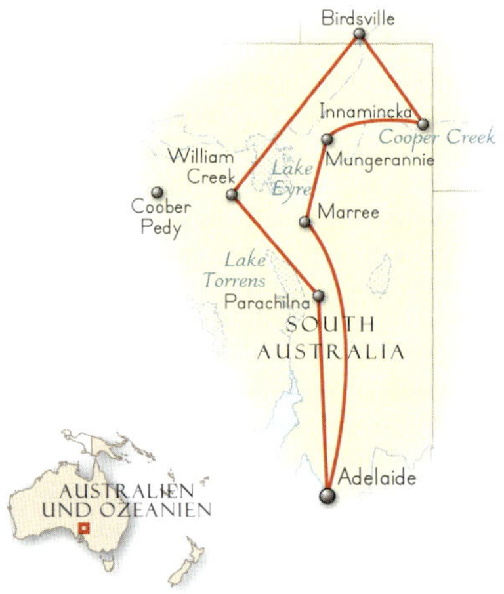

Wenn er vergessen hat, seine Passagiere telefonisch anzukündigen, dröhnt der Pilot einfach im Tiefflug über den Outback-Pub, bevor er in einer Staubwolke auf der nahen Piste aufsetzt. Sind es mehr als ein paar Schritte zum Lokal, kommt der Wirt gefahren, um die durstigen Gäste abzuholen. Die Flüge ab Adelaide knattern über leere, sonnengedörrte Weite in Ocker-, Rot-, Grau- und Rosatönen mit trockenen Flussbetten und einsamen Weilern. Hier in South Australia und Queensland ist der Nachbar oft über 100 Kilometer entfernt, die nächste Kneipe fünfmal so weit. Die „Stockmen" (Cowboys) überqueren Rinderfarmen von der Größe europäischer Kleinstaaten, um ein Bier in geselliger Runde zu genießen. Doch selbst die fernsten Winkel des Outback sind voller Überraschungen. Mungerannie lockt mit warmen Quellen, Innamincka mit Riesenburgern und einer Bootspartie. Der Pub von William Creek ist mit der Unterwäsche der Kundschaft dekoriert. Für die Küchenkreationen des gesetzteren Marree Hotels fliegen die Dinnergäste sogar aus Adelaide ein. Und in Parachilna munden Kamel-Mettwurst, Känguru-Rauchfleisch und Emu-Pastete vor einer Nacht in der nobelsten Herberge im Umkreis von vielen hundert Kilometern.

Beste Reisezeit Rundflüge ganzjährig auf Anfrage. Falls das Wetter mitspielt, belebt im Frühling (September bis November) eine kurze Akazienblüte die Wüste mit jäher Farbenpracht.

Reisedauer Mindestens fünf Tage mit verschiedenen Land- und Flugetappen ganz nach Wunsch.

Reiseplanung Sie brauchen reichlich Sonnenschutz, einen breitkrempigen Hut, ein Fliegennetz, einen Polfilter und eine großzügig bemessene Speicherkarte für die Kamera.

Tipp Am besten kommen Sie zu den Birdsville Races im September. Die größte Festivität des Outback findet seit 1882 statt, mit Pferderennen, Kirmes, Auktionen, Boxzelt und Strömen von Alkohol. Hunderte von Flugzeugen säumen die winzige Piste, an der Piloten und Passagiere im Schatten der Tragflächen kampieren.

Website www.banksia-adventures.com.au

HIGHLIGHTS

- Besuchen Sie **Birdsville**, eine „Outback-Metropole" mit nahezu dreistelliger Bevölkerungszahl, einem Pub-Hotel von 1882, einem staubigen Cricketplatz und einem „Working Museum" des Outback-Lebens.

- Bei Innamincka können Sie eine Bootsfahrt auf dem **Cooper Creek** unternehmen, dessen Ufer von Vögeln gesäumt sind.

- Erkunden Sie die Untergrundwelt der Opalschürferstadt **Coober Pedy** mit unterirdischen Hotels, Wohnungen, Läden und Kirchen.

Die Bar des Birdsville Hotel im Outback von Queensland ist mit Erinnerungsstücken aller Art dekoriert – den „Visitenkarten" früherer und heutiger Gäste.

AUSTRALIEN

Über das Great Barrier Reef

Rundflüge über den unermesslichen Unterwassergarten lassen sich gut mit Schnorchel- oder Tauchausflügen verbinden.

Nach kurzer Beschleunigung auf der palmengesäumten Piste geht es in die Luft und schon befindet man sich in einer Welt aus schillernden Blau- und Weißtönen zwischen Land, Meer und Himmel. Unten verfärbt sich das Wasser von blassem Türkis über Aquamarin zu tiefstem Preußischblau, und dann entfaltet sich die Pracht des Great Barrier Reef, das zu den größten Korallenriffregionen der Welt gehört. Es erstreckt sich über 2000 Kilometer vor der Küste von Queensland, von Cape York südwärts bis Fraser Island. Die warmen Gewässer um seine mehr als 2900 Riffe und fast 1000 Inseln sind ein dicht bevölkertes, maritimes Ökosystem mit Hunderten von Korallen- und 1500 Fischarten. Wenn sich das Flugzeug in die Kurve legt, kann man Mantarochen, Meeresschildkröten, Haie und Seekühe erspähen. Taucher gehen von einem Boot ins Wasser. Ganz in der Nähe kommt eine Schar Delphine an die Oberfläche. Wellen branden an die „hohen" Inseln, die grünen Gipfel versunkener Berge, während die „niedrigen", wie Opale schillernden Koralleninseln auf dem Wasser zu treiben scheinen. Unter Wasser zeichnet sich eine phantastische Korallenlandschaft ab, bis der Meeresboden jenseits der Riffe in geheimnisvolle Tiefen abfällt.

Beste Reisezeit Im Herbst, Winter und Frühjahr (März bis November) ist das Schwimmen und Tauchen am sichersten.

Reisedauer Alles von zehnminütigen oder ein- bis dreistündigen Rundflügen bis zum ein- oder zweiwöchigen Urlaubsprogramm.

Reiseplanung Flüge mit Klein- und Wasserflugzeugen oder Helikoptern von verschiedenen Orten. Manche Veranstalter bieten Kombipakete mit Strandbesuch, Tauch- und Schnorcheltouren sowie Unterkünften. Planen Sie den Transport zwischen verschiedenen Zentren in Ihre Reisekasse ein.

Tipp Die Küstenlandschaft und ihre Bergkulisse sind fast so spektakulär wie das Riff. Ein Rundflug über die Regenwälder, Wasserfälle und Schluchten lohnt sich unbedingt.

Websites www.queenslandholidays.com.au, www.whitsundaytourism.com

HIGHLIGHTS

- Das **Heart Reef**, eine natürliche Korallenformation in Herzform, ist Teil des Hardy Reef.

- Besuchen Sie **Hinchinbrook Island** vor Cardwell, eine der größten und schönsten der „hohen" Inseln.

- Auf dem Rundflug von Hamilton Island zum Whitsundays-Riff und nach Whitehaven lockt ein Zwischenstopp am **Whitehaven Beach**.

- Von Airlie Beach, dem Sprungbrett zu den Whitsundays, können Sie zur **Fantasea Reefworld** fliegen. In der größten schwimmenden Besuchereinrichtung des Riffs mit Unterwasserobservatorium können Schnorcheltouren zwischen bunten Korallenfischen unternommen werden.

Ein Abschnitt des Great Barrier Reef mit zerklüfteten Korallenformationen und hell marmorierten Inseln.

Wie hingetupft liegen die vielen grün-weißen Koralleninseln der Fidschi-Region im tiefblauen Pazifik.

POLYNESIEN

Auf der Korallenroute

Wie ein Vogel über die Inselwelt des Südpazifiks segeln und auf einigen der idyllischsten Inseln Erholungspausen einlegen.

Aus luftiger Höhe erscheint der Ozean wie ein endloses Seidentuch in Blau- und Grüntönen, das nur hier und da von riffgesäumten Inseln oder Ketten aus Korallenatollen durchbrochen wird. Die legendäre Korallenroute von Auckland, Neuseeland, nach Tahiti, Französisch-Polynesien, galt nicht umsonst als die romantischste Flugreise der Welt. Nach der Landung in Nadi, Fidschi, gesellt man sich zu den übrigen Schnorchlern und treibt über die farbenprächtigen Korallenriffe. Weiter nordöstlich werden die Besucher in Apia auf Samoa von Inselbewohnern mit duftenden Hibiskus- und Frangipani-Girlanden begrüßt und zu Aggie Grey's Hotel gebracht, dessen ursprüngliche Besitzerin James Michener zu der Gestalt der Bloody Mary in seiner Erzählsammlung „Die Südsee" inspiriert haben soll. Nächste Station ist Rarotonga, die Hauptinsel der Cookinseln, wo das klare Wasser einer Lagune vor einer Kulisse aus Vulkanbergen zum Schwimmen verlockt. Endstation der Reise ist Papeete auf Tahiti. Die größte Insel Französisch-Polynesiens ist von polynesischen, europäischen und asiatischen Einflüssen geprägt und heute noch so bezaubernd wie vor 50 Jahren, als die Schickeria mit Flugbooten zu diesen sagenumwobenen Inseln pendelte.

Beste Reisezeit Es ist ganzjährig feuchtwarm, im Winter (Mai bis Oktober) aber meist trockener und angenehmer als in der Regenzeit (November bis April), in der auch die Zyklongefahr höher ist.

Reisedauer Planen Sie für die 7560 Kilometer rund drei Wochen ein, mit je einer Woche Aufenthalt auf Fidschi, den Cookinseln und den Inseln Französisch-Polynesiens.

Reiseplanung Kümmern Sie sich möglichst früh um Reservierungen, da manche Inseln nur einmal pro Woche angeflogen werden. Sie müssen Flüge bei verschiedenen Insel-Fluglinien und bei Air New Zealand buchen. Manche Veranstalter organisieren individuelle Touren für Teile der Route.

Tipp Probieren Sie auf Fidschi marinierten Fisch aus dem *lovo* (Erdofen).

Websites www.airnewzealand.com, www.airraro.com, www.airpacific.com

HIGHLIGHTS

■ **Eine Nacht inmitten der Lagune** umgeben vom aquamarinblauem Wasser: Schilfgedeckte Pfahlhütten machen das auf vielen Inseln möglich.

■ Entdecken Sie **Charakter und Kultur** der einzelnen Inseln. Bei Kawa-Zeremonien auf Fidschi „genießt" man ein Getränk aus der pulverisierten Wurzel des Pfefferbaums. Auf den Cookinseln führen Einheimische in traditioneller Tracht Trommeltänze und den hüftbetonten *hura* vor.

■ Erleben Sie die Schönheit der **Korallenriffe** aus nächster Nähe: bei einer Schnorchel- oder Tauchtour oder im Glasbodenboot.

Heliskiing in den Alpen

Einsame Abfahrten durch unberührten Schnee zwischen majestätischen Gipfeln garantieren unvergessliche Hochgefühle.

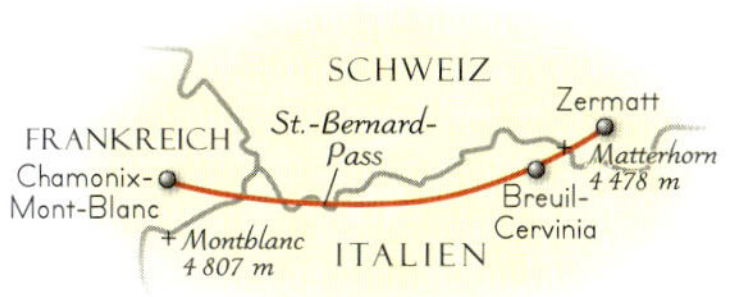

Auf Augenhöhe mit den Alpengipfeln fällt der Blick aus dem Fenster des Helikopters auf schroffe Kalksteinlandschaft unter weißgoldener Schneedecke. Der Pilot setzt seine Passagiere auf einem einsamen Grat ab. Das einzige Geräusch ist das Einrasten der Stiefel in die Bindungen, während man den Traum aller Skiläufer zu Füßen liegen hat: kilometerweise unberührter Tiefschnee. Eine Arena aus Felswänden und Gletschern türmt sich ringsum zum Himmel. Dann tut die Schwerkraft ihr Werk, und man gleitet in perfekten Schwüngen bergab, saust in Schussfahrt durch den feinen Pulverschnee, ohne dass Steine, Bäume oder andere Skiläufer im Weg stünden, und kommt schließlich auf einem anderen Grat zum Stehen. Im Bewusstsein, dass wer diese Stille genießt, sie gleichzeitig stört. Bald ist das Knattern des Hubschraubers zu hören, der in einer Schneewolke aufsetzt, und dann geht alles von vorne los. Die Skitour in Gipfelnähe führt über die Grenze, von französischen Croissants zu Schweizer Rösti oder italienischer Pasta mit passendem Wein. Kleine Familienhotels versprechen erholsame Nachtruhe, bevor es am nächsten Tag wieder in die dünne Höhenluft geht, um weitab vom Pistentrubel den jungfräulichen Tiefschnee zu genießen.

Beste Reisezeit Januar bis April.

Reisedauer Von einem Tag bis zu mehreren Wochen, je nach Zeit und Budget. Veranstalter in der Schweiz, Österreich, Italien und Frankreich ermöglichen verschiedene Touren von einem festen Standort oder eine grenzüberschreitende Skiexpedition.

Reiseplanung Wenn Ihre Skier nicht für unpräparierten Pulverschnee ausgelegt sind, mieten Sie am besten geeignete Skier, aber bringen Sie Ihre eigenen Stiefel mit.

Tipp Tiefschnee ist auch mit mittlerem Können zu bewältigen, aber etwas gewöhnungsbedürftig. Lassen Sie die Skier die Arbeit machen und stellen Sie sich vor, auf dem Schnee zu gleiten.

Websites www.swisskisafari.com, www.9vallees.com

HIGHLIGHTS

- Hinterlassen Sie Ihre **eigene Spur** an menschenleeren Tiefschneehängen.
- Vom Helikopter und aus Gipfelnähe genießen Sie eine grandiose Aussicht über die **herrliche, unberührte Berglandschaft**.
- Innerhalb einer Woche oder sogar eines Tages **Grenzen zwischen Ländern und Kulturen** zu überschreiten, gehört zu den besonderen Verlockungen der Kombination aus Flug- und Skitour.
- Besuchen Sie schwer erreichbare und **historische Orte**. Sie können zum Beispiel den Großen Sankt Bernhard, einen seit der Bronzezeit benutzten Alpenpass, auf Skiern überqueren und beim Hospiz der Augustiner-Chorherren auf 2 438 Meter Höhe zum Tee einkehren.

Ein einsamer Skiläufer im französischen Méribeltal in den Savoyer Alpen, mit Blick auf den Montblanc.

CAMERON A250

ÄGYPTEN

Ballonfahrt über den Nil

Die gemächliche Luftreise über einen der größten Flüsse der Welt und seine berühmten Sehenswürdigkeiten ist eine wunderbare Einführung in diese alte Kultur.

In der Gondel eines Heißluftballons über den Nil und die ihn umgebenden Wüstengebiete zu gleiten, gehört zu den schönsten Erfahrungen, die Ägypten bieten kann, auch wenn man dazu vor Tagesanbruch aufstehen muss. Dafür entschädigt ein Sektfrühstück zwischen mit Palmen gesprenkelten Feldern, während der Ballon startklar gemacht wird. Bei Ostwind geht es zunächst über die schroffen Hügel und Fürstengräber des Tals der Könige und des Tals der Königinnen, mit Blick auf das großartige Grab der Hatschepsut. Westwind treibt den Ballon über einen smaragdgrünen Feldergürtel und den majestätischen Nil, an dem sich die Tempelanlage von Karnak erstreckt, der größte Tempelbezirk der Welt. Der Pilot hält derweil über Funkgerät oder Handy Kontakt zum Begleitfahrzeug am Boden. Zwischen exotischen Landschaften und historischen Monumenten bietet die Ballonfahrt flüchtige Eindrücke von dem Alltagsleben in Luxor und den umliegenden Dörfern. Kinder rufen und winken von Feldern oder Flachdächern (auf denen auch Ziegen und Enten gehalten werden), unten gleiten die weißen Segel der Feluken über den Fluss, und dahinter dehnt sich die endlose Wüste bis zum diesigen Horizont. Zuletzt kehrt man einigermaßen unsanft auf die Erde zurück, oft auf einem brachliegenden Feld, wo eine Schar Landarbeiter die unvermittelt gelandeten Besucher herzlich empfängt.

Beste Reisezeit Ganzjährig; am angenehmsten ist die Zeit von November bis Februar.

Reisedauer Etwa eine Flugstunde.

Reiseplanung Die Ballons starten von Luxor, die Veranstalter holen Sie auf Wunsch vom Hotel ab. Pulli oder Fleecejacke sind sinnvoll; frühmorgens ist es noch kühl. Bringen Sie nur das Notwendigste mit und lassen Sie Wertsachen im Hotelsafe, damit bei holprigen Landungen nichts verloren geht.

Tipp Der Ballon fährt langsam und gleichmäßig und der Korb schwankt kaum, so dass beim Fotografieren keine Verwackelungsgefahr droht. Die Ballons bewegen sich normalerweise in einer zum Schauen und Fotografieren idealen Höhe zwischen knapp 100 und 300 Metern. Je nach Windbedingungen kann der Ballonführer den Ballon mithilfe von Steuerdüsen drehen, um Panoramablick zu ermöglichen.

Websites www.luxor-westbank.com, www.aegypten-deluxe.de

HIGHLIGHTS

- Genießen Sie die **Landschaftsimpressionen aus der Luft**: Das grüne Band der fruchtbaren Flächen entlang des Nils windet sich durch die Wüste, vorbei an kahlen Bergen. Farbenfrohe rautenförmige Felder grenzen an Siedlungen aus sandfarbenen Flachdachbauten. Mitunter kommt man nah genug, um den Gebetsruf des Muezzins zu vernehmen.

- Nördlich von Luxor liegen die atemberaubenden Ruinen des **Tempelbezirks von Karnak**, der über einen Zeitraum von 1300 Jahren bebaut wurde. Zu seinen vielen Schätzen gehören die Große Säulenhalle und der rosa Granitobelisk der Hatschepsut, mit 30 Metern der zweithöchste der Welt.

- Lassen Sie sich inspirieren, das **Grab der Nefertari** im Tal der Königinnen zu besuchen. Die zarten, sorgfältig restaurierten Wandgemälde, die ihrer Schönheit huldigen, können es mit denen im Tal der Könige aufnehmen. Maximal 150 Besucher pro Tag dürfen das Grab betreten, und das nur mit Atemmasken und Überziehschuhen.

Gegenüber: Ballonstart bei Luxor. Das sanfte Morgenlicht taucht die Wüste in zarte Pastellfarben. Oben: Aus geringer Höhe bietet sich ein ausgiebiger Blick auf das Tal der Königinnen und das Grab der Hatschepsut, einer der wenigen Pharaoninnen. Sie regierte eindrucksvolle 15 Jahre.

Top 10 Aufzugfahrten

Hypermoderne und historische Fahrstühle versprechen berauschende Aussichten auf Metropolen und Bergpanoramen.

❶ CN Tower, Toronto, Kanada

Der nadelspitze Fernsehturm, der Torontos Skyline prägt, ist der höchste Turm der Welt. Ein verglaster Außenfahrstuhl katapultiert Besucher in 58 Sekunden zur offenen Aussichtsplattform. Auf Mutige warten noch 33 Stockwerke mit drei weiteren Aussichtsebenen. Für den schwindelerregenden Höhepunkt, den 447 Meter hohen Sky Pod, braucht man ein Zusatzticket.

Reiseplanung Außer am 25. Dezember täglich geöffnet: Sonntag bis Donnerstag von 9 bis 22 Uhr, Freitag und Samstag von 9 bis 22.30 Uhr. Reservieren Sie online, um die langen Schlangen zu umgehen. www.cntower.ca

❷ Maritime Museum of British Columbia, Victoria, Kanada

Nordamerikas ältester Gitterkäfigaufzug wurde 1899 im damaligen Provinzgericht installiert. Er sollte dem Gerichtspräsidenten dienen, der jedoch vor der Fertigstellung verstarb. Seitdem ranken sich Gespenstergeschichten um den Fahrstuhl. Sein kunstvolles, vergoldetes Gitterwerk verspricht ein äußerst stilvolles Fahrerlebnis.

Reiseplanung Außer am 25. Dezember täglich von 9.30 bis 16.30 Uhr geöffnet. Im Oktober werden unterhaltsame „Ghost Tours" angeboten. www.mmbc.bc.ca

❸ Westin St. Francis Hotel, San Francisco, USA

Wer in der Lobby einen der fünf schnellsten Außenfahrstühle der Stadt besteigt und die 32 drückt, saust mit 305 Metern pro Minute in die Höhe. Innerhalb von 30 Sekunden entfaltet sich das Stadtpanorama von San Francisco. Auf der rasanten Abwärtsfahrt scheint sich der gähnende Schlund der Stadt zu öffnen. Nichts für schwache Mägen!

Reiseplanung Das Hotel steht am Union Square im Herzen der Stadt, in der Nähe der Chinatown, des Theaterdistrikts und der exklusivsten Geschäfte und Restaurants. www.westinstfrancis.com

❹ Empire State Building, New York, USA

Zu den großartigsten Stadtpanoramen der Welt gehört die Aussicht auf Manhattan vom Empire State Building. Zu seinen 103 Stockwerken verkehren 73 Aufzugskabinen an 193 Kilometern Aufzugsseilen. Aussichtsplattformen gibt es im 86. und im 102. Stock.

Reiseplanung Die Aussichtsplattform ist täglich von 8 Uhr morgens bis 2 Uhr nachts geöffnet. Sie sparen Zeit, wenn Sie Ihr Ticket online kaufen. Tickets für den 102. Stock gibt es nur beim Ticketschalter im 1. Obergeschoss (amerikanisch: „2nd floor"). www.esbnyc.com

Der Eiffelturm, zur Zeit seiner Errichtung das höchste Gebäude der Welt, erntete damals für seine kantige Stahlkonstruktion viel Spott und Kritik. Heute gilt er als Klassiker der Moderne.

5 Taipei 101, Taiwan

Hier fühlt man sich wie in einer Rakete, ohne die Erde verlassen zu müssen. Das mit 508 Metern zweithöchste Gebäude weltweit hat 101 Stockwerke und 67 Aufzüge. Die zwei Lifte zur Aussichtsplattform gehören zu den schnellsten weltweit. Andere Aufzüge sind doppelstöckig und öffnen sich auf zwei Stockwerken gleichzeitig.

Reiseplanung Zugang und Ticketschalter befinden sich auf der 4. Etage („5th floor") der Taipei 101 Shopping Mall. Die Aussichtsplattform ist täglich von 10 bis 22 Uhr geöffnet. www.taipei-101.com.tw

6 Baiyoke Sky Hotel, Bangkok, Thailand

Thailands höchstes Hotel (328 Meter) hat einen verglasten Außenaufzug und eine rotierende Aussichtsplattform im 84. Stock. Besonders schön ist das nächtliche Panorama von der Sky Lounge.

Reiseplanung Montag bis Freitag von 10.30 bis 22 Uhr geöffnet. www.baiyokehotel.com

7 Eiffelturm, Paris, Frankreich

Der Turm, der bei seiner Errichtung für die Weltausstellung 1889 noch heftig geschmäht wurde, ist heute ein französisches Nationalsymbol. Historische Aufzüge befördern Besucher in 276 Meter Höhe. Sehenswert sind auch die imposanten Aufzugantriebe im Untergeschoss, die über ein Jahrhundert nach ihrem Bau computerisiert wurden.

Reiseplanung Täglich von 9.30 bis 22 Uhr geöffnet. www.tour-eiffel.fr

8 Der Hammetschwand-Lift, Bürgenstock, Schweiz

Ein Fußweg führt am Felskamm des Bürgenstocks entlang zum höchsten Freiluftaufzug Europas. Dieser befördert Spaziergänger in nicht mal einer Minute 153 Meter auf das Hammetschwand-Plateau über dem Vierwaldstättersee. Von hier genießt man einen überwältigenden Blick auf die Alpen.

Reiseplanung Auf dem Felsenweg geht man 20 Minuten ostwärts bis zum Aufzug. Felsenweg und Lift sind von Ende April bis Oktober geöffnet. www.buergenstock-bahn.ch

9 Burj Dubai, Dubai, Vereinigte Arabische Emirate

Der einer Wüstenblume nachempfundene Burj Dubai (Turm von Dubai) wurde 2009 fertiggestellt. Das höchste Gebäude der Welt mit 818 Meter Höhe, 206 Stockwerken (davon 162 bewohnbar) und einer Aussichtsplattform im 124. Stock hat den schnellsten Aufzug der Welt – mit Doppeldeckerkabinen.

Reiseplanung Informieren Sie sich über Visabestimmungen. Das Gebäude befindet sich am Burj Dubai Boulevard. www.burjdubai.com

10 Suur Munamägi, Võrumaa, Estland

Der Suur Munamägi (Große Eierberg) in Haanja, im Süden Estlands, ist mit 318 Metern der höchste Punkt des Baltikums. Auf diesem einsamen Hügel inmitten wilder Natur fährt ein Aufzug auf einen 29 Meter hohen Aussichtsturm, der einen weiten Blick bis nach Russland eröffnet.

Reiseplanung Von Tallinn fährt man dreieinhalb Stunden bis Plaani. Von dort ist es ein knapper Kilometer. Der Aufzug ist von April bis September täglich, von Oktober bis April am Wochenende geöffnet; aktuelle Öffnungszeiten gibt es im Internet. www.suurmunamagi.ee

Über die Viktoriafälle

Die größte Wassershow des Planeten und ihre herrliche Umgebung: Das Ultraleichtflugzeug garantiert einen Platz in der ersten Reihe.

Der Motorenlärm übertönt das Zwitschern der Waldnektarvögel – jetzt gibt es kein Zurück mehr. Gut festgezurrt im Rücksitz des zerbrechlich wirkenden Ultraleichtfliegers, brummt man über die Akazienwipfel am Rand des Maramba Aerodrome und schon wenige Minuten später über die baumbestandenen Inseln des Sambesi ganz in der Nähe der Viktoriafälle. Ein Regenbogen schimmert im Dunstschleier über dem größten Wasservorhang der Erde. Dann schaut man senkrecht hinab auf die 110 Meter hohe Basaltwand, die sich über 1700 Meter weit von Sambia bis nach Simbabwe erstreckt. Das Fluggerät gleitet durch die Luft wie die Wanderfalken, die in den nahen Felsen nisten, und das Herz donnert wie der tosende Mahlstrom in der Tiefe, wo sich die Wasserwand durch einen Felsspalt zwängt. Erst langsam legen sich die wilden Wirbel und Strudel auf dem weiteren Weg durch die Batoka-Schlucht. Eine winzige Gestalt stürzt sich die Kluft hinunter: „Gorge Swing" (Schluchtenschaukeln) ist der neueste Abenteuersport. Weiter unten schießen Schlauch- und Jetboote durch die Stromschnellen. Wie klein doch die Menschen gegen die Größe der Natur erscheinen.

Beste Reisezeit Flüge werden ganzjährig angeboten, außer bei heftigem Sturm und Regen. Frühmorgens und am späten Nachmittag ist es weniger windig. Flüge täglich von 6.30 bis 10 Uhr und 15 bis 18 Uhr.

Reisedauer Der „Baptism of the Air"-Flug über die Viktoriafälle dauert 15 Minuten. Das „Great African Aerial Adventure" ist ein 30-minütiger Flug über die Fälle und den Nationalpark Mosi-oa-tunya.

Reiseplanung Sie können telefonisch, über das Internet oder bei Veranstaltern vor Ort buchen.

Tipp Sie werden mit Overall und Schutzhelm ausgestattet. Kameras dürfen nicht mit: Die Gefahr, dass Gegenstände - selbst Objektivkappen - in den Propeller geraten, ist zu groß. Eine vom Piloten fernbediente Kleinbildkamera auf der Flügelspitze liefert Erinnerungsfotos.

Websites www.adventure-africa.com, www.go2africa.com

HIGHLIGHTS

- Der Flug über den Nationalpark Mosi-oa-tunya am sambischen Ufer des Sambesi bietet die Chance, **wilde Tiere** wie Nashörner, Nilpferde, Giraffen, Elenantilopen und Gnus zu erspähen.

- Bestimmt bekommen Sie einige der rund 400 **Vogelarten** zu Gesicht, die in der Umgebung der Fälle leben: Kapsegler und Steinschwalben in der Schlucht, Glocken- und Seidenreiher, die im seichten Wasser fischen, Adler, Felsenbussarde, Graukopfpapageien, Kiebitze und Fischadler in der Luft.

Der insektenartige, motorisierte Hängegleiter schwebt über dem charakteristischen Sprühnebel der Wasserfälle.

Der Olifants River, hier gleich nach der sommerlichen Regenzeit, ist ein Wahrzeichen des Krüger-Nationalparks und eine das ganze Jahr über beliebte Tränke.

SÜDAFRIKA

Über den Krüger-Nationalpark

Per Ultraleichtflieger über die südafrikanische Savanne gleiten und das abwechslungsreiche Schauspiel ihrer Tierwelt verfolgen.

Das Ultraleichtflugzeug startet von einem Grasplatz und steigt mit dem Aufwind hoch über die Savanne. Es ist ein magischer Moment: Gerade geht in der dunstigen Ferne über Mosambik die Sonne auf, die Luft ist erstaunlich kühl und still, und der Flieger schwirrt in rund 300 Meter Höhe über eins der ältesten und größten Wildreservate Afrikas – die Heimat von über 850 Tierarten. Hier oben teilt man die Perspektive der Trauerdrongos, Goliathreiher und Schreiseeadler, die über die schier unendliche Ebene patrouillieren. An einem schokoladenbraunen Fluss ist eine Elefantenherde zu sehen. Der Pilot zeigt auf die Krokodile, die vom Schatten des Flugzeugs aus ihrer Tarnung als treibende Baumstämme im Uferwasser aufgeschreckt werden. In einer scharfen Kurve geht es über weglosen Wald, der nur aus der Luft zu erkunden ist. Giraffen zupft Blätter aus einer hohen Baumkrone, Gnus und Zebras grasen Seite an Seite, ein Schakal trabt eilig daher, und dann ein extrem seltener Anblick: eine Breitmaulnashornmutter und ihr Junges im Schatten eines Marulabaums.

Beste Reisezeit Im Winter (Juni bis Oktober) sieht man die meisten Tiere, weil die Vegetation spärlicher ist und die Tiere sich an den Wasserstellen versammeln.

Reisedauer Die Flüge dauern von 15 Minuten bis zu einer Stunde. Für die weitere Erkundung des Parks als Selbstfahrer oder mit einer Safaritour sollten Sie eine Woche einplanen.

Reiseplanung Buchen Sie bei den Lodges oder bei den offiziellen Anbietern von Ultraleichtflügen über den Krüger-Nationalpark. Einen Pulli mitzunehmen ist ratsam; oben kann es kühl sein.

Tipp Sie können den Park auch im Heißluftballon, Helikopter oder Kleinflugzeug überfliegen. Die Leading Edge Flight School in der Nähe des Parks veranstaltet zwei- bis dreiwöchige Kurse, in denen Sie lernen, ein Ultraleichtflugzeug zu steuern.

Websites www.kruger-nationalpark.de, www.timbavati.com, www.lefssa.com

HIGHLIGHTS

- Das renommierteste private Wildreservat des Krüger-Parks ist **Sabi Sabi** in der wohl wildreichsten Region Südafrikas. In ihm sind die „Big Five" zu beobachten: Elefanten, Nashörner, Leoparden, Löwen und Büffel.
- Das private Reservat Timbavati, früher für seine weißen Löwen berühmt, lockt heute mit Pirschfahrten auf 64750 Hektar **unberührten Buschs** neben dem zentralen Areal des Krüger-Parks.
- Im Park laden sieben **Wilderness Trails** dazu ein, den afrikanischen Busch zu Fuß zu erkunden. Was Sie zuvor aus der Luft gesehen haben, kommt Ihnen bei geführten Wanderungen von bis zu 16 Kilometer Länge zum Greifen nah.

9 Auf Spurensuche

Die folgenden Reisen werden vor allem Freunde von Geschichte, Literatur, Musik oder Kunst begeistern: Sie sind Expeditionen in entschwundene oder imaginäre Welten und beflügeln so Geist und Phantasie. Die Reiserouten folgen Alexander dem Großen auf seinem Eroberungszug von Europa ins Innere Asiens oder begeben sich mit Mao Zedong und seinen Anhängern auf jenen Langen Marsch, der die Geschicke Chinas verändern sollte. Auf alten Entdeckerrouten geht es mit Erik dem Roten nach Grönland oder mit Kolumbus auf die Bahamas. Spirituelle Erleuchtung verheißt eine Pilgerreise durch Indien auf den Spuren Buddhas oder Jesus' durch das Heilige Land. Andere Streifzüge bringen Orte der Phantasie zum Greifen nah, wie Tolstois Russland oder James Joyce' Dublin. Im Yosemite-Nationalpark erlebt man die Landschaft, die Ansel Adams zu seinen fotografischen Meisterwerken inspirierte, und auf den Spuren von Jack Kerouac geht es quer durch die USA von Küste zu Küste.

Ein einsamer Wanderweg führt durch idyllische Herbstlandschaft bei Elterwater im englischen Lake District. In dieser Region der Berge, Wälder und Seen fand der Romantiker William Wordsworth eine Heimat und lebenslange Inspiration.

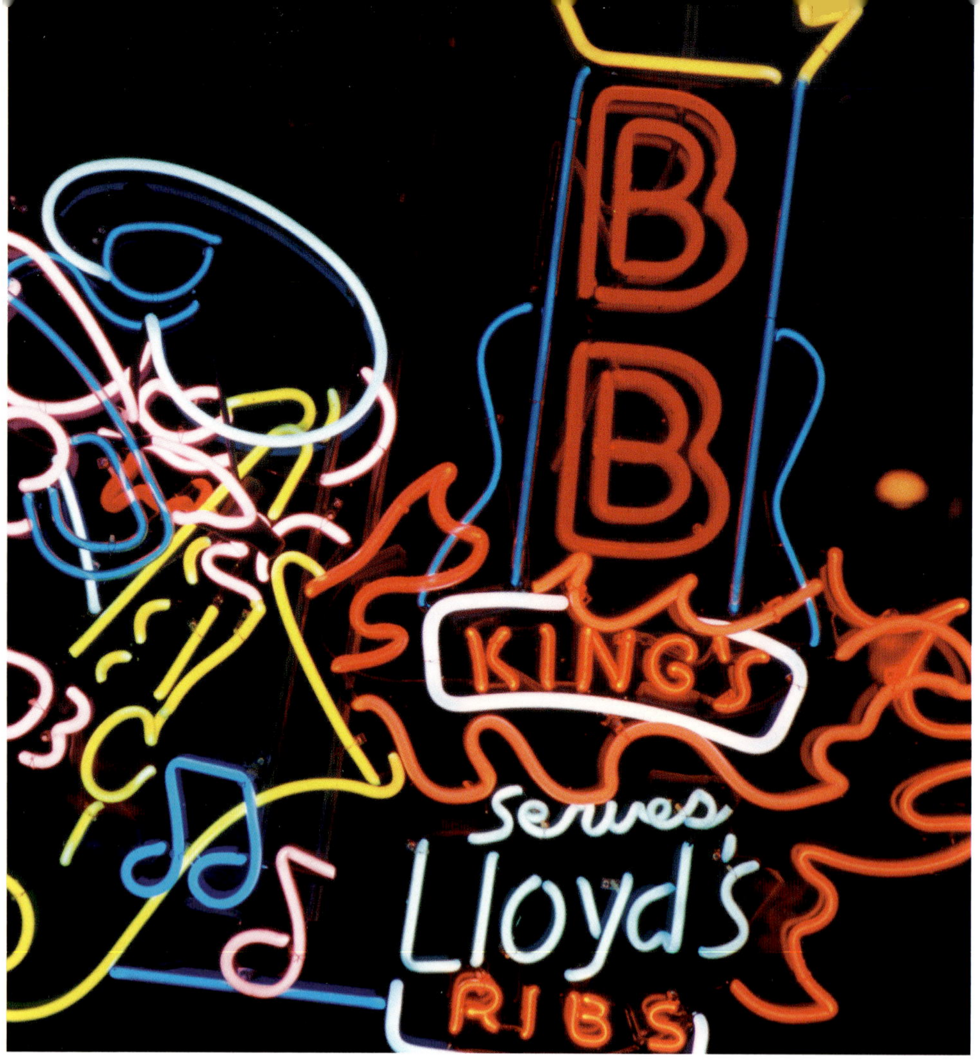

Die Neonreklame von B. B. King's Blues Club erhellt die Beale Street in Memphis, Tennessee.

MISSISSIPPI/TENNESSEE, USA

Blues-Pilgerreise nach Clarksdale

Die Geburtsstätte des Blues hütet ihre glorreiche Vergangenheit und hat immer noch Musik im Blut.

Das bescheidene Städtchen Clarksdale liegt in Coahoma County, Mississippi, inmitten von plattem Ackerland, so weit das Auge reicht. Es ist nicht für seine Schönheit berühmt, doch hinter den abblätternden Fassaden lebt die Tradition der Bluesmusik. Der Mississippi Blues Trail und die Museen der Stadt erzählen von der Geschichte des Blues und seiner Bedeutung für die westliche Popmusik. Auch die Tradition der Livemusik blüht, in den Clubs ebenso wie bei regelmäßigen Festivals im Mississippi-Delta und in Tennessee. Hier wandelt man auf den Spuren musikalischer Größen wie W. C. Handy und John Lee Hooker, die in der Gegend lebten und wirkten. Die heutigen Künstler pflegen dieses Erbe in den lokalen Clubs, zum Beispiel im Ground Zero in der Blues Alley, zu dessen Besitzern der Morgan Freeman gehört.

Beste Reisezeit Am besten kommen Sie zum Juke Joint Festival im April oder zum Sunflower River Blues and Gospel Festival im August.

Reisedauer Sie können den Besuch von Clarksdale mit einer ausgedehnteren Blues-Rundreise durch das Mississippi-Delta, nach Memphis und zu anderen Kultstätten des Blues verbinden.

Reiseplanung Greyhound fährt Clarksdale nicht mehr an. Der Busbahnhof ist jetzt eine Touristeninformation. Sie können den Ort aber mit dem Zug oder mit dem Auto erreichen.

Tipp Eine Kostprobe der gehobenen Mississippi-Küche zu moderaten Preisen gibt das Restaurant Madidi, dessen Mitinhaber Morgan Freeman ist.

Websites www.memphis-mississippi.de, www.jukejointfestival.com, www.rootsofrhythm.com

HIGHLIGHTS

- Übernachten Sie im **Riverside Hotel**, das bis zum Jahr 1944 das G. T. Thomas Hospital war. Hier starb 1937 nach einem Autounfall auf dem Highway 61 Bessie Smith, die bestbezahlte afroamerikanische Musikerin der 1920er Jahre.

- Besuchen Sie das **Delta Blues Museum** mit der Blockhütte von Muddy Waters, die von ihrem ursprünglichen Standort auf der Stovall Plantation ein paar Kilometer außerhalb von Clarksdale hierher versetzt wurde.

- An der **Kreuzung von Highway 49 und Highway 61** soll Robert Johnson einen Pakt mit dem Teufel geschlossen haben, der ihn zu dem Song „Crossroad Blues" inspirierte.

- Bluesfans mit einem Monat Zeit können den Highway 61 abfahren, den **Blues Highway**, auf dem die Afroamerikaner mit ihrer Musik aus den Südstaaten nach Chicago zogen. Stationen der Reise sind New Orleans, Clarksdale und Memphis.

USA

Unterwegs mit Kerouac

Auf der Reise von Küste zu Küste weht der Hauch jugendlicher Freiheit aus Jack Kerouacs Romanklassiker der Beat Generation.

Jack Kerouac reiste ruhelos von Stadt zu Stadt. Diese Reise führt quer durch das Land zu legendären Jazzclubs, Cafés und anderen Orten, an denen er sich inspirieren ließ. Startpunkt ist San Francisco. Die Beatnik-Hochburg North Beach pulsiert noch heute im Rhythmus der 1950er Jahre und beherbergt neben ausgezeichneten italienischen Restaurants das Beat Museum. Einen kurzen Flug entfernt liegt Denver die Heimatstadt von Kerouacs Freund Neal Cassady. Er war das Vorbild für Dean Moriarity, Hauptfigur des Romans „Unterwegs". Selbst mit ihren neonblinkenden Neubauten ist die „Mile-High City" Denver vor der Kulisse der Rocky Mountains heute noch so schön wie damals, als sie Kerouacs Herz gewann. Nach diesem Eindruck vom Mittleren Westen und einer 48-stündigen Zugfahrt durch bernsteingelbe Getreidefelder bietet New York einen willkommenen Kontrast. Der dynamische Rhythmus der Stadt reflektiert Kerouacs unmittelbare Sprache. Mit der U-Bahn-Linie E geht es nach Queens, wo Kerouac in seinem Elternhaus seinen Erstling „The Town and the City" schrieb. Letzte Station ist seine Heimatstadt Lowell in Massachussetts, in der sein phantastischer Roman „Doctor Sax" spielt.

Beste Reisezeit Im September oder Oktober. Zum Wochenanfang herrscht in San Francisco weniger Touristenandrang.

Reisedauer Planen Sie insgesamt zwölf Tage ein, dann haben Sie für jede Stadt drei Tage Zeit.

Reiseplanung Mit leichtem Gepäck sind Sie mobiler. Passender Lese- und Hörstoff sind „The Portable Jack Kerouac", eine englischsprachige Anthologie seiner Werke, oder die CD „Unterwegs: Rolling Stone - Talking Books". Nehmen Sie Notizbuch und Stift mit, um Ihr eigenes Reisetagebuch zu führen.

Tipp Suchen Sie sich bescheidene Unterkünfte, um dem Geist des armen Poeten treu zu bleiben. Das Wharf Inn in San Francisco und das Comfort Inn im Zentrum von Denver passen auf die Rechnung.

Websites www.frontierairlines.com, www.amtrak.com

HIGHLIGHTS

- Im Caffe Trieste in der Vallejo Street, North Beach, San Francisco, können Sie wunderbar Leute beobachten und allabendlich **Dichterlesungen und Jazz** hören.
- Erspüren Sie Kerouacs Geist in der Abteilung „Beat-Literatur" des **Buchladens City Lights**.
- In Denver gibt es im **El Chapultepec** jeden Abend Livejazz. Kerouac und Neal Cassady tranken ihr Bier in der Sitznische an der Tür.
- **Glen Patrick's Pub** in Ozone Park, Queens, New York, befindet sich gleich gegenüber von Kerouacs ehemaligem Elternhaus. Bestellen Sie zum Blick aus dem Fenster ein Bier.

Die Buchhandlung City Lights in North Beach, San Francisco.

Top 10 Entdeckerrouten

„Unerschlossene Wege sind genau die richtige Route für mich", sagte Edward John Eyre, und so hielten es wohl viele Entdecker.

❶ Erich der Rote, Qassiarsuk, Grönland

Als er 982 als Mörder aus Island verbannt wurde, segelte Erich der Rote nach Westen und entdeckte Grönland. Mit 500 Siedlern ließ er sich in Qassiarsuk nieder, wo seine Frau Thjodhild eine Kapelle erbaute. Nachbauten der Kapelle und eines Wikinger-Langhauses stehen in der Küstenebene am Tunulliarfik (Eriksfjord).

Reiseplanung Von Kopenhagen und Island gehen Flüge nach Narsarsuaq. Auf Grönland gibt es keine Straßen. Sie kommen nur per Schiff oder Hubschrauber nach Qassiarsuk. www.greenland.com

❷ Hernán Cortés, Veracruz, Mexiko

Von hier begann Cortés 1519 seine Eroberung Mexikos. Heute ist Veracruz ein Seehafen mit regem Kulturleben, einer schönen Malecón (Hafenpromenade) und der attraktiven Plaza de Armas, auf der Kapellen mit einem Mix aus kubanischer und mexikanischer Musik aufspielen. Nahebei locken schöne Strände.

Reiseplanung Von Mexiko-Stadt verkehren Flugzeuge, Busse und Züge nach Veracruz. www.visitmexico.com

❸ Christoph Kolumbus, Watling Island, Bahamas

Dies könnte die Insel sein, die Kolumbus einst San Salvador taufte. Dank ihrer abgeschiedenen Lage ist sie heute noch eine Naturoase mit reicher Tierwelt. Nach Besuch der Long Bay und drei anderer möglicher Landungsorte der *Niña, Pinta* und *Santa María* locken Badestrände mit kristallklarem Wasser.

Reiseplanung Mit dem Charterflugzeug oder Postschiff geht es von Freeport auf Grand Bahama nach Watling Island. www.bahamas.de

❹ Francisco Pizarro, Cusco, Peru

Die einstige Inkastadt wurde 1533 von Pizarro geplündert. Heute steht hier die barocke Kathedrale Santo Domingo auf den Fundamenten des Sonnentempels der Inka. Wer eine Inkastadt sehen will, reist weiter nach Machu Picchu.

Reiseplanung Von Cusco können Sie mit dem Zug nach Machu Picchu fahren. www.cuscoperu.com, www.peru.info

❺ Isabella Bird, Seoul, Korea

Das erste weibliche Mitglied der British Royal Geographical Society bereiste 1897 Korea, das zuvor nur wenige westliche Besucher gesehen hatten. Bird besichtigte in Seoul unter anderem den Gyeongbok-Palast aus dem 14. Jahrhundert.

Reiseplanung Im Frühjahr und Herbst ist das Wetter am passabelsten. www.visitseoul.net

Die mit Seil gesicherten Wanderer auf dem Jespersengletscher bei Narsarsuaq, Grönland, erscheinen wie winzige Schattenrisse vor den blau-grau-weißen Eishügeln.

❻ Abel Tasman, Tonga, Polynesien

Auf der Rückreise vom australischen Tasmanien (das nach ihm benannt wurde) erkundete Abel Tasman 1643 für die niederländische Ostindien-Kompanie diese Gruppe von rund 170 Inseln. Auf heutige Besucher warten Buckelwale im azurblauen Meer und Korallenriffe unter strahlender Sonne.

Reiseplanung Die drei Hauptinseln Tongatapu, Haapai und Vavau sind per Flugzeug zu erreichen. Zum Besuch der übrigen Inseln müssen Sie ein Boot mieten. www.tongaholiday.com

❼ Edward John Eyre und Wylie, Australien

Auf den Spuren von Edward John Eyre und seinem Aborigine-Begleiter Wylie geht es durch das Outback von Streaky Bay bis Albany. Die Männer überlebten in der glutheißen, flachen Öde, indem sie Wurzelsaft tranken und ihre erschöpften Pferde und sogar einen Pinguin verspeisten. Heute führt der 2500 Kilometer lange Eyre Highway durch die Nullarbor-Ebene und an der Großen Australischen Bucht entlang.

Reiseplanung Der Eyre Highway führt entlang dem Südrand der Nullarbor-Ebene. Gefahr droht hauptsächlich durch Ermüdung und durch Kängurus, die nachts über die Straße hüpfen. Die Siedlungen liegen weit auseinander, das Benzin ist teuer, und Sie können Ihre Wasservorräte nirgends auffüllen. www.nullarbornet.com.au, www.australien-info.de

❽ Dr. Livingstone, Tanganjikasee, Tansania

„Dr. Livingstone, nehme ich an?“ So endete Henry Stanleys legendäre Suche nach dem vermissten Forscher David Livingstone, den er 1871 in Ujiji in der Nähe des Tanganjikasees antraf. Im Gombe Stream National Park am Seeufer erlebt man heute noch den ungebändigten Dschungel von einst und kann an einer Führung zu den Schimpansen teilnehmen, die durch die Primatenforscherin Jane Goodall berühmt wurden.

Reiseplanung Trinken Sie nur abgekochtes Wasser oder Mineralwasser aus Flaschen. www.tanzaniatouristboard.com, www.janegoodall.org

❾ Mary Kingsley, Luanda, Angola

Mary Kingsley bereiste Angola in den 1890er Jahren. Sie lebte bei den Einheimischen, erkundete Sümpfe voller Krokodile, begegnete Kannibalen, ging Skorpionen aus dem Weg und erstieg den Kamerun-Berg. Nach dem Bürgerkrieg ist die Lage im Land immer noch schwierig, doch auf einer Buschtour kann man Elefanten sehen und die Regenwälder, Wasserfälle und Schmetterlinge des Quiçama-Nationalpark bewundern. Ein Muss ist der Sonnenuntergang am Strand von Luanda.

Reiseplanung Reisen Sie mit einem erfahrenen Tourveranstalter. www.botschaftangola.de

❿ Alfred Russel Wallace, Bali & Lombok, Indonesien

Wallace, ein britischer Naturforscher und Zeitgenosse von Charles Darwin, studierte von 1854 bis 1862 die Tierwelt des Malaiischen Archipels. Er fand heraus, dass die Fauna westlich einer gedachten Linie asiatisch, östlich davon jedoch australisch war. Seine Erkenntnisse über die (nach ihm benannte) Wallace-Linie untermauerten Darwins Theorie. Beim Besuch der Inseln Bali und Lombok kann man sich selbst von diesem Phänomen überzeugen.

Reiseplanung Lombok ist konservativer als Bali, passen Sie Ihre Kleidung den örtlichen Sitten an. www.tourismindonesia.com

KALIFORNIEN, USA

Ansel Adams' Yosemite

Der berühmte Fotograf machte einen der beeindruckendsten nordamerikanischen Nationalparks zum Mittelpunkt seines Lebens und seiner Arbeit.

Ansel Adams' Eltern hatten wohl keine Ahnung, was sie anrichteten, als sie ihrem 14-jährigen Sohn zu seinem ersten Besuch im Yosemite Valley die Boxkamera Kodak Nr. 1 schenkten. Die eindringlichen Schwarz-Weiß-Bilder des amerikanischen Westens, die Adams in seiner 60-jährigen Fotografenlaufbahn einfing, sprachen ebenso deutlich von der tiefen Bedeutung dieser Landschaften wie Adams selbst: Er saß viele Jahre im Vorstand des Sierra Clubs – der ältesten und größten Naturschutzorganisation Amerikas – und setzte sich bei mehr als einem amerikanischen Präsidenten unermüdlich für den Schutz der Wildnis ein. Über 30 Jahre lebte er im Yosemite Valley und durchwanderte mit seiner mobilen Dunkelkammer und 45 Kilogramm Ausrüstung die Landschaft zwischen den Granitgipfeln, Tali (Geröllhalden), Flussbetten und Bergwiesen des Parks. Auf seinen Wegen können Besucher noch heute diese herrliche Natur mit sinnträchtigen Namen wie Cathedral Spires und Unicorn Peak erleben. Durch alle Jahreszeiten hindurch dokumentierte Adams die wechselnden Stimmungen von El Capitan, einem der größten Granitmonolithen der Welt, doppelt so groß wie der Fels von Gibraltar. Aber er richtete sein Objektiv auch auf Details wie blühende Hartriegel, eine einzelne Eiche oder eine Reihe von Espen. Er starb 1984 im Alter von 82 Jahren, doch seine meisterlichen Fotografien bleiben Zeugnisse eines Lebens im Dienst der ungezähmten Natur.

Beste Reisezeit Der Yosemite National Park ist ganzjährig geöffnet. Im Frühjahr erwarten Sie donnernde Wasserfälle, im Sommer warme, trockene Tage (und die größten Besucherscharen), im Winter himmlische Einsamkeit, aber manchmal auch unpassierbare Straßen.

Reisedauer Planen Sie für den 93182 Hektar großen Park wenigstens eine Übernachtung ein. Um Adams' Wahlheimat gründlicher zu erkunden, brauchen Sie mindestens eine Woche.

Reiseplanung Es gibt zahlreiche Unterkünfte, vom ehrwürdigen Ahwahnee Hotel bis zu Angeboten für Rucksackreisende. Für Hobbyfotografen empfehlen sich die Tourangebote der Yosemite Association.

Tipp In der Ansel Adams Gallery gibt es eine Broschüre mit Wegbeschreibungen zu den Orten, die Adams im Yosemite Valley fotografierte.

Websites www.nps.gov/yose, www.anseladams.com, www.yosemite.org

Gegenüber: Die majestätischen Yosemite Falls sind mit 436 Meter Höhe die höchsten Wasserfälle Nordamerikas. Am eindrucksvollsten wirken sie zur Zeit der Schneeschmelze im Frühjahr. Oben links: Ein Kojote inspiziert die Winterlandschaft. Oben rechts: Unzählige Wildblumen schmücken den Park mit ihrer Farbenpracht, wie diese wilden Lupinen.

HIGHLIGHTS

- Besuchen Sie die **Ansel Adams Gallery** im Yosemite Valley. Sie bietet Workshops und geführte Wanderungen an, genau wie damals Adams, als er mit seiner Familie im Obergeschoss wohnte. Angehende und fortgeschrittene Fotografen können hier auf Wanderungen zu Adams' Motiven noch einiges über Komposition und Technik lernen.

- Adams ist vor allem für seine menschenleeren Landschaften bekannt, doch seine zahlreichen Schwarz-Weiß-Fotos im **Ahwahnee Hotel** zeigen Besucher, die sich im Schnee tummeln. Das Hotel, eine der besten Unterkünfte des Parks, ist nach dem Indianervolk benannt, das hier ursprünglich lebte. „Yosemite" ist das Ahwahnee-Wort für „Grizzlybär".

- Die nahe Minarets Wilderness gehört zu den insgesamt rund 37 000 Quadratkilometer umfassenden Gebieten, die 1964 durch den von Adams propagierten Wilderness Act (Wildnisgesetz) unter Schutz gestellt wurden. Sie wurde nach Adams' Tod in **Ansel Adams Wilderness** umbenannt und verspricht eine weitere wunderbare Entdeckungsreise auf seinen Spuren.

KANADA

Der Cabot Trail

Die Landschaft von Nova Scotia hat sich kaum verändert, seit der Entdecker Giovanni Caboto (alias John Cabot) 1497 hier landete.

Möwen segeln mit der Meeresbrise. Vor der Küste stoßen Buckelwale ihre Fontänen in die Luft; sie finden in diesen kalten, nährstoffreichen Gewässern reichlich Nahrung. Die Kap-Breton-Insel im Norden von Nova Scotia (Neuschottland) ist durch die Straße von Canso vom Festland abgeschnitten. Ihre ganze Schönheit können Besucher dank der Autostraße rund um die Nordspitze der Insel erleben. Von Baddeck fährt man zunächst die Ostküste hinauf, deren Berge 600 Meter hoch aus der wilden Brandung des Sankt-Lorenz-Golfs aufragen. Dann führt die Strecke landeinwärts durch den Cape Breton Highlands National Park, wo Wasserfälle im tiefen Wald rauschen und Elche im Moor äsen. An der Westküste reparieren Fischer ihre Netze und Boote; ihre Dörfer schmiegen sich an die steilen Böschungen felsiger Häfen. Während die meisten Orte stolz auf ihre schottische Tradition sind, pflegt Chéticamp seine lebendige akadische Kultur. Die Geschäfte des Orts verkaufen akadische Bildteppiche, die Restaurants servieren *rappie pie* (Fleisch-Kartoffel-Auflauf), und überall hört man den sanften Klang des akadischen Französisch.

Beste Reisezeit Ideal sind die langen, warmen Tage von Anfang September bis in die erste Oktoberwoche. Gegen Ende September leuchten die Herbstlaubfarben am schönsten. Im Frühjahr, bis in den Juni hinein, kann es kühl und regnerisch sein.

Reisedauer Die Autofahrt von Halifax zum Cabot Trail dauert zwei Tage. Planen Sie für die 300 Kilometer lange Rundfahrt weitere zwei Tage ein.

Reiseplanung Baddeck bietet hervorragende Restaurants und Unterkünfte. Das Wetter auf der Kap-Breton-Insel ist sehr wechselhaft. Nehmen Sie warme Regenkleidung, Insektenschutzmittel, gute Wanderschuhe und ein Fernglas für Vogel- und Walbeobachtungen mit.

Tipp Der schönste Abschnitt der Route ist der zehn Kilometer lange, spektakuläre Küstenstreifen nördlich von Chéticamp.

Website www.novascotia.com

HIGHLIGHTS

- Ein schöner Abstecher für Abenteuerlustige ist die **ungeteerte Serpentinenstraße** zur Meat Cove an den nördlichen Bergen der Insel entlang.

- Die Skilifts von **Ski Cape Smokey** bei Ingonish befördern Sie auf 300 Meter Höhe, mit schönem Blick auf die gebirgige Küste der Kap-Breton-Insel.

- Im Cape Breton Highlands National Park bestehen gute Chancen auf eine (möglichst nicht zu nahe) Begegnung mit einem Elch auf dem **Bog Trail**.

- Genießen Sie keltische Livemusik und vor Ort gebrauten Glenora-Whisky im **legendären Red Shoe Pub** von Mabou, südlich des Cabot Trail.

Nur ein Kiesstrand trennt den Cabot-Trail auf der Kap-Breton-Insel von den Weiten des Nordatlantiks.

In diesem blühenden Tal in den Cevennen begegnet dem einsamen Wanderer nur eine Herde grasender Schafe.

FRANKREICH

Reise mit dem Esel

Auf der Fährte des „Schatzinsel“-Autors durch eine der letzten Wildnisregionen Europas.

Im Jahr 1878 unternahm Robert Louis Stevenson eine Wanderung, die ihn zu seinem Buch „Reise mit dem Esel durch die Cevennen“ inspirierte. Heute ist diese Region noch menschenleerer als damals. Gänsegeier gleiten am weiten Himmel über das windgepeitschte Granitgebirge in der Südostecke des Zentralmassivs. Von Le Puy führt der Fernwanderweg GR 70 auf der Route von Stevenson und seiner Eselin Modestine aus der dramatischen Vulkanlandschaft der Auvergne zu den Grands Causses im Herzen der Cevennen. Er windet sich durch die Täler des Allier, des Lot und des Tarn in wildes Hochland mit Nadelbäumen und Heidesträuchern, das Stevenson gewiss an seine schottische Heimat erinnerte. Steinhaufen und Holzpfosten markieren den Weg durch Kastanienwälder über den Mont Lozère. Vom höchsten Punkt der Route, dem Sommet de Finiels (1699 Meter), geht es hinunter in die sanftere Provence.

Beste Reisezeit April bis September.

Reisedauer Etwa zehn bis 14 Tage für die gesamte Strecke von 257 Kilometer, je nach Kondition.

Reiseplanung Diese Bergwanderung erfordert gute Kondition und Orientierungsvermögen nach Karte. Für die Campingplätze, *gîtes* (B&B) und Hotels ist eine Reservierung ratsam. Außer Wanderschuhen brauchen Sie warme und regendichte Kleidung; hier ist ganzjährig mit Regen, Nebel und starkem Wind zu rechnen. Sie können den GR 70 auch per Mountainbike oder sogar mit einem Esel absolvieren!

Tipp Passen Sie auf, dass Sie sich nicht wie Stevenson verirren und den Lac du Bouchet bei St. Nicolas verpassen, einen schönen ruhigen Kratersee im Wald.

Website www.gr70-stevenson.com

HIGHLIGHTS

- Seit die Menschen wegzogen, sind die **Tiere** in die Region zurückgekehrt. Geier, Mufflons und Biber wurden hier wieder angesiedelt; Otter, Schwarzspechte und Uhus kamen von selbst zurück.

- Vor Le Bleymard geht es den **bewaldeten Col du Goulet** hinauf, der den Übergang in die Cevennen markiert. Dort befindet sich die winzige Quelle des Lot und ein wunderbares Panorama.

- Beim hübschen Ort **Le Pont de Montvert**, 18 Kilometer südlich von Le Bleymard, fließen die drei Flüsse Tarn, Rieumalet und Martinet zusammen. Seine schönen Renaissancehäuser thronen auf Felsen über dem Wasser.

- Vor Florac sollten Sie sich einen Tag Zeit nehmen, um die **spektakulären Schluchten des Tarn** zu durchwandern.

- Auf dem Abstieg zur **Provence** kündigen die wärmere Luft und die ersten Weinberge das Ende der Reise an.

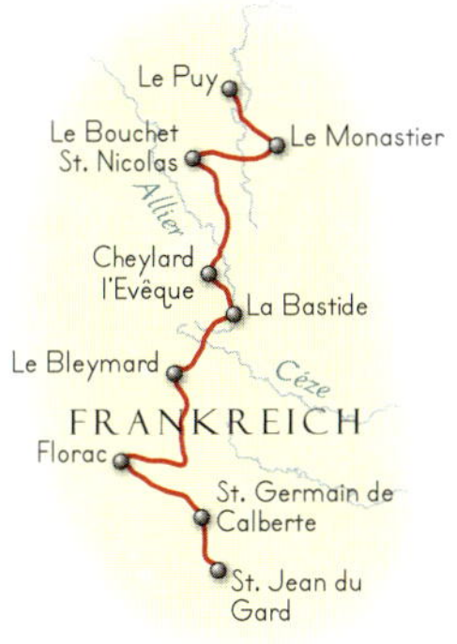

ZU WASSER AUF DER STRASSE AUF DER SCHIENE ZU FUSS KUNST UND KULTUR GOURMETPARADIESE REIN INS ABENTEUER HOCH HINAUS AUF SPURENSUCHE

Alexanders Vermächtnis

Auf den Spuren des großen Eroberers zu herrlichen Baudenkmälern der antiken Welt.

Alexander der Große war erst Anfang 20, als er mit rund 45000 Soldaten aufbrach, um das riesige Perserreich zu erobern. Seine weitere Reise führte ihn unglaubliche 35400 Kilometer weit von Troja über Alexandria und Samarkand bis nach Babylon. Bis zu seinem Tod mit 32 Jahren drang er weit über die Grenzen der bekannten Welt vor und eroberte ein Reich, das von Griechenland bis nach Afghanistan, Israel und Indien reichte. Diese Türkeireise auf seinen Spuren, von Troja bis nach İskenderun, verspricht eine phantastische Kombination aus schöner Landschaft, köstlicher Küche und faszinierender Geschichte. In Didyma, zwischen Ephesos und Bodrum, wandelt man zwischen den Säulen des Apollontempels, in dem Alexander der Sieg über die Perser prophezeit wurde. Gewölbegänge führen ins Allerheiligste. Gordion war Schauplatz der Legende vom Gordischen Knoten: Wer ihn lösen konnte, sollte über Asien herrschen. Alexander durchschlug ihn einfach mit seinem Schwert. Nach seinem Sieg über die Perser bei Issos 333 v. Chr. gründete er südlich des Schlachtfelds eine neue Stadt. In dieser geschäftigen Hafenstadt, die heute İskenderun (İskender ist der türkische Name für Alexander) heißt, endet die Reise.

Beste Reisezeit Mitte April bis Anfang Juni oder September bis Oktober, um Sommerhitze und Touristentrubel zu meiden.

Reisedauer Mindestens eine Woche. Zwei bis drei Wochen erlauben Ihnen viel zu sehen und die logistischen Probleme, die Alexander zu bewältigen hatte, erst richtig zu würdigen.

Reiseplanung Viele Reiseveranstalter werben mit Alexander dem Großen für Touren, die kaum etwas mit ihm zu tun haben; schauen Sie sich die Reiserouten genau an. Individualreisende sollten sich schon vor dem Aufbruch detaillierte Karten besorgen, die in der Türkei oft schwer zu bekommen sind.

Tipp Bewaffnen Sie sich im Landesinneren mit ein paar Steinen, um sich nötigenfalls gegen die aggressiven Hirtenhunde zu verteidigen, die Schafe und Ziegen vor Wölfen beschützen.

Websites www.alexanderdergrosse.de, www.petersommer.com/alexander.html

HIGHLIGHTS

- Istanbuls Archäologisches Museum hütet den **Alexander-Sarkophag**. Reliefdarstellungen auf den Seiten des weißen Marmorsargs zeigen Alexander bei der Jagd und in der Schlacht auf seinem Hengst Bukephalos.

- **Ephesos** hat wunderbar erhaltene Villen, Bäder, ein Theater für 28000 Zuschauer und eine außergewöhnliche Bibliothek.

- Unternehmen Sie eine Schiffstour nach **Phaselis** an der lykischen Küste, nordöstlich von Kas, wo Alexander mit Gold bekränzt wurde.

- Die Felsenfestung **Termessos** im Taurus nordwestlich von Antalya war eine der wenigen Städte, die der Belagerung durch Alexander erfolgreich standhielten.

Die Säulen des Athenetempels von Priene südlich von Ephesos. Die Bürger der Stadt gestatteten Alexander, den damals gerade neu erbauten Tempel der Göttin zu weihen.

Die Klosterinsel Vlacherna liegt vor Korfu, das vielleicht die Insel der Phäaken unter König Alkinoos war.

TÜRKEI/GRIECHENLAND

Die Odyssee

Sonne, See und sagenumwobene Orte – mit Odysseus von Troja bis zu seiner Heimatinsel Ithaka.

Die Heimreise des Odysseus nach der Belagerung Trojas, die Homer in seiner „Odyssee" schildert, ist nur eine Sage. Keiner der Orte, die Odysseus besuchte, lässt sich eindeutig identifizieren. Aber man kennt immerhin Start und Ziel der Reise und kann herrlich darüber spekulieren, welche Ufer der von den Göttern verfluchte Held auf seiner Irrfahrt durch die griechischen Inseln wohl anlief. Könnte die Insel der Laistrygonen, jener Riesen, die Felsbrocken auf vorbeifahrende Schiffe schleuderten, das schöne Santorin sein, dessen Vulkane zu Odysseus' Zeiten vielleicht noch Lava und Steinbrocken spuckten? Das winzige Gavdos vor der Südküste Kretas soll hartnäckigen Gerüchten zufolge die Insel der Zauberin Kirke sein. Und vielleicht war die schroffe Felsinsel Kythira zwischen Kreta und Kap Tainaron die Heimat der Sirenen. Sie liegt jedenfalls auf Odysseus' Route um die Südspitze des Peloponnes. Die Korfioten wiederum behaupten, der Fels vor dem Hafen von Korfu sei das versteinerte Wrack von Odysseus' Schiff. Dann wäre Korfu wohl die Insel Scheria des Königs Alkinoos, der Odysseus' Erzählung lauschte und ihm zur Heimkehr nach Ithaka verhalf.

Beste Reisezeit April bis Oktober.

Reisedauer Bis zu drei Wochen.

Reiseplanung Am authentischsten lässt sich die Odyssee mit einer gecharterten Yacht nachvollziehen. Sie können aber auch mit dem Bus von Istanbul nach Troja fahren, dann von Ayvalik nach Lesbos übersetzen und von Insel zu Insel bis nach Kreta schippern. Von Chora Sfakion an Kretas Südküste verkehren Schiffe nach Gavdos, von Kastelli Kissamos an der Nordküste nach Kythira und Gythio an der Südküste des Peloponnes. Dann geht es mit dem Bus nach Patras und per Fähre weiter nach Ithaka.

Tipp Korfu ist mit seinem idyllischen Naturhafen, gesäumt von alten Häusern und Cafés, ideal für eine mehrtägige Erholungspause am Ende der Reise.

Websites www.gototurkey.co.uk, www.gnto.gr

HIGHLIGHTS

- **Alte Grabhügel** rund um Troja sind die auffälligsten Spuren seiner Vergangenheit. Die Lage der Stadt an den Dardanellen verhalf ihr zu Macht und Reichtum.
- Besuchen Sie das Archäologische Museum von Mitilini auf der **Insel Lesbos**, die Odysseus plünderte. Agiassos am Fuß des Olympos pflegt noch sein traditionelles Dorfleben.
- Speisen Sie in einem der ausgezeichneten **Fischrestaurants** an der Promenade des schönen Hafens Gythio, von dem Helena und Paris nach Troja aufbrachen.
- Entspannen Sie sich in Ithakas Hauptort Vathy oder nutzen Sie die **schönen Wanderwege** der Insel.

SPANIEN

Der Jakobsweg nach Santiago

Der Weg nach Santiago de Compostela ist nicht nur für gläubige Christen eine der eindrucksvollsten Reiseerfahrungen, die Europa zu bieten hat.

Seit fast 1200 Jahren folgen Gläubige den Pilgerstraßen zu Spaniens Westzipfel und einem der größten Heiligtümer der Christenheit, der Kathedrale von Santiago de Compostela, in der die Gebeine des Apostels Jakobus bestattet sein sollen. Santiago liegt zwischen den galizischen Seehäfen Vigo und A Coruña (La Coruña) nahe dem spektakulärsten Abschnitt der spanischen Atlantikküste. Die bekannteste der vielen Pilgerstraßen hierher ist der Camino Francés (französische Weg), der 1993 zum Weltkulturerbe erklärt wurde. Die Route überquert die Pyrenäen am Roncesvalles-Pass, wo der fränkische Sagenheld Roland seine letzte Schlacht schlug, und passiert auf ihrem Weg nach Westen einige der schönsten Beispiele mittelalterlicher Kirchenarchitektur. Westlich von Pamplona vereint sich der Camino Francés mit dem Camino Aragonés (aragonischen Weg) und überquert bei Puente la Reina eine anmutige Brücke aus dem 11. Jahrhundert. Die Pilger des Mittelalters übernachteten im Hospiz von Santo Domingo de la Calzada. Moderne Reisende können es ihnen nachtun, denn die Pilgerherberge ist heute ein *parador*, ein staatliches Hotel in altehrwürdigen Mauern. Noch weiter westlich kommen die prächtigen Kathedralen von Burgos und León in Sicht, während die mächtige Templerfestung von Ponferrada an stürmischere Zeiten erinnert. Höhepunkt der Reise ist natürlich die Ankunft in der mittelalterlichen Stadt Santiago de Compostela.

Beste Reisezeit Frühjahr und Frühsommer (April bis Juni) oder Herbst (September bis Oktober). Im Winter kann es kalt und nass sein, im Hochsommer zu heiß zum Wandern.

Reisedauer Etwa sechs Wochen für die rund 800 Kilometer, bei Tagesetappen von 10 bis 30 Kilometern.

Reiseplanung Bringen Sie gute Wanderschuhe und Regenkleidung mit; in Galicien kann es zu jeder Jahreszeit heftig regnen. Es gibt zahlreiche Unterkünfte jeder Kategorie am Weg; Reservierungen sind aber ratsam, da die Strecke sehr beliebt ist. Die öffentlichen Verkehrsmittel (Bus und Zug) sind gut; viele Abschnitte sind auch mit dem Mountainbike zu befahren.

Tipp Der Camino Francés ist gut markiert: mit gelben Pfeilen an Wänden und Bäumen sowie Wegweisern mit der Jakobsmuschel, dem Symbol des Jakobus und des Pilgerwegs.

Website www.spain.info

Gegenüber: Ziel der Pilgerreise ist Santiagos mächtige Catedral del Apóstol, deren prächtige Barockfassade ahnen lässt, welche Schätze sich in ihrem Inneren verbergen. Oben: In der Stadt würdigen Pilgerstatuen die spirituelle Suche der unzähligen Gläubigen, die den Jakobsweg in der Vergangenheit und Gegenwart beschritten haben.

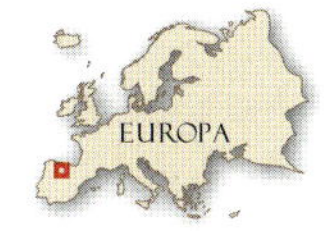

HIGHLIGHTS

- Verschnaufen Sie am **Roncesvalles-Pass** vor dem Abstieg nach Spanien.

- Die erste Stadt am Weg ist **Pamplona**, das für seinen alljährlichen „Stierlauf" zur Fiesta San Fermin berühmt ist. Es besitzt eine schöne gotische Kathedrale aus ockerfarbenem Stein.

- Nächste Station ist Burgos mit seiner prächtigen gotischen Kathedrale aus dem 13. Jahrhundert. Äußerst sehenswert ist auch die Kathedrale von León, deren prunkvoller Innenraum von herrlichen **Buntglasfenstern** erhellt wird.

- Gönnen Sie sich nach einer langen Tageswanderung **Wein und Tapas** in einem Straßencafé.

- Der erste Blick auf die Türme der Kathedrale von Santiago am Ende des Wegs bleibt unvergesslich. Sie überragen die Praza do Obradoiro inmitten wundervoller **mittelalterlicher Architektur**, mit der nur wenige europäische Städte konkurrieren können.

Mit James Joyce durch Dublin

Viele Dublin-Besucher folgen dem fiktiven Tagesablauf, den das bahnbrechende Werk des Autors in den 1920er Jahren schilderte.

James Joyce kam in Dublin zur Welt und ging hier zur Schule und auf die Universität, verbrachte aber den größten Teil seines Erwachsenenlebens im Ausland. Schon mit Mitte 20 beteuerte er, dass er Dublin herzlich leid sei. Doch trotz seines selbst gewählten Exils in Triest, Zürich und Paris blieb seine Heimatstadt Schauplatz seiner größten Werke. Joyce' berühmtestes Buch ist der „Ulysses", ein Meilenstein der modernen Literatur in der Erzähltechnik des *stream of consciousness* (Bewusstseinsstroms), der das gesamte menschliche Erleben vom Denken und Fühlen bis zur Sexualität schildert. Der Roman beschreibt die Ereignisse eines einzigen Tags – des 16. Juni 1904 – aus der Perspektive seiner Hauptfiguren Leopold Bloom, Stephen Dedalus und Molly Bloom, die sich durch Dublin bewegen. Die Geschichte beginnt im Martello-Turm von Sandycove an der Dublin Bay und führt durch das Haus der Blooms, mehrere Pubs und die Nationalbibliothek zu einer Beerdigung und vielen weiteren Orten. Jeden Juni feiern Joyce-Anhänger den „Bloomsday", indem sie den im Buch geschilderten Weg durch Dublin nachvollziehen.

Beste Reisezeit Es gibt zwar keine offizielle Bloomsday-Organisation, aber zahlreiche Joyce-Veranstaltungen rund um den 16. Juni. Dublin ist im Übrigen zu jeder Jahreszeit einen Besuch wert.

Reisedauer Die Ereignisse des „Ulysses" beginnen gegen acht Uhr und dauern bis etwa zwei Uhr am nächsten Morgen. Doch auch über den Bloomsday hinaus kann Dublin seine Besucher tagelang beschäftigen.

Reiseplanung Der „Ulysses" ist berüchtigt als schwierige Lektüre. Einen leichteren Einstieg in Joyce' Werk verspricht „Dubliners" mit lebendigen Schilderungen vieler Dubliner Örtlichkeiten und Charaktere.

Tipp Der „Dublin Pass" bietet freien Eintritt zu vielen Besucherattraktionen und Sehenswürdigkeiten sowie weitere Vergünstigungen.

Websites www.visitdublin.com, www.jamesjoyce.ie

HIGHLIGHTS

- Dublins Besucherattraktion ist das Biermuseum **Guinness Storehouse**, und auch Leopold Bloom trank gern mal ein Guinness. Von den rund 1000 Pubs der Stadt finden sich einige der besten im Stadtteil **Temple Bar**.

- Der **Davy Byrnes Pub**, 21 Duke Street, kommt in „Dubliners" und im „Ulysses" vor. Genießen Sie hier wie Leopold Bloom ein Glas Wein zum Käsesandwich.

- Das **James Joyce Centre** bietet das ganze Jahr über Veranstaltungen, Touren und Ausstellungen sowie ein Sonderprogramm zur Bloomsday-Woche. Bei Führungen zu Dublins wichtigsten literarischen Orten offenbart sich Joyce' Beziehung zu seiner Heimatstadt.

Das georgianische Interieur des Dubliner Schriftstellermuseums (Writers Museum) am Parnell Square gehört zum Pflichtprogramm jedes literarischen Stadtrundgangs.

Der Blick vom Orrest Head auf den Windermere-See: sanfte Hügel vor wilder Berglandschaft.

ENGLAND

Wordsworth im Lake District

Die unverdorbene Naturlandschaft in Nordengland inspirierte einen der größten Dichter der englischen Romantik.

Frische, klare Luft umfängt die Besucher auf dem Gartenweg zu dem kleinen, weiß gekalkten Häuschen. Durch einen gemauerten Windfang gelangt man in die dunkel vertäfelte Stube mit Schieferboden, Balkendecke und einem einzigen Sprossenfenster. Dove Cottage war das erste Zuhause von William Wordsworth und seiner Schwester Dorothy im Lake District. Das Haus selbst ist fast unverändert, doch neuere Gebäude versperren ihm die Sicht. Damals blickten die Bewohner über Wiesenhänge bis zum See und auf das Dorf Grasmere im Schatten des Helvellyn-Gebirges. Hier schrieb Wordsworth seine eindringlichsten Gedichte, angeregt von der wildromantischen Landschaft des Lake District und dem harten Leben der arbeitsamen Bevölkerung. Seine Verse sprach er sich laut vor, während er die Berge durchstreifte. Im nahen Rydal Mount verbrachte Wordsworth seine späteren Jahre bis zu seinem Tod 1850.

Beste Reisezeit Im Frühjahr und Herbst ist der Besucherandrang geringer und die Landschaft dank Frühjahrsblüte bzw. Herbstlaubpracht besonders schön.

Reisedauer Der Lake District ist mit etwa 48 Kilometer Durchmesser relativ klein, aber Sie sollten sich genug Zeit nehmen, um die Landschaft in Ruhe zu erwandern.

Reiseplanung Windermere ist per Bus oder Zug leicht erreichbar und hat regelmäßige Busverbindungen nach Grasmere. In der Region gibt es viele Unterkünfte; im Sommer sollten Sie aber rechtzeitig reservieren. Grasmere und Ambleside sind gute Stützpunkte für Besucher.

Tipp Im Gebirge schlägt das Wetter schnell um. Sie brauchen eine detaillierte Karte, einen Kompass, Ihr Handy und vielleicht ein GPS-Gerät, außerdem Proviant und Regenkleidung (sofern nicht gerade eine Hitzewelle herrscht). Informieren Sie vor dem Aufbruch unbedingt jemanden über Ihre Wanderpläne.

Websites www.wordsworthlakes.co.uk, www.wandern.de

HIGHLIGHTS

- Unternehmen Sie eine Bootspartie zu der Insel im **Grasmere-See**, auf der Wordsworth gern picknickte. Versorgen Sie sich bei dem winzigen Laden neben dem Kirchhofstor mit *gingerbread* (Pfefferkuchen) nach einem sorgsam gehüteten Geheimrezept.

- Vom Rydal Mount genießen Sie eine spektakuläre **Aussicht auf die Seen Windermere und Rydal Water**.

- In der *grammar school*, die Wordsworth in **Hawkshead** besuchte, können Sie noch heute den Tisch besichtigen, in den er einst seinen Namen ritzte.

- Wandern Sie auf Wordsworths Spuren zu den Orten, die ihn zu seinen Gedichten inspirierten, zum Beispiel durch das Tal jenseits Grasmere zum **Easedale Tarn**. Wordsworth schrieb „My heart leaps up when I behold", nachdem er einen Regenbogen über den Felsen rund um den See bewundert hatte. Im Frühling blühen am **Ufer des Ullswater-Sees** die goldenen Narzissen, die Wordsworth in seinem bekanntesten Gedicht „I wandered lonely as a Cloud" so lebendig beschrieb.

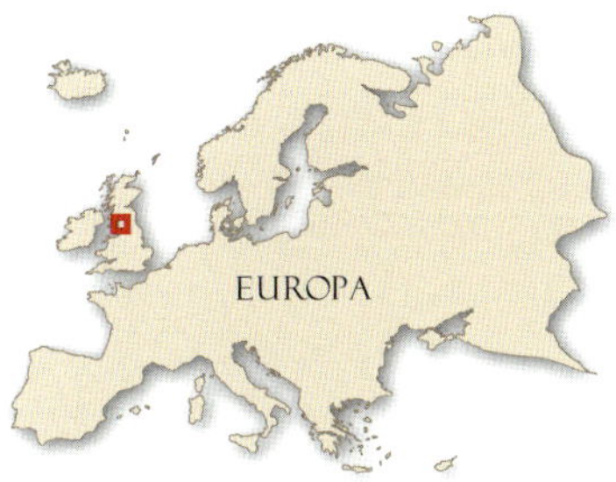

ECUADOR

Auf die Galapagosinseln

Die entlegenen Inseln, die durch Charles Darwin berühmt wurden, sind Heimat vieler erstaunlicher Geschöpfe.

In einer Gischtwolke braust das Schlauchboot vom Kreuzfahrtschiff zur Insel Santa Fé, einer der Galapagosinseln. Verspielte junge Seelöwen bilden das Empfangskomitee. An Land wartet eine schroffe Vulkanlandschaft mit Wäldern voll baumgroßer Kakteen. Das Schiff setzt seine Passagiere täglich auf einer anderen Insel ab; jede von ihnen hütet ihre eigenen Naturschätze. Charles Darwin bereiste die Inseln 1835 auf der „Beagle" und sammelte Anregungen für seine Evolutionstheorie. Hier wimmelt es heute noch von ebenso furchtlosen wie phantastischen Tieren. Eine Galapagos-Spottdrossel zupft unbekümmert an den Schnürsenkeln des Besuchers. Auf Española steigt den Wanderern beißender Moschusgeruch in die Nase, als sie einem Seelöwinnen-Harem unter Aufsicht eines bulligen Männchens ausweichen. Auf Santiago geht es über schwarzes Lavagestein zu Felsen, auf denen orangegelbe und rote Klippenkrabben umherhuschen, derweil sich Meerechsen in die Fluten stürzen, um grüne Algen zu naschen. Vom Schiff sieht man Blaufußtölpel zum Fischen in den Pazifik hinabstoßen und lauscht dem Kreischen der Rotschnabel-Tropikvögel. Flugunfähige Kormorane tauchen jäh in die Tiefen des fruchtbaren Meers, durch das Meeresschildkröten und Mantarochen gleiten.

Beste Reisezeit Die Galapagosinseln kann man zu jeder Zeit besuchen. Von Juni bis Ende November ist es unter Umständen etwas kühler als in den anderen Monaten.

Reisedauer Fliegen Sie die rund 960 Kilometer vom ecuadorianischen Festland nach Baltra oder San Cristóbal. Von dort starten kleine Schiffe zu viertägigen bis zweiwöchigen Kreuzfahrten.

Reiseplanung Sie brauchen reichlich Sonnenschutzcreme und einen breitkrempigen Hut gegen die stechende Äquatorsonne, außerdem gute Wanderschuhe.

Tipp Internetcafés und Geschäfte mit Filmen und Sonnencreme finden Sie in der Stadt Puerto Ayora auf der Insel Santa Cruz.

Websites www.igtoa.org, www.ecuador-discover.de

HIGHLIGHTS

- *Galápago* ist das spanische Wort für „Schildkröte": Die Inseln wurden nach den hier lebenden Riesenschildkröten benannt. Die **Charles-Darwin-Forschungsstation** auf Santa Cruz beherbergt den gewaltigen Lonesome George, das letzte Exemplar seiner Unterart.

- Sehr sehenswert ist der hektische Balztanz des **Galapagosalbatros** auf Española im April, der von Klick- und Klapperlauten und lautem Geschrei begleitet wird.

- Eine Wanderung über die kahlen Hügel von Bartolomé wird mit Panoramablick auf **Pinnacle Rock und seine Strände** belohnt, auf denen Galapagospinguine umherwatscheln und Seelöwen in der Sonne dösen.

In der Paarungszeit bläst der männliche Fregattvogel seinen Kehlsack zu einem knallroten Ballon auf, um seine herausragende Zeugungsfähigkeit anzupreisen.

CHILE

Zu Hause bei Pablo Neruda

In den Häusern eines der bedeutendsten Literaten und politischen Aktivisten Chiles leben seine Gedanken fort.

Nerudas Talent offenbarte sich früh: Schon mit 13 Jahren schrieb er für eine Lokalzeitung. Im Verlauf seines Lebens spiegelte sein Werk sein wachsendes soziales und politisches Engagement. 1971 erhielt er den Nobelpreis für Literatur. In seinen drei Häusern, die heute als Museen dienen, sind seine Energie, sein Intellekt und seine Leidenschaften deutlich spürbar. Erste Station ist La Chascona im Bellavista-Viertel von Santiago. Das Refugium, das Neruda für sich und seine dritte Frau Matilde Urrutia baute, ist mit seinen Muschel- und Schmetterlingssammlungen angefüllt. Sein Schlafzimmer befindet sich in einem Turm. Nerudas zweites Haus La Sebastiana in der Hafenstadt Valparaíso, 119 Kilometer nordwestlich von Santiago, blickt von einem Steilhang auf den Ozean und ist voll mit nautischem und anderem Nippes, darunter ein ausgestopfter Löwe. Doch das wahre Heim des Dichters war Isla Negra auf einem Felsen 45 Minuten südlich von Valparaíso. Neruda gestaltete das Steinhäuschen mit allerlei An- und Umbauten nach seinem Geschmack um. Galionsfiguren schmücken die Wände, und der Schreibtisch hat Meeresblick.

Beste Reisezeit Der sehr heiße chilenische Sommer dauert von Mitte November bis Mitte Februar. Im Winter ist es nasskalt, besonders im Juli und August.

Reisedauer Die Rundreise zu den drei Häusern lässt sich in einer Woche absolvieren. Planen Sie mehr Zeit ein, um auch die chilenische Weinbauregion, die Atacamawüste oder Patagonien weit im Süden zu besuchen.

Reiseplanung Mieten Sie in Santiago ein Auto. Die Häuser sind dienstags bis sonntags von 10 bis 13 und von 15 bis 18 Uhr geöffnet und werden von der Neruda-Stiftung betrieben, die Nerudas Frau Matilde gründete. Die Straßen sind gut, und Sie können unterwegs auch die Küste erkunden.

Tipp Unterhalb von Isla Negra sind an einem Zaun am Meer Botschaften von Menschen aus aller Welt zu lesen, die Neruda mit seinem Werk und seinem Denken inspiriert hat.

Website www.fundacionneruda.org

HIGHLIGHTS

- In La Chascona ist **Diego Riveras Gemälde** von Nerudas Frau Matilde Urrutia zu besichtigen. Im Arbeitszimmer steht der Holzkasten, in dem Neruda die Gedichte verwahrte, die er für sie schrieb.

- Ein Schrank im Esszimmer von La Chascona verbirgt einen **Geheimgang**, der dem Dichter angeblich als Fluchtweg vor langweiligen Gästen diente.

- Im Obergeschoss von Isla Negra befindet sich ein **Tisch aus einer angeschwemmten Schiffstür**, die Neruda unterhalb seines Hauses entdeckte. Er war eines seiner Lieblingsstücke.

Die als Welterbe geschützte Altstadt von Valparaíso erinnert an die große Zeit der Hafenstadt als „Perle des Pazifiks" im 19. Jahrhundert.

Vor dem Mao-Zedong-Mausoleum auf dem Tiananmen-Platz in Beijing erinnert ein Denkmal an die Menschen, die zur Gründung der Volksrepublik 1949 beitrugen.

CHINA

Maos Langer Marsch

Ein Monument des Langen Marschs in den Bergen Sichuans, einer Region voll wilder Flüsse, Schluchten und Gletscher.

Im Jahr 1935, auf halbem Weg der zweijährigen, über 12 800 Kilometer langen Odyssee, die als der „Lange Marsch" in die Geschichte einging, eroberten 22 Soldaten aus Mao Zedongs Roter Armee die strategisch wichtige Luding-Brücke über den Dadufluss. Der boomende „rote Tourismus" im neuen Wirtschaftswunderland China hat auch das Interesse an diesem Kultsymbol beflügelt. Die weite Reise lohnt sich nicht nur der dramatischen Historie, sondern auch der herrlichen Landschaft wegen. Am besten besucht man zuerst die Mao-Monumente auf dem Tiananmen-Platz in Beijing und fliegt dann weiter nach Chengdu. Von dort geht es über die Straße zum spektakulären Tal des Dadu He. In Luding können Besucher auf der Eisenketten-Hängebrücke über den Dadufluss wandern und das Denkmal für den Langen Marsch besichtigen. Dahinter türmen sich hohe Berge bis nach Tibet. Im Westen ragt jenseits der tibetischen Stadt Kangding der gewaltige Daxue Shan (Großes Schneegebirge) auf. Südlich von Luding fließt der Hailuogou-Gletscher vom Gongga Shan herab. Leshan lockt mit dem größten Steinbuddha der Welt. In den Nebelwäldern nördlich von Chengdu lebt Chinas bedeutendste Population der seltenen Großen Pandas.

Beste Reisezeit Mai bis September. Für Hailuogou oder Kangding warme Kleidung mitbringen. Im Tiefland ist es von Mai bis September feuchtwarm, Regenkleidung ist wichtig.

Reisedauer Rechnen Sie drei oder vier Tage für eine Rundreise ab Chengdu, der nächstgelegenen Großstadt. Für eine gründlichere Erkundung der Region brauchen Sie mindestens zehn Tage.

Reiseplanung Fliegen Sie von Beijing nach Chengdu. Rundreisen durch die Region können bei Tourveranstaltern in Chengdu gebucht werden. Wer auf eigene Faust herumfährt, muss sich auf lange, unbequeme Busetappen einstellen. Die meisten organisierten Touren zur Luding-Brücke schließen einen Abstecher zum Hailuogou-Gletscher und/oder nach Kangding ein.

Tipp Chengdu, die Hauptstadt der Provinz Sichuan, ist eine von Chinas dynamischsten Großstädten und wohl der beste Ort der Welt, um die berühmte scharf gewürzte Sichuan-Küche zu kosten.

Websites www.china-entdecken.com, www.chinadelightours.com

HIGHLIGHTS

- Die **Luding-Brücke** besteht aus 13 schweren Eisenketten und einem Holzplankenboden.
- **Kangding** ist ein betriebsames Handelszentrum am Rand der tibetischen Hochebene. Der Straßenmarkt, der Antikmarkt und das Kloster Dorje Drak sind besonders sehenswert.
- Bewundern Sie den **Hailuogou-Gletscher** und das Panorama des **Gongga Shan**, des mit 7 556 Metern höchsten Gipfels der Provinz Sichuan.
- Besuchen Sie das weltberühmte **Wolong-Panda-Schutzgebiet** rund 160 Kilometer nordwestlich von Chengdu

NEPAL/INDIEN

Der Weg der Erleuchtung

Eine Reise zurück ins 6. Jahrhundert v. Chr., zu den heiligen Stätten des spirituellen Lebenswegs Buddhas.

Buddha bedeutet „der Erwachte". Unter diesem Namen ist Siddhartha Gautama bekannt, seit er nach sechs Jahren extremer Askese während des Meditierens unter dem Bodhibaum (einer Art Feigenbaum) Erleuchtung erlangte. Der spirituelle und geographische Lebensweg Buddhas wurde 400 Jahre durch mündliche Überlieferung bewahrt, bevor er schließlich schriftlich festgehalten wurde. So kann man ihn heute noch nachvollziehen. Die Reise beginnt im südlichen Nepal beim Dorf Lumbini (Sanskrit: „das Liebliche"), dem Geburtsort Buddhas. Weiter östlich liegt in der staubigen Gangesebene Kushinagar, der Ort, an dem Buddha das *parinirvana* erlangte, die Befreiung aus dem irdischen Lebenskreislauf. Hier hütet ein Tempel eine sechs Meter lange, blattvergoldete Statue des ruhenden Buddha. In Sarnath, in der Nähe von Varanasi, ist der Wildpark zu besuchen, in dem Buddha seine erste Predigt hielt. Weiter östlich in Bodh Gaya steht der Bodhibaum, angeblich ein Ableger dritter Generation von dem ursprünglichen Baum, unter dem Buddha meditierte. Die Reise endet in Patna, einer der ältesten durchgehend bewohnten Ansiedlungen der Welt. Buddha kam auf seinen Reisen häufig durch die Stadt, auch auf seinem letzten Weg nach Kushinagar.

Beste Reisezeit Oktober bis April. Meiden Sie die Monsunzeit, die Ende Juni/Anfang Juli beginnt und etwa zwei Monate dauert.

Reisedauer Mindestens fünf Tage für die 885 Straßenkilometer von Lumbini bis Patna.

Reiseplanung Lumbini ist von Lakhnau (Lucknow) oder Varanasi über die Straße zu erreichen.

Tipp Umrunden Sie Stupas (große Kultbauten mit Kuppel) und andere Heiligtümer im Uhrzeigersinn. Das Patna Museum hütet eine Sammlung seltener Antiquitäten, darunter Steinskulpturen des Buddha und den Heiligen Reliquienschrein mit seiner Asche. Meiden Sie westliches Essen, das oft nicht so frisch ist wie die heimische Kost. Essen Sie nur ganz heiß servierte Gerichte.

Websites www.india-tourism.de, www.cgifrankfurt.de

HIGHLIGHTS

- Besuchen Sie in Lumbini den **Maya-Devi-Tempel** und die **Ashoka-Säule**, die den Geburtsort Buddhas markiert.

- Die wichtigsten Pilgerziele in Kushinagar, wo Buddha starb und das *parinirvana* erlangte, sind der **Mahaparinirvana-Tempel mit Stupa** und der Rambhar-Stupa, der Ort seiner Verbrennung.

- In Varanasi können Sie den Vishwanath- und den Bharat-Mata-Tempel sowie die Banaras Hindu University besuchen und eine **frühmorgendliche Bootspartie** auf dem Ganges unternehmen.

- Setzen Sie sich in Bodh Gaya beim Mahabodhi-Tempel unter den **Bodhibaum**, unter dem Buddha Erleuchtung erlangte.

Betende Mönche vor dem Rambhar-Stupa, dem Ort, an dem Buddha verbrannt wurde.

Tolstois Schreibkasten und Briefe sind im Tolstoi-Museum in Moskau ausgestellt.

RUSSLAND

Tolstois Russland

Eine Pilgerreise zu wichtigen Lebensstationen eines der größten Schriftsteller und revolutionärsten Denker der Welt.

Die Reise auf den Spuren von Leo Graf Tolstoi beginnt in Sankt Petersburg, der einstigen Hauptstadt des Zarenreichs. In der Welt der prächtigen Paläste, glanzvollen Ballsäle und kostbaren Kunstsammlungen kannte sich Tolstoi bestens aus, und verewigte sie in Romanen wie „Anna Karenina". Diese Welt spiegelt auch den Kontrast zwischen dem märchenhaften Reichtum der russischen Elite und dem Elend der Armen, der Tolstoi in seinen späteren Jahren intensiv beschäftigte. Dann geht es weiter nach Moskau zum Tolstoi-Haus, in dem er von 1882 bis 1901 mit seiner Familie überwinterte. Höhepunkt der Reise ist der Landsitz der Familie, Jasnaja Poljana bei Tula, 200 Kilometer südlich von Moskau. Hier kam Tolstoi zur Welt, hier wuchs er auf, schrieb seine Romane, lernte die Natur lieben, gründete eine Schule, arbeitete mit den Bauern, bewirtete Freunde, und hier liegt er auch in einem einfachen Waldgrab bestattet.

Beste Reisezeit Frühjahr, Sommer oder Herbst. Im Winter wird es extrem kalt.

Reisedauer Mindestens sieben Tage. Von Moskau ist ein Tagesausflug per Zug oder Bus nach Jasnaja Poljana möglich, aber nutzen Sie besser das Jasnaja-Poljana-Hotel, um das Gut in Ruhe zu besichtigen.

Reiseplanung Informieren Sie sich vor Ort über die Öffnungszeiten der Museen; sie wechseln häufig.

Tipp Moskau hat zwei Tolstoi-Museen: das Tolstoi-Haus (sein ehemaliges Wohnhaus) und das eher literarische Tolstoi-Museum mit Manuskripten, Erstausgaben und Erinnerungsstücken. Letzteres organisiert Vorträge und Exkursionen für Privatgruppen und Schulen.

Websites www.yasnayapolyana.ru, www.moskau-reisefuehrer.com

HIGHLIGHTS

- Das **Tolstoi-Haus** in Moskau wirkt immer noch wie das Zuhause einer Familie, voll anrührender Erinnerungsstücke und persönlicher Habseligkeiten.
- Tolstoi verbrachte eine idyllische Kindheit auf dem Landgut **Jasnaja Poljana**, das auch seine geistige Heimat blieb. Das dort eingerichtete Tolstoi-Museum bewahrt einige möblierte Zimmer weitgehend in dem Zustand, in dem er und seine Familie sie zurückließen.
- Spazieren Sie durch die Lindenalleen der Parkanlage von Jasnaja Poljana und erfreuen Sie sich am Anblick der Landschaft, die Tolstoi sein Leben lang inspirierte.

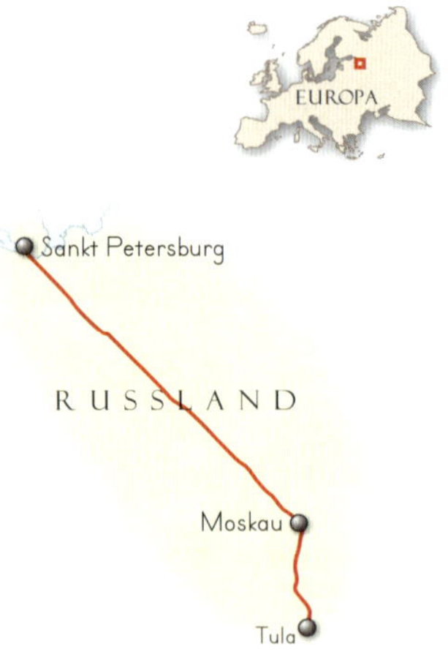

CHINA/KIRGISTAN/USBEKISTAN

DIE SEIDENSTRASSE

Auf einer uralten Handelsroute durch entlegene und exotische Regionen in China und Zentralasien.

Die Seidenstraße, die China mit dem Orient und Europa verband, war ursprünglich ein ganzes Netz von Handelsstraßen zwischen Nordwestchina und der Region der Osttürkei und des Westiran. Sie wurde mindestens seit dem 2. Jahrhundert v. Chr. genutzt und erst rund 1500 Jahre später durch den Seehandel abgelöst. Große Städte und Kulturen blühten entlang der Straße, auf der außer unermesslichen Reichtümern auch technische und gesellschaftliche Neuerungen transportiert wurden. So gelangte das Schießpulver ins Abendland und der Buddhismus nach China. Von Beijing oder Shanghai geht es zum chinesischen Abschnitt der Seidenstraße und den archäologischen Sehenswürdigkeiten von Xi'an und Dunhuang. Hier begann die Strecke durch die Taklamakanwüste. Nächstes Etappenziel war die Oasenstadt Kashgar in den Ausläufern des Tienschan, die die Gebirgspässe nach Zentralasien, Indien und Persien beherrschte. Weiter westlich liegt einer der meistbereisten Abschnitte der Seidenstraße mit den legendären Städten Samarkand und Buchara. Die Oase Samarkand, eine der ältesten heute noch bewohnten Städte der Welt, bezaubert mit Kacheln in allen erdenklichen Blautönen. Buchara, ein altes Zentrum islamischer Gelehrsamkeit, besaß die prächtigsten Basare Zentralasiens.

Beste Reisezeit März/April oder September/Oktober, um die Temperaturextreme der Gebirgs- und Wüstenregionen zu vermeiden.

Reisedauer Viele Veranstalter bieten bis zu zweiwöchige Reisen entweder auf dem chinesischen oder auf dem zentralasiatischen Abschnitt der Seidenstraße an. Falls Sie einen Monat Zeit haben, können Sie von Beijing oder Shanghai bis nach Taschkent in Usbekistan reisen.

Reiseplanung Informieren Sie sich vorab über etwaige offizielle Reisewarnungen für die problematischen zentralasiatischen Länder.

Tipp Eine gute Einführung bieten „Die Seidenstraße" des Sinologen Thomas Höllmann und „Abenteuer Seidenstraße. Auf den Spuren alter Karawanenwege" von Bruno Baumann.

Websites www.diamir.de, www.djoser.de

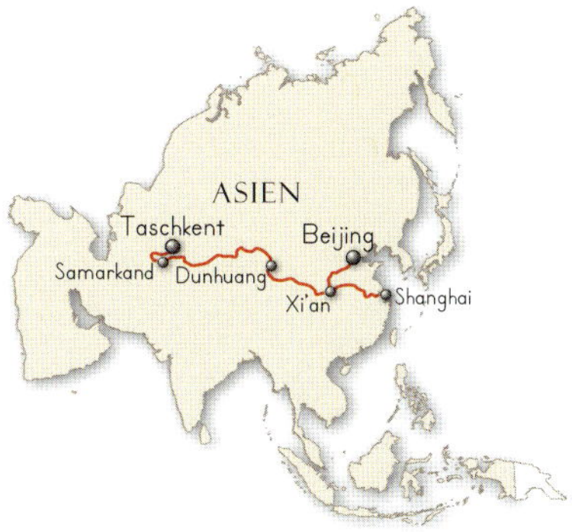

HIGHLIGHTS

- Die prachtvollen Wandmalereien und Skulpturen in den **Grotten der Tausend Buddhas** bei Dunhuang entstanden über einen Zeitraum von 1000 Jahren.
- Ein Muss ist die berühmte **Terrakottaarmee von Xi'an**, die den ersten chinesischen Kaiser ins Grab begleitete.
- Kashgar lockt mit einem quirligen Sonntagsmarkt und bedeutenden Stätten des Islam wie dem **Grab des Abakh Khoja** und der **Id-Kah-Moschee**, Chinas größter Moschee.
- Samarkand prunkt mit **schöner islamischer Architektur** wie dem Registanplatz mit seinem Trio altislamischer Hochschulen und dem Gur-Emir-Mausoleum, der Grabstätte von Tamerlan.

Die Einheimischen bevorzugen für die Wüstenabschnitte der zentralasiatischen Seidenstraße immer noch bewährte lokale „Verkehrsmittel".

Top 10 Drehorte

Rund um den Globus zu einigen der berühmtesten Schauplätze alter und neuer Kinohits.

❶ New York, USA

Wie „Funny Girl" Barbra Streisand an der Freiheitsstatue vorbeischippern, mit de Niro durch Little Italy spazieren, vom Empire State Building nach King Kong Ausschau halten, zum Schaufensterbummel bei Tiffany & Co. (5th Avenue Ecke 57th Street) vorbeischauen, dem tragischen Paar Natalie Wood und Richard Beymer zum Schauplatz der „West Side Story" (West 109th Street) folgen und den Cotton Club in Harlem besuchen.

Reiseplanung Von der Staten Island Ferry haben Sie einen guten Blick auf die Freiheitsstatue. www.easynewyorkcity.com/movielocations.htm

❷ Hollywood, Kalifornien, USA

Vor Grauman's Chinese Theater tritt man buchstäblich in die Fußstapfen der Stars. Das fernöstliche Interieur des Kinos bietet ein stilgerechtes Ambiente für höchsten Filmgenuss. Nächste Station ist das Shrine Auditorium, die Heimat der Oscars. Auf dem Hollywood Forever Cemetery ruhen Rudolph Valentino und viele weitere Stars aus der Frühzeit des Films. Im Sommer verwandelt sich der Friedhof einmal wöchentlich in ein Freiluftkino; mit Decke und Picknick verbringt man hier einen einzigartigen Abend.

Reiseplanung Zahlreiche Führungen zu den Wohnhäusern der Stars und den Studios. www.seeing-stars.com, www.cinespia.org

❸ Monument Valley, Arizona/Utah, USA

Das Monument Valley ist die ideale Wildwestkulisse. Heute gehört das Tal zum Navajo-Reservat, doch ab den 1930er Jahren war es ein bevorzugter Tummelplatz des Regisseurs John Ford, der hier unter anderem den Kultwestern „Ringo" (1939) drehte. Seine Tafelberge, Felsformationen und Canyons erstrahlen bei Sonnenauf- und -untergang in wunderbaren Rosa- und Orangetönen.

Reiseplanung Schauen Sie bei Goulding's Trading Post gleich westlich des Parks vorbei. Sein Begründer John Goulding überredete John Ford, seine Western im Monument Valley zu drehen. www.navajonationparks.org, www.gouldings.com

❹ Mumbai, Indien

Mumbais Stadtteil Juhu ist das Zentrum der Bollywood-Filmindustrie: Hier entstehen pro Jahr über 200 Filme. Ihr Erfolgsrezept ist eine mitreißende Mischung aus Gesang, Tanz und Melodrama. Beim Besuch eines großen Studios wie RK oder Filmistan erlebt man Bollywood in voller Aktion.

Reiseplanung Viele Veranstalter bieten Touren zu den Studios an. www.asia-experience.de

Triumph und Herzschmerz, Glamour und Tränen – der legendäre, neonbunte CityWalk neben den Universal Studios in Hollywood, Los Angeles, verkörpert die ganze Faszination der Kinowelt.

5 Tokio, Japan

Genießen Sie das Tokio-Panorama vom Park Hyatt Hotel wie Bill Murray und Scarlett Johansson in „Lost in Translation", dinieren Sie im Gonpachi wie Uma Thurman in „Kill Bill" und spielen Sie Sean Connerys Abenteuer aus „Man lebt nur zweimal" im SPECTRE-Hauptquartier (alias New Otani Inn) nach.

Reiseplanung Nehmen Sie ein Taxi von einem Drehort zum anderen. Das Park Hyatt liegt in Nishi Shinjuku (Shinjuku-ku), das Gonpachi in Nishi-Azabu (Minato-ku) und das New Otani in Osaki (Shinagawa-ku). www.tourism.metro.tokyo.jp/english

6 Queenstown, Neuseeland

Hier wandelt man mit Frodo (Elijah Wood), Gandalf (Ian McKellen) und Saruman (Christopher Lee) in Mittelerde, sieht das Zuhause von Galadriel (Cate Blanchett) am schönen Lake Wakatipu und besucht Neuseelands Südalpen, wo viele Szenen für „Herr der Ringe" gedreht wurden.

Reiseplanung Organisierte Touren starten von Queenstown oder Wanaka. Von Wellington werden Touren zu Schauplätzen auf der Nordinsel angeboten. www.lordoftheringstours.co.nz, www.destination-nz.com

7 Rom, Italien

Auf den Spuren des Helden von Dan Browns „Illuminati" geht es zum Pantheon, zum Vierströmebrunnen, zum Petersplatz und zur Engelsburg. Hier spielen auch die Filmklassiker „Fellinis Roma" und „Ein Herz und eine Krone" mit Gregory Peck und Audrey Hepburn.

Reiseplanung www.througheternity.com

8 Paris, Frankreich

Jean-Paul Belmondo kam in den Bars von St. Germain und auf den Champs-Élysées „Außer Atem" und läutete so die Nouvelle Vague der 1960er Jahre ein. Nicole Kidman und Ewan McGregor verliebten sich im „Moulin Rouge". In Montmartre bezauberte Audrey Tautou als „Amélie".

Reiseplanung Mit einer Zeitkarte für das ausgezeichnete Metronetz kommen Sie ganz einfach in der Stadt herum. movies.pidf.com

9 Prag, Tschechische Republik

Wesley Snipes jagt in „Blade II" Vampire durch die Altstadt. Tom Cruise sieht auf seiner „Mission Impossible" von der Karlsbrücke ein Auto explodieren; in Barbra Streisands „Yentl" tropft Regen von den Statuen der Brücke. Tom Hulce wird als „Amadeus" in St. Julius getraut und beerdigt.

Reiseplanung Alle Schauplätze sind mit der U-Bahn zu erreichen. www.myczechrepublic.com/czech_culture/filming_locations.html

10 London, Großbritannien

Nach einem Bummel durch „Notting Hill", wo Julia Roberts und Hugh Grant ihre Liebe entdeckten, lädt die Tate Modern zum Snack – frei nach „Bridget Jones". Jenseits der Themse betete Joseph Fiennes („Shakespeare in Love") in St. Bartholomew-the-Great, Smithfield. Harry-Potter-Fans zieht es ins Reptilienhaus des Zoos und zum Gleis 9¾ (alias Gleis 4) der King's Cross Station.

Reiseplanung Mit einem Tagesticket für U-Bahn und Busse kommen Sie leicht und billig durch London. www.filmlondon.org.uk/content.asp?CategoryID=844&ArticleID=796

JESUS IM HEILIGEN LAND

Über die Hügel und Straßen, auf denen Jesus predigte, zu den heiligen Stätten: Hier liegt die biblische Geschichte in der Luft.

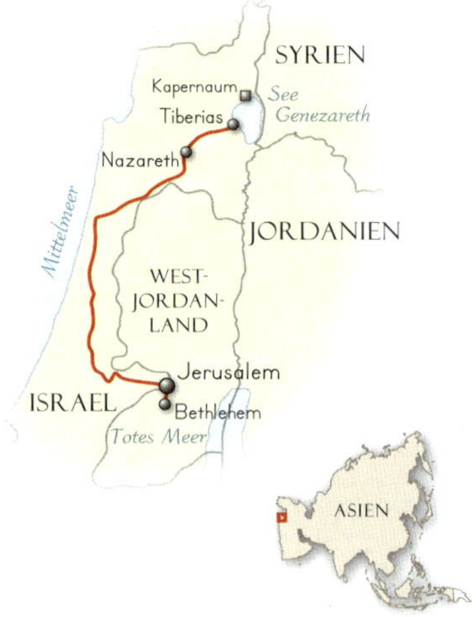

Die bewegendsten Stationen dieser Reise sind Jerusalem und Bethlehem (Bait Lahm), die man sich für den Schluss aufheben sollte. Den Anfang macht die Verkündigungsbasilika in Nazareth, wo Jesus aufwuchs. Im Alter von etwa 30 Jahren ließ sich Jesus durch Johannes den Täufer im Jordan taufen und begann anschließend sein Wirken. Zeitweise wohnte und predigte er in Kapernaum am See Genezareth (See von Tiberias), dem Heimatort von Petrus und einigen anderen Jüngern. Hier ist die Ruine der Synagoge zu besichtigen, in der er lehrte. In der Nähe liegen der Berg der Seligpreisungen, der als Ort der Bergpredigt gilt, und Tabgha mit der Brotvermehrungskirche aus dem 5. Jahrhundert. Bethlehem in den Palästinensischen Autonomiegebieten beherbergt die Geburtskirche über der Höhle, in der Jesus geboren sein soll. Auf dem Tempelberg in der Altstadt von Jerusalem stand der Tempel, aus dem er die Händler vertrieb. Heute befinden sich dort der Felsendom, eine bedeutende Wallfahrtstätte des Islam, und die al-Aqsa-Moschee. Über der Altstadt ragt der Ölberg auf. An seinem Fuß liegt der Garten Gethsemane, wo Jesus verraten und verhaftet wurde. Den mutmaßlichen Ort seiner Kreuzigung und Bestattung markiert heute die Grabeskirche.

Beste Reisezeit Ganzjährig. Im Sommer wird es extrem heiß (der heißeste Monat ist der August); im Winter kann es schneien. Zu Ostern wird Jerusalem von zahlreichen Pilgern besucht.

Reisedauer Reisegruppen absolvieren diese Route in etwa sieben bis zehn Tagen, wovon sie ungefähr die Hälfte in Jerusalem und Bethlehem zubringen.

Reiseplanung Grenzsicherungsmaßnahmen erschweren das Reisen und den Zugang zu manchen Stationen von Jesu Leben. Manchmal müssen die Tourpläne kurzfristig geändert werden. Allerdings kommen viele christliche Pilger nach Israel, so dass die Route viel bereist wird.

Tipp In weiten Teilen Israels kommt man als Anhalter gut herum; die Autofahrer sind sehr hilfsbereit.

Websites www.goisreal.de, www.orient.xtremo.de

HIGHLIGHTS

- Bestaunen Sie auf einer Schiffstour über den **See Genezareth** die Landschaft, in der Jesus predigte und die Schauplatz seiner Wunder war.

- Die **Geburtskirche** in Bethlehem ist eine der ältesten durchgehend genutzten Kirchen der Welt. Sie wird von der römisch-katholischen, griechisch-orthodoxen und armenischen apostolischen Kirche gemeinsam verwaltet.

- Die frühere Westmauer, heute „Klagemauer", erhebt sich vor dem großen Tempel des Herodes, den die Römer 70 n. Chr. zerstörten. Der **Tempelberg** hat für Juden, Christen und Muslime tiefe Bedeutung und der religiöse Eifer ist förmlich greifbar.

Im Garten Gethsemane oberhalb von Jerusalems Altstadt, in dem Jesus gefangen genommen wurde, stehen einige der ältesten Olivenbäume der Welt.

In Gambia werden ausgehöhlte Flaschenkürbisse als Handtrommeln verwendet.

GAMBIA

ALEX HALEYS WURZELN

Der Autor des Bestsellers „Roots" reiste über den Atlantik, um seine afrikanische Ahnengeschichte zu erforschen.

Alex Haley, der für seinen Roman „Roots" (Wurzeln) den Pulitzer-Preis erhielt, reiste erst nach Erscheinen des Buchs 1976 nach Gambia, um den Geburtsort seiner Hauptfigur Kunta Kinte zu suchen. Er verfolgte die Spuren der Kinte-Sippe bis ins Dorf Juffure am Kamby Bolongo (Gambia-Fluss), wo Kunta Kinte im 18. Jahrhundert in die Sklaverei verschleppt wurde, als er nach Holz zur Herstellung einer Trommel suchte. Vom Hafen in Banjul bringt ein Boot die Besucher 24 Kilometer stromaufwärts nach Juffure, um dem Dorfoberhaupt einen Höflichkeitsbesuch abzustatten. Das Museum im nahen Aldebra zeigt eine Ausstellung über den Sklavenhandel, der über 300 Jahre am Gambia-Fluss florierte. Eine weitere kurze Bootstour führt zur Sklavenhandelsstation James Island, von der Kunta Kinte nach Amerika verschifft wurde.

Beste Reisezeit Von Dezember bis Februar ist das Wetter trocken und warm.

Reisedauer Der Besuch von Juffure dauert einen Tag, aber nehmen Sie sich noch ein paar Tage, um Gambia zu erkunden.

Reiseplanung Gambia ist ein überwiegend muslimisches Land; respektieren Sie seine religiösen Sitten. Für die Einreise brauchen Sie eine Gelbfieberimpfung; auch die Malariaprophylaxe ist unentbehrlich. Sie können den Gambia-Fluss mit Kreuzfahrtschiffen oder Pirogen mit Außenbordmotor befahren.

Tipp Der Juffure-Tourismus ist nach dem Boom der 1970er Jahre abgeebbt, was authentischere Erfahrungen ermöglicht. In Banjul finden Sie auf dem Albert Market Silberschmuck und Batiktextilien.

Websites www.visitthegambia.gm, www.gambiatours.gm

HIGHLIGHTS

- Besuchen Sie in Juffure **Binta Kinte** (geboren um 1912), eine Nachfahrin von Kunta Kinte, und ihre Familie.
- Haleys Saga gab den Anstoß zur Begründung des **Roots Homecoming Festivals**, das alljährlich im Mai/Juni zur Erinnerung an die Versklavung veranstaltet wird. Teil der Festwoche voller bildender, kultureller und traditioneller Aktivitäten sind Musik-, Tanz- und Koch-Workshops. Außerdem werden Besuche von historischen Stätten, Museen und Privathaushalten organisiert.
- Probieren Sie die **traditionelle Küche**: *domodah* (Erdnusseintopf mit Reis), *plasas* (Fleisch und Fisch mit Blattgemüse), *foufou* (Maniokbrei) und *benechin* (Reis mit Fisch).

Register

F

G

H

I

J

K

Autoren

Ian Alexander
Derek Barton
Rich Beattie
Karen Berger
Eleanor Berman
Hilary Bird
Hannah Bowen
Amanda Castleman
Marolyn Charpentier
Lucy Denyer
Olly Denton
Rachel Dickinson
Anne-Marie Edwards
Peter Ellegard
Polly Evans
Paul Franklin
Ellen Galford
Robin Gauldie
Jen Green
Sue George
Ned Goodwin
Chris Gutowsky
Lisa Halvorsen
Solange Hando
Marcus Hardy
Julie Hatfield
Colin Hutchinson
Tom Jackson
Marie Javins
Laura Kearney
Andrew Kerr-Jarrett
Judy Kirkwood
Tom LeBas
Mike Lee
Kathy Leong
Marian Marbury
Oliver Marshall
Antony Mason
Conrad Mason
Rick McCharles
Meg McConahey
John McGee
Margaret McPhee
John Motoviloff
Peter Neville-Hadley
Sue Norris
Rose O'Dell King
James Oseland
Bethanne Patrick
Alice Peebles
Ellen Perlman
Kathleen Pierce
Yukari Pratt
Dean Pulley
John Ralph
Zoe Ross
Rich Rubin
Dave Saunders
Jenna Schnuer
Stephanie Shorey
Donald Sommerville
Peter Sommer
Amy Smith
Lally Snow
Linda Tagliaferro
Alex Talavera
(übersetzt von Randy B. Hecht)
Jenny Waddell
Joby Williams
Kevin Wiltshire
Joe Yogerst

Bildnachweis

Abkürzungen:
GI (Getty Images); LPI (Lonely Planet Images); RH (Robert Harding).

1 Von links nach rechts: Ron Watts/Corbis; Lee Cohen/Corbis; ©Paul Beinssen/LPI; Ray Juno/Corbis; ©Chris Mellor/LPI; Pete Atkins/GI. **2-3** Louie Psihoyos/Corbis. **4** ©Chris Mellor/LPI. **5** ©Dallas Stribley/LPI (1); ©Witold Skrypczak/LPI (2); Bob Green Photography (3); ©Andrew Bain/LPI (4); Randall Stewart/Shutterstock (5); Oliver Strewe/GI (6); Steve Bly/GI (7); Peter Ellegard (8); ©David Tomlinson/LPI (9). **6** Gavin Hellier/GI. **8-9** ©Dallas Stribley/LPI. **10** ©Ann Cecil/LPI. **11** ©Richard Cummins/LPI. **12-13** ©Krzysztof Dydynski/LPI. **14** ©Richard Cummins/LPI. **15** ©Eric L. Wheater/LPI. **16** ©Margie Politzer/LPI. **17** ©Ralph Lee Hopkins/LPI. **18** ©John Borthwick/LPI. **19** ©Lee Foster/LPI, L; ©Leanne Walker/LPI, R. **20** ©Steve Simonsen/LPI. **21** ©Jean-Bernard Carillet/LPI, L; Windstar Cruises/www.windstarcruises.com, R. **22** ©Jane Sweeney/LPI. **23** ©Martin Moos/LPI. **24** ©Craig Pershouse/LPI. **25** ©Eddie Gerald/LPI, L; ©Paul Beinssen/LPI, R. **26** ©Peter Solness/LPI. **27** ©Becca Posterino/LPI. **28** ©John Borthwick/LPI. **29** ©Ralph Lee Hopkins/LPI, L; ©Kerry Lorimer/LPI, R. **30-31** ©Charlotte Hindle/LPI. **32** ©Christopher Wood/LPI. **33** Sampo Tours/www.sampotours.com. **34-35** Joel Sartore/National Geographic Image Collection. **36** ©Christopher Groenhout/LPI. **37** ©Craig Pershouse/LPI, L; ©George Tsafos/LPI, R. **38** ©David Greedy/LPI. **39** ©Karl Lehmann/LPI. **40** ©Mike Cottee/LPI. **41** Andrew Kerr Jarrett. **42-43** ©Witold Skrypczak/LPI. **44** ©Witold Skrypczak/LPI. **45** ©Jim Wark/LPI. **60** ©Paul Kennedy/LPI. **68** ©Kraig Lieb/LPI. **69** ©Philip & Karen Smith/LPI, L; ©Lawrence Worcester/LPI, R. **48-49** John Meek. **50** ©Chris Barton/LPI. **51** ©James Lyon/LPI. **52** ©Sara-Jane Cleland/LPI. **53** ©Anthony Plummer/LPI, L; ©Lindsay Brown/LPI, R. **54** ©Frank Carter/LPI. **55** ©Martin Cohen/LPI. **56** ©John Banagan/LPI. **57** ©Oliver Strewe/LPI, L/R. **58** ©Paul Harding/LPI. **59** ©Gareth McCormack/LPI. **60-61** ©Anthony Ham/LPI. **62** ©John Elk III/LPI. **63** ©David Tomlinson/LPI, L; ©Philip & Karen Smith/LPI, R. **64** ©Esbin Anderson Photography/LPI. **65** ©Chris Mellor/LPI. **66** ©Richard I'Anson/LPI. **67** ©Christopher Wood/LPI. **68-69** Bob Green Photography. **70** ©Mark Newman/LPI. **71** ©Manfred Gottschalk/LPI. **72-73** Curt Bianchi/Cumbres & Toltec Scenic Railroad/www.cumbrestoltec.com. **74** Chiva Express/www.chivaexpress.com. **75** Kenneth Garrett/National Geographic Images Collection. **76-77** Bob Green Photography. **78** ©Bradley Mayhew/LPI. **79** P A Photos. **80** ©Patrick Ben Luke Syder/LPI. **81** ©Claver Carroll/LPI. **82** ©Richard I'Anson/LPI. **83** ©Mark Andrew Kirby/LPI. **84** ©Chris Beall/LPI. **85** Great Southern Railway/www.railaustralia.com.au/indian_pacific.htm. **86** ©Izzet Keribar/LPI. **87** ©Jonathan Smith/LPI. **88** ©Justin Jeffrey/LPI. **89** ©Peter Solness/LPI. **90-91** ©Bethune Carmichael/LPI. **92** ©David Tomlinson/LPI. **93** ©Chris Mellor/LPI, L; ©Glenn van der Knijff/LPI, R. **94** ©Ralph Lee Hopkins/LPI. **95** ©Ariadne Van Zandbergen/LPI, L; ©Mitch Reardon/LPI, R. **96-97** ©Andrew Bain/LPI. **98** ©Kim Grant/LPI. **99** ©Mark Newman/LPI. **100-101** ©Grant Dixon/LPI. **102** Tim Tadder/Corbis. **103** ©Carol Polich/LPI, L; John Frisch, R. **104** ©Brent Winebrenner/LPI. **105** ©Karl Lehmann/LPI. **106** ©Richard Cummins/LPI. **107** ©Grant Dixon/LPI. **108** ©Jeffrey Becom/LPI. **109** ©Judy Bellah/LPI, L; ©Wes Walker/LPI, R. **110** ©Brent Winebrenner/LPI. **111** ©Nick Tapp/LPI, L; ©Shannon Nace/LPI, R. **112** ©Bob Charlton/LPI. **113** ©Staeven Vallak/LPI. **114** ©Mark Daffey/LPI. **115** ©Peter Solness/LPI, L; ©Mark Daffey/LPI, R. **116** ©Jerry Alexander/LPI. **117** ©Sara-Jane Cleland/LPI. **118-119** David Muench/Corbis. **120** ©Grant Dixon/LPI. **121** ©John Mock/LPI, L; ©Richard I'Anson/LPI, R. **122** ©Martin Moos/LPI. **123** ©Oliver Strewe/LPI. **124** ©John Elk III/LPI. **125** ©Roberto Gerometta/LPI, L; ©Philip & Karen Smith/LPI, R. **126-127** ©Bill Bachmann/LPI. **128** ©David Tipling/LPI. **129** ©David Greedy/LPI. **130** ©Chris Mellor/LPI. **131** ©Oliver Strewe/LPI. **132-133** JTB Photo/Photolibrary.com. **134** Alma Molemans/Madeira Islands Travel/www.madeiratourism.org. **135** ©Bill Wassman/LPI, L; ©Adina Tovy Amsel/LPI, R. **136** ©John Elk III/LPI. **137** ©Amerens Hedwich/LPI. **138-139** Liu Liqun/Corbis. **140** Travel Library/RH. **141** ©Richard I'Anson/LPI. **142** ©Christopher Groenhout/LPI. **143** ©Sally Dillon/LPI. **144-145** Randall Stewart/Shutterstock. **146** ©Bill Bachmann/LPI. **147** Index Stock Imagery/Barry Winiker/Photolibrary.com. **148** Charles Lenars/Corbis. **149** ©Frank Carter/LPI. **150-151** Jon Hicks/Corbis. **152** ©Anders Blomqvist/LPI. **153** Oriental Touch/RH. **154** ©John Elk III/LPI. **155** ©Olivier Cirendini/LPI, L; ©Wes Walker/LPI, R. **156** Eric Crichton/Corbis. **157** ©David Tipling/LPI, L; ©David Tomlinson/LPI, R. **158** Jon Arnold Images/Photolibrary.com. **159** ©Jean-Bernard Carillet/LPI. **160** ©Diana Mayfield/LPI. **161** ©Diana Mayfield/LPI, L/R. **162** ©Oliver Strewe/LPI. **163** ©Hannah Levy/LPI. **164-165** Bryan & Cherry Alexander/Arcticphoto.co.uk. **166** ©George Tsafos/LPI. **167** ©Anders Blomqvist/LPI. **168** ©Bethune Carmichael/LPI. **169** ©Richard I'Anson/LPI. **170** ©Richard I'Anson/LPI. **171** ©Richard I'Anson/LPI, L; ©Michael Gebicki/LPI, R. **172-173** Oliver Strewe/GI. **174** Terry Poche/Shutterstock. **175** ©Jerry Alexander/LPI. **176-177** Herbert Lehmann/Stockfood UK. **178** ©Greg Elms/LPI. **179** ©Richard I'Anson /LPI. **180** ©Richard I'Anson/LPI. **181** ©Juliet Coombe/LPI, L; ©Jerry Alexander/LPI, R. **182** ©Michael Aw/LPI. **183** ©Michael Aw/LPI, L; ©Holger Leue/LPI, R. **184** ©Dallas Stribley/LPI. **185** R. H. Productions/RH, L; David Hanson/GI, R. **186** ©Anders Blomqvist/LPI. **187** Bruichladdich Distillery/www.bruichladdich.com. **190-191** ©Jean-Bernard Carillet/LPI. **188** ©John Elk III/LPI. **189** Owen Franken/Corbis. **192** Michael Busselle/RH. **193** ©Neil Setchfield/LPI. **194** Peter Adams/GI. **195** Rui Vale de Sousa/Shutterstock. **196** ©Oliver Strewe/LPI. **197** Margaret River Tourism Association. **198** Nico Tondini/RH. **199** Geoffrey Whiting/Shutterstock. **200-201** Steve Bly/GI. **202** ©Lee Foster/LPI. **203** ©Lee Foster/LPI. **204** ©Rick Rudnicki/LPI. **205** ©Rick Rudnicki/LPI. **206** ©Michael Aw/LPI. **207** James Fredericks/Catamount Trail Association. **208** Mark A. Johnson/Corbis. **209** ©John Elk III/LPI. **210** ©Mark Newman/LPI. **211** ©John Elk III/LPI, L/R. **212** ©Ralph Hopkins/LPI. **213** Jeff Hunter/GI. **214** Rossano Boscarino/Aventuras Tierra Adventro, Inc/www.aventuraspr.com. **215** ©Brent Winebrenner/LPI. **216-217** Carl Schneider/GI. **218** ©Michael Taylor/LPI. **219** ©Tom Boyden/LPI. **220** ©Brent Winebrenner/LPI. **221** Bruno Fert/Corbis. **222** ©Judy Bellah/LPI. **223** ©Richard Cummins/LPI. **224** Luca Trovato/GI. **225** ©Neil Setchfield/LPI. **226-227** Nic Bothma/Corbis. **228** ©Diana Mayfield/LPI. **229** ©Michael Gebicki/LPI. **230** ©Jeff Cantarutti/LPI. **231** Kim Hart/RH. **232** ©John Hay/LPI. **233** ©John Hay/LPI, L/R. **234** ©Christer Fredriksson/LPI. **235** ©Jason Edwards/LPI. **236** ©Ralph Hopkins/LPI. **237** ©Wayne Walton/LPI, L/R. **238** ©Sara-Jane Cleland/LPI. **239** ©Tim Rock/LPI. **240** Chris Weston. **241** ©Mitch Reardon/LPI, L; ©Ariadne Van Zandbergen/LPI, R. **242** ©Ariadne Van Zandbergen/LPI. **243** Martin Harvey/GI. **244-245** Peter Ellegard. **246** Peter Ellegard. **247** ©Ernest Manewal/LPI. **248** ©John Elk III/LPI. **249** ©Holger Leue/LPI, L/R. **250** ©Michael Lawrence/LPI. **251** ©Chris Beall/LPI. **252-253** Stuart Westmorland/Corbis. **254** ©Ralph Hopkins/LPI. **255** ©Ralph Hopkins/LPI, L/R. **256** ©Juliet Coombe/LPI. **257** ©Dennis Johnson/LPI. **258** ©John Hay/LPI. **259** ©Holger Leue/LPI. **260** ©David Wall/LPI. **261** ©Richard Nebesky/LPI. **262** ©Juliet Coombe/LPI. **263** ©Juliet Coombe/LPI. **264-265** Michael Mattox/Shutterstock. **266** ©Tony Wheeler/LPI. **267** ©Richard I'Anson/LPI. **268-269** ©David Tomlinson/LPI. **270** ©Richard I'Anson/LPI. **271** ©Ray Laskowitz/LPI. **272-273** Diane Cook & Len Jenshel/GI. **274** Bill Ross/Corbis. **275** ©John Mock/LPI, L; ©Lee Foster/LPI, R. **276** ©Cheryl Forbes/LPI. **277** Jean du Boisberranger/GI. **278** Adam Woolfitt/RH. **279** Yves Travert/Photolibrary.com. **280** ©Damien Simonis/LPI. **281** ©Wayne Walton/LPI, L/R. **282** Bruno Barbier/RH. **283** ©Hugh Watts/LPI. **284** ©Ralph Hopkins/LPI. **285** ©Chris Barton/LPI. **286** ©Krzysztof Dydynski/LPI. **287** ©Bill Wassman/LPI. **288** ©Jonathan Smith/LPI. **289** ©Keren Su/LPI. **290-291** ©Richard Cummins/LPI. **292** ©Paul Hellander/LPI. **293** ©Chris Mellor/LPI.

UMSCHLAG
Vorderseite, Hintergrund: Boot bei Tahiti
Bildreihe, von links nach rechts: Grand Canyon, Der Grand Canyon per Muli (Seite 211); Rafting, Top 10 Wildwasserrouten (Seite 216–217); Theyyam-Tänzer, Die Wasserstraßen von Kerala (Seite 25); Jungfraujochbahn; Taj Mahal, Indiens Goldenes Dreieck (Seite 153); Palmenstrand, Auf die Galapagosinseln (Seite 284).

Rückseite, von links nach rechts: Petra, Jordaniens Schätze (Seite 168); Steinbrechblüten, Der Kungsleden (Seite 128); Flugzeug auf dem Franz-Josef-Gletscher, Zu einsamen Gletschern (Seite 257); Ara, Amazonaskreuzfahrt (Seite 19); Sydney Harbour Bridge, Top 10 Brücken (Seite 126–127); Manarola, Der Sentiero Azzurro (Seite 125).
Rücken: Strand auf St. John, Karibikkreuzfahrt (Seite 21).

Vorderseite:
Hintergrundbild: Mark Mawson/ Robert Harding.
Bildreihe, von links nach rechts: Ron Watts/Corbis; Lee Cohen/Corbis; © Paul Beinssen/Lonely Planet Images; Ray Juno/Corbis; © Chris Mellor/Lonely Planet Images; Pete Atkinson/Getty Images.

Rückseite:
Bildreihe, von links nach rechts: © Anders Blomqvist/Lonely Planet Images; © David Tipling/Lonely Planet Images; © Dennis Johnson/Lonely Planet Images; © Lee Foster/Lonely Planet Images; © Bill Bachmann/Lonely Planet Images; © John Elk III/ Lonely Planet Images.
Rücken: © Steve Simonsen/Lonely Planet Images.

Impressum

Deutsche Ausgabe veröffentlicht von National Geographic Deutschland (G+J/RBA GmbH & Co KG), Hamburg 2009

Copyright © Toucan Books Ltd., 2007

Titel der englischen Originalausgabe (ungekürzt):
Journeys of a Lifetime – 500 of the World's Greatest Trips

Alle Rechte vorbehalten. Reproduktionen, Speicherungen in Datenverarbeitungsanlagen oder Netzwerken, Wiedergabe auf elektronischen, fotomechanischen oder ähnlichen Wegen, Funk oder Vortrag, auch auszugsweise, nur mit ausdrücklicher Genehmigung des Copyrightinhabers.

Produktion der deutschen Ausgabe
Bintang Buchservice GmbH, www.bintang-berlin.de
Dagmar Klotz, Inga-Brita Thiele, Übersetzung
Dr. Dagmar Braun, Lektorat

Druck: Himmer AG, Augsburg

Printed in Germany
ISBN 978-3-86690-118-6

Veröffentlicht von der National Geographic Society
John M. Fahey, Jr., Präsident und Hauptgeschäftsführer
Gilbert M. Grosvenor, Vorsitzender des Kuratoriums
Nina D. Hoffman, geschäftsführende Vizepräsidentin; Vorsitzende der Book Publishing Group

Konzipiert von der Buchabteilung
Kevin Mulroy, Vizepräsident und Herausgeber
Leah Bendavid-Val, Leitung Bildredaktion und Illustration
Marianne R. Koszorus, Leitung Grafik
Barbara Brownell Grogan, Chefredaktion
Elizabeth Newhouse, Leitung Reiseredaktion
Carl Mehler, Leitung Kartographie
Lawrence M. Porges, Projektmanagement
Carol Farrar Norton, Beratung Grafik
Mary Stephanos, Einzelbeiträge
Jennifer A. Thornton, Redaktionelle Koordination
Gary Colbert, Produktionsleitung

Herstellung und Qualitätskontrolle
Christopher A. Liedel, Leitung Finanzen
Phillip L. Schlosser, Vizepräsident
John T. Dunn, Technische Leitung
Chris Brown, Herstellungsleitung
Maryclare Tracy, Koordination
Nicole Elliott, Koordination

Produziert von Toucan Books Ltd
Ellen Dupont, Redaktionsleitung
Helen Douglas-Cooper, Stellvertretende Redaktionsleitung
Andrew Kerr-Jarrett, Alice Peebles, Lektorat
Leah Germann, Layout
Hannah Bowen, Conrad Mason, Redaktionsassistenz
Christine Vincent, Bildredaktion
Tam Church, Kim Tidwell, Mia Stewart-Wilson, Bildrecherche
Marion Dent, Korrektorat
Michael Dent, Registererstellung

Die National Geographic Society, eine der größten gemeinnützigen wissenschaftlichen Vereinigungen der Welt, wurde 1888 gegründet, um «die geographischen Kenntnisse zu mehren und zu verbreiten». Sie unterstützt die Erforschung und Erhaltung von Lebensräumen sowie Forschungs- und Bildungsprogramme. Ihre weltweit mehr als neun Millionen Mitglieder erhalten monatlich das National Geographic-Magazin, in dem die besten Fotografen ihre Bilder veröffentlichen sowie renommierte Autoren aus nahezu allen Wissensgebieten der Welt berichten. Ihr Ziel: *inspiring people to care about the planet,* Menschen zu inspirieren, sich für ihren Planeten einzusetzen.
Die NGS informiert nicht nur durch das Magazin sondern auch durch Bücher, Fernsehprogramme und DVDs.
Falls Sie mehr über National Geographic wissen wollen, besuchen Sie unsere Website unter www.nationalgeographic.de.

Alle Angaben in diesem Buch wurden zum Zeitpunkt der Erarbeitung sorgfältig geprüft. Dennoch können sich Details ändern. Der Verlag kann für solche Änderungen, eventuelle Fehler oder Auslassungen keine Verantwortung oder Haftung übernehmen. Bewertungen von Sehenswürdigkeiten etc. geben die Sicht der Autoren wieder.

Unter www.auswaertiges-amt.de finden Sie aktuelle Reiseinformationen sowie Hinweise zur Sicherheitslage in einzelnen Staaten. Mitunter spricht das Auswärtige Amt auch Reisewarnungen aus, wenn bei Reisen in ein Land oder in eine Region eines Landes akute Gefahren für Leib und Leben bestehen. Bitte informieren Sie sich rechtzeitig vor Abreise bei in Frage kommenden Ländern.

180°
150°
120°
90°
60°
30°W
NORDP
RUSSLAND
Alaska (USA)
60°
Grönland (Dän.)
ISLAND
KANADA
NORD-AMERIKA
IRLAND
GROSSBR
VEREINIGTE STAATEN VON AMERIKA
PORTUGAL
Azoren (Port.)
30°N
MAROKK
Kanarische Inseln (Span.)
West-Sahara
MEXIKO
BAHAMAS
Hawaii (USA)
KUBA
DOMINIKANISCHE REPUBLIK
HAITI
Puerto Rico (USA)
JAMAIKA
BELIZE
MAURETANIEN
ANTIGUA UND BARBUDA
ST. KITTS UND NEVIS
GUATEMALA
HONDURAS
DOMINICA
KAP VERDE
SENEGAL
ST. LUCIA
BARBADOS
GAMBIA
EL SALVADOR
NICARAGUA
GRENADA
ST. VINCENT UND DIE GRENADINEN
GUINEA-BISSAU
GUINEA
TRINIDAD UND TOBAGO
COSTA RICA
PANAMA
VENEZUELA
GUYANA
SIERRA LEONE
SURINAM
Franz. Guyana (Fr.)
LIBERIA
PAZIFISCHER OZEAN
KOLUMBIEN
ÄQUATOR
0°
Galápagosinseln (Ecu.)
ECUADOR
KIRIBATI
SÜD-AMERIKA
ATLANTIS
PERU
BRASILIEN
OZEA
SAMOA
Amerikan.-Samoa (USA)
Franz.-Polynesien (Fr.)
BOLIVIEN
PARAGUAY
TONGA
CHILE
URUGUAY
30°S
ARGENTINIEN
Falklandinseln (GB)
Südgeorgien (GB)
60°